초국가적 공간과
공동체로서의 동북아시아

초국가적 공간과 공동체로서의 동북아시아

가능성과 현실

고려대학교 아세아문제연구소 HK사업단 편

KOREA
UNIVERSITY
PRESS
고려대학교
출판문화원

이 저서는 2008년 정부(교육과학기술부)의 재원으로
한국연구재단의 지원을 받아 수행된 연구임(KRF-2008-362-A00001)

책머리에

한반도와 중국, 일본, 극동러시아를 포함하는 동북아시아라는 초국가적 공간은 정치, 경제, 사회, 문화적 교류의 확대와 경제적 상호의존을 통한 지역화의 심화에도 불구하고 영토와 과거사를 둘러싼 갈등과 대립의 지속에 따른 배타적 민족주의 경향이 심화되는 상반된 흐름을 보이고 있다. 이러한 동북아의 역설은 어떤 기원을 가지고 있으며, 언제까지 지속될 것인가? 동북아의 평화 정착과 공동체 건설을 모색하기 위해서는 배타적인 국가정체성에 함몰되지 않고 초국가적 지역 정체성 형성을 위해 협력해야 되지만 실질적인 방안은 어떤 것이 있을까? 고려대학교 아세아문제연구소(아연) HK 사업단은 동북아지역연구 성과에 대한 비판적 성찰을 바탕으로 초국가적 공간으로 동북아를 재구성함으로써 갈등과 협력, 상이성과 공통성이 병존하는 동북아를 심층적으로 이해하며, 이 과정을 통해 대안적 질서를 모색하고자 노력해 왔다. HK사업을 단계별로 수행하면서 1단계에서는 "동북아 초국가적 공간의 역사적 성찰," 2단계는 "동북아 초국가적 공간의 현재적 동학,” 3단계는 “동북아 초국가적 공간의 전망과 대안”이라는 주제에 초점을 맞추었다. 이 책은 아연이 지난 10년간 수행해 왔던 연구 어젠다인 ‘동아시아 초국가적 공간’에 대한 중간보고로 기획되었다. 이를 위해 2018년 3월 ‘초국가적 공간과 공동체로서의 동북아시아—가능성과 현실’이라는 학술회의를 개최하여 동북아시아가 초국가적 공간을 넘어서 공동체로 발전할 수 있는 가능성과 그 조건들을 진단하였다. 동북아시아가 단순히 공통의 공간을 점유하는 지역에서 공동체로 발전하기 위해서는 구성원들 간의 교류와 협력, 공통의 소속감과 연대감이 선행되어야 한다. 민족과 국민국가의 경계를 넘어서 긴밀하고 호혜적인 물적, 인적 상호작용이 발생하고 민족정체성과 국민정체성의 범위를 넘어선 아시아인으로서의 지역정체성을 공유할 때 비로소 동북아시아 공동체가 형성될 수 있다. 이 책에서는 동북아시아에서 교류와 상호의존의 실태를 점검하고, 민족과 국민의 경계를 넘어선 초국가적 정체성의 가능성을 탐색하고, 동북아시아 공동체의 형성과 발전을 촉진하거나 저해하는 제반 여건들을 분석했다. 이 책의 장들은 학술회의에서 발표된 논문들을 수정·보완한 원고들과 추가로 포함된 원고들로 이루어졌다. 인문한국사업이 지향하는 바대로 역사학, 문학, 사회학, 정치학, 경제학 분야의 연구자들이 다학문적, 학제적 접근을 통해 초국가적 공간으로서의 동북아시아의 가능성과 현실을 진단하였다. 이 책은 3부 12장으로 구성되어 있다.

사회학과 역사학 연구자들이 참여한 제1부(동아시아 초국가적 ‘물질, 제도, 사상의 순환’)는 동아시아 초국가적 공간에서 순환하고, 이동하는 사람, 재화(상품), 사상, 문화를 다루고 있다.

윤인진의 글은 한중일 3국 내 아시아 출신 유학생들의 동아시아 역내(域內) 이동, 인적 자본의 형성 및 호환성, 그리고 그들의 초국가적 정체성에 관한 실증 비교분석으로서, 유학 경험이 국민국가의 정체성을 뛰어넘는 지역정체성과 초국가정체성을 고양했지만 국익을 우선하는 국가주의를 약화하지는 못했음을 밝혔다.

김진규의 글은 루스키 미르 연차총회 주제의 분석을 통해 러시아가 지향하고 있는 문화외교 정책 차원에서의 러시아적 정체성의 핵심을 도출하고자 한다. 결론적으로 루스키 미르는 기존의 유라시아주의 혹은 신유라시아주의의 변이형으로서, 끊임없이 제3의 길이라는 대안을 제시하려고 하는 러시아 문명의 요구라고 보고 있다.

송규진의 글은 중일전쟁 시기의 조중무역을 수출을 중심으로 분석하고 있다. 조중무역이 일본군의 전쟁수행에 크게 기여했으나 중국인과 조선인 다수는 무역증대에 따른 혜택을 누리지 못했고, 따라서 상호간의 호혜에 입각하여 이루어지고 있는 현재의 한중무역과는 근본적으로 다르다는 결론을 내리고 있다.

이형식의 글은 1930년대 후반과 1940년대 초반 급변하는 국제관계 속에서 일본을 중심으로 전개되었던 지역주의 구상 및 그 속에서의 조선문제 논의를 살펴본다. 관련 논의가 조선인의 민족의식, 독립의식을 자극해 '대동아공영권'의 균열·갈등을 증폭시켜 '대동아공영권'을 '내파(內破)'시키는 결과를 초래했다는 분석을 제시하고 있다.

윤형진의 글은 중일전쟁 시기 난징국민정부의 노동통제 정책을 통해 이루어진 변화를 살펴보고, 이를 국제적 맥락에서 이해하려는 시도이다. 전시 노동정책이 국가와 노동조직 사이의 관계에 있어서 근본적 전환으로서 장기적인 구조가 형성되는 출발점이었으며, 그 배경에는 통치 아이디어의 국제적 유통이 있었음을 밝혔다.

정치학 연구자들이 참여한 제2부(미중 경쟁과 동북아공동체)는 3장으로 구성되었다.

이신화·이양호의 글은 격화되고 있는 미중경쟁이 다자안보영역에까지 확장되고 있는 현실을 분석하면서 한국의 중견국 전략에 대해 논의했다. 한미 양자동맹과 다자간 안보협력체를 상호배타적이기보다는 상호보완적 관계로 접근하면서 양자적 대결구도를 극복하고 지역평화와 개발을 위한 촉진자 역할을 모색하기 위한 한국의 다자안보전략구상을 제시했다.

이정남의 글은 중국의 인터넷 사용이 보편화되면서 이를 통한 대중 여론의 형성과 정치 참여가 확대되고 있는 현실에 비추어 인터넷 매체를 통해 형성된 여론과 대외정책 간의 관계에 주목했다. 인터넷으로 형성된 여론이 대외정책의 실질적인 변화를 이끌어 낸 경우와 정부가 인터넷을 이용해 정책방향을 선전하고 정책집행에 유리한 조건을 만들어 나간 경우를 쌍방향적으로 분석했다.

손기영의 글은 한중일 3국 간에 발생하고 있는 대결과 분쟁의 근본 원인을 국가정체성에 대한 상호간 인정의 결핍이라고 보면서, 현재 벌어지고 있는 인정투쟁을 극복하고 지역공동체를 형성할 수 있는 가능성을 탐색했다. 이론적 분석을 통해 지역공동체 형성을 위한 3단계 모델을 제시하고 공동체를 형성하고 운영하기 위해 필요한 국가 간 규범을 제시했다.

북한 연구자, 경제학 연구자들이 참여한 제3부에서는 북한의 경제 발전과 동북아 경제협력을 주제로 다루고 있다.

남성욱은 최근 북한에서 생산되는 화장품 내용물의 성분 검사를 통해 화학공업과 금형기술 등 북한 경공업 발전 현황과 소비재 생산 및 이용 실상을 분석하고 있다. 북한의 현재 화장품 생산 기술이 기초화장품은 국내의 1990년대, 색조화장품은 1980년대 수준에 머물러 있다는 결론이 도출되면서 향후 경공업 분야에서 남북한의 협력을 확대하는 데 필요한 중요한 기초자료로서의 역할을 할 수 있을 것이다.

이철수는 2013년 제정·공표한 북한의 「경제개발구 로동규정」을 ① 근로소득, ② 근로복지, ③ 사회보장을 중심으로 '외국인투자기업로동규정' 및 '개성공업지구로동규정'과 비교·분석하여 김정일시대 전후 북한경제특구 노동복지 법제의 지속성과 변화를 지적했다. 이러한 연구는 남북협력시대를 맞아 대폭 확대될 북한 공업지구에서 북한 근로자와 함께 일할 남한의 운영인력뿐만 아니라 노동 정책을 입안해야 하는 정부부처에게도 중요한 자료로 활용될 것이다.

강문성은 남북한의 점진적인 경제통합을 가정하여 경제통합의 심화도에 따라 1) 북한의 경제적 개혁, 2) 북한의 경제적 개혁 + 국방예산 및 군사인력 감소, 3) 북한의 경제적 개혁 + 국방예산 및 군사인력 감소 + 남북한 무역자유화 단행의 3가지 시나리오를 설정하고 시나리오별 남북한 경제통합의 경제적 효과를 분석하였다.

마지막으로 곽도원은 동아시아 국가들이 자유무역협정이나 관세동맹을 맺게 되는 경우 예상되는 무역 증대를 통한 경제적 효과를 지난 15년간 세계경제에서 이루어진 경제협력 경험을 사용해 추정하였다.

현재 진행되고 있는 남북대화와 북미회담을 포함한 양자회담이 본궤도에 들어서고 동북아에서 다자협력체제가 형성된다면 한반도의 냉전이 종식되고 동북아시아의 교류와 협력이 활성화되어 '동아시아 공동체', '문화 동아시아', '동아시아 의식', '동아시아 정체성' 등의 논의가 활발해질 것이다. 한반도 종전선언, 평화협정체결, 북미수교, 북일수교가 현실화되고 안보, 경제, 문화 등의 상호 의존이 증가하면 동아시아는 다양한 초국가적 교류와 협력의 공간으로 거듭날 것이고 다자안보체제, 경제통합, 지역주의, 공동체 논의는 당위론이 아니라 실현 가능한 목표로 설정될 것이다. 아연은 중국의 부상, 한반도 냉전구조의 해체, 동아시아 지역 내 경제적 상호 의존의 심화, 동아시아 역내 인적 교류의 증가라는 한반도와 동아시아를 둘러싼 정치, 경제, 사회, 문화적 격변기를 맞아 동아시아 지역의 협력과 통합에 대한 현실적 대안을 모색하고 연구 성과를 시민사회 및 주변국과 공유하는 지역 연구의 중심 기관으로 거듭날 것이다.

2018년 5월

집필진을 대표하여 윤인진

차례

제2부

미중 경쟁과 동북아공동체

제3부

북한의 경제발전과 동북아 협력

제1부

동아시아 초국가적 '물질, 제도, 사상의 순환'

1장

아시아 유학생의 두뇌순환과 초국가적 정체성*

윤인진

I. 서론

본 연구는 '고등교육의 지역화'(regionalization of higher education) 현상에 주목하여 한중일 3국 내 아시아 출신 유학생들의 동아시아 역내(域內) 이동, 인적 자본의 형성 및 호환성, 그리고 그들의 초국가적 정체성에 관한 실증적 비교 분석을 그 목적으로 한다. 특히, 이 논문에서는 일본과 중국의 고등교육기관(4년제 대학 및 대학원)에 재학하고 있는 한국인 유학생들에 초점을 맞추고 비교집단으로 한국에 체류하는 아시아 유학생들을 선정하여 이들 간의 공통점과 차이점을 조사하도록 하겠다.

* 본 글은 필자가 연구책임자로 참여했던 『아시아 유학생의 두뇌순환과 초국가적 정체성에 관한 조사연구』(2013년 포스코청암재단 연구과제 최종보고서. 공저자: 김은기, 김종태, 라경수, 황정미)의 주요 내용을 정리하여 기술한 것이다. 본 글의 일부는 Asian and Pacific Migration Journal의 22호(pp. 501-525)에 "Brain Circulation of South Korean Students in Japan and China"라는 제목으로 게재되었다(공저자: 라경수, 김종태, 황정미).

1987년부터 시작된 ERASMUS(European Region Action Scheme for the Mobility of University Students) 프로그램은 EU 내의 인적 교류를 촉진하는 프로그램으로 참여 학생들은 EU 내의 다른 국가 대학에서 일정 기간 유학생활을 하면서 국경을 초월한 에라스무스 동문을 형성하고 있다. 이를 통해 국민국가를 뛰어넘는 '유럽인'으로서의 초국가적 지역정체성 확립과 지역통합에도 크게 기여하고 있다는 평가를 받고 있다.

동아시아에서도 ERASMUS 성공사례를 도입해서 고등교육교류협력 프로그램인 Campus Asia(Collective Action for Mobility Program of University Students in Asia)가 2012년부터 2015년까지 시범적으로 운영되었다. 캠퍼스 아시아는 아시아 대학생, 대학원생, 연구자들의 이동성을 대폭 증대시키고 아시아 대학들의 경쟁력 강화, 특히 지역통합에 필요한 인재 양성에 공헌한 것으로 평가받았다. 한국의 교육부 관계자는 캠퍼스 아시아 시범사업이 비록 2015년에 종료되지만 중장기적으로 한중일 삼국을 넘어 여타 아시아 국가들로 확대해야 한다는 인식을 한중일 삼국이 공유하고 있어서 유럽의 에라스무스처럼 아시아를 대표하는 고등교육교류 프로그램으로 발전할 것으로 기대했다.[1] 캠퍼스 아시아와 같은 인적 자원 교류 프로그램이 활성화되면 '아시아인'이라는 지역적 아이덴티티(regional identity) 형성에도 기여하여 현재 난항을 겪고 있는 정치경제적 차원의 지역통합의 사회문화적 토대를 튼튼하게 할 것으로 기대된다.

유학생을 둘러싼 이러한 시대적 변화는 관련 선행연구에도 많은 영향을 끼쳤다. 유학의 계층적인 배경을 강조하는 분석(Water, 2006), 고등교육기관들의 재정적 이익과 각국 정부의 유학생 정책에 주목하는 연구(Findlay, 2010) 등은 유학생을 바라보는 기존의 이론적 시각들이다. 하지만 근래에 들어서는 국경을 넘는 학생들의 이동이 최근 이주연구에서 주목을 받고 있는 '초국가적 공간(transnational social field)'의 형성에 촉매제가 될 수 있으며, 유학생들의 경험과 목소리에 보다 주목해야 한다는 입장도 있다(Gargano, 2009). 한편, 아시아 유학생들의 두뇌순환과 관련, Hugo(2009)는 호주 내의 아시아계 이주자(유학생 포함)들의 인구이동 패턴을 단순한 일방적인 흐름이 아니라 순환 이주(return migration)라는 관점에서 분석한 새로운 인구학적 모델을 제시하고 있다.

아시아 학생들의 해외 유학이 두뇌순환의 형태를 띤다는 것은 모국과 유학국, 그리고 유학 이후 체류하는 제3국 간의 초국가적 네트워크를 형성하는 것을 의미한다. 또한 장기간의 유학생활을 통해 국민국가의 경계를 넘어 아시아인 또는 세계시민으로서의 초국가적 정체성을 형성할 가능성이 높다. 그리고 이런 초국가적 이주와 생활이 가능하기 위해서는 모국에서 획득한 인적 자본이 유학국과 유학 이후 정착하는 제3국에서 호환되어야 한다. 따라서 본 연구에서는 다음의 3가지 연구 질문들에 대한 해답을 찾고자 한다.

첫째, 아시아 유학생들의 인적 교류는 두뇌유출인가 혹은 두뇌순환인가에 대한 물음이다. 선행연구에 따르면 근래의 아시아 유학생들은 유학 후에 단순히 현지에 머물거나 귀국하는 차원을 넘어, 자신들의 적성과 전공에 맞는 곳으로 활발히 이동하는 환류(環流/circulation)의 경향이 강하다고 한다. 특히, 아시아 역내에서의 두뇌순환이 활발히 진행되고 있음을 많은 연구자들이 지적하고 있다. 이러한 아시아 유학생들의 역내(혹은 역외) 이동이 과연 두뇌유출인지, 아니면 두뇌순환이 실제로 활발히 일어나고 있는 것인지에 대한 보다 구체적인 검증이 필요하다.

둘째, 아시아 유학생들의 교육과 같은 인적 자본의 호환성에 관한 물음이다. 이러한 인적 자본의 호환성은 유학 시기에 따라 달라질 수 있기 때문에 유학 시점에 따라 세밀한 연구가 필요하다. 그래서 유학 초기 단계에서는

---

1. 교육부 보도자료 "캠퍼스 아시아(CAMPUS Asia) 확대 등 협력을 위한 세 나라 전문가회의 개최." 2013.8.6.

모국에서 습득한 인적 자본이 유학국에서 얼마나 호환 가능한지를 조사하고, 유학을 종료한 후에는 유학국에서 획득한 인적 자본이 얼마나 유학국과 국제적으로 호환 가능한가를 조사하고자 한다.

셋째, 유학경험은 아시아 유학생들의 초국가적 정체성을 제고할 수 있는가에 대한 질문이다. 유학이라는 행위는 곧 이질적인 문화에 대한 경험 자체이기도 하다. 아시아 학생들은 유학을 통해서 현지 사회와 문화의 다양성을 이해하면서, 나아가 그들이 국가정체성을 뛰어넘어 '아시아'라고 하는 지역을 단위로 하는 초국가적 지역정체성을 형성하는지를 검토하고자 한다.

II. 선행연구 검토

1. 한중일 삼국의 유학생 현황

1) 한국

2000년 이후 한국 내 고등교육기관에서 수학하는 외국인 유학생 수는 꾸준한 증가 추세에 있다. 어학연수 및 기타 연수와 학위과정을 모두 포함한 국내의 외국인 유학생은 2015년도에는 91,332명, 2016년도에는 104,262명, 2017년도에는 123,858명인 것으로 나타났다(한국 교육부, 2017). 이는 유학생 통계 데이터베이스가 확립된 2003년의 12,314명과 비교하면 약 10배가량 증가한 수치이다. 법무부 출입국·외국인정책 통계월보에 따르면 2017년 12월말 기준으로 국내에 체류하고 있는 외국인 유학생은 135,087명이라고 한다(법무부, 2017). 양 통계에서 다소의 차이는 있어도 지속적인 증가 추세라는 점은 공통적이다. 비록 OECD 국가들의 유학생 비율과 비교해 볼 때 그 규모는 미미한 수준이나 변화 수준은 지난 10년간 양적으로 급격히 증가하였다.[2]

급증한 외국인 유학생 수의 대다수 송출국은 아시아 국가이다. 전체 외

〈표 1〉 한국 내 지역별 외국인 유학생 현황

대륙별	유학생 수	백분율(%)
아시아	109,915	88.7
아프리카	2,631	2.1
오세아니아	421	0.3
북미	4,013	3.2
남미	945	0.8
유럽	5,933	4.8
계	123,858	100

〈표 2〉 한국 내 국가별 외국인 유학생 현황

(2017. 4. 1. 기준)

국가	유학생 수	백분율(%)
중국	68,184	55.1
일본	3,828	3.1
몽골	5,384	4.3
미국	2,767	2.2
베트남	14,614	11.8
대만	2,195	1.8
기타	26,886	21.7
계	123,858	100

출처: 한국교육부, 『2017년 국내 고등교육기관 외국인 유학생 현황』

국인 유학생 가운데 아시아 유학생의 비율은 88.7%로 나타나며, 유럽(4.8%), 북미(3.2%)가 그 다음 순이다(한국 교육부, 2017). 국가별 분류에서 가장 많은 수를 차지하는 집단은 중국인 유학생으로 이들이 전체 유학생의 55.1%에 해

2. 2009년 OECD 통계에 따르면 2000년 대비 OECD 한국인 유학생 수는 14배 이상 증가한 것으로 나타난다(자료: 한국교육개발원, 〈2011 교육통계 분석자료집〉, 342쪽).

〈표 3〉 한국 내 2017년 유학 형태별 유학생 수

유학 형태	유학생 수	백분율(%)
자비 유학생	110,472	89.2
정부초청 장학생	3,175	2.6
대학초청 장학생	7,225	5.8
자국정부파견 장학생	842	0.7
기타	2,144	1.7
합계	123,858	100

〈표 4〉 한국 내 2017년 학위과정별 유학생 수

학위과정	유학생 수	백분율(%)
어학연수생	35,734	28.9
학사과정	45,966	37.1
석사과정	18,753	15.1
박사과정	7,313	5.9
기타 연수	16,092	13.0
총계	123,858	100

〈표 5〉 한국 내 2017년 전공과정별 유학생 수

학위과정	유학생 수	백분율(%)
인문사회계	47,637	66.1
이공	11,575	16.1
자연	5,313	7.4
예체능	6,794	9.4
의학계	713	1.0
총계	72,032	100

출처: 한국교육부, 『2017년 국내 고등교육기관 외국인 유학생 현황』

당한다. 그 다음으로 베트남 유학생이 11.8%, 몽골 유학생이 4.3%를 차지했다. 주요 국가별 현황에서 미국을 제외한 유학생 주요 송출국은 모두 아시아 국가로 나타난다.

유학 형태 분류에서 자비 유학생은 110,472명으로 전체의 89.2%를 차지하여 가장 많았고, 그 다음으로 대학초청 장학생(5.8%), 정부초청 장학생(2.6%)이 뒤를 이었다. 한국의 경우 학위 취득을 목표로 하는 정규과정에 진학하는 유학생 수가 72,032명으로 전체(123,858명)의 약 58%를 차지한다. 반면 어학연수생은 35,734명(29%), 기타 연수를 목적으로 하는 유학생 수가 16,092명(13%)으로 학위를 목적으로 하는 유학 유형이 가장 많다. 학위과정별로는 전문대학을 포함하여 학부에 재학하는 외국인 유학생 수가 45,966명(37.1%)이고, 석사과정에 재학 중인 유학생은 18,753명, 박사 과정에 재학 중인 유학생은 7,313명으로 각각 전체의 15.1%, 5.9%를 차지한다. 전공별로는 정규 학위과정에 재학 중인 유학생 중 47,637명(66.1%)이 인문사회 분야를 전공하고 있으며, 이공 분야 전공자가 16.1%, 자연 분야 전공자가 7.4%로 그 뒤를 이었다.

이상의 현황에서 볼 때 한국 내 외국인 유학생 분포는 국가별로는 아시아 출신, 특히 중국 출신의 유학생들이 다수를 차지하고, 유학 형태에서 자비 유학생이 다수이며, 전공분야에서는 인문사회 분야에 전공자가 몰려 있는 것이 특징적이다. 특히 유학생의 출신국가별, 전공분포별 현황에서 한 쪽으로 치우쳐 있는 경향을 보이고 있다.

2) 중국

(1) 중국 내 유학생

중국에 유학을 목적으로 체류하고 있는 외국인 유학생들은 2011년에 처음으로 29만 명을 초과해 그 총수가 292,611명에 이르렀다. 2016년에는 205개국에서 온 유학생의 수가 442,773명에 달하였다(중국 교육부, 2017). 이들은 홍콩과 마카오 그리고 대만 지역을 제외한 중국 내의 31개에 달하는 성, 자치구, 그리고 직할시에 소재한 829개의 고등교육기관, 연구소 및 기타 교육기관에서 교육을 받고 있다. 2015년에 비해 2016년에는 유학생이 45,138명이 증가했으며 이는 11.35%의 증가율을 의미한다. 2017년에는 총 489,200명의 유학생이 중국 대학에서 교육을 받았으며 204개국에서 온 학생들이 31개의 성, 자치구, 그리고 직할시에 소재한 935개의 기관에서 교육을 받은 것으로 나타났다(중국 교육부, 2017).

중국 내 외국인 유학생들의 출신국 내역을 보자면, 아시아 지역 유학생들이 제일 많은 264,976명으로 유학생 전체의 59.84%를 차지한다. 다음으로 유럽 지역 출신 유학생이 71,319명으로 16.11%를 차지한다. 북남미, 아프리카, 오세아니아 지역 유학생들은 각각 38,077명(8.6%), 61,594명(13.91%), 그리고 6,807명(1.54%)이다. 상승폭으로 보자면, 아프리카 및 오세아니아로부터 온 유학생 수의 증가폭이 가장 현저하며, 각각 23.7%와 13.28%이다.

〈표 6〉은 중국 내 국가별 유학생 파견 수 상위 10개국을 나타낸 것이다. 국가별로 보자면, 한국 유학생들이 가장 많으며, 전체 유학생의 15.9%를 차지하고 있다. 그 다음으로 미국과 태국으로 각각 5.4%, 5.2%를 차지하고 있다. 상위 10개국 중에서 미국과 러시아를 제외하면 모두가 아시아 지역 국가들이다. 1위의 한국을 비롯해 태국(3위), 인도네시아(7위), 베트남(10위) 등의 3개국은 모두가 동(남)아시아 지역 국가들이다. 특별히 주목할 점은 과거에 비해 인도와 파키스탄에서 온 유학생의 수가 크게 증가하였다는 것인데, 그들은 상위 10개국 중 2011년에는 각각 8위(9,370명), 9위(8,516명)를 차지했으나 2016년에는 4위(18,717명), 5위(18,626명)로 상승하였다. 또한 일본과 베트남은 2011년에는 3위(17,961명), 5위(13,549명)였으나 2016년에는 9위(13,595명), 10위(10,639명)로 하락하였다. 2017년에는 상위 10개국의 순위가 조금 바뀌었는데, 한국, 태국, 파키스탄, 미국, 인도, 러시아, 일본, 인도네시아, 카자흐스탄, 그리고 라오스의 순서였다(중국 교육부, 2018). 상위 10개국 이외에도 중국

〈표 6〉 중국 내 유학생 수 상위 10개국

(2016년)

순위	국가명	유학생 수
1	한국	70,540
2	미국	23,838
3	태국	23,044
4	인도	18,717
5	파키스탄	18,626
6	러시아	17,971
7	인도네시아	14,714
8	카자흐스탄	13,996
9	일본	13,595
10	베트남	10,639

출처: 중국 교육부, "2016年度我国来华留学生情况统计"

내 유학생 수가 5천 명을 넘는 국가는 프랑스(10,414명), 라오스(9,907명), 몽골(8,508명), 독일(8,145명) 그리고 말레이시아(6,880명) 등의 5개국이 있다.

이들 유학생들은 크게 두 형태, 즉 중국에서 학위를 취득하려는 유학생들과 그 이외의 유학 목적을 가진 유학생들로 분류할 수 있다. 2011년의 경우, 학위 취득을 목적으로 하는 중국 내 외국인 유학생은 118,837명으로 유학생 전체의 40.6%를 차지했다. 한편, 학위 취득이 목적이 아닌 유학생 규모는 173,774명이었다. 이들 중에는 어학연수생, 교환학생, 혹은 특별한 기능을 습득하기 위해 유학을 온 학생들이 포함되어 있으며, 특히 어학연수를 위한 유학생들이 가장 많다.[3] 2010년에 비해 학위 취득 목적의 유학생들은 11,405

3. 일본 히토쓰바시대학 대학교육연구개발센터의 니노미야 유(二宮祐) 전임강사가 북경과 상하이에 소재한 10개 대학을 대상으로 2008년에 실시한 조사에 따르면, 학부와 대학원 정규과정에 재적하지 않은 일본인 유학생들의 71.1%가 어학연수를 위한 학생들이었다.

명이 늘어서 10.62%라는 높은 증가율을 보였다. 학위 취득을 목적으로 하는 유학생들 중에 대학원 석사과정 및 박사과정에 재학하고 있는 유학생 수는 30,376명으로 2010년보다 25.57%나 급증했다. 대학원의 석사과정과 박사과정에 재학 중인 외국인 유학생들은 각각 23,453명과 6,923명으로 유학생 전체에서 차지하는 비율은 각각 8%와 2.4%이다. 2016년 통계자료에 따르면, 학위 취득을 목적으로 하는 중국 내 유학생은 209,966명으로 전체 유학생의 47.42%를 차지했다. 학위 취득을 목적으로 하지 않는 유학생은 2016년 기준 232,807명이었다. 이는 2015년에 비해 25,167명이 증가한 수치로 전년 대비 13.62% 증가하였다. 대학원 석사과정 및 박사과정에 재학하는 유학생은 총 63,867명이었는데 이는 2015년에 비해 19.22% 증가한 수치였다. 그중에서도 45,816명은 석사과정, 18,051명은 박사과정에 재학하는 학생이었다. 2017년의 경우에는 75,800명이 석사과정 및 박사과정에 재학하는 유학생이었다고 한다.

유학기간에 따라서는 장기 유학생과 단기 유학생으로 구분할 수 있다. 장기 유학생은 6개월 혹은 그 이상 중국에 체류하면서 학습 활동을 전개하는 외국인 유학생들이며, 6개월 이하는 단기 유학생으로 분류된다. 2011년, 장기 유학생은 216,850명으로 전체의 74.1%를 차지했다. 이는 전년도에 비해 15,440명, 다시 말해 7.7%가 증가한 것이다. 이에 비해 단기 유학생은 75,761명으로 전체의 25.9%를 차지하며, 전년도 대비 12,081명이 늘어 19%의 증가율을 보였다.

외국인 유학생들의 전공을 보자면, 일부 전공에 대한 편중 현상이 두드러짐을 알 수 있다. 다음의 〈그림 1〉과 같이, 유학생 수가 가장 많은 문학 전공자는 179,801명으로 유학생 전체의 60%를 넘고 있다. 다음으로 많은 의학 전공자는 38,750명으로 전체의 13.2%를 차지하고 있다. 그 다음으로는 공학, 경영학, 법학, 교육학, 이학(理學), 농학, 역사학, 철학의 순이다. 특히, 문학 전공자 중에는 중국어 관련 전공 유학생이 161,964명이며, 그 이외의

그림 1_ 전공별 외국인 유학생 수

(단위: 명)

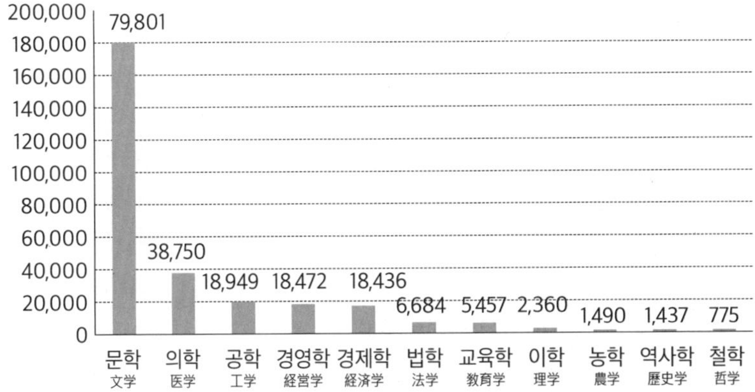

출처: 중국교육부, "중국교육연감 2011"

유학생은 겨우 17,837명에 지나지 않는다. 또한, 의학 전공의 유학생 중에는 한방의학을 전공하는 유학생이 11,822명이며, 이는 의학 전공 유학생의 30%를 차지하는 숫자이다. 한편 중국 교육부 발표 자료에 의하면 2017년에는 인문학을 전공하는 유학생이 48.45%를 차지하여 가장 많았고, 그 외 공학, 경영, 과학, 예술, 농학을 전공하는 유학생이 점점 증가하는 추세를 보였다(중국 교육부, 2018).

〈표 7〉처럼 외국인 유학생들이 거주하는 지역은 중국의 거의 모든 성, 직할시, 민족자치구에 이르고 있다. 지역별로는 북경, 상하이, 장쑤성 소재 대학들에 재학하고 있는 유학생들이 가장 많으며, 각각 77,234명, 59,887명, 32,228명이다. 이들 지역에 거주하는 외국인 유학생은 모두 16만9천여 명에 이르며, 2016년 중국 내 유학생 전체의 38%에 달한다. 10,000명 이상의 유학생이 있는 지역으로는 헤이룽장성(14,310명), 광시성(12,189명), 푸젠성(12,180명), 그리고 쓰촨성(10,796명)이 있다.

〈표 8〉은 중국 정부 장학금을 받고 중국에 유학을 온 외국인 유학생들을

〈표 7〉 외국인 유학생의 지역적 분포 상위 10개 지역

(단위: 명)

순위	지역	유학생 수
1	북경시	77,234
2	상하이시	59,887
3	장쑤성	32,228
4	저장성	30,108
5	톈진시	26,564
6	랴오닝성	25,273
7	광둥성	24,605
8	산둥성	19,829
9	후베이성	19,263
10	윈난성	14,925

출처: 중국 교육부, "2016年度我国来华留学生情况统计"

〈표 8〉 중국 정부 장학금 수혜 외국인 유학생 출신 지역

(2011년)

지역	국가수	인원(명)	비율(%)
아시아	45	13,310	51.82%
아프리카	52	6,316	24.58%
유럽	39	3,619	14.09%
북남미	31	1,960	7.63%
오세아니아	11	482	1.88%

출처: 중국 교육부, "중국교육연감 2011"

출신 지역별로 분류한 것이다. 2011년 현재 중국과 제 외국과의 교육교류 협정계획에 근거해 178개국 25,687명의 외국인 유학생이 중국 정부 장학금을 받고 중국에서 유학하고 있다. 전년도에 비해 3,297명(14.7%)이 증가했다. 이러한 국비 유학생들은 유학생 전체의 8.78%를 차지한다. 나머지 유학생들 중에는 여타 외국 정부 장학금, 외국 재단 장학금, 대학 장학금 등 다양한

종류의 장학금을 수혜받은 이들도 있지만, 그 대부분은 자비 유학생들이다. 지역별 내역을 보자면, 국비 유학생 중에서 아시아 지역 출신 학생들이 가장 많으며, 그 다음으로는 아프리카, 유럽, 북남미, 오세아니아의 순이다. 여타 지역에 비해 국비 유학생에 아프리카 출신 유학생 비율이 높은 점이 특히 주목을 끈다. 2016년에는 49,022명의 유학생들, 즉 전체 유학생의 11.07%는 중국 정부 장학금을 받고 중국에 유학을 왔으며 393,751명(전체 유학생의 88.93%)는 자비 유학생이었다(중국 교육부, 2017). 2017년에는 전체 유학생의 11.97%를 차지하는 58,600명의 학생이 중국 정부 장학금을 받았다고 한다(중국 교육부, 2018).

아래 〈표 9〉는 전공별 국비 유학생 규모 및 전체에서 차지하는 비율을 나타낸 것이다. 전공별로 보자면, 문학 전공의 국비 유학생이 가장 많다고는 하지만 국비 유학생 전체에서 차지하는 비율은 24.1%로, 동 전공이 유학생 전체에서 차지하는 비율인 61.4%보다는 상당히 낮은 수준이다. 여타 전공 분야의 경우, 의학 전공을 제외하면, 유학생 전체에서 차지하는 국비 유학생 수의 비율은 상대적으로 높다. 다른 전공들에 비해 문학 전공 유학생 중에는 자비 유학생의 비율이 상당히 높은 편이다.

〈표 9〉 전공별 국비 장학금 수혜 유학생 수

(2011년)

전공	문학	공학	의학	경영학	경제학	법학	이학	기타
인원(명)	6189	5428	3317	3139	3017	1798	1155	1644
비율(%)	24.1	21.1	12.9	12.2	11.8	7.0	4.5	6.4

출처: 중국 교육부, "중국교육연감 2011"

이상과 같은 중국의 외국인 유학생 현황 분석을 통해 다음과 같은 점들을 지적하고 싶다.

첫째, 외국인 유학생의 규모가 과거에 비해 커졌다는 점이다. 2011년에 외국인 유학생이 29만 명이었지만 2017년에는 48만 명에 달하여 상승세를 보이고 있다.

둘째, 유학생 교육의 수준이 상당히 낮다는 점이다. 많은 이들이 어학연수나 이문화 체험을 목적으로 하는 유학생들이고, 학위 취득을 목적으로 하는 유학생들은 46% 정도에 그치고 있다. 특히, 대학원 교육을 받고 있는 유학생들은 7만 명 정도로 유학생 전체의 15%에 지나지 않는다.

셋째, 외국인 유학생들이 거주하는 지역에 커다란 편중 현상이 나타나고 있다는 점이다. 상당수의 유학생들이 동부 연해 지역에 소재한 대학들에서 공부하고 있으며, 특히 북경이나 상하이 등의 대도시에 집중하는 경향을 보인다. 이러한 상황은 중서부 지역에 소재한 대학들의 국제화에 불리하게 작용하고 있다.

넷째, 대다수 외국인 유학생들의 출신지가 일부 국가 및 지역에 집중돼 있다는 점이다. 유학생 중에는 한국을 필두로 동아시아 지역 국가들에서 온 유학생들이 특히 많다. 특정 국가나 지역 유학생들의 비율이 높으면, 유학생 문화의 다양성을 저해할 소지가 있다.

다섯째, 외국인 유학생들을 위한 장학금이 턱없이 부족하다는 점이다. 유학생들의 생활이나 학습에 대한 지원이 부족하고, 그 제도적 정비가 제대로 이루어지지 않고 있다. 이러한 점들은 질적으로 우수한 유학생들을 유치할 수 없는 하나의 원인이 될 수 있다.

(2) 중국인 유학생

여기서는 해외로 나가는 중국인 유학생들의 현황과 관련 정책을 개괄코자 한다. 문화대혁명이 끝나고 1978년부터 중국은 해외 유학생 파견을 본격화한다.[4] 같은 해에는 겨우 860명의 학생들이 파견되었다. 그 후로 해외로 나가는 중국인 유학생은 점점 늘어 가지만, 거의 대부분이 중국 정부가 파견한 이른바 국비 유학생들이었다. 1985년에 중국 정부는 인민들의 사비 유학을 인정해 '유학을 지지하는' 입장을 취하지만, 유학생 규모는 5천 명 이하에 머물렀다. 게다가 1989년부터 1991년까지는 천안문 사건의 영향으로 해외로 나가는 중국인 유학생은 3천 명을 밑돌았다. 1992년 등소평이 발표한 이른바 남순강화(南巡講話)[5]를 계기로 중국 경제가 급성장하기 시작하면서 유학생은 급속히 증가했다. 아래 〈그림 2〉와 같이, 해에 따라 유학생 수에 다소의 증감이 있긴 하지만, 전체적으로 해외로 유학을 가는 중국인 학생들이 대폭 증가했음을 알 수 있다. 2011년에는 34만 명가량의 중국인 학생들이 해외로 나갔다. 그중에는 사비 유학생이 31만여 명에 달해 유학생 전체의 92.7%를 점했다.

그림 2_ 중국인 유학생의 수적 추이

(단위: 명)

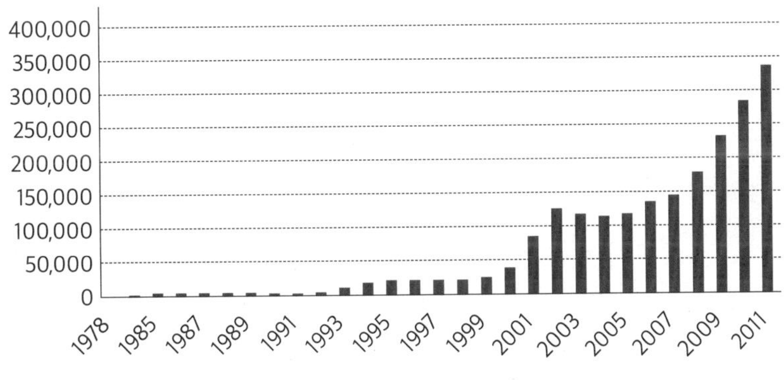

출처: 중국 통계청, "중국통계연감"(각 연도)

4. 문화대혁명이 있었던 1966년부터 1976년까지 중국의 대학들은 대부분 폐교했으며, 이로 인해 해외 유학생 파견도 거의 이루어지지 못했다.

5. 등소평은 1992년 1월부터 2월에 걸쳐 우한(武漢), 선전(深圳), 주하이(珠海), 상하이(上海) 등 남방의 주요 도시를 시찰하고 일련의 담화/성명을 발표했다. 그는 보수파를 비판하면서 개혁개방, 경제 발전, 시장경제를 강조했으며, 천안문 사건 이후로 일시적 침체를 보였던 중국 경제를 재차 고도성장의 길로 이끌었다.

〈표 10〉 해외에서 유학 중인 중국인 학생과 귀국한 중국인 유학생 수

(단위: 명)

연도	중국인 유학생	귀국한 중국인 유학생
2011	339,700	186,200
2012	399,600	272,900
2013	413,900	353,500
2014	459,800	364,800
2015	523,700	409,100
2016	544,500	432,500

출처: 중국 통계청, "중국통계연감 2017"

다음은 중국인 유학생들이 선호하는 유학지에 대해 살펴보고자 한다. 아래 〈표 11〉은 2016년 중국인 유학생들이 가장 많이 유학하고 있는 상위 5개 국가를 나타낸 것으로 미국, 호주, 영국, 일본, 캐나다의 순으로 유학을 선호함을 파악할 수 있다. 이들 국가들은 모두 선진국이면서도 다시 두 유형으로 나눌 수 있다. 일본은 근린국이며, 미국, 호주, 영국, 캐나다는 영어권 나라들이다. 중국인 유학생들이 유학지를 선택할 경우, 거리와 언어를 중

〈표 11〉 중국인 유학생들의 주요 유학지 상위 5개국

(2016년)

순위	유학국	인원(명)
1	미국	291,063
2	호주	112,329
3	영국	91,518
4	일본	79,175
5	캐나다	60,936

출처: UNESCO, "Global Flow of Tertiary-Level Students"

요한 요소로 고려한다는 것을 짐작할 수 있다. 한편, 중국 교육부에 따르면 2017년 기준으로 대부분의 중국인 유학생들이 자비로 유학을 갔다고 한다 (541,300명 혹은 전체 중국인 유학생의 88.97%).

1978년부터 현재까지 중국인 유학생의 수적 추이를 보자면, 그들의 해외 유학이 중국 정부의 정책에 크게 영향을 받아 온 것을 알 수 있다. 1992년 8월, 중국 정부는 재외 유학생 문제에 관한 통지를 발표했다. 즉, 유학생들의 귀국을 환영하고, 출입국 수속을 간소화해 귀국 후 재출국을 인정할 뿐만 아니라, 외국계 기업 취직이나 해외에서의 겸직도 가능케 했다. 이러한 결정은 중국공산당 중앙위원회 및 국무원에 의해 1993년 2월에 발표된 '중국 교육개혁 및 발전요강'의 내용으로 포함된 "유학을 지지하고, 귀국을 장려하고, 왕래는 자유"라는 방침으로 이어졌다. 게다가 고등교육의 제도개혁에 따라 1997년부터 대학의 수업료 징수가 본격화되었으며, 대학 졸업생들의 취직도 자유로워졌다. 이로 인해 대학생들은 국가에 봉사하는 의무를 진다는 생각으로부터 해방될 수 있었으며, 중국인 자비 유학생들에게 비용의 반환을 요구할 근거도 더 이상 유효하지 않게 되었다.

자비 유학의 철저한 자유화는 2001년에 중국이 세계무역기구(WTO)에 가입하면서 더욱 본격적으로 실현되었다. WTO 설립협정의 부속문서인 서비스 무역협정은 국경을 초월한 교육 서비스에 적용되기 때문에 고등교육의 자비 유학에 관해서도 자유화가 요구되었던 것이다. 이를 근거로 WTO 가입에 따른 중국 국내법 정비의 일환으로 2002년에는 자비 유학생의 학비 상환 의무가 폐지되었다. 이와 같은 유학 자유화의 흐름으로 인해 자비 유학생은 날로 증가 추세를 보였다. 그리고 1992년 이후로는 사회주의 시장경제 노선으로의 이행을 거치면서 중국은 비약적인 경제 발전을 이루었으며, 인민들의 소득수준도 대폭 상승했다. 이러한 흐름은 자비 유학을 장려 혹은 유도하는 중요한 요인으로 작용했다.

최근 몇 년 동안 '두뇌유출'과 함께 '두뇌환류'의 흐름도 새로운 특징으로 나타나고 있다. 해외로부터 완전히 귀국해 국내에서 일하는 것에 머물지 않고, 본거지를 해외에 두면서도 일정한 형태로 중국의 발전에 기여할 수 있으면 된다는 인식이 점점 확산되고 있다. 이는 유학생 파견의 방침인 '왕래는 자유'라는 인식의 귀결이라 할 수 있다. 중국 정부의 인사부와 교육부 등이 2001년에 공표한 통지에 의하면, 해외에 체류하는 유학생들에 대해 다양한 방법으로 국가(중국)에 봉사할 것을 장려하고 있다. 해외 유학생들이 중국의 고등교육기관과 협력해 연구를 진행할 경우, 스스로의 연구활동을 해외에서 해도 되며, 일시귀국의 형태로 진행해도 무방하다는 입장이다. 고도의 전문지식과 기능을 겸비한 유학생이라면 해외에 있어도 중국의 발전에 공헌할 수 있을 뿐만 아니라, 거주국과 모국(중국)의 문화를 동시에 숙지한 인재로 중국과 세계 각국의 가교 역할을 수행할 수 있다는 것이다. 이러한 의미에서 해외에 남은 중국인 유학생들은 중국에 있어 해외에 있는 '인재창고'가 된다는 인식과 논리이다.

한편, 귀국하는 유학생들이 점점 증가하면서 새로운 현상들도 나타나고 있다. 근래 들어 귀국하는 유학생이 늘면서 그들에 대한 희소가치가 줄고 있으며, 국내파 고학력자의 급증으로 해외 유학파들이 취직에 어려움을 겪고 있다. 국내 대졸자들에게 취직 경쟁에서 밀려 일자리를 구하지 못하는 귀국 유학생들도 늘어나고 있다. 유학생을 둘러싼 이상과 같은 현안들은 현재 중국이 안고 있는 새로운 사회문제가 되고 있다.

3) 일본

일본 문부과학성 산하기관인 독립행정법인 일본학생지원기구(JASSO: Japan Student Services Organization)의 발표에 따르면, 2017년 5월 1일을 기준으로 일본 내 외국인 유학생은 총 267,042명인 것으로 나타났으며 이는 2016년에 비해 27,755명이 증가한 수치라고 한다. 이 중 본 공동연구 프로젝트의 주된 연구 대상인 대학 학부생은 80,020명이었고 대학원생은 46,373명이었다

〈표 12〉 일본 내 외국인 유학생 수

(2017. 5. 1. 기준)

구분	유학생 수(명)	전년 대비 증감율(%)
대학원생	46,373	6.7
학부생(단기대생 포함)	80,020	7.7
전수학교(전문과정)	58,771	17
준비교육과정	3,220	4.3

출처: JASSO, "Result of an annual survey of international students in Japan 2017"

(JASSO, 2017). 2016년 동일 시기에 비해 학부생은 7.7% 증가했고, 대학원생은 6.7% 증가했다. 구체적인 유학생 수는 〈표 12〉와 같다.

다음으로 일본 내 외국인 유학생들을 전공분야별로 보자면, 아래 〈표 13〉과 같다. 유학생이 가장 많은 분야는 인문과학이며, 총 124,305명으로 유학생 전체의 46.5%를 차지하고 있다. 다음은 사회과학이며 총 67,664명으로

〈표 13〉 일본 내 전공별 외국인 유학생 수

(2017. 5. 1. 기준)

전공분야	유학생 수(명)	비율(%)
인문과학	124,305	46.5
사회과학	67,664	25.3
공학	30,804	11.5
예술	8,432	3.2
가정경제학	4,787	1.8
보건학	4,356	1.6
농학	3,739	1.4
과학	3,452	1.3
교육	3,221	1.2
기타	16,282	6.1

출처: JASSO, "Result of an annual survey of international students in Japan 2017"

전체 유학생의 25.3%를, 그 다음은 공학 분야로 총 30,804명이며 전체 유학생의 11.5%를 차지하고 있다. 인문사회과학 분야가 전체의 71.8% 정도를 차지해 전반적으로 강세를 유지하고 있는 가운데, 공학 분야도 나름대로 인기를 얻고 있다. 이 밖에 예술, 가정경제학, 보건학, 농학, 과학, 교육 등의 순으로 유학생이 많다.

계속해서 일본 내 각 지역(지방)별 외국인 유학생의 거주 분포에 대해서 살펴보자. 일본의 각 지자체 및 지방 대학들도 교육의 국제화에 나름대로 정성을 쏟고 있어서 외국인 유학생들은 거의 일본 전 지역에서 학업과 생활을 영위하고 있다고 해도 과언이 아니다. 아래 〈표 14〉는 일본을 8개의 지역권으로 분류해 각각의 권역에 얼마나 많은 유학생들이 거주하고 있는지를 정리한 것이다. 이에 따르면, 도쿄대나 히토쓰바시대 등 저명 국립대를 비롯해 사립명문인 와세다대와 게이오대 등이 소재한 도쿄를 중심으로 하는 간토 지방에는 총 149,815명(56.1%)의 유학생이 거주하고 있으며, 이는 전체 유학생의 절반이 넘는 규모이다. 다음으로 국립 교토대와 사립 리쓰메이칸대가 소재하는 교토나 국립 오사카대 등이 소재하는 오사카를 중심으로 하

〈표 14〉 일본 내 지방별 유학생 분포

(2017. 5. 1. 기준)

지방	유학생 수(명)	비율(%)
간토(関東)	149,815	56.1
긴키(近畿)	45,526	17.0
규슈(九州)	28,613	10.7
주부(中部)	21,884	8.2
주고쿠(中国)	10,108	3.8
도호쿠(東北)	6,041	2.3
홋카이도(北海道)	3,454	1.3
시코쿠(四国)	1,601	0.6

출처: JASSO, "Result of an annual survey of international students in Japan 2017"

는 긴키 지방에는 전체 유학생의 17%에 해당하는 총 45,526명의 유학생이 거주하고 있다. 다음으로는 국립 규슈대학 등 국공립 지방 대학이 많은 규슈 지방과 주부 지방이 그 뒤를 잇고 있다. 이들 간토, 긴키, 규슈, 주부 지방을 합치면 전체의 92%에 육박하는 유학생들이 이들 네 지방에 밀집해 있는 셈이다.

이를 종합하자면, 지방별로 교육의 국제화에 정성을 들이고 있다고는 하지만, 여전히 교육의 중심지인 도쿄와 교토를 중심으로 유학생들의 편중/집중 현상이 계속되고 있음을 알 수 있다. 이로 인해 일본 유학생들에게는 자연스럽게 도쿄학파와 교토학파라는 양대 유학생 네트워크가 형성되며, 졸업 후에 이어지는 이들의 인적 교류 및 네트워크에도 영향을 미치고 있다.

일본 내 외국인 유학생들을 출신국가 혹은 지역별로 분류하자면, 2017년을 기준으로 중국인 유학생이 가장 많은 107,260명으로 전체 유학생의 40.2%를 차지한다. 그 다음으로는 베트남 유학생들로, 61,671명이며 전체 유학생의 23.1%를 차지한다. 다음은 네팔 유학생들로 21,500명으로 전체 유학생의 8.1%를 차지한다. 중국, 베트남, 그리고 네팔 유학생들을 합치면 전체 유학생에서 차지하는 비율이 71.4%나 된다. 특히 2011년 통계자료와 비교해 보았을 때 주목할 점은 4위(4,033명)였던 베트남이 2017년에는 2순위로 상승했다는 점이다. 또한 2011년에는 네팔의 순위가 8위(2,016명)였으나 2017년에는 3위로 대폭 상승했음을 관찰할 수 있다.

한편, 출신 대륙별 외국인 유학생 비율을 보자면, 아시아 지역 출신 유학생은 전체의 93.3%로, 유럽(3.3%), 북미(1.3%), 아프리카(0.8%), 중동(0.6%), 중남미(0.5%), 오세아니아(0.3%)에 비해 압도적으로 많다. 다음의 〈표 15〉는 일본 내 출신국(지역)별 외국인 유학생 수 상위 16개 국가(지역)를 나타낸 것이다. 상위 10개 국가(지역)가 모두 아시아 지역에 위치하고 있다는 점은 일본 내 외국인 유학생의 상당수가 아시아 지역 출신임을 의미한다. 상위 16개 국가(지역)까지를 보더라도 비아시아 지역은 미국과 프랑스에 불과하며, 나

〈표 15〉 일본 내 외국인 유학생 수 상위 16개 국가(지역)

(2017. 5. 1. 기준)

순위	국가(지역)명	유학생 수(명)	순위	국가(지역)명	유학생 수(명)
1	중국	107,260	9	태국	3,985
2	베트남	61,671	10	말레이시아	2,945
3	네팔	21,500	11	미국	2,786
4	한국	15,740	12	방글라데시	2,748
5	대만	8,947	13	몽골	2,517
6	스리랑카	6,607	14	필리핀	1,806
7	인도네시아	5,495	15	프랑스	1,346
8	미얀마	4,816	16	인도	1,236

출처: JASSO, "Result of an annual survey of international students in Japan 2017"

머지는 모두 동아시아, 동남아시아, 그리고 서남아시아 지역에 속해 있다. 이처럼 일본 내 외국인 유학생은 같은 역내인 아시아 지역 출신 학생들이 절대 다수를 차지하고 있음을 알 수 있고, 이는 아시아 유학생들의 국경을 초월한 초국가적 정체성 및 의식 형성의 가능성을 조사하는 본 공동연구 프로젝트가 왜 일본에서도 반드시 실시되어야 하는지에 대한 명분과 당위성을 제공하고 있다.

이상과 같이 일본은 특히 아시아 지역 학생들이 선호하는 유학지이면서도, 그렇다고 해서 반드시 매력적인 유학지만은 아니었다는 사실을 그동안 전개되었던 일본 내 외국인 유학생 현황을 통해 엿볼 수 있었다. 즉, 서두에서 살펴본 바와 같이 2011년도에는 대학원생에 있어서는 다소의 증가를 보였으나, 전반적으로 일본에 유학을 오는 외국인 학생들이 감소했음을 알 수 있었다. 일본 정부가 자국의 성장을 뒷받침할 글로벌 인재육성 및 그 활용 방안 구축을 목적으로 2011년에 총리실 산하에 설치한 '글로벌 인재육성 추진회의' 자료에 따르면, 1990년대부터 2000년대까지 지난 20년 동안 세계적으로 유학생 규모는 약 3배가 증가한 370만 명 정도이지만, 일본으로 유학을 온 외국인 유학생이 차지하는 비율은 전체의 3.6%에 지나지 않는다. 또한 일본 내 외국인 유학생 수는 과거 20년 사이에 증가는 했으나, 여타 주요 선진국에 비해 상당히 적은 규모라는 것이다. 다시 말해, 세계적인 유학생 증가 추이를 일본 내 외국인 유학생 증가 추이가 따라가지 못했음을 알 수 있다. 그 추이를 나타내면 아래 〈표 16〉과 같다. 그러나 이러한 감소 추이는 2012년부터 역진하여, 2014년 이후에는 유학생의 수가 급격히 증가하는 경향을 보이고 있다. 특히나 2015년에는 일본 내 유학생의 수가 20만 명을 돌파하여, 2016년에는 2015년에 비해 약 15% 정도 증가한 총 239,287명의 유학생이 일본에서 교육을 받고 있었다.

〈표 16〉 전 세계 및 일본의 유학생 수 추이 비교

(단위: 만 명)

연도	2012년	1995년	2000년	2005년	2009년
전 세계	400	170	210	300	370
일본	4.1	5.4	6.4	12.2	13.3

출처: 第2回グローバル人材育成推進会議配布資料(2012年6月)

한편, 다음 〈그림 3〉은 1980년대 초반부터 2017년까지의 유학생 추이를 그래프로 나타낸 것으로 그 변화상을 쉽게 파악할 수 있다. 구체적으로는 고등교육기관에 재적하고 있는 외국인 유학생들을 국비 유학생, 사비 유학생, 외국 정부 파견 유학생으로 분류해 그 수적 변화를 그래프로 표현했으며, 이들을 합친 전체 유학생 규모의 변화도 함께 나타내고 있다. 외국 정부 파견을 포함한 국비 유학생은 1980년대 초반에 비해 3배 이상의 증가 추세를 보이고 있으나, 사비 유학생이나 전체 유학생의 변화 추이에 비해서는 상대적으로 미미한 수준임을 알 수 있다. 사비 유학생들의 증가 추이는 상대적으로 상당히 가파르며, 전체 유학생 규모에서 차지하는 비율도 현저히 높다. 즉, 일본 내 전체 유학생 수의 변화 추이와 사비 유학생 수의 변화 추

그림 3_ 일본 내 국비 및 사비 유학생 추이

(단위: 명)

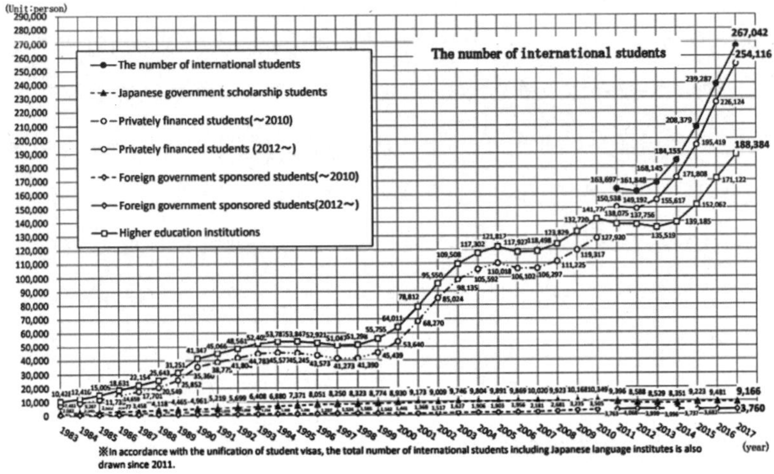

출처: JASSO, "Result of an annual survey of international students in Japan 2017"

이가 거의 같은 모양의 상승 곡선을 그리면서 변화했음을 알 수 있다. 이는 세계적으로 물가가 비싸기로 유명한 일본에서의 유학을 사비로 하는 학생들이 그 대세를 이루고 있다는 사실을 방증한다.

전체적인 흐름을 개괄하자면, 1980년대 초반부터 1990년대 중반까지는 완만하기는 하지만 일본 내 유학생 수는 지속적인 증가 추세를 보였다. 이는 일본 정부가 1983년에 '유학생 10만 명 계획'을 발표하는 등 적극적인 유학생 유치활동을 펼친 결과로 해석할 수 있다. 그러나 이러한 유학생 증가 추세는 일본의 버블경제 이후에 전개되는 '잃어버린 10년' 시기인 1990년대 중반부터 1998년 IMF 금융위기까지 시대적 상황과 맞물려 주춤하게 된다. 그러다가 1990년대 후반부터 2000년대 중반까지는 일본 내 외국인 유학생 수가 가파른 상승세를 그린다. 이러한 가파른 상승세는 저출산과 고령화라는 일본 사회의 구조적 문제점들을 유학생을 포함한 외국인들로 보완하려는 일본 정부나 대학들의 적극적인 유학생 유치 등 일본 국내적인 요인

그림 4_ 교육과정별 유학생 추이

(단위: 명)

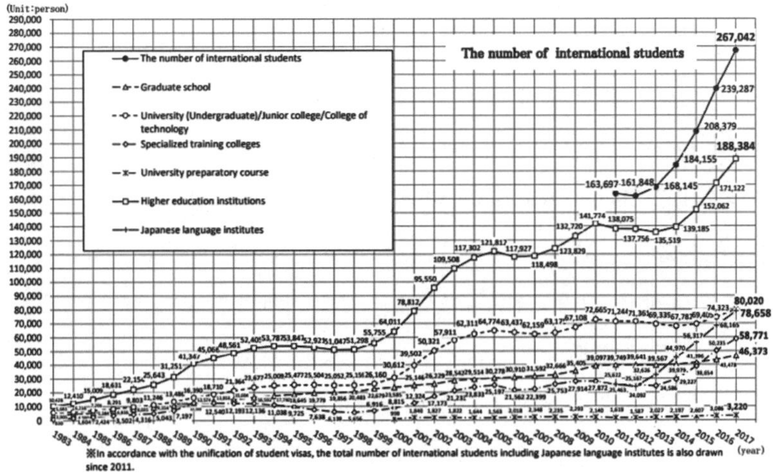

출처: JASSO, "Result of an annual survey of international students in Japan 2017"

도 기여했지만, 특히 한국과 중국을 중심으로 하는 아시아권 나라 학생들의 해외 유학 붐과도 일맥상통한다. 2005년부터 리먼쇼크라는 금융위기의 징조가 보이기 시작했던 2007년까지 다시 유학생 유입은 주춤하지만, 일본 정부가 '유학생 30만 명 계획'을 발표한 2008년부터 다시 증가한다. 그러다가 2011년 3월 11일 동일본대지진의 영향으로 일본으로 유학을 오는 학생들의 수는 격감하게 되었다. 그러나 2012년 이후 상승하는 추세를 보이며 2014년 이후 일본으로 유학을 오는 외국인 학생들의 수가 급격히 증가하였다.

〈그림 4〉는 〈그림 3〉과 마찬가지로 1980년대 초반부터 2017년까지의 유학생 추이, 구체적으로는 고등교육기관의 교육과정별 변화 추이를 그래프로 나타낸 것이다. 학부(단기대학 및 전문학교 포함) 유학생은 전체 유학생 추이와 거의 대동소이한 모양으로 시대적 상황을 반영해 증감을 그리면서 변화했음을 알 수 있다. 이에 비해 대학원 유학생들의 경우는 1983년 3,905명에서 2011년 39,749명에 이르기까지 커다란 증가폭은 없었지만 거의 매년 감

소 없이 꾸준히 증가했음을 확인할 수 있다. 일본 대학들이 운영하고 있는 대학원 교육 프로그램 및 환경이 외국 유학생들에게는 나름대로 인기를 유지해 왔음을 엿볼 수 있는 대목이다.

다음으로는 일본 내 대학별 유학생 현황 및 정책에 대해 살펴보고자 한다. 〈표 17〉은 외국인 유학생 수천 명 이상을 보유하고 있는 일본의 대학들을 순위대로 나열한 것이다. 천 명 이상의 유학생이 재학하고 있는 대학들은 2017년 기준으로 총 25곳이다. 물론 이들 숫자에는 학위를 목적으로 하는 장기 유학생, 그리고 6개월에서 1년 정도 기간의 교환학생이나 일본어 어학연수 등 여타 목적으로 유학을 하고 있는 단기 유학생들이 모두 포함된 숫자이다. 국립대가 11곳, 사립대가 14곳으로 국립/사립 모두 외국인 유학생 유치에 열심인 것을 알 수 있다. 일본 문부과학성 초청 외국인 장학생 등이 대체적으로 국립대에 많이 진학하는 반면, 사비 유학생들은 대체적으로 사립대를 선호하는 편이다. 한편, 천 명 이상의 유학생이 재학하는 대학들을 지방별로 보자면, 도쿄를 중심으로 하는 수도권인 간토 지방이 12곳으로 역시 제일 많고, 다음으로 교토/오사카를 중심으로 하는 긴키 지방이 5곳, 계속해서 규슈 3곳, 주부 1곳, 도호쿠 1곳, 홋카이도 1곳, 주고쿠 1곳, 간사이 1곳 등이다. 대학별로 보자면, 전통적으로 유학생들이 많은 국립 도쿄대, 쓰쿠바대, 오사카대, 규슈대, 교토대, 나고야대 등을 제치고 사립인 와세다대와 도쿄복지대가 1위와 2위를 차지하며 약진한 것이 흥미롭다. 5위를 차지한 리쓰메이칸아시아태평양대(APU: Ritsumeikan Asia Pacific University)도 지방에 위치하고 2000년에 설립된 신생 대학이면서도 대학 명에서도 알 수 있듯 공격적인 (아시아 출신) 유학생 정책과 유치로 인구에 많이 회자되고 있다.

특히, 〈표 17〉에서 보듯, 외국인 유학생 수에 있어서 수위를 차지한 와세다대는 유학생 정책 및 유치와 관련해 여타 일본 대학들의 벤치마킹 대상이 되고 있다. 1882년에 개교한 와세다대는 초창기부터 한국인 및 중국인 유학생들을 적극적으로 받아들이는 전통을 바탕으로 '아시아 지향'이라는

〈표 17〉 일본 내 대학별 외국인 유학생 수

(2017. 5. 1. 기준)

대학명	유학생 수(명)	구분	지역
와세다대	5.072	사립	간토
도쿄복지대	3,733	사립	간토
도쿄대	3,618	국립	간토
일본경제대	2,983	사립	규슈
리쓰메이칸아시아태평양대	2,804	사립	규슈
쓰쿠바대	2,426	국립	간토
오사카대	2,273	국립	긴키
규슈대	2,201	국립	규슈
리쓰메이칸대	2,141	사립	긴키
교토대	2,134	국립	긴키
홋카이도대	1,851	국립	홋카이도
나고야대	1,805	국립	주부
게이오대	1,677	사립	간토
메이지대	1,456	사립	간토
히로시마대	1,442	국립	주고쿠
조사이국제대	1,438	사립	간토
도쿄공업대	1,432	국립	간토
도시샤대	1,358	사립	간사이
조치대	1,307	사립	간토
일본건강스포츠대	1,275	사립	간토
일본대	1,220	사립	간토
고베대	1,201	국립	긴키
다쿠쇼쿠대	1,055	사립	간토
오사카산업대	1,005	사립	긴키

출처: JASSO, "Result of an annual survey of international students in Japan 2017"

학풍을 견지해 왔다. 이러한 학풍은 현재의 국제화 시대에 걸맞게 '글로컬(Global+Local) 지향'이라는 새로운 슬로건 아래에 (특히 아시아) 유학생 정책과 유치에 적극적으로 나서고 있다. 이러한 이유로 유독 와세다대에는 중국, 한국, 대만 출신을 중심으로 하는 아시아 출신 유학생들이 많다. 아래 〈표 18〉은 2017년 와세다대에 재학하고 있는 외국인 유학생들의 상위 10개 출신 국가/지역을 나타낸 것으로, 미국, 프랑스, 영국을 제외한 7개 국가/지역이 모두 아시아권임을 쉽게 파악할 수 있다.

구체적으로 와세다대는 전통적으로 오래된 학부 및 대학원들은 물론, 보다 적극적인 외국인 유학생 유치를 위해 일본 대학으로는 비교적 이른 시기에 해당 전문 학부와 대학원을 신설했다. 예를 들어 1998년에 설립된 대학원 아시아태평양연구과(GSAPS: Graduate School of Asia-Pacific Studies)는 아시아태평양 지역학을 중심으로 하는 국제관계학 석박사 과정으로 특화하는 전략을 취했다. 와세대에서 발표한 통계자료에 따르면 2017년 5월 기준으로 재

〈표 18〉 한국 내 2017년 전공과정별 유학생 수

(2017. 5. 1. 기준)

국가/지역	유학생 수(명)	비율(%)
중국	2,822	52.13
한국	832	15.37
대만	403	7.45
미국	234	4.32
인도네시아	114	2.11
태국	103	1.90
프랑스	63	1.16
싱가포르	63	1.16
영국	60	1.11
홍콩	56	1.03

출처: Waseda University, "Facts 2017"

학 중인 외국인 유학생은 총 5,413명이었다. 이 중 학부생은 2,510명이었고 대학원생은 2,456명이었던 것으로 조사되었다. 중국 유학생이 전체 유학생의 52.13%, 한국 15.37%, 대만 7.45%, 미국 4.32%, 인도네시아 2.11%, 태국 1.90%를 차지하는 등 아시아 출신 유학생이 압도적으로 많은 수를 차지하고 있다. 물론 커리큘럼 자체도 절반 이상의 과목이 영어로 진행되는 등 다소 보수적이고 폐쇄적인 일본 대학들과는 달리 외국인 유학생들이 잘 적응할 수 있는 교육환경 만들기에 선구적인 역할을 했다는 평가를 받고 있다. 특히, 동 대학원은 2011년부터 한중일 3국을 중심으로 국경을 초월한 교육 네트워크 형성을 위한 이른바 '캠퍼스 아시아(CAMPUS Asia)' 프로그램도 일본 문부과학성의 재정 지원 아래 활발히 추진하고 있다. 아시아 지역통합을 위한 '동아시아대학원(EAUI: East Asian University Institute)'을 2020년까지 설립한다는 목표로 고려대(한국), 북경대(중국), 타마삿대(태국), 난양공과대(싱가포르) 등 아시아 유수 대학들과 공동으로 동 프로그램을 운영하고 있다.

또한, 2004년에 신설된 와세다대 국제교양학부(SILS: School of International Liberal Studies)도 많은 아시아 출신 우수 유학생들을 받아들이는 창구 역할을 하고 있는 것으로 잘 알려져 있다. 동 학부는 거의 대부분의 수업을 영어로 진행하고 있어서 일본어를 못하는 학생들도 유학할 수 있는 열린 학부를 지향하고 있으며, 매년 재학생의 80% 이상, 즉 500명 이상의 학생들이 와세다대가 아닌 30개 이상의 국가/지역의 해외 대학들에 유학을 하고 있다. 게다가 와세다대는 일찍부터 보다 적극적인 유학생 유치 및 파견을 위해 자체 해외 사무소를 개설해 왔다. 특히, 아시아 지역 사무소를 적극 개설해 왔는데, 예를 들어 중국에는 북경사무소(2004년 개소), 상하이사무소(2008년 개소), 그리고 남경연락사무소 등 3곳을 두고 있으며, 대만에는 타이베이사무소를 2008년에 개소했다. 이 밖에도 싱가포르사무소를 2004년에, 태국 방콕사무소를 2009년에 각각 개소했다. 역설적이게도 가장 가까운 한국에는 아직 사무소가 없으며, 단지 와세다대 동창회 사무소가 고려대 내에 있는 정도이다. 이러한 와세다대의 노력이 자연스럽게 아시아 지역 출신 유학생들의 유치로 이어질 수 있었던 것이다.

이에 비해 한국에도 많이 알려진 바와 같이, 와세다대와 함께 대표적 명문사학인 게이오대는 상대적으로 아시아 유학생 유치에 보수적이자 소극적인 자세를 견지해 왔다. 이 때문에 게이오대의 전체 유학생 수는 와세다대의 3분의 1 수준에 머무르고 있으며, 근래 들어 겨우 경쟁 관계에 있는 와세다대로부터 자극을 받아 유학생 유치에 다소 적극성을 보이는 수준이다.

한편, 전통적으로 일본에서 유학생이 가장 많다는 인식이 강했던 국립 도쿄대도 그러한 아성이 무너지고 있으며, 교육의 국제화에 있어서 위기의식을 느끼는 것은 마찬가지이다. 도쿄대 홈페이지 자료에 따르면, 2017년 5월 1일 기준으로 도쿄대의 외국인 유학생의 비율은 전체 학생의 12%였다. 이 중 학부생은 4%이고 대학원생은 9%인 것으로 나타났다. 앞서 살펴본 와세다대가 학부와 대학원 모두 균형 있게 유학생을 유치하는 것과 달리, 도쿄대는 대학원 중심으로 유학생을 받아들여 왔음을 알 수 있다. 도쿄대의 이러한 유학생 비율은 세계적인 유수 대학들, 예를 들어 옥스퍼드대(40%) 등과 비교했을 때 상당히 괴리가 있는 수치이다. 2017년 5월 1일 기준, 해외에 유학 중인 도쿄대생도 모두 합쳐 382명으로, 와세다대가 2017년 1,048명이 해외에 유학 중인 것과는 3배 정도의 차이가 난다. 이러한 위기의식 속에서 도쿄대는 가을학기 입학제도 도입을 비롯, 2020년까지 외국인 유학생 비율을 전체의 10% 이상으로 끌어올리고, 재학생 전원에게 해외 유학을 경험시키겠다는 야심찬 계획들을 검토하고 있지만, 그리 순조롭지만은 않은 상황이다.

The World University Rankings에는 전 세계 대학들의 관심이 집중된다. 일본의 대학들도 예외일 수 없으나, 근래 들어 일본 대학들의 성적은 그다지 양호한 편이 아니다. 2017년 랭킹에서는 〈표 19〉와 같이 도쿄대, 교토대, 도호쿠대 등 불과 3개 국립대학만이 300위 안에 이름을 올렸다. 2017년에는 3

〈표 19〉 세계대학순위 300위 내 일본 대학들

(2017년)

대학명	세계 순위(전년도)	아시아 순위
도쿄대	39	7
교토대	91	14
도호쿠대	201	26

출처: The Times Higher Education, "World University Rankings"

개의 대학들이 300위 안에 들었고, 아시아 내 순위 또한 과거에 비해 다소 하락하였다. 2009년에 모두 9개의 일본 대학들이 200위 안에 든 것에 비하면 상당한 후퇴가 아닐 수 없다. 특히, 이러한 일본의 성적은 중국(홍콩 포함), 한국, 대만, 싱가포르 등 여타 아시아권 대학들의 선전과 약진이 두드러지고 있는 것과는 다소 대조적이다. 이 때문에 일본 정부나 대학에서는 이처럼 자국의 대학들이 국제적인 경쟁력에서 밀리는 상황에 대한 자성의 목소리가 강하게 대두되고 있다.

주지하다시피 유학생 유치와 파견은 고등교육기관(대학)의 국제화를 가늠하는 중요한 척도가 된다. 전통적인 유학 유치국의 역할을 해 왔던 선진국 일본이 과연 이상과 같은 대학의 국제화 및 유학생 정책을 둘러싼 총체적 난맥상을 앞으로 어떻게 풀어나갈 것인지 그 귀추가 주목된다.

2. 해외 유학에 관한 선행연구 동향

본 연구에서 주목하는 아시아 역내 유학의 증가는 그 자체가 비교적 최근에 나타난 현상이므로 선행연구가 그리 많지 않은 편이다. 유학생에 관한 국내 연구는 크게 두 가지 흐름, 즉 외국인 유학생들의 학교 및 한국 생활에 대한 적응 문제를 소규모 설문조사에 근거하여 분석한 연구(박은경·김민일, 2009; 권양이, 2008; 안영진, 2009), 그리고 유학생 확대를 위한 대학의 전략이나 정부의 제도 개선방안을 다루는 정책 연구들이 주류를 이룬다(이기정·노정희·신우영,

2009; 김우종, 2011). 좁은 의미의 유학생 유치 전략을 넘어서 국제적인 교육기관 간 협력을 통해 글로벌 시민(global citizen)을 양성하는 '글로벌 교육'의 도입을 주장하는 연구(배상훈, 2010), 한국에서 고등교육을 받은 외국 유학생들을 국내 중소기업에서 필요로 하는 인력으로 양성하자는 주장(송영관·양주영, 2009) 등 보다 포괄적이고 구체적인 쟁점을 다루는 연구들도 있다. 그러나 국내의 기존 연구들은 대부분 일국주의의 틀을 벗어나지 못하고 있으며, 아시아 출신 유학생의 증가가 향후 동아시아 역내의 교류 확대, 문화 및 정체성의 역동적 변화에 미칠 영향에 주목하는 연구는 거의 없는 실정이다.

이에 비해, 동아시아의 대표적인 유학 목적국인 일본의 경우는 1990년대 이후 아시아 역내 유학권의 형성과 관련하여 국제적인 시각에서 일본의 유학생 정책에 접근하는 연구들이 다수 발표되었다. 히라노(平野, 2008)는 아시아 지역에서 유학지도의 구조적 변화는 1990년대에 이미 시작되었고, 이러한 유학생의 움직임은 보다 넓은 의미인 '사람들의 국제이동'의 일부로 생각하는 것이 타당하다고 주장한다. 아시아 국가들 사이의 국제적인 인적 교류가 활발해짐에 따라 국가들의 집합체로서의 아시아 지역과는 별도로, '아시아 사람들'로 구성되는 새로운 의미의 아시아 지역이 형성되기 시작했다고 히라노는 역설한다. 또한, 스기무라(杉村, 2011)는 유학생 정책이 무엇보다도 '고등교육의 글로벌화'라는 특성을 갖고 있으며, 지금의 아시아 유학생 관련 특징으로 (1) 정치경제적 국가전략으로서의 유학생 정책, (2) 사비 유학 등 민간 섹터를 끌어들인 유학의 대중화, (3) 트랜스내셔널한 프로그램의 보급과 유학 형태의 다양화를 꼽고 있다.

한편, 아시아 유학생들의 두뇌순환과 관련, Hugo(2009)는 호주 내의 아시아계 이주자(유학생 포함)들의 인구이동 패턴을 단순한 일방적인 흐름이 아니라 순환이주(return migration)라는 관점에서 분석한 새로운 인구학적 모델을 제시하고 있다. 그러나 Hugo의 순환이주 모델은 이러한 이주자들의 순환이주가 그들의 정체성에 어떠한 영향을 미쳤는지에 대한 실질적인 답은 주지 못하는 한계가 있다. 본 연구는 Hugo의 이러한 순환이주 모델을 부분적으로 수용 및 참고하되, 여기서 더 나아가 아시아 유학생들의 활발한 역내이동(두뇌순환)이 인적 자본은 물론, 그들의 초국가적 네트워크와 정체성 형성에 어떠한 영향을 미치는지에 대한 실증연구를 시도하겠다.

해외 유학을 국제이주의 관점에서 보는 것은 유학생의 이동이 두뇌유출인지 아니면 두뇌순환인지를 판별하기에 유용하다. King and Raghuran(2013)은 이주의 관점에서 해외 유학을 연구했다. 그들은 유학생 이동이 거주국 입장에서는 바람직할 수도 있고 원치 않을 수도 있다고 보았다. 유학생들은 수업료 수입을 증대하기도 하지만 이민 관리 차원에서 문제를 야기할 수도 있기 때문이다. 또한 유학생들이 선택하는 교육의 수준과 전공 주제, 활동 종류, 유학 목적국에 따라 유학생 이동에 영향을 미치는 요인들이 크게 다른 것으로 보고되고 있다. Liu-Farrer(2009: 178)는 해외 유학을 노동이동의 한 형태로 보았다. 일본에서 수학하는 중국인 유학생들의 사례를 분석한 결과에 따르면 국제 유학생들은 상이한 경력, 관심, 이주 동기를 갖고 있어서 거주국에 저숙련 노동력과 고숙련 노동력을 동시에 제공하는 것으로 밝혀졌다.

해외 유학생 이동을 분석하는 데 있어서 중요한 이슈는 이것이 두뇌유출인지 또는 두뇌순환인지에 관한 것이다. 두뇌유출은 개발도상국에서 선진국으로 고숙련 노동자가 이동하는 것을 가리킨다면 두뇌순환은 고숙련 및 전문직 노동자가 선진국 간에 이동하거나 또는 모국으로 귀환하는 것을 말한다(Spring, 2008: 341). Liu-Farrer(2009)의 일본의 중국인 유학생에 관한 연구에 따르면 이들의 이동은 두뇌유출에 가깝다고 한다. 하지만 최근의 다른 연구들에서는 두뇌순환을 뒷받침하는 사례들이 보고된다. Lee and Kim(2010)은 미국에서 수학하고 한국으로 귀환한 한국인 교수들을 연구하고서 이들이 모국으로 귀환하기로 결정하는 데는 가족과의 재결합과 문화적 요인과 같은 비경제적, 비정치적 요인들이 크게 영향을 미친다고 보고했다. 그들은 두뇌유출 또는 두뇌순환 대신에 '두뇌적응'이라는 새로운 개념을 제안했는데, 이를 통해 미국에서 배운 것을 한국에서 자신들의 교육과 연구에 적용한다고 했다. 또 다른 학자들은 두뇌순환이라는 개념이 상이한 정치, 경제, 사회문화적 배경을 가진 국가들 사이에서는 적용되지 않는다고 주장하기도 한다. Chen(2008)은 중국과 대만에 있는 두 개의 초국가적 산업기술 지구들을 비교하면서 산업구조, 재정 기반시설의 품질, 정부의 역할 등에서의 두 국가들 간 차이로 인해 중국인 유학생의 귀환이 중국에 미치는 두뇌순환 효과는 미미한 것으로 보고했다.

해외 유학생에 관한 또 하나의 중요한 주제는 정체성에 관한 것이다. 지구화와 더불어 유학의 형태가 다양해지고 있으며, 그에 따라 해외 유학생의 정체성에 대한 연구에서도 새로운 쟁점들이 다루어지고 있다. 과거 해외 유학이 주로 개발도상국에서 선진국으로 향했을 때 유학생의 정체성은 무엇보다도 유학국에서의 적응과 동화라는 차원에서 연구되었다. 이때 정체성은 주어진 개인적 속성으로 고정된 것, 그리고 때로는 유학생의 출신문화(예를 들면 유교문화)에 의해 각인된 것으로 간주되었다. 그러나 최근에는 정체성에 대한 새로운 이론적 접근과 다양한 방법론들이 유학생의 정체성 연구에도 적용되고 있다. 이러한 시각에서 정체성은 상호작용에 의해 적극적으로, 그리고 지속적으로 형성되는 사회적 과정으로 이해된다. 이러한 '상호작용 접근(interactional approach)'에서는 대학의 공식적인 교육과정에 대한 적응뿐 아니라 유학생의 일상생활 전반에서 일어나는 담론적 상호작용과 의사소통, 그리고 정체성을 둘러싼 협상의 과정들을 주목한다(Haugh, 2008; Fincher, 2011).

사실 유학생의 경험을 교실에서 일어나는 공식적인 학습과정을 중심으로 좁은 의미의 사회심리학적 틀에서만 분석하는 것은 이들의 정체성이 갖고 있는 잠재력을 적절하게 포착하지 못하는 접근이다. 유학생은 국경을 넘어서 여행하고 이동하며 자신의 출신문화와 점차 확산되고 있는 글로벌 문화 사이에 놓이게 되고, 그들의 정체성은 이러한 초국가적 경험에 의해 영향을 받을 것이다(Rizvi, 2005). 사회심리학의 접촉가설, 그리고 사회적 의사소통 이론 등에 따르면 국경을 넘어 외국인을 만나고 타문화와 접촉하는 과정은 유학생들의 태도를 변화시키는 전환적 경험(transformative experience)이 될 수 있다(Mitchell, 2012).

유학생의 정체성과 관련하여 이 논문은 두 가지 문제에 주목한다. 첫째, 유학 흐름의 변화, 즉 일방적 이동이 아닌 순환형 이동이나 역내 유학의 증가 등이 아시아 유학생의 정체성과 관련해 의미 있는 변화를 가져올 것인가이다. 과거 아시아 유학생들에 관한 연구에서는 동화의 관점에 입각하여 아시아 학생들이 영어를 포함한 서구 문화에 성공적으로 적응하고 있는가, 어떤 문화적 갈등을 경험하는가, 유학생과 내국인 학생과의 상호작용은 어떻게 이루어지는가 등을 분석했다(Fincher, 2011; Kashima and Loh, 2006; Brooks and Waters, 2011). 그런데 역내 유학이나 초국적 프로그램과 같은 새로운 유학 패턴이 증가한다면 아시아 유학생의 정체성 문제를 다루는 분석틀을 새롭게 형성해야 할 필요가 있다. 아시아적 출신문화와 서구적 유학국 문화, 또는 해외 유학생과 내국인 유학생을 구분하는 단순화된 이분적 도식이 아니라, 출신국 문화와 아시아 문화, 그리고 글로벌 문화 간의 복합적인 상호작용을 조명해야 한다.

둘째, 아시아 역내 유학의 증가가 유학생들의 아시아 다른 국가에 대한 인식이나 아시아 지역정체성, 더 나아가 세계시민으로서의 태도에 긍정적인 영향을 미치는가에 관한 것이다. Rizvi(2005)는 호주에서 유학한 인도와 중국 출신 유학생들을 유학 중과 유학 후의 두 시점에 인터뷰한 자료를 중심으로 이들의 코스모폴리탄 정체성을 분석한 바 있다. 이 연구에 따르면 유학생들은 유학경험을 통해 타문화와 다양성에 보다 개방적인 태도를 갖게 되지만, 가장 뚜렷하게 나타나는 것은 유학이 취업기회나 개인의 비즈니스에 기여하는 효과를 최대화하려는 전략적인 태도이다. 규범적 차원의 세계시민의식보다는 일종의 소비주의적 코스모폴리타니즘(consumerist cosmopolitanism)이 유학생의 태도에서도 뚜렷하게 표출되고 있다. 이에 대해 Rizvi는 최근 해외 유학이 상업적 이익 추구의 틀 안에서 진행되기 때문이라고 해석했다.

유럽의 에라스무스 프로그램의 효과에 대한 연구들은 아시아 역내 유학의 증가가 유학생의 정체성 변화에 미치는 효과를 예측하는 데 시사점을 제공한다. Mitchell(2012)은 EU 25개국의 2,000명에 대한 설문조사 결과에 기초하여 에라스무스 참가자가 그렇지 않은 EU 시민에 비해 유럽 통합에 대한 호감도, EU에 대한 애착이나 유럽인으로서의 느낌을 훨씬 강하게 갖고 있다고 주장하였다. 이러한 결과는 에라스무스 프로그램이 단순한 고등교육제도를 넘어서 유럽 시민을 양성하는 일종의 시민적 경험(civic experience)을 제공한다는 주장을 뒷받침한다고 볼 수 있다. 그러나 그의 연구는 에라스무스에 참여함으로써 유럽 의식을 키우게 된 것인지 아니면 애초에 유럽 통합이나 유럽정체성에 관심이 많은 학생들이 에라스무스에 참여하기 때문인지는 불분명하다는 한계를 갖고 있다. Sigalas(2010)도 에라스무스를 통한 다른 유럽인과의 접촉이 유럽인 정체성을 증진시키는가에 대해 단순한 일반화보다는 세심하고 주의 깊은 접근이 필요하다고 본다. 그는 에라스무스 참가자가 다른 유럽인과 접촉을 하는 것은 사실이지만 접촉의 기회나 질은 상당히 제한되어 있고, 이러한 접촉이 유럽정체성에 미치는 영향은 그리 크지 않으며, 처음의 호의적 감정이 유학기간 동안 적대적으로 바뀌는 등 시간에 따른 변화가 나타나기도 한다는 점 등을 지적한다.

국경을 넘는 이동과 접촉이 문화다양성에 대한 포용성을 확대할 것이라고 단순히 가정하는 것은 아시아의 맥락에서는 더욱 설득력이 약해진다. Sugimura(2011)는 아시아 내의 학생 이동이 상호이해를 증진시키기도 하지만, 타문화와의 접촉이 적대감을 부추김으로써 새로운 형태의 민족주의를 만들어 낼 가능성도 있다고 언급한다. 교환학생이나 역내 유학의 기회를 양적으로 늘리는 것이 필연적으로 상호이해와 협력을 심화해 주는 것은 아니라는 그의 지적은 일리가 있다. 유럽과는 역사적 배경이 다르고 근래 과거사 문제 등 민족국가 간의 반목이 고조되고 있는 아시아의 상황에서 국민국가 정체성과 아시아 지역정체성, 그리고 세계시민 정체성이 어떻게 상호작용하고 있는지에 대해 더 많은 연구가 필요하다고 하겠다.

III. 연구방법

1. 자료와 분석대상

본 연구의 주요 자료는 한국, 일본, 중국에서 아시아 출신 유학생들을 대상으로 실시한 설문조사에서 수집되었다. 한국에서는 2012년 10월부터 2013년 12월까지 405명의 유학생들을 조사했고, 일본에서는 2012년 10월부터 2013년 2월까지 319명의 유학생들을 조사했다. 그리고 중국에서는 2012년 12월부터 4월까지 312명을 조사하였다. 이 논문에서는 일본과 중국에 체류하는 한국인 유학생들에 초점을 맞추기 때문에 일본에서 135명, 중국에서 188명의 한국인 유학생들을 주요 분석대상으로 삼았다. 비교목적으로 일본과 중국에 체류하는 한국인 유학생들을 한국에 체류하는 405명의 아시아 유학생들과 비교하여 공통점과 차이점을 조사하도록 하겠다.

표집과 관련해서는 유학생 전체 모집단에 대한 표집틀(sampling frame)을 현실적으로 구할 수 없기 때문에 문헌자료를 통해 분석한 유학생의 특성과 본 연구의 목적을 고려하여 몇 가지 기준에 따른 할당표집(quota sampling)을 했다. 할당 기준으로는 출신국가(한/중/일/기타 아시아 지역), 재학 중인 학교의 위치(중앙 또는 지방), 학위과정(학부/대학원), 전공(인문사회/이공계열/기타)을 고르게 대표할 수 있도록, 그리고 각 항목별로 통계분석에 유의미한 최소인원 이상이 확보될 수 있도록 표집을 조정했다. 또한, 본 연구의 설문조사에서는 4년제 대학의 학부 및 대학원에 재학 중인 아시아 출신 유학생을 중심으로 하되 교환학생도 포함했다. 그리고 어학연수생, 전문대학 등 단기대학이나 직업학교 재학생 등은 제외했다. 한국에서의 실사는 본 연구과제의 국내 공동연구원들이 담당했고, 중국과 일본에서의 실사는 해외 공동연구원들이 담당했다.

1) 응답자 배경 특성

일본 내 한국인 유학생 표본은 총 135명으로 남성(52.6%)이 여성(42.6%)보다 다소 높았다. 연령별로는 20~24세가 57.2%, 25~29세가 34.2%로 20대가 절대 다수를 차지하고 30대 이상은 8.7%에 불과했다. 학위과정별로는 학부과정이 79.3%로 대다수를 차지한 반면 석사과정(5.2%)과 박사과정(14.1%)은 그 비율이 높지 않았다. 전공분야는 사회과학이 56.3%로 가장 많았으며, 인문학 25.2%, 공학 및 자연과학 18.5%순이었다. 유학기간은 1년 이상~2년 미만이 43.7%로 가장 많았고, 2년 이상~3년 미만 17.0%, 3년 이상~4년 미만 19.3%, 4년 이상~5년 미만 6.7%, 5년 이상 13.3%의 순이었다. 외국 방문 경험은 '그렇다'라고 응답한 경우(78.9%)가 그렇지 않은 경우(21.1%)보다 훨씬 많았다. 주관적 계층의식은 '상위층'이라고 응답한 비율이 44.4%로 가장

〈표 20〉 유학생 배경 특성

		일본		중국		한국	
		표본 수	백분율	표본 수	백분율	표본 수	백분율
전체		135	100.0	188	100.0	405	100.0
성별	남성	71	52.6	91	48.4	158	39.2
	여성	64	47.4	97	51.6	245	60.8
연령	20~24	94	69.6	147	78.2	231	57.2
	25~29	23	17.0	33	17.6	138	34.2
	30대 이상	18	13.3	8	4.3	35	8.7

출신 국가	중국 한족					207	51.1
	중국 조선족					75	18.5
	일본					83	20.5
	몽골					15	3.7
	베트남					10	2.5
	필리핀					15	3.7
학위 과정	학부과정	107	79.3	162	86.2	230	56.9
	석사과정	7	5.2	12	6.4	119	29.5
	박사과정	19	14.1	1	.5	42	10.4
	기타	2	1.5	13	6.9	13	3.2
전공 분야	인문	34	25.2	101	53.7	106	26.4
	사회	76	56.3	57	30.3	173	43.1
	공학 및 자연과학	25	18.5	12	6.4	98	24.4
	예체능			7	3.7	10	2.5
	의학 및 약학			8	4.3	4	1.0
	기타			3	1.6	10	2.5
유학기간							
1년 이상~2년 미만		59	43.7	62	33.0	95	23.5
2년 이상~3년 미만		23	17.0	32	17.0	101	24.9
3년 이상~4년 미만		26	19.3	38	20.2	87	21.5
4년 이상~5년 미만		9	6.7	16	8.5	58	14.3
5년 이상		18	13.3	36	19.1	64	15.8
유학 전 외국 방문 경험							
	있음	105	78.9	118	62.8	149	37.5
	없음	28	21.1	68	36.2	248	62.5
주관적 계층 의식	하위층(1~4)	21	15.6	22	11.7	57	14.1
	중위층(5~6)	53	39.3	89	47.3	243	60.3
	상위층(7~10)	60	44.4	58	30.9	103	25.6

출처: JASSO, "Result of an annual survey of international students in Japan 2017"

많았고, 중위층(39.3%), 하위층(15.6%)의 순이었다.

중국 내 한국인 유학생 표본은 총 186명으로, 51.6%인 여성이 48.4%인 남성보다 다소 많았다. 연령별로는 20~24세가 78.2%, 25~29세가 17.6%, 30대 이상 4.3%로 20대 초반의 연령대에 많이 몰려 있었다. 학위과정별로는 학부과정이 86.2%로 대다수를 차지하며, 석사과정 6.4%, 박사과정 0.5%로 그 비율이 미미했다. 전공분야별로는 인문학이 53.7%로 가장 많았고, 사회과학 30.3%, 공학 및 자연과학 6.4%, 예체능 3.7%, 의학 및 약학 4.3%의 순이었다. 유학기간은 1년 이상~2년 미만이 33.7%로 가장 많았고, 2년 이상~3년 미만 17.4%, 3년 이상~4년 미만 20.7%, 4년 이상~5년 미만 8.7%, 5년 이상 19.6%의 순이었다. 외국 방문 경험은 있는 경우가 63.4%로 그렇지 않은 경우 36.6%보다 많았다. 주관적 계층의식은 '중위층'이라는 응답자가 52.7%로 가장 많았고, 상위층 34.3%, 하위층 13.3%순이었다.

한국 내 아시아 유학생 표본은 총 405명으로 여성(60.8%) 비율이 남성(39.2%) 비율보다 높았다. 연령별로는 20~24세가 57.2%, 25~29세가 34.2%로 20대가 절대 다수를 차지하고 30대 이상은 8.7%에 불과했다. 출신국가별로는 중국 출신(한족 51.1%, 조선족 18.5%)이 69.6%로 가장 많았고, 일본 출신은 20.5%로 그 다음이었다. 몽골과 필리핀 출신의 응답자 비율은 각각 3.7%, 베트남 출신 응답자 비율은 2.5%로 적은 수를 차지했다. 학위과정별로는 학부과정이 56.9%로 가장 많았고, 석사과정 29.5%, 박사과정 10.4% 순이었다. 전공분야별로는 사회계열 응답자 비율이 43.1%로 가장 높았고, 인문계열(26.4%), 공학 및 자연과학(24.4%)계열의 순이었다. 예체능, 의학 및 약학계열 재학생은 각각 2.5%, 1.0%로 그 숫자가 적었다. 유학기간은 2년 이상~3년 미만이 24.9%로 가장 많았고, 그 다음으로 1년 이상~2년 미만 23.5%, 3년 이상~4년 미만 21.5%, 4년 이상~5년 미만 14.3%, 5년 이상 15.8%의 순이었다. 한국 내 아시아 유학생들의 유학기간이 일본과 중국 내 한국인 유학생들보다 긴 것은 한국 유학생들의 석사 및 박사과정 대학원생 비율이 높기 때문이다. 유학 전 외국 방문 경험은 '없다'는 응답자가 62.5%로, '있다'는 응답자 37.5%보다 많았다. 주관적 계층의식은 '중위층'이라는 응답자가 60.3%로 가장 많았고, 상위층 25.6%, 하위층 14.1%의 순이었다.

앞에서 살펴본 유학생들의 배경 특성들을 정리하면 공통적으로 연령별로는 20대, 학위과정별로는 학부생, 전공별로는 사회과학과 인문학, 유학기간별로는 1년 이상~2년 미만, 계층별로는 중위층(middle class)과 상위층(upper class)에 몰려 있는 것을 확인할 수 있다. 그리고 이들은 유학 이전에도 외국을 방문했던 경험을 많이 갖고 있는 것으로 밝혀졌다.

IV. 분석결과

1. 유학 후 진로계획

개발도상국 유학생들의 해외 유학은 두뇌유출이라고 불리며 개발도상국의 인적 자원을 고갈시켜 사회경제적 발전을 저해하는 것으로 인식되어 왔다. 하지만 최근에는 개발도상국의 발전과 더불어 해외 유학생들의 귀환이 빈번해지면서 해외 유학을 두뇌순환의 관점에서도 볼 필요가 커졌다.

두뇌순환에는 유학 후 곧바로 본국으로 귀환하는 형태(즉시두뇌귀환, immediate brain return)와 유학국 또는 제3국에서 일정 기간 체류 후 귀환하는 형태(지연귀환, delayed brain return)가 있을 수 있다. 그리고 본국으로 귀환하지 않고 여러 국가들을 이동(두뇌이동, brain migration)하는 것도 광의의 두뇌순환에 포함할 수 있겠다. 본 연구에서는 분석의 편의상 유학 후 1년 이내에 귀국하는 것을 즉시두뇌귀환, 5년 이내에 귀국하는 것을 지연두뇌귀환, 제3국으로 재이주하는 것을 두뇌이동이라고 부르겠다.

먼저 일본 내 한국인 유학생의 경우 유학 후 1년 이내에 귀국하겠다는 응답자 비율은 26.3%였다(6%는 귀국 후 진학, 20.3%는 취업 계획). 반면 일본에 남겠다고 응답한 비율은 47.4%(9.8%는 진학, 37.6%는 취업 계획), 제3국으로 가겠다는 응답자 비율은 19.5%(15.8%는 진학, 3.8%는 취업 계획)로 유학 후 1년 이내에 즉시 귀환하겠다는 유학생보다 지연귀환 또는 두뇌이동을 선택하겠다는 유학생들이 더욱 많았다. 그리고 유학 후 5년 이후의 진로계획에 대해서는 38.5%는 귀국하겠다(2.3%는 진학, 36.2%는 취업 계획)고 응답하였으며, 35.4%는 일본에 남겠다(4.6%는 진학, 30.8%는 취업 계획), 23.8%는 제3국으로 가겠다(12.3%는 진학, 11.5%는 취업 계획)고 응답했다. 종합해 보면 유학 후 1년 이내에 즉시귀국하겠다는 응답자(26.3%)보다 5년 이후에 귀국하겠다는 지연귀환자(38.5%)가 12%가량 많았다. 또한 여전히 5년 후에도 귀국하지 않고 일본이나 제3국에서 체류하겠다는 비율이 약 60%가량 되어서 많은 수의 한국인 유학생들이 유학 후에 외국에서 자신의 향후 진로를 모색하려는 의지를 갖고 있는 것으로 나타났다.

중국 내 한국인 유학생의 경우에는 유학 후 1년 이내에 귀국하겠다는 응답자 비율은 49.4%(귀국 후 진학 16.3%, 귀국 후 취업 계획 33.1%), 중국에 남겠다는 비율은 21.9%(중국 내 진학 9.0%, 중국 내 취업 계획 12.9%), 제3국으로 가겠다는 비율은 19.1%(제3국에서 진학 10.7%, 제3국에서 취업 계획 8.4%)였다. 즉, 유학 후 1년 이내에 즉시귀환하겠다는 비율이 지연귀환이나 두뇌이동의 비율보다 훨씬 높았다. 그리고 유학 후 5년 이후의 진로계획에 대해서는 54.7%가 귀국하겠다(2.9%는 진학, 51.8%는 취업 계획), 21.8%는 중국에 남겠다(4.7%는 진학, 17.1%는 취업 계획), 20.0%는 제3국으로 가겠다(5.3%는 진학, 14.7%는 취업 계획)고 응답했다. 즉, 1년 후 바로 귀국하겠다는 즉시귀환 비율이 5년 이후에 귀국하겠다는 지연귀환보다 12% 포인트 높았다. 그리고 5년 후에도 귀국하지 않고 여전히 중국이나 제3국에서 체류하겠다는 비율은 약 41%여서 귀국하겠다는 비율(54.7%)보다 낮았다. 일본 내 한국인 유학생들의 경우 5년 후 외국에 계속 체류하겠다는 비율이 귀국하겠다는 비율보다 높았던 것과 대조적이다.

한국 내 아시아 유학생의 경우 유학 후 1년 이내에 귀국하겠다는 응답

〈표 21〉 유학 후 단기 및 장기 진로계획

(단위: %)

		표본 수	본국으로 돌아가 진학한다	본국으로 돌아가 취업한다	한국에 남아 진학한다	한국에 남아 취업한다	제3국에 가서 진학한다	제3국에 가서 취업한다	기타	전체
일본	유학 후 1년 이내	133	6.0	20.3	9.8	37.6	15.8	3.8	6.8	100.0
	유학 후 5년 이후	130	2.3	36.2	4.6	30.8	12.3	11.5	2.3	100.0
중국	유학 후 1년 이내	178	16.3	33.1	9.0	12.9	10.7	8.4	9.6	100.0
	유학 후 5년 이후	170	2.9	51.8	4.7	17.1	5.3	14.7	3.5	100.0
한국	유학 후 1년 이내	390	4.6	35.1	14.9	26.7	13.6	2.6	2.6	100.0
	유학 후 5년 이후	392	2.0	54.6	5.6	18.4	10.7	7.1	1.5	100.0

자 비율은 39.7%(4.6%는 귀국 후 진학, 35.1%는 취업 계획), 한국에 남겠다는 응답자 비율은 41.6%(14.9%는 진학, 26.7%는 취업 계획), 제3국으로 가겠다는 응답자 비율은 16.2%(13.6%는 진학, 2.6%는 취업 계획)였다. 따라서 즉시귀환보다 지연귀환 또는 두뇌이동을 선택하겠다는 유학생들이 더 많았다. 유학 후 5년 이후의 진로계획에 대해서는 56.6%가 귀국하겠다(2%는 진학, 54.6%는 취업 계획), 24%는 한국에 남겠다(5.6%는 진학, 18.4%는 취업 계획), 17.8%는 제3국으로 가겠다(10.7%는 진학, 7.1%는 취업 계획)고 응답했다. 따라서 1년 후보다 5년 이후에 귀국하겠다는 지연귀환자 수가 전체 응답자의 절반 이상을 차지했다. 이 결과를 달리 해석하면 10명 중 4명 이상은 5년 이후에도 귀국하지 않고 유학국 또는 제3국에 남겠다는 의도를 가지고 있다는 것이다. 이를 통해 한국에서 유학하는 아시아 유학생들이 상당한 기간 본국을 떠나 외국에서 생활하면서 자신의 진로를 개척하려는 의지를 갖고 있음을 확인할 수 있다.

〈표 22〉 유학 후 귀국하려는 이유

(단위: %)

		표본 수	좋은 일자리를 구할 기회가 많아서	생활 여건이 외국보다 더 좋아서	가족이나 친지, 친구들과 함께있고 싶어서	유학생활 중 배운 지식을 본국에서 활용하고 싶어서	외국 생활이 싫증이 나서	더 이상 외국에서 체류할 수 없어서	본국에서 공부를 계속하기 위해	기타	진체
일본	1순위	50	20.0	10.0	30.0	28.0	2.0	2.0	-	8.0	100.0
	2순위	46	6.5	15.2	37.0	10.9	19.6	2.2	6.5	2.2	100.0
중국	1순위	96	16.7	11.5	33.3	22.9	2.1	1.1	8.3	4.2	100.0
	2순위	90	10.0	17.8	26.7	34.4	4.4	-	4.4	2.2	100.0
한국	1순위	220	15.9	10.5	42.3	25.9	3.2	0.5	0.9	0.9	100.0
	2순위	202	12.9	13.4	30.2	27.2	8.4	3.0	2.5	2.5	100.0

한국 유학생들이 일본과 중국에서 유학한 후 귀국하려는 이유에는 여러 가지가 있으나 그중 가장 중요한 이유는 '가족이나 친지, 친구들과 함께 있고 싶어서'(일본 30.0%, 중국 33.3%)였다. 그 다음으로 중요한 이유는 '유학생활 중 배운 지식을 본국에서 활용하고 싶어서'(일본 28.0%, 중국 22.9%), '좋은 일자리를 구할 기회가 많아서'(일본 20.0%, 중국 16.7%)였다. 한국 내 아시아 유학생들의 경우에도 가족 및 친지 결합(42.3%), 지식활용(25.6%), 취업기회(15.9%)의 순서로 중요하게 나타났다.

반면 유학 후 일본/중국 또는 제3국에 남으려는 가장 중요한 이유는 일본과 중국 내 한국인 유학생들에게 공통적으로 '유학생활 중 배운 것을 가장 잘 활용할 수 있어서'(일본 48.1%, 중국 51.3%), '좋은 일자리를 구할 기회가 많아서'(일본 23.4%, 중국 19.7%), '생활여건이 본국보다 좋아서'(일본 14.3%, 중국 7.9%)였다. 한국 내 아시아 유학생들의 경우에도 유학 후 외국에 계속 남으려는 가장 중요한 이유로 지식활용(36%), 취업기회(22.3%), 좋은 생활여건(21.1%)을 지적했다.

〈표 23〉 유학 후 유학국이나 제3국에서 계속 체류하려는 이유

(단위: %)

		표본 수	좋은 일자리를 구할 기회가 많아서	생활 여건이 본국보다 좋아서	유학생활 중 배운 것을 가장 잘 활용할 수 있어서	가족이나 친지, 친구 애인 등 아는 사람이 있기 때문에	본국의 정치, 종교, 문화 등이 나와 안 맞아서	기타	전체
일본	1순위	77	23.4	14.3	48.1	2.6	3.9	7.8	100.0
	2순위	61	36.1	19.7	23.0	8.2	6.6	6.6	100.0
중국	1순위	76	19.7	7.9	51.3	6.6	6.6	7.9	100.0
	2순위	62	32.3	24.2	21.0	9.7	1.6	11.3	100.0
한국	1순위	175	22.3	21.1	36.0	10.9	1.7	8.0	100.0
	2순위	155	29.0	17.4	28.4	14.8	5.8	4.5	100.0

2. 인적 자본의 호환성

유학생들의 두뇌순환이 원활히 이뤄지기 위해서는 본국과 유학국의 교육과정과 내용이 유사하고 호환적이어야 한다. 유학생들이 본국과 유학국에서의 교육과정과 내용에 대해 어떻게 평가하는지를 알아보기 위해 교육 만족도와 호환성에 대해서 조사했다.

일본 내 한국인 유학생의 경우 본국 교육내용에 대한 만족도를 5점 척도로 측정한 결과 평균값이 3.27점으로 보통 수준의 만족도를 보였다. 반면 일본의 교육내용에 대한 만족도는 3.53점으로 본국의 교육내용에 대해서보다 만족도가 높았다. 본국에서 배운 교육내용이 일본에서의 활용되는 정도는 3.30점, 본국의 학력과 자격이 일본에서 인정되는 정도는 3.33점, 본국과 일본에서 교육과정과 내용의 유사성은 3.36점으로 보통 수준인 것으로 나타났다. 반면 일본의 학위와 교육내용이 본국 또는 제3국에서 활용되는 활용도는 3.70점, 일본 학위가 본국 학위보다 진로에 도움이 되는가에 대한 진로 유용성은 3.66점으로 일본에서 배운 지식과 취득한 학위가 본국의 것들보

〈표 24〉 본국과 유학국의 교육에 대한 만족도와 호환성에 대한 인식

(단위: 5점 척도 평균값)

	일본		중국		한국	
	표본 수	평균	표본 수	평균	표본 수	평균
본국 교육에 대한 만족도	135	3.27	188	3.18	403	3.27
일본/중국 교육에 대한 만족도	135	3.53	187	3.16	403	3.49
본국 교육의 일본/중국 활용도	135	3.30	187	3.05	402	3.23
본국 학력과 자격의 한국 인정도	135	3.33	187	3.07	402	3.44
본국과 일본/중국 교육의 유사성	135	3.36	187	2.91	403	2.97
일본/중국 학력의 본국 또는 제3국 활용도	135	3.70	187	3.52	402	3.46
일본/중국 학위의 본국 학위 대비 진로 유용성	135	3.66	187	3.45	402	3.37

다 외국에서 더 인정받는 것으로 인식했다.

중국 내 한국인 유학생의 경우 본국 교육내용에 대한 만족도는 3.18점, 중국의 교육내용에 대한 만족도는 3.16점으로 비슷한 수준의 만족도를 보였다. 본국 교육이 중국에서 활용되는 정도는 3.05점, 본국의 학력과 자격이 중국에서 인정되는 정도는 3.07점, 본국과 중국의 교육과정과 내용이 유사한 정도는 2.91점으로 보통 수준 이하인 것으로 나타났다. 반면 중국의 학위와 교육내용이 본국 또는 제3국에서 활용되는 활용도는 3.52점, 중국 학위가 본국 학위보다 진로에 도움이 되는가에 대한 진로 유용성은 3.45점으로 일본 내 한국인 유학생들과 마찬가지로 유학국의 교육과정과 학위가 본국의 것들보다 외국에서 더 인정받는다고 인식했다.

한국 내 아시아 유학생의 경우 본국 교육내용에 대한 만족도는 3.27점으로 보통 수준의 만족도를 보였다. 한국에서의 교육내용에 대해서는 3.49점으로 본국의 교육내용보다 한국의 교육내용에 대해서 만족도가 높았다. 본국 교육이 한국에서 활용되는 정도는 3.23점, 본국의 학력과 자격이 한국에

서 인정되는 정도는 3.44점, 본국과 한국의 교육과정과 내용이 유사한 정도는 2.97점으로 나타났다. 한국의 학위와 교육내용이 본국 또는 제3국에서 활용되는 정도는 3.46점, 한국 학위가 본국 학위보다 진로에 도움이 된다고 생각하는 정도는 3.37점으로 나타나 일본과 중국 내 한국인 유학생들처럼 유학국에서 획득한 지식과 학위가 본국의 것들보다 외국에서 더 인정받는다고 인식했다.

본국 교육과 한국 교육의 호환성에 대해서 보다 체계적으로 조사하기 위해 호환성에 관한 4개의 문항들(본국 교육의 한국 활용도, 본국 학력과 자격의 한국 인정도, 본국과 한국 교육의 유사성, 한국 학력의 본국 또는 제3국 활용도)을 뽑아서 이것들 간의 상관관계를 조사했다. 요인분석을 실행한 결과 4개의 문항들이 하나의 요인으로 묶이는 것을 확인했다. 4개의 문항들에 대한 응답점수를 합한 후 다시 문항 수로 나눈 것을 교육호환성이라는 5점척도를 가진 새로운 변수로 명명했다. 이 변수의 분포를 살펴보면 일본에서는 3.42점, 중국에서는 3.14점으로 나타나 일본 내 한국인 유학생들이 중국 내 한국인 유학생들보다 본국 교육의 호환성에 대해서 높게 평가했다. 하지만 한국 내 아시아 유학생들의 교육호환성은 3.63점으로 일본과 중국 내 한국인 유학생들이 인식하는 본국 교육의 호환성보다 높게 평가했다. 이는 앞서 지적했듯이 한국 내 아시아 유학생들 중에는 석박사과정 대학원생들과 공학 및 자연과학 전공생들의 비율이 높기 때문에 본국 교육의 호환성이 높게 평가된 것으로 해석한다.

방금 지적했듯이 교육호환성은 학위과정, 전공분야 외에도 여러 가지 요인들에 의해서 영향을 받을 수 있다. 그래서 응답자의 성별, 연령, 출신국가, 학위과정, 전공분야, 유학기간, 유학 전 외국 방문 경험, 부모의 학력 수준, 주관적 계층지위에 따른 차이가 있는지를 조사했다. 일본 내 한국인 유학생의 경우에는 이러한 특성들과는 별다른 연관성이 나타나지 않았다. 반면 중국 내 한국인 유학생에게서는 학위과정과 주관적 계층지위에 따라 유

〈표 25〉 본국 교육의 유학국 내 호환성에 대한 평가

		일본		중국		한국	
		표본 수	평균	표본 수	평균	표본 수	평균
전체		135	3.42	188	3.14	397	3.63
성별	남성	71	3.51	91	3.09	156	3.31
	여성	64	3.33	97	3.19	239	3.25
연령	20~24	94	3.38	147	3.17	229	3.25
	25~29	23	3.54	33	2.99	135	3.30
	30대 이상	18	3.49	8	3.31	33	3.28
출신 국가	중국 한족					204	3.28
	중국 조선족					74	3.21
	일본					79	3.19
	몽골					15	3.40
	베트남					10	3.57
	필리핀					15	3.57
학위 과정	학부과정	107	3.39	162	3.11	227	3.22
	석사과정	7	3.61	12	3.56	115	3.28
	박사과정	19	3.54	1	3.25	41	3.48
	기타	2	3.38	13	3.10	13	3.54
전공 분야	인문	34	3.32	101	3.13	104	3.20
	사회	76	3.40	57	3.20	169	3.23
	공학 및 자연과학	25	3.61	12	3.38	96	3.40
	예체능			7	2.86	10	3.38
	의학 및 약학			8	2.81	4	3.94
	기타			3	3.00	10	3.33
유학기간							
1년 이상~2년 미만		59	3.52	62	3.16	95	3.32
2년 이상~3년 미만		23	3.37	32	3.11	98	3.28
3년 이상~4년 미만		26	3.28	38	3.24	84	3.10

4년 이상~5년 미만		9	3.50	16	3.06	57	3.39
5년 이상		18	3.33	36	3.09	63	3.35
유학 전 외국 방문 경험							
	있음	105	3.45	118	3.14	144	3.27
	없음	28	3.34	68	3.17	245	3.28
아버지 학력	중졸 이하	7	3.29	3	3.50	45	3.32
	고졸	28	3.40	39	3.16	116	3.20
	대학 이상	84	3.39	128	3.11	216	3.29
어머니 학력	중졸 이하	9	3.42	5	3.40	52	3.24
	고졸	42	3.26	72	3.10	149	3.24
	대학 이상	69	3.46	93	3.13	173	3.29
주관적 계층의식							
	하위층(1~4)	21	3.35	22	3.08	55	3.16
	중위층(5~6)	53	3.46	89	3.06	239	3.23
	상위층(7~10)	60	3.42	58	3.26	101	3.43

의미한 차이가 나타났다. 석사과정생이 여타의 유학생보다, 주관적 계층지위가 높은 학생들이 그렇지 않은 학생들보다 본국 교육의 호환성을 높게 평가했다.

한국 내 아시아 유학생들의 경우에는 출신국가별로 차이가 두드러졌다. 일본 유학생들이 교육호환성에 대해서 가장 낮게, 베트남 유학생들이 가장 높게 평가했다. 학위과정에 따라서는 박사과정생들이 가장 높게, 학부생들이 가장 낮게 평가했고, 전공분야에 따라서는 의학/약학 전공자들이 가장 높게, 인문학 전공자들이 가장 낮게 평가했다. 유학 전 외국 방문 경험 여부는 교육호환성에 대해서는 차이를 가져오지 않았고 부모의 학력 수준도 별다른 영향을 못 미쳤다. 주관적 계층지위에 따라서는 계층이 높을수록 교육호환성이 높은 것으로 인식하는 경향이 있었다.

3. 지역정체성과 초국가적 정체성

동아시아 각국에서 아시아 유학생들이 증가하는 상황에서 아시아판 에라스무스 프로그램의 도입은 교육통합이라는 측면에서 동아시아 지역통합에 기여할 것으로 전망된다. 특히 고등교육의 지역화 현상은 유럽의 경험과 마찬가지로 아시아 학생들이 각국에서 학술적, 문화적으로 교류하면서 '아시아인'이라는 지역적 정체성을 형성할 가능성을 열어 두고 있다. 또한 청년기 해외 유학과 거주의 경험은 직접적 문화 접촉을 통해 이민 수용성의 측면에서 타자에 대한 유학생들의 의식이 변화할 가능성을 포함한다.

유학생은 난민, 불법이주자, 저숙련 이주노동자와 달리 경제적 부담, 인도주의적 도전, 문화적 위협으로 인식되지 않으며, 일정 기간 동안 학비를 내고 고향으로 돌아가는 '보이지 않는 이주'(invisible migration)로 긍정적인 이주현상으로 받아들여지고 있다(안영진, 2008). 유학생은 문화사절의 역할을 할 수 있으며 수용국의 문화를 풍부하게 하는 요소이다(황정미 외, 2012). 교육을 통한 동아시아의 지역적 통합이 가시적인 수준으로 일어나는 상황에서, 유학이 개인의 선택이라는 행위적 모델에서 벗어나 초국가적 맥락에서 학생 이동에 대한 분석이 필요한 시점이다. 따라서 이 연구에서는 초국가적 현상의 견인자인 유학생 개인의 의식에 초점을 맞추어 유학경험이 개인의 국가정체성과 초국가적 정체성에 어떤 영향을 미치는가를 조사했다.

1) 동아시아공동체 인식

향후 동아시아 국가(한, 중, 일, 동남아시아)들이 지역공동체를 만드는 것에 대한 의견을 물어본 결과 일본 내 한국인 유학생들은 '잘될 것이다' 34.8%, '잘 안될 것이다' 34.0%, '잘 모르겠다' 34.8%로 응답해서 동아시아공동체의 실현 가능성에 대해 긍부정의 인식이 비슷한 비율로 나타났다. 하지만 중국 내 한국인 유학생들은 '잘될 것이다' 43.2%, '잘 안될 것이다' 21.9%, '잘 모르겠다' 35.0%로 응답해서 긍정적 인식이 부정적 인식보다 2배가량

〈표 26〉 동아시아공동체 실현 가능성

(단위: %)

구분	일본	중국	한국
잘될 것이다	34.8	43.2	36.0
잘 안될 것이다	34.0	21.9	38.3
잘 모르겠다	34.8	35.0	25.7
응답자 수	135	183	405

많았다. 한국 내 아시아 유학생들은 '잘될 것이다' 36%, '잘 안될 것이다' 38.3%, '잘 모르겠다' 25.7%로 응답해서 부정적 인식이 오히려 우세했다.

동아시아공동체 실현 가능성에 대해 긍정적 인식을 갖고 있는 응답자들을 대상으로 동아시아공동체가 잘될 것으로 예상하는 가장 중요한 이유를 질문한 결과 일본과 중국 내 한국인 유학생들이 공통적으로 경제적 요인(일본 50.0%, 중국 45.5%)을 꼽았고, 그 다음으로 문화적 요인(일본 27.3%, 중국 36.4%), 인종적 유사성(일본 13.6%, 중국 10.4%), 지리적 인접성(일본 9.1%, 중국 6.5%)을 지적했다. 한국 내 아시아 유학생들의 경우에서도 경제적 요인(48.9%)이 가장 중요하게 인식됐고, 그 다음 문화적 요인(19%), 인종적 유사성(15.3%), 지리적 인접성(11.7%) 순으로 나타났다.

〈표 27〉 동아시아공동체 실현의 긍정적 이유

(단위: %)

	표본 수	같은 동양인으로 인종적으로 가깝기 때문이다	지리적으로 가깝기 때문이다	경제적으로 서로 밀접하게 연결되어 있기 때문이다	문화적인 공통점이 많기 때문이다	잘 모르겠다	전체
일본	44	13.6	9.1	50.0	27.3	-	100.0
중국	77	10.4	6.5	45.5	36.4	1.3	100.0
한국	137	15.3	11.7	48.9	19.0	5.1	100.0

한편 동아시아공동체 실현 가능성에 대해 부정적 인식을 갖는 가장 중요한 이유를 질문한 결과 일본과 중국 내 한국인 유학생들이 공통적으로 국가 간에 역시분쟁과 영토분쟁(일본 56.1%, 중국 50.0%)을 꼽았고, 그 다음으로 경제 발전 수준 차이(일본 22.0%, 중국 21.1%), 민족성 차이(일본 19.5%, 중국 15.8%), 민주주의 발전 수준이나 체제 차이(일본 2.4% 중국 13.2%)를 지적했다. 한국 내 아시아 유학생들도 마찬가지로 국가 간의 역사분쟁과 영토분쟁(42.7%)을 가장 큰 저해요인으로 꼽았고, 그 다음으로 민주주의 발전 수준이나 체제 차이(20.7%), 민족성 차이(18.7%), 경제 발전 수준 차이(15.3%)를 지적했다.

〈표 28〉 동아시아공동체 실현의 부정적 이유

(단위: %)

	표본 수	나라별로 민족성이 다르다	민주주의 발전 수준이나 체제가 다르다	경제 발전 수준이나 경제적 이해관계가 다르다	나라 간에 역사분쟁, 영토분쟁이 심하다	잘 모르겠다	전체
일본	41	19.5	2.4	22.0	56.1	-	100.0
중국	38	15.8	13.2	21.1	50.0	-	100.0
한국	150	18.7	20.7	15.3	42.7	2.7	100.0

2) 유학경험에 따른 지역공동체와 초국가적 정체성에 대한 인식 변화

지역공동체와 초국가적 정체성에 관한 10개의 문항들을 대상으로 요인분석을 실행한 결과, 일본에서는 세 개의 요인으로 묶이고 중국에서는 네 개의 요인으로 묶이는 것을 확인했다. 그리고 일본과 중국에서 각 요인으로 묶이는 문항들이 대체로 비슷했지만 약간의 차이가 있는 것으로 나타났다. 이런 문제점에도 불구하고 일본, 중국, 그리고 한국 내 유학생들의 비교를 위해, 표본 수가 많은 한국 내 아시아 유학생을 대상으로 실행한 요인분석 결과를 기준으로 10개의 문항들을 3개의 요인으로 구분하였다. 한국에서의 요인분석 결과는 3개의 요인으로 묶였는데, 문항 1, 2, 3, 4, 8이 첫 번째 요인으로, 5, 6, 9가 두 번째 요인으로, 7, 10이 세 번째 요인으로 묶였다(〈표 10〉 참조). 문항들의 내용을 참고해서 첫 번째 요인은 지역공동체 인식으로, 두 번째 요인은 국가주의 인식으로, 세 번째 요인은 초국가주의 인식으로 명명했다.

지역공동체 인식에 포함된 다섯 개의 변수들의 평균값을 계산해서 '지역공동체 인식', 국가주의 인식에 포함된 세 개의 변수들의 평균값을 계산해서 '국가주의 인식', 초국가주의 인식에 포함된 두 개의 변수들의 평균값을 계산해서 '초국가주의 인식'으로 명명했다(각 변수는 5점 척도). 그런데 유학 직전과 현재 시점의 인식에 관한 응답에서 결측치가 많이 발생해서 두 시점에 대한 응답이 있는 사례만을 선택해서 분석했다.

먼저 일본 내 한국인 유학경험생들에게서는 유학 직전의 지역공동체 인식은 3.62점, 현재 시점의 지역공동체 인식은 3.82점으로 두 시점 간에 지역공동체 인식이 0.2포인트(5.5%) 증가했다. 그리고 유학 직전의 국가주의 인식은 2.99점, 현재 시점의 국가주의 인식은 3.05점으로 두 시점 간에 국가주의 인식은 0.06포인트(2%) 증가했다. 마지막으로 유학 직전의 초국가주의 인식은 3.35점, 현재 시점의 초국가주의 인식은 3.73점으로 두 시점 간의 초국가주의 인식은 0.38포인트(11.3%) 증가했다.

중국 내 한국인 유학생들에게서는 유학 직전의 지역공동체 인식은 3.43점, 현재 시점의 지역공동체 인식은 3.72점으로 두 시점 간에 0.29포인트(8.5%) 증가했다. 유학 직전의 국가주의 인식은 2.98점, 현재 시점의 국가주의 인식은 2.81점으로 두 시점 간에 국가주의 인식은 0.19포인트(6.4%) 감소했다. 그리고 유학 직전의 초국가주의 인식은 3.31점, 현재 시점의 초국가주의 인식은 3.66점으로 두 시점 간의 초국가주의 인식은 0.35포인트(10.6%) 증가했다.

한국 내 아시아 유학생들의 경우에서는 유학 직전과 현재 시점에서 지역공동체 인식은 3.56점에서 3.77점으로 0.21포인트(5.9%) 증가했고, 국가주의

〈표 29〉 유학 직전과 현재 시점 간의 지역공동체와 초국가적 정체성에 대한 인식 변화

문항	일본			중국			한국		
	유학 직전	현재 시점	변화 크기	유학 직전	현재 시점	변화 크기	유학 직전	현재 시점	변화 크기
지역공동체 인식	3.62	3.82	.20	3.43	3.72	0.29	3.56	3.77	0.21
① 아시아 지역 내에서 경제가 발전된 국가가 개발도상국에게 더 많은 지원을 해야 한다.	3.75	3.82	0.07	3.41	3.63	0.22	3.67	3.80	.13
② 나는 아시아 사람들에게 친근감을 갖는다.	3.69	3.97	0.28	3.43	3.77	0.34	3.69	3.89	.19
③ 내 나라가 더 살기 좋은 나라가 되려면 아시아 지역 전체가 함께 발전해야 한다.	3.58	3.92	0.34	3.55	3.91	0.36	3.53	3.89	.36
④ 내 나라의 입장과 국제기구들의 결정이 다르더라도 내 나라 정부는 국제기구들의 결정에 따라야 한다.	2.97	3.05	0.08	2.92	3.04	0.12	3.28	3.35	.07
⑧ 내 나라 정부가 인권, 평화와 같은 국제 규범에 어긋나는 행동을 한다면, 이를 비판하는 것이 당연하다.	4.13	4.37	0.24	3.85	4.26	0.41	3.65	3.93	.28
국가주의 인식	2.99	3.05	.06	2.98	2.81	-.19	2.81	2.79	-0.02
⑤ 다른 나라와 갈등이 일어나더라도 내 나라는 국가 이익을 추구해야 한다.	2.82	3.00	0.18	3.09	2.96	-0.13	2.65	2.64	-.01
⑥ 내 나라의 전통문화를 보존하기 위해서 외래문화의 유입을 어느 정도 제한해야 한다.	3.13	3.19	0.06	2.88	2.71	-0.17	3.05	3.10	.05
⑨ 국제적인 평화와 공존은 이상일뿐, 내 나라의 힘을 기르는 것이 제일 우선이다.	3.03	2.97	-0.07	2.99	2.74	-0.25	2.71	2.62	-.09
초국가주의 인식	3.35	3.73	0.38	3.31	3.66	0.35	3.50	3.81	0.31
⑦ 나는 내 나라의 국민인 동시에 세계시민이다.	3.63	4.07	0.44	3.56	4.01	0.45	3.61	4.01	.40
⑩ 태어난 나라뿐 아니라 거주하는 나라에서도 국적을 허용하는 이중 국적(또는 복수국적) 제도가 바람직하다.	3.08	3.40	0.32	3.07	3.30	0.23	3.35	3.70	.35

인식은 2.81점에서 2.79점으로 0.02포인트(0.7%) 감소했으며, 초국가주의 인식은 3.5점에서 3.81점으로 0.31포인트(8.8%) 증가했다.

삼국의 유학생 집단들을 비교해 보면 공통적으로 유학경험을 통해서 초국가주의 인식이 가장 큰 폭으로 증가했고, 그 다음으로 지역정체성 인식이 증가했으나 국가주의 인식은 별다른 변화를 보이지 않았다. 그리고 중국 내 한국인 유학생들과 한국 내 아시아 유학생들은 유학을 하면서 국가주의 인식이 미미한 수준으로 감소한 반면 일본에서는 오히려 증가한 것이 두드러진 차이로 나타났다.

V. 요약 및 결론

2000년 이후 아시아 역내에서 아시아 학생들의 유학이 빠르게 증가하고 있다. 과거에는 아시아의 개발도상국에서 북미, 유럽, 호주 등 서구 선진국으로 향했으나 근래에는 아시아 국가 간의 이동이 전체 유학의 대부분을 차지하고 있다. 아시아의 경제성장으로 인한 취업 및 창업 기회의 확대, 중산층의 경제력 상승으로 인한 자비 유학생의 증가, 아시아 각국의 자국 학생의 해외 유학 자유화 및 외국 유학생 유치 정책들이 맞물려서 아시아 역내에서의 유학은 양과 질에서 날로 발전하고 있다.

또한 근래의 아시아 유학생들은 단순히 현지에 머물거나 귀국하는 차원을 넘어 자신의 능력을 발휘할 수 있는 곳으로 활발히 이동하는 두뇌순환의 형태를 띠고 있다. 그리고 유학생들은 유학생활 중에 현지의 사회문화를 체험하고 이해하는 능력을 증진하고 민족과 국민의 경계를 뛰어넘는 더 큰 차원의 지역정체성과 초국가적 정체성을 수용할 기회를 갖게 된다. 이렇게 유학생들이 본국, 유학국, 제3국으로 자유롭게 이동하면서 형성하는 초국가적 네트워크는 아시아를 경제적으로뿐만 아니라 사회문화적으로 긴밀하게 연결시켜서 상호의존적이고 협력적인 아시아공동체를 형성하는 밑거름이 되고 있다.

이 연구에서는 아시아 역내에서의 이동이 두뇌순환인지, 유학생들의 인적 자본이 본국, 유학국, 제3국에서 호환되고 있는지, 그리고 유학경험이 유학생들의 소속감과 정체성을 확대하는지를 경험적으로 입증하고자 했다. 특별히 이 논문에서는 일본과 중국 내 한국인 유학생들에 초점을 맞추었고 비교집단으로 한국 내 아시아 유학생들을 선정해서 세 집단 간의 공통점과 차이점을 조사했다.

유학 후 진로계획과 관련해서 1년 이내에 귀국하겠다는 유학생들은 일본에서는 26.3%, 중국에서는 49.4%, 한국에서는 39.7%, 5년 이후에 귀국하겠다는 유학생들은 일본에서는 38.5%, 중국에서는 54.7%, 한국에서는 56.6%, 5년 이후에 유학국 또는 제3국에 체류하겠다는 유학생들은 일본에서는 60%, 중국에서는 41%, 한국에서는 40%로 나타나 일본에서 유학하는 한국인 유학생들이 유학을 장기적인 학업과 취업의 기회로 인식하는 것으로 밝혀졌다. 상대적으로 중국에서 유학하는 한국인 유학생들은 1년 이내의 단기 유학을 염두에 두고 유학 후에 곧바로 귀국하겠다는 의도가 강했다.

교육의 호환성과 관련해서는 세 개의 집단 모두 평균 이상으로 평가했다. 하지만 세 집단 간의 차이가 두드러졌는데 한국에서 유학하는 아시아 유학생들이 자신이 받은 교육과 학위가 본국, 유학국, 제3국에서 가장 잘 호환된다고 평가했고, 그 다음으로 일본에서 유학하는 한국인 유학생의 순이었으며, 중국에서 유학하는 한국인 유학생들이 가장 낮게 평가했다. 이런 결과는 한국 내 아시아 유학생들 중에 석박사과정 대학원생들과 공학 및 자연과학 전공생들의 비율이 높았기 때문인 것으로 해석된다.

유학경험은 유학생들의 지역공동체 인식, 국가주의 인식, 초국가주의 인식에 영향을 미치는 것으로 밝혀졌다. 일본과 중국에서 유학하는 한국인 유학생들과 한국에서 유학하는 아시아 유학생들 모두 유학 직전보다 현재 시점에서 동아시아 국가들 간의 협력과 상호발전의 필요성을 인식하는 지역 공동체 인식 수준이 향상됐고, 특히 국민국가의 경계를 뛰어넘는 초국가주의 인식은 가장 크게 증가했다. 반면 본국의 이익을 앞세우는 국가주의 인식은 별다른 개선을 보이지 않았고 오히려 일본에서는 미미한 수준이지만 증가했다. 즉, 유학경험은 국민국가의 정체성을 뛰어넘는 지역정체성과 초국가정체성을 고양했지만 국익을 우선하는 국가주의를 약화하지는 못하는 것으로 밝혀졌다. 이런 결과는 일본, 중국, 한국에서 유학하는 상당수의 학생들이 1년 이내의 단기 유학생들임에도 불구하고 유학경험이 자신들이 속해 있는 국가, 지역, 세계에 대한 인식에 영향을 주었다는 점을 드러낸 것으로 3년 이상의 중장기 유학의 경우에는 더욱 심대한 영향을 미칠 것이라고 예측할 수 있다.

【참고문헌】

박은경·김민일. 2009. "외국인 유학생의 이주 및 적응." 한국지역지리학회 학술대회 자료집, pp. 94-102.

권양이. 2008. "외국인 유학생의 국내 대학 초기 적응에 관한 질적 탐색." 『한국교육학연구』14권 1호, pp. 301-333.

안영진. 2008. "세계의 유학생 동향과 국제적 이동 특성." 『국토지리학회지』 42권 2호, pp. 223-236.

이기정·노정희·신우영. 2009. "국내 외국인 학생 지원 관리체제 개선방안 연구." 교육과학기술부 연구보고서.

김우종. 2011. "한국과 일본의 중국인 유학생 유치전략 비교연구." 『Trade Focus』. 한국무역협회 국제무역연구원.

배상훈. 2010. "글로벌교육 전문기관 설립방안 연구." 교육과학기술부 정책연구보고서.

송영관·양주영. 2009. "외국인 유학생 유치정책을 통한 외국 전문인력 활용방안." 대외경제정책연구원 연구보고서.

안영진. 2009. "외국인 유학생의 이주과정과 배경에 관한 연구." 한국경제지리학회지 12권, pp. 344-363.

중국 교육부. 2017. "2016年度我国来华留学生情况统计".

http://www.moe.gov.cn/jyb_xwfb/xw_fbh/moe_2069/xwfbh_2017n/xwfb_170301/170301_sjtj/201703/t20170301_297677.html(검색일: 2018. 04. 13)

중국 교육부. 2018. "规模持续扩大 生源结构不断优化 吸引力不断增强来华留学工作向高层次高质量发展".

http://www.moe.gov.cn/jyb_xwfb/gzdt_gzdt/s5987/201803/t20180329_331772.html(검색일: 2018. 04. 13)

중국 통계청. 2017. "중국통계연감 2017". http://www.stats.gov.cn/tjsj/ndsj/2017/indexeh.htm(검색일: 2018. 04. 13)

한국 교육부. 2017. 『2017년 국내 고등교육기관 외국인 유학생 현황』.

http://moe.go.kr/boardCnts/view.do?boardID=350&boardSeq=72223&lev=0&searchType=null&statusYN=W&page=1&s=moe&m=040103&opType=N(검색일: 2018. 04. 13)

한국 법무부. 2017. 『출입국·외국인정책 통계월보 2017년 12월호』.

http://www.moj.go.kr/doc_html/viewer/skin/doc.html?fn=2a2d043579cb0803c2bfe4a31032ca37&rs=/doc_html/viewer/result/201803/(검색일: 2018. 04. 13)

Brooks, R. and J. Waters. 2011. Student Mobilities, Migration and the Internationalization of Higher Education. Palgrave Macmillan.

Chen, Yun-Chung. 2008. "The Limits of Brain Circulation: Chinese Returnees and Technological Development in Beijing." Pacific Affairs 81, No. 2, pp. 195–215.

Fincher, R. 2011. "Cosmopolitan or Ethnically Identified Selves? Institutional Expectations and the Negotiated Identities of International Students." Social & Cultural Geography 12, No. 8, pp. 905-927.

Findlay, A. M. 2010. "An Assessment of Supply and Demand-side Theorizations of International Student Mobility." International Migration 49, No. 2, pp. 162–190.

Gargano T. 2009. "(Re)conceptualizing International Student Mobility: the Potential of Transnational Social Fields." Journal of Studies in International Education 13, pp. 331-346.

Haugh, Michael. 2008. "The Discursive Negotiation of International Student Identities." Discourse: Studies in the Cultural Politics of Education 29, No. 2, pp. 207–222.

Hugo, G. J. 2009. "Population Movement and Human Development in the Asia Pacific: A Demographer's View of the Major Issues." Paper presented at the 2009 ISSBD Asia-Pacific Workshop on Human Development In The Context Of Movement Within and Across National Boundaries. Adelaide, Australia. 3-5 July.

JASSO. 2017. "International Students in Japan 2017".

https://www.jasso.go.jp/en/about/statistics/intl_student/__icsFiles/afieldfile/2017/12/25/data17_brief_e.pdf(검색일: 2018. 04. 13)

JASSO. 2018. "Result of an annual survey of international students in Japan 2017". https://www.jasso.go.jp/en/about/statistics/intl_student_e/2017/__icsFiles/afieldfile/2018/02/23/data17_e.pdf(검색일: 2018. 04. 13)

Kashima, Emiko S. and E. Loh. 2006. "International Students' Acculturation: Effects of International, Conational, and Local Ties and Need for Closure." International Journal of Intercultural Relations 30, pp. 471–485.

King, Russel and Parvati Raghuram. 2013. "International Student Migration: Mapping the Field and New Research Agendas." Population, Space and Place 19, pp. 127–137.

Lee, Jenny J. and Dongbin Kim. 2010. "Brain Gain or Brain Circulation? US Doctoral Recipients Returning to South Korea." High Education 59, pp. 627–643.

Liu-Farrer, G. 2009. "Educationally Channeled International Labor Mobility: Contemporary Student Migration from China to Japan." International Migration Review 43, No. 1, pp. 178–204.

Mitchell, Kristine. 2012. "Student Mobility and European Identity: Erasmus ERASMUS Study as a Civic Experience?" Journal of Contemporary European Research 8, No. 4, pp. 490–518.

Rizvi, Fazal. 2005. "International Education and the Production of Cosmopolitan Identities." RIHE International Publication Series 9, Paper Presented at Transnational Seminar Series at the University of Illinois at Urbana-Champaign.

Sigalas, E. 2010 "Cross-border Mobility and European Identity: the Effectiveness of Intergroup Contact during the ERASMUS Year Abroad." European Union Politics 11, No. 2, pp. 241–265.

Spring, Joel. 2008. "Research on Globalization and Education." Review of Educational Research 78, No. 2, pp. 330–363.

Sugimura, Miki. 2011. "Diversification of International Student Mobility and Transnational Programs in Asian Higher Education." Comparative Education 43, pp. 45–61.

The Times Higher Education. 2017. "World University Rankings"

UNESCO. "Global Flow of Tertiary-Level Students". http://uis.unesco.org/en/uis-student-flow#slideoutmenu(검색일: 2018. 04. 13)

Waseda University. 2017. "Facts 2017". http://www.waseda.jp/intl-ac/assets/FACTS2017.pdf(검색일: 2018. 04. 13)

Waters, J. L. 2006. "Geographies of Cultural Capital: Education, International Migration and Family Strategies between Hong Kong And Canada." Transactions of the Institute for British Geographers 31, No. 2, pp. 179–192.

中華人民共和国教育部編. 2011.『中国教育年鑑·2011』.

第2回グローバル人材育成推進会議配布資料. 2012年6月

2장

루스키 미르 연차총회 주제의 인문학적 분석*

김진규

본 연구논문은 2007년에 설립된 루스키 미르 재단의 설립 배경과 지난 10년 동안의 사업성과 및 동 재단의 과제, 목표, 전략, 사명 등을 인문학적 관점에서 고찰해 보고자 한 시도의 결과이다. 이를 위하여 루스키 미르 연차총회 주제와 당해 연도 기념 테마와의 관련성 분석을 시도하였고, 그러한 배경에 내재해 있는 현대 러시아의 역사인식과 국가 전략적 차원의 이념을 러시아적 정체성이라는 관점에서 살펴보고자 하였다. 지난 10년 동안의 업적을 자세히 분석함으로써 루스키 미르의 현재에 대한 종합적인 평가와 미래에 대한 발전적인 전망을 함께 참여하고 있는 해외 인문학자의 시각에서 정리하고 보다 창의적이고 새로운 대안을 제시하고자 하였다.

* 본 논문은 『러시아어문학연구논집』 2018년 제61집에 게재된 글을 수정하고 보완한 것임.

I. 루스키 미르 재단의 설립 배경

소비에트 연방의 해체 이후 러시아연방과 독립한 신생 공화국들에서는 러시아어의 위상과 러시아 문화의 보전, 러시아어를 사용하는 재외동포들의 러시아적 정체성과 인권 문제가 점점 심각하게 대두하게 되었다. 과거 러시아어의 초민족적 위상은 신생 공화국들에서 이제는 이중 국가공용어의 위상으로 재정립되거나 아예 외국어로 간주되는 처지에 놓이게 되었다. 러시아어가 여전히 유일한 국가공용어이자 대다수의 국민들에게 중심적인 모국어로 남아 있는 러시아연방 내에서도 점차 급증하는 영어를 필두로 하는 외래어의 유입과 남용, 이로 인한 러시아어 사용의 쇠퇴와 오염이 많은 러시아 언어학자들과 언어정책 결정자들의 고민이 되어 가는 시기를 20세기와 21세기의 사이에서 맞이하게 되었다.

이러한 상황에서 러시아 정부는 연방 차원에서 보다 효율적이고 전략적인 언어정책을 수립함과 동시에 이를 통하여 국가의 대외정책 방향에서도 문화외교라는 스마트하고 소프트한 새 길을 제시할 필요를 강하게 느끼게 되었다. 마침 2006년이 러시아 학술원 회원이자 세계적인 고대러시아 문학 연구의 대가로 평가받는 인문학자 리하쵸프(Д.С. Лихачёв)의 탄생 100주년을 기념하는 해인 점에 착안하여 러시아연방 대통령령으로 2006년을 '인문학, 문화 및 교육의 해'로 지정하였다. 동시에 '인문적 문화(гуманитарная культура)'[1]라는 개념을 도입함으로써 문화를 통한 세계와의 소통과 교류, 협력을 강조한, 러시아가 자랑할 만한 세계적인 석학을 기리기 위하여 '드미트리 리하쵸프의 해'라는 추가적인 명칭도 부여하였다.[2] 이를 시작으로 하여 2007년부터 국내적으로는 러시아의 정체성과 문화를 회복하고 대외적으로는 전 세계에 러시아의 긍정적인 이미지를 제고하기 위한 문화외교 전략의 일환으로 매년 기념 테마를 대통령령으로 지정하여 선포하고 있다. 이에 따르면 2006년은 인문학, 문화 및 교육의 해, 2007년은 러시아어의 해, 2008년은 가족의 해, 2009년은 청년의 해, 2010년은 교육자의 해, 2011년은 러시아 우주항공학의 해, 2012년은 러시아 역사의 해, 2013년은 환경보호의 해, 2014년은 문화의 해, 2015년은 문학의 해, 2016년은 러시아 영화의 해, 2017년은 생태와 특별 자연보호 구역의 해, 2018년은 의용군/자원봉사자의 해가 된다. 외견상 별로 상관이 없어 보이지만 각 해의 테마는 모두 '문화'라는 키워드와 러시아의 긍정적인 대외이미지 제고를 위한 요소들로 이루어져 있음을 간파할 수 있다. 러시아어를 다민족/다문화 국가인 러시아에서 서로 다른 민족문화권 간의 소통수단이자 러시아 문화 전파를 위한 유용한 도구로 인식하고 있는 러시아연방 정부는 이런 맥락에서 2007년도를 '러시아어의 해'로 선포하였고, 동시에 '루스키 미르(Русский мир)' 재단이 설립되었다.[3] 러시아연방 정부 차원에서 외교부와 교육과학부가 재단 설립에 참여하였고, 재단의 기금은 연방정부 예산과 각종 국영/민영 기업들의 기부금으로 충당하였다. '루스키 미르'라는 개념은 러시아연방의 국민이나, 해외에 거주하는 러시아 동포, 이주민과 그들의 후손을 포함하여 러시아어로 말하는 모든 외

---

1. "1990년대 말 러시아의 저명한 인문학자인 드미트리 리하쵸프(Д.С. Лихачёв)가 문화권 선언(Декларация прав культуры, 1995)을 발표하면서 러시아인들은 소비에트 붕괴 이후 정치적, 경제적 혼란에 떠밀려 미처 신경 쓸 겨를이 없었던 문화라는 개념에 다시 주목하기 시작했다. 당시 리하쵸프는 자신의 선언문에서 문화의 글로벌적 가치와 국제협력에 주목하며 '인문적 문화(гуманитарная культура)'라는 개념을 도입하였다. 세계 협력을 위한 문화적 관심사에 의해 움직이는 과정으로서의 글로벌화에 대한 자신의 시각을 적극적으로 주장한 바 있다"(송정수 2016:92).

2. 2006 год объявлен в России Годом гуманитарных наук, культуры и образования - Годом академика Д.С. Лихачева. 15 февраля 2006 года. — http://kremlin.ru/events/president/news/35060/print

3. 2007년 6월 21일 '루스키 미르' 재단 설립에 관한 러시아연방 대통령령 제796호에 따라 "러시아어와 러시아 문화의 대중화 및 세계 각국에서의 러시아어 학습 프로그램을 지원할 목적"으로 '루스키 미르' 재단이 설립되었다. '루스키 미르' 재단은 그 설립 목적에 맞춰 해외 각국에 '러시아센터(Русский центр)'와 '루스키 미르 캐비닛(Кабинет Русского Мира)'을 개설했으며, 2018년 3월 기준으로 전 세계 48개국에 110개의 러시아센터가 개설되어 있다. 또한 2009년부터 러시아어와 문화에 관심을 가진 해외 학습자들이 편리한 시간에 관련 자료를 개별적으로 접하고 독학할 수 있도록 재단의 특별 프로그램의 일환으로 설립되기 시작한 '루스키 미르 캐비닛'은 전 세계 55개국에 137개가 개설되어 있다. 제1호 해외의 러시아센터는 아르메니아의 예레반 국립대학교에 설립되었다(루스키 미르 공식 홈페이지 https://www.russkiymir.ru/fund/ 참조).

국인을 의미한다. 즉, 러시아 문화와 언어적 환경에 포함되며 러시아에 정신적으로 속해 있다고 여기는 모든 공동체들의 초민족적, 초인종적, 초종교적 네트워크라고 할 수 있다. 재단의 주요 목표와 사업은 긍정적인 러시아 국가 이미지의 제고, 러시아에 대한 지식과 정보의 전파, 해외의 러시아어 교육기관과 단체에 대한 지원, 해외의 러시아어 대중매체에 대한 지원, 러시아어를 사용하는 이민자와 귀향자에 대한 지원, 러시아센터와 러시아캐비닛의 해외 개설 및 지원, 러시아 교육사업의 해외진출, 학술활동 교류 등 다양한 스펙트럼에 걸쳐서 망라되어 있다.[4]

'루스키 미르'의 이념과 정체성, 그리고 이와 관련한 일련의 사상적 흐름 및 러시아 사회에서의 '루스키 미르' 개념의 정착 과정과 러시아 공공외교 차원에서의 특수성과 보편성에 대해서는 이미 남혜현(2011), 송정수(2016), 신동혁(2014), 정하경(2011), 우준모(2010) 등에 상세하게 언급되어 있다. 또한 루스키 미르 재단 홈페이지와 재단 이사장 류드밀라 베르비츠카야, 재단 사무총장 뱌체슬라프 니코노프 등의 언급을 통해서도 확인해 볼 수 있다. 이를 요약하자면 한마디로 '루스키(Русский)'라는 단어의 의미(1. 키예프 루시 시대로부터 유래하는 고대러시아의 동슬라브 세 민족인 대러시아(오늘날의 러시아), 소러시아(우크라이나), 백러시아(벨로루시)를 포괄하는 의미, 2. 러시아어와 문화를 공유하는 역사적 집단공동체라는 의미, 3. 다문화, 다인종, 다민족 사회인 러시아 국가 차원의 의미)와 '미르(Мир)'라는 단어의 의미(1. 농촌 공동체, 집회, 2. 평화, 화해, 3. 사회, 세계, 4. 우주)를 포괄적으로 구현하는 이념이나 사상의 정립 및 회복과 전파를 통하여 새로운 시대의 러시아적 정체성을 든든히 구축해 나가는 러시아라는 국가의 중요한 문화외교적 전략이라는 것이다.[5]

루스키 미르 재단 연차총회가 매년 열리는 시기와 관련하여 2005년도부터 러시아가 공식 국경일로 지정하여 기념하고 있는 '민족통합의 날(День народного единства)'[6]을 언급하지 않을 수 없다. 1612년 미닌과 포자르스키가 인민의용군을 결성하여 폴란드의 점령으로부터 모스크바를 해방시킨 역사적 사건에 근거하여 매년 11월 4일을 기존의 볼셰비키 혁명 기념일을 대체하는, 포스트 소비에트 공간에서 새로운 러시아적 정체성을 추구하는 구심점으로 삼고 있기 때문이다. 수많은 역사학자들과 정치 지도자들의 노력으로 상당한 논란에도 불구하고 이제는 견고하게 자리를 잡게 된 이 국경일의 전날에 매년 루스키 미르 총회를 개최하고 있다는 사실은 많은 것을 시사하고 있다.

본문에서는 매년 러시아 국가적으로 대통령령으로 공표되어 당해 연도의 기념이 되는 테마와 그해의 루스키 미르 연차총회 주제와의 관련성을 비교 분석함으로써 루스키 미르 설립 이후 지난 10년간 러시아가 지향하고 있는 문화외교 정책 차원에서의 러시아적 정체성의 핵심을 도출해 보고자 한다. 동시에 리하쵸프의 '인문적 문화' 개념 이론[7]에 근거하여 루스키 미르 연차총회에서 논의된 주제들을 인문학적 관점에서 자세하게 분석해 보고자 한다.

---

4. 보다 자세한 내용은 루스키 미르 공식 홈페이지 https://www.russkiymir.ru/fund/와 남혜현(2016:20)을 참조.

5. Формируя 《Русский мир》 как глобальный проект, Россия обретает новую идентичность, новые возможности эффективного сотрудничества с остальным миром и дополнительные импульсы со бственного развития.(글로벌 프로젝트로서 루스키 미르를 구성함으로써 러시아는 새로운 정체성, 다른 세계와의 효율적인 협력을 위한 새로운 가능성, 자체적인 발전의 새로운 동력을 얻게 된다.)
Русский мир должен быть не столько воспоминанием о прошлом, сколько деятельным, мобилиз ующим началом построения лучшего будущего для великого народа, живущего в мире с собой и остальным миром.(루스키 미르는 과거에 대한 회상에 머물러서는 안 되고, 국제사회에서 다른 세계와 공존하는 러시아 민족의 더 나은 미래를 위한 역동적인 시작이 되어야 한다.) — https://www.russkiymir.ru/fund/

6. 니즈니 노브고로드에서 러시아정교회 총대주교 알렉세이 2세가 참석한 가운데 미닌과 포쟈르스키 동상 제막식을 거행하면서 새로운 국경일의 기념을 선포하였다. 동시에 모스크바에서는 푸틴 대통령이 붉은 광장의 미닌과 포쟈르스키 동상에 헌화하면서 사마라, 볼고그라드, 블라디미르, 코스트로마, 페트로자보드스크, 상트페테르부르크 등 러시아연방 전역의 각 도시에서 '민족통합의 날(День народного единства)'을 기념하기 시작했다. — https://ru.wikipedia.org/wiki/%D0%94%D0%B5%D0%BD%D1%8C_%D0%BD%D0%B0%D1%80%D0%BE%D0%B4%D0%BD%D0%BE%D0%B3%D0%BE_%D0%B5%D0%B4%D0%B8%D0%BD%D1%81%D1%82%D0%B2%D0%B0

7. 1995년 9월 1일에 유네스코가 지정한 세계문화유산 도시인 상트페테르부르크에서 리하쵸프가 제안한 '문화권 선언'은 문화의 위상과 역할에 대한 새로운 정의를 요구하고 있다. '인문적 문화'란 인간과 사회의 창의력

II. 루스키 미르 연차총회 주제와 당해 연도 기념 테마와의 관련성 분석

2007년 재단 설립 이후 지난 11년 동안의 연차총회 주제와 주요 논의 내용을 인문학적 관점에서 분석함으로써 당해 연도 기념주제와의 연관성 및 러시아 국가 차원에서의 미래 발전 전략과 러시아적 정체성 재정립 노력과의 상관관계를 규명해 보고자 한다.

1. 2007년 제1차 창립총회

모스크바 — 러시아어의 해[8]

2007년 11월 3일 세 번째로 기념하는 '민족통합의 날' 전야에 루스키 미르 재단 창립총회가 모스크바 국립대학교 '지식센터' 대강당에서 개최되었다. 재단은 루스키 미르가 지향하는 모든 측면에서 광범위하게 목표와 과제를 설정하고 사업의 개시를 선포하였다.

재단 이사장 류드밀라 베르비츠카야와 재단 사무총장 뱌체슬라프 니코노프가 주재한 전문가 전체 패널 토의에서는 2007년에 일어난 국내의 러시아정교회와 해외의 러시아정교회의 종교적 소통의 회복 및 통합에 대한 역사적 의미와, 과거 소비에트 국가들에서의 러시아어와 러시아 문화의 위상에 대한 전반적인 진단 및 향후 과제에 대한 내용들이 주로 논의되었다. 영국의 British Council이나 스페인의 Instituto Cervantes와 비교하여 루스키 미르 재단의 목표와 과제에 대한 많은 문제제기가 있었으나, 일차적으로 재단의 목적은 위와 같은 다른 나라의 유사기관을 무조건적으로 모방하려는 데 있지 않음을 명확히 하였다. 왜냐하면 최근에 러시아어가 처한 상황은 위의 언어들과는 구조적으로 비교하기 힘든 복잡하고 독특한 실정임을 인식하고 있기 때문이다.

재단 총회의 기능과 형식을 규정하는 데 있어서도 어떤 구체적인 문제의 해결을 즉각적으로 시도하려는 것이 아니라, 우선적으로 다양한 문화, 민족, 종교, 언어적 정체성을 가진 사람들이 동시에 한 장소에서 공통의 주제와 공통의 소통 도구인 러시아어를 가지고 서로 얼굴을 맞대고 소통할 수 있는 러시아라는 문화적 공간을 마련한다는 데 큰 의미를 둔다고 선언하였다. 이어진 세션별 토론에서는 '루스키 미르 — 통합의 명령', '루스키 미르의 정신적, 문화적 기반', '루스키 미르의 대중매체', '루스키 미르의 역사와 철학', '러시아어의 교육'이라는 주제별로 전문가들이 모여 보다 실제적인 문제와 해결방안들을 논의하고 러시아 정부에 제안하는 기회의 장을 마련하였다.

2. 2008년 제2차 연차총회

모스크바 — 가족의 해[9]

'행동하는 루스키 미르(Русский мир в действии)'라는 큰 주제하에 개최된 제2차 총회는 재단 설립 후 1년간 집중적으로 시행한 사업성과들에 대한 보고와 평가에 초점을 맞추었다. 이미 전통으로 자리 잡은 베르비츠카야 이사장과 니코노프 사무총장 주재의 전문가 전체 패널 토의에서는 루스키 미르의 활동과 관련하여 자연스럽게 대두되는 세계화 과정과 국제적인 의사소통 공간에서의 러시아어, 러시아 문화, 루스키 미르의 바람직한 좌표 설정에 대

을 발전시키는 것을 추구하는 문화라고 그는 주장한다. 또한 이를 담보하는 주체는 국가라는 단위이기에 국제사회에 이 선언의 실현에 동참할 것을 촉구하고 있다. 선언문에서 리하쵸프는 글로벌화에 대한 새로운 대안적 관점을 제시하고 있다. 즉, 경제적 이익에 의해서가 아닌 국제사회의 문화적 관심에 의해서 추동되는 과정으로서의 글로벌화는 강대국의 문화들과 소수민족의 문화들 간에 균형을 이루는 국제협력의 조화로운 과정이어야 한다는 개념을 제안하고 있다. — http://www.lihachev.ru/lihachev/deklaratsiya/

8. https://www.russkiymir.ru/fund/assembly/first-assembly-of-russian-world/

9. https://www.russkiymir.ru/fund/assembly/the-second-assembly-of-the-russian-world/

한 논의가 주를 이루었다. 이어진 세션별 토론에서는 '루스키 미르와 세계화 과정', '세계 속의 러시아 문화', '국제적인 의사소통에서의 러시아어', '루스키 미르의 정보 공간'이라는 주제별로 보다 구체적인 안건들이 토의되었다. 푸틴 대통령 시기에 시작되어 2008년에 메드베데프 대통령이 처음으로 국가원수로서 축사를 보낸 제2차 연차총회라는 점도 이 사업의 연속성과 지속가능한 발전을 전망하게 해 주는 의미 있는 점이라고 하겠다.

또한 해외의 협력기관에 설립하기 시작한 러시아센터의 고려대학교 유치를 위한 협의가 시작되었고, 이를 계기로 제2차 총회에 옵서버로 참가하여 현장의 분위기를 실제로 관찰할 수 있는 첫 번째 기회를 맞았다. 루스키 미르가 재단 설립 초기부터 매우 적극적으로 개설하기 시작한 해외의 러시아센터 중에서 한국과 북한에는 제2차 연차총회 이후 2009년에 총 4개의 러시아센터가 각각 평양외국어대학교, 서울대학교, 고려대학교, 부산대학교에 순서대로 개설되어서, 러시아가 국제문화교류 차원에서 한반도에 기대하는 전략적 의미의 비중을 짐작할 수 있게 해 준다는 점도 한-러 관계 차원에서 중요한 함의를 지닌다고 볼 수 있다.

3. 2009년 제3차 연차총회

모스크바 — 청년의 해[10]

'루스키 미르의 세계(Мир Русского мира)'라는 주제로 모스크바 국립대학교 기초과학 도서관 대강당에서 열린 제3차 총회부터는 고려대학교에 설립된 러시아센터의 대표 자격으로 참석하여 전체 패널 토의와 세션별 토론에 직접 참여하였다. '러시아어권 디아스포라: 정체성의 문제들', '루스키 미르의 문화적 정체성', '인터넷 공간에서의 루스키 미르: 사회적 관계망과 상호소통의 특징', '현대적인 러시아어 교육 프로그램 및 방법론'이라는 주제로 라운드 테이블이 마련되었고, '루스키 미르 재단의 재정지원 프로그램', '러시아

센터: 사업 결과 및 발전 방향', '루스키 미르의 출판정책'이라는 주제별 세션을 통하여 보다 구체적이고 실제적인 사업의 성과에 대한 평가와 우수 사업 결과에 대한 보고회, 재단의 재정지원 프로그램에 대한 소개와 홍보 등이 이루어졌다.

제3차 총회에서 주목할 점은 러시아정교회의 수장인 키릴 총대주교가 직접 참석하여 장문의 설교 같은 연설을 하였다는 점이다. 루스키 미르의 개념과 정체성 확립에 있어서 러시아정교회가 어떤 위상을 갖고 있는지를 대내외에 명시적이고 효과적으로 선포한 셈이다. 이 자리에서 키릴은 오늘날 전 세계적인 글로벌화 현상이 각 나라들의 문화-민족적 정체성 개념에 큰 도전을 주고 있다고 언급하였다. 1612년의 경험과 '민족통합의 날'의 역사적 의미를 상기하면서 선조들이 지켜 낸 독립, 자주, 고귀한 삶의 이상, 러시아 문명의 가치를 강조하였다. 러시아 국가 발전의 원천이 된 루스키 미르의 이상을 보전하는 과제가 오늘날 러시아의 당면과제라고 지적하고 있다. 루스키 미르의 핵심은 다름 아닌 러시아-우크라이나-벨로루시, 즉 성스러운 루시(святая Русь) 공동체로서 이 개념이 러시아교회(Русская церковь)라는 명칭의 정체성과도 일치한다는 것이다. 이때 러시아는 인종이나 민족적 특징에 의한 것이 아니라, 러시아의 정신문화적 전통을 자신의 민족정체성의 근간으로 받아들이는 모든 민족을 지칭한다는 것이다. 그런 의미에서 몰도바도 루스키 미르의 일원이며, 러시아정교회는 본질적으로 다민족적 정교회 공동체로서 교회 본연의 다민족적 특성을 발전시키려고 애쓴다고 천명하였다.[11]

---

10. https://www.russkiymir.ru/fund/assembly/the-third-assembly-of-the-russian-world/

11. Ядром Русского мира сегодня являются Россия, Украина, Белоруссия, и святой преподобный Лаврентий Черниговский выразил эту идею известной фразой: ≪Россия, Украина, Беларусь - эт

4. 2010년 제4차 연차총회

모스크바 — 교육자의 해[12]

'교육자의 해'로 선포된 2010년 제4차 총회는 '루스키 미르의 교육자(Учитель Русского мира)'라는 주제에 걸맞게 해외에서의 러시아어 교육에 대한 지원에 중점을 둔 논의가 진행되었다. 이에 따라 총회 전날인 11월 2일에 국립 푸시킨 러시아어 연구소에서 러시아어를 가르치는 해외 러시아어 학교들의 교원을 위한 국제포럼이 열렸는데, 이 포럼을 루스키 미르 재단, 러시아연방 교육과학부, 외무부, 국제 인문적 협력청이 공동으로 후원하고 주관하였다.

전문가 전체 패널 토의에서는 '루스키 미르의 교육자', '루스키 미르의 의미와 가치', '현대의 라디오 방송: 러시아, 유럽, 세계'라는 주제로, 주제별 세션 토론에서는 '루스키 미르와 러시아의 현대화', '러시아어권 디아스포라: 정체성, 가치, 동반자 관계', '해외의 중등/고등교육기관 교육체계에서의 러시아어', '루스키 미르의 대중매체', '루스키 미르 재단의 재정지원 프로그램', '러시아센터의 법적 근거와 사업의 실제'라는 주제로 연례적인 논의가 계속되었다.

2010년의 주제 선정에서 특이한 사항은 메드베데프 대통령이 이끄는 행정부의 주요 전략과제인 '현대화와 혁신'이라는 주제를 루스키 미르에 적용하고자 시도했다는 점인데, 루스키 미르 재단의 사업과 위상이 국가적 차원의 미래 발전 전략과 함께 다뤄지고 있다는 점에 주목할 필요가 있다고 하겠다.

5. 2011년 제5차 연차총회

상트페테르부르크 — 러시아 우주항공학의 해[13]

다섯 번째로 열린 총회는 모스크바를 떠나 처음으로 장소를 옮겨서 제정

러시아 시대의 수도이자 혁명의 도시, 영웅의 도시, 북방의 문화적 수도라고 불리는 상트페테르부르크에서 진행되었다. '러시아어의 오늘과 내일(Русский язык сегодня и завтра)'이라는 주제로 개최된 총회에서는 루스키 미르, 러시아 역사, 문화, 철학에 관련된 보다 인문학적인 테마에 집중하여 논의가 이루어졌다. 전체 패널 토의에서는 '러시아어의 오늘과 내일', '러시아어권의 역사와 문화'라는 주제로, 세션별 토론에서는 '러시아어-러시아 삶의 근본', '현대세계에서의 러시아어', '국가공용어로서의 러시아어', '대중매체 속의 러시아어', '루스키 미르의 러시아센터와 러시아캐비닛-러시아어의 세계로'라는 주제로 러시아 인문학의 근간인 문-사-철 학문의 기본 도구로서의 러시아어의 운명에 대하여 전문가들의 집중적인 토론과 제안, 건의사항들이 발표되었다. 국가적으로 지정한 '러시아 우주항공학의 해'와 관련해서는 기념전시와 영상물 상영회 등이 동시에 진행되었고, 1961년 최초의 유인 우주선 궤도비행을 성공적으로 마친 우주비행사 유리 가가린의 업적 50주년을 기림과 동시에 우주공간에서도 러시아어가 울려 퍼졌다는 농담 섞인 자부심으로 총회의 분위기를 고조시키기도 하였다.[14]

о и есть святая Русь≫. Именно это понимание Русского мира заложено в современном самоназвании нашей Церкви. Церковь называется русской не по этническому признаку. Это наименование указывает на то, что Русская православная церковь исполняет пастырскую миссию среди народов, принимающих русскую духовную и культурную традицию как основу своей национальной идентичности или, по крайней мере, как её существенную часть. Вот почему в этом смысле мы и Молдову считаем частью этого Русского мира. В то же самое время Русская церковь является самой многонациональной православной общиной в мире и стремится развивать свой многонациональный характер. - Текст выступления Святейшего Патриарха Кирилла (https://www.russkiymir.ru/fund/assembly/the-third-assembly-of-the-russian-world/)

12. https://www.russkiymir.ru/fund/assembly/the-fourth-assembly-of-the-russian-world/

13. https://www.russkiymir.ru/fund/assembly/the-fifth-assembly-of-the-russian-world/

14. Поехали! - Наблюдаю облака над Землёй, мелкие кучевые, и тени от них. Красиво, красота!… Внимание. Вижу горизонт Земли. Очень такой красивый ореол. Сначала радуга от самой поверхности Земли и вниз. Такая радуга переходит. Очень красиво!(출발! — 지구 위에 구름들이 보이고, 작은 뭉게구름, 구름이 만들어 낸 그늘도 보입니다. 아름다움 그 자체입니다. 보세요! 지평선도 보입니다. 아주 아름다운 후광도. 지구

6. 2012년 제6차 연차총회

모스크바 — 러시아 역사의 해[15]

'러시아 역사의 해'에 모스크바에서 개최된 6차 총회의 주제는 '러시아어와 러시아의 역사(Русский язык и российская история)'이다. 2012년은 류리크 왕조(862년) 창건으로부터 1150주년을 기념하는 해인 만큼 연차총회의 주제와 국가 지정 기념 테마가 정확하게 일치하고 있다. 전체 패널 토의에서 '러시아 역사의 해', '러시아 역사에서 국가공용어와 국가의 언어정책'이라는 주제로, 라운드 테이블 형식으로는 '러시아 국민들과 러시아의 현대화 발전', '다문화 세계에서의 러시아어의 공간: 루스키 미르의 문화와 교육', '루스키 미르의 미디어 공간에서의 역사'를 주제로 러시아 역사와 루스키 미르의 불가분의 관계를 집중적으로 조명하였다. 이어진 주제별 세션에서는 '루스키 미르 재단의 재정지원 프로그램'과 '루스키 미르의 러시아센터와 러시아캐비닛의 사업 활동'에 대한 실제적인 소개 및 결과보고회와 러시아어 교수법을 주제로 한 세미나가 진행되었다.

6차 총회에서는 라트비아 출신의 유럽연합 의회 의원인 타티야나 쥬다노크가 2013년에 몇몇 유럽 국가에서 실시될 예정인 유럽연합 공식 언어로서의 러시아어 채택을 위한 투표를 앞두고 지속적으로 러시아어도 공식 언어로 채택될 수 있도록 노력과 지원을 촉구하는 발제를 하여 총회의 큰 관심을 불러일으켰다. 현재 유럽연합 내에서는 대략 7백만 명 이상의 러시아어를 사용하는 사람들이 각 나라에 흩어져서 거주하고 있기 때문에 러시아어가 결코 지역의 소수언어가 아님을 강조하면서, 러시아어의 유럽연합 공식언어화는 유럽통합을 더욱 가속화시킬 수 있음을 역설하였다.[16]

7. 2013년 제7차 연차총회

상트페테르부르크 — 환경보호의 해[17]

두 번째로 상트페테르부르크에서 열린 7차 총회는 '루스키 미르-계몽의 사명(Русский мир - миссия просвещения)'을 주제로 하여 슬라브 문자(863년)의 해(키릴과 메포지 형제의 알파벳 창제 1150주년)를 기념하였다. 동시에 2013년은 로마노프 왕조(1613년) 창건으로부터 400주년이 되는 해이기도 하기에 2012년에 이어서 역사 관련 테마와 역사교과서 문제, 루스키 미르를 통한 공공외교의 현실과 미래에 대한 전망에 초점을 두고 회의가 진행되었다. 국가 공식 지정 테마인 환경보호와는 큰 관련 없이 진행된 7차 총회에서는 전체 패널 토의로 '슬라브 문자의 해', '러시아어와 현대세계의 도전'을 주제로 삼았으며, 세션별 토론에서는 '단일한 러시아 역사교과서', '러시아와 루스키 미르: 공공외교의 경험과 전망', '지역발전에서의 루스키 미르: 디아스포라의 상호협력', '루스키 미르 대중매체의 계몽적 사명', '이중언어와 다중언어적 조건에서의 러시아어 교육의 특징', '루스키 미르 재단의 러시아센터들'을 주제로 하여, 루스키 미르-역사-언어-공공외교로 이어지는 새로운 해석의

표면으로부터 무지개가 계속해서 밑으로 이어지고 있습니다. 아주 아름다워요!) — https://ru.wikipedia.org/wiki/%D0%93%D0%B0%D0%B3%D0%B0%D1%80%D0%B8%D0%BD,_%D0%AE%D1%80%D0%B8%D0%B9_%D0%90%D0%BB%D0%B5%D0%BA%D1%81%D0%B5%D0%B5%D0%B2%D0%B8%D1%87

15. https://www.russkiymir.ru/fund/assembly/the-sixth-assembly-of-russian-world/

16. 현재까지도 러시아어는 유럽 연합의 비공식 언어이나 과거 동구권에 속하던 EU의 동유럽 국가에서 널리 쓰이고 있다. 라트비아, 에스토니아, 리투아니아와 독일 일부 지역에 거주하는 약 130만 명의 사람들은 러시아어를 사용한다. 또한 라트비아인, 에스토니아인, 리투아니아인의 상당수는 러시아어를 구사할 수 있으며, 이 세 국가의 일부 학교 중에는 러시아어를 필수 과목으로 지정한 곳도 있다. 비록 모국어로 쓰는 사용자는 많지 않지만, 불가리아, 폴란드, 체코, 슬로바키아, 헝가리, 루마니아 등지에 거주하는 사람들은 대체로 러시아어를 구사 할 수 있다. EU 전체 인구의 7% 정도는 러시아어를 어느 수준 이상 구사할 수 있으며, 이는 EU에서 통용되는 언어 중 8위에 해당한다. — https://ko.wikipedia.org/wiki/%EC%9C%A0%EB%9F%BD_%EC%97%B0%ED%95%A9%EC%9D%98_%EC%96%B8%EC%96%B4

17. https://www.russkiymir.ru/fund/assembly/the-seventh-assembly-of-the-russian-world/

패러다임을 제시함으로써 현대 국제사회의 글로벌화로 인한 도전에 대한 효과적인 해결책을 모색하는 데 주력하였다.

러시아어를 구사하는 차세대를 위한 국제 창작 경연대회인 «Слово за нами(우리가 말할 차례다)» 행사가 처음으로 슬라브 문자의 해인 2013년에 7차 총회에서 슬라브 문자 창제 1150주년을 기념하여 치러졌다. 몰도바, 스페인 등지에서도 참여한 이번 문학 콩쿠르를 기점으로 하여 루스키 미르 연차총회가 본격적으로 젊은 차세대 그룹에 대한 관심과 지원을 가속화하는 계기가 되었다.

8. 2014년 제8차 연차총회

소치 — 문화의 해[18]

모스크바와 상트페테르부르크가 아닌 제3의 러시아 도시에서는 처음으로 열린 8차 총회는 명목상으로는 2014년 초에 성공적으로 마무리된 동계올림픽의 도시인 흑해 연안의 휴양지 소치에서 개최되었다. 그러나 동시에 흑해 연안 도시라는 상징성과 '문화의 해'로 지정된 2014년에 우크라이나 및 문화와 역사적 시간을 집중적인 논의주제로 상정한 점은 매우 의미심장하였다. 크림공화국의 러시아 합병안이 국민투표로 가결(2014년 3월 16일에 투표율 83%와 찬성률 97%)되고 러시아와의 합병조약에 서명한 해(2014년 3월 18일)인지라 제8차 총회에서는 유독 크림 사태를 둘러싼 서방세계의 비판에 대한 성토와 "Крым - наш!(크림은 우리 땅!)"이라는 구호가 자주 울려 퍼졌다.

8차 총회의 전체 주제는 '문화와 시간(Культура и время)'으로 '우크라이나, 러시아, 세계', '21세기 러시아어의 문화'를 주제로 하는 전체 패널 토의에서는 소위 우크라이나 사태가 촉발한 러시아와 우크라이나 및 서방세계와의 갈등과 우크라이나 동부의 도네츠크, 루간스크 지역에서의 무력충돌의 상황에서 루스키 미르를 지지하는 러시아어권 참가자들의 열정적인 발언과 러시아의 정치·경제적, 교육·문화적, 인도적 지원을 호소하는 요구들이 강하게 제기되었다. 세션별로 이뤄진 라운드 테이블 형식의 토론에서는 '러시아어: 국가 개입의 문제', '해외의 러시아어 학교: 경험, 문제, 전망', '오늘날의 슬라브주의와 서구주의', '카프카스의 포로: 알려지지 않은 레르몬토프'를 주제로 하는 루스키 미르 본연의 비정치적 학술, 문화적 담론에 대한 논의가 주로 다뤄졌다.

2013년에 이어 두 번째로 진행된 «Слово за нами(우리가 말할 차례다)» 문학 콩쿠르 행사 우승자에 대한 시상식과 «Со-Творение(공동창작)» 경연대회를 통한 언론인들에 대한 시상식도 이어졌다. 러시아어 문학을 도구로 하여 차세대 청년 지도자들을 육성하고, 루스키 미르의 시각에서 언론보도를 함으로써 기울어진 국제 대중매체의 지형에 균형을 기하고자 하는 재단과 러시아의 전략적 목표가 잘 읽히는 지점이라고 하겠다. 총회 전날에는 제1회 교육자 포럼 '현대 학교에서의 러시아어'가 개최되어 국내외의 러시아어 교육에 대한 지속적인 관심과 지원을 표명하기도 하였다.

9. 2015년 제9차 연차총회

수즈달 — 문학의 해[19]

9차 총회는 문학의 해로 지정된 2015년에 고대러시아 문화의 중심 도시인 소위 황금 고리(Золотое кольцо)상에 위치한 수즈달에서 개최되었다. 전 세계 70여 개 국가에서 초청된 참가자들이 '러시아 문학의 영원한 가치(Вечные ценности русской литературы)'라는 큰 주제하에 '루스키 미르의 가치', '러시아 문학과 영원한 질문들'이라는 문제를 놓고 집중적으로 러시아 문학과 루스

18. https://www.russkiymir.ru/fund/assembly/the-eighth-assembly-of-the-russian-world/

19. https://www.russkiymir.ru/fund/assembly/the-ninth-assembly-of-the-russian-world/

키 미르의 가치에 대하여 논의하였다. 세션별 토론에서는 '러시아 문명의 길', '루스키 미르 문학의 언어들', '러시아 문화의 위상을 보존하기 위한 러시아와 해외 출판사들의 역할', '독서와 문학교육: 무엇을 가르칠 것인가?'에 대한 실질적인 사례발표와 토론이 이어졌다. 또한 '글로벌 차원의 문명화 과정에서의 루스키 미르'라는 주제로 특별 라운드 테이블이 마련되어 총회 개최 일주일 전에 러시아 하원 교육위원회와 루스키 미르 재단이 공동으로 루스키 미르로 대표되는 러시아 문명이 세계사에서 제3의 길이라는 대안으로 어떻게 자리매김될 수 있을까를 논의하였다. 루스키 미르가 탄생하는 데 역사적 인연을 갖게 한 민족통합의 날의 주인공 중 한 명인 포자르스키 공작의 묘소가 위치해 있는 과거 수즈달 공국의 수도에서 9차 총회가 개최되고, 더불어 포자르스키 묘비에 대한 헌화와 함께 추모 의식이 거행된 점도 중요하게 기억할 부분이라고 하겠다.

10. 2016년 제10차 연차총회

모스크바 — 러시아 영화의 해[20]

10차 총회는 모스크바에서 재단 설립 10주년 기념으로 '변화된 세계에서의 루스키 미르(Русский мир в изменившемся мире)'와 '러시아어: 다양성의 보고와 통합의 요소(Русский язык: богатство многообразия и фактор единения)'라는 두 주제를 중심으로 지난 10년 동안의 논의를 정리함과 동시에 '러시아 영화의 해'에 맞춰서 영화라는 대중매체를 통한 루스키 미르 이념의 확산 방안에 대한 논의가 주를 이루었다.

세션별 토론으로 다룬 주제들은 '루스키 미르와 루스카야 프라브다(русская правда)[21]: 러시아를 어떻게 이해할 것인가?', '현대 학교에서의 러시아어 교재', '해외의 러시아어 대중매체: 옛 조국과 새 조국 사이에서', '불멸의 연대-루스키 미르 통합의 운동', '러시아 영화에 반영된 루스키 미르:

전통과 전망'으로서, 2016년의 중요한 역사적 사건은 모스크바에서 블라디미르 대공의 동상 제막식이 거행된 점이다.[22] 또한 '불멸의 연대(Бессмертный полк)' 운동 시민추진위원회와 협정서를 체결하여 이 운동에 대한 루스키 미르 재단의 지지와 협력을 공개적으로 선포한 것도 중요한 함의를 지닌다고 하겠다.[23]

2016년에는 처음으로 "평화의 세대(Поколение мира)"라는 국제청년포럼을 총회 하루 전에 러시아 하원인 국가 두마(Государственная Дума) 의사당에서 개최하였다. 이 포럼에서는 «Слово за нами!»의 최종 수상자에 대한 시상식과 더불어 제2회 차세대 언론인을 위한 국제 콩쿠르 «Со-Творение»의 우승자에 대한 시상식도 함께 열렸다.

11. 2017년 재단 설립 10주년 기념 국제학술대회

모스크바

1) 루스키 미르의 현재와 미래(Русский мир: Настоящее и будущее)

2017년에는 11월의 제11차 연차총회 이전에 6월 21일 모스크바에서 재단 설립 10주년을 기념하는 국제학술대회를 개최하였다. 내용과 형식으로 미루어 볼 때 학술적인 행사라기보다는 창립 10주년 기념 특별총회의 성격으

---

20. https://www.russkiymir.ru/fund/assembly/x-assembly-of-the-russian-world/

21. '러시아의 진실'

22. 988년 키예프 루시 공국의 대공으로서 기독교를 처음으로 러시아에 수용한 역사적 사실을 기념하기 위한 국가적 행사가 되었다. 역시 민족통합의 날에 맞춰서 동상 제막식이 거행되었다.

23. ≪Бессмертный полк≫ - мероприятие, призванное почтить память солдат, погибших в Великой Отечественной войне, - за несколько лет превратилось в своеобразный духовный центр для реализации множества проектов, направленных на поддержку отечественной истории и культуры. ('불멸의 연대'는 제2차 세계대전에서 전사한 군인들을 추모하기 위한 행진으로 시작한 행사로서 몇 년 만에 현대 러시아의 역사와 문화를 보전하고 지원하는 다양한 국내외의 여러 프로젝트를 실현하는 중요한 정신적 구심점이 되어 가고 있다.) — https://russkiymir.ru/fund/assembly/x-assembly-of-the-russian-world/news/216261/

로 진행된 본 대회에서는 각국의 대표자들의 자유발언과 제안, 그간의 재단 사업수행에 대한 평가, 관련 단체 지도자들의 축사, 그리고 루스키 미르의 정체성을 일단락 짓고자 하는 성격의 선언문을 채택하였다.

80여 개 국가에서 모인 루스키 미르의 대표자들과 러시아 전문가들이 독특한 문명적 현상이자 사람들의 정신적 공동체로서의 루스키 미르를 이해하면서, 민족, 종교, 국적에 상관없이 루스키 미르의 핵심가치인 러시아에 대한 사랑, 러시아의 역사와 문화와 언어에 대한 관심, 러시아의 운명에 대한 공감이 자신들을 단합시켜 준다고 선언하였다. 구체적으로는 6개 항목에 걸친 선언과 9개 항목에 걸친 제안으로 재단 설립 10주년 행사를 마무리하였다.

2) 선언 내용

1. 루스키 미르의 가치와 전통을 전 세계에 널리 알리는 국가와 시민사회의 노력을 지지한다.
2. 루스키 미르의 기본원칙에 대한 충실한 태도를 견지한다 — 평화, 자유, 정의, 고결한 가치(덕성), 정보의 객관성과 개방성, 타 문화와 종교에 대한 관용, 민족이나 인종이나 종교적 특성에 따른 차별의 금지.
3. 러시아어가 루스키 미르의 역사적 의미와 러시아 문화의 토대를 담보하는 기본적인 도구임을 인정한다. 러시아어의 전 세계적 확산과 교육 프로그램의 개발을 지지하는 모든 국가와 사회단체의 노력을 환영한다.
4. 국가 간에 이중적 잣대를 들이대는 정책에 반대한다. 민족 간의 교육적, 문화적, 인문학적 가치를 정보 전쟁이나 적대적인 선전으로 치환하려는 모든 시도에 반대한다.
5. 러시아와 해외, 국제적인 민간기구들의 공공외교와 문화교류 차원에서의 인문학적 국제교류 노력의 강화를 촉구한다. 러시아의 재외

동포 및 러시아어 교육자들의 러시아와의 관계를 유지, 발전 강화시키려는 노력이 중요함을 인식한다.

6. 러시아어와 문화를 확산시키는 데 있어서 루스키 미르 재단의 독특한 역할을 강조한다. 러시아와 루스키 미르에 대한 진실을 알리는 데 있어서 그리고 교육, 문화, 계몽, 홍보 프로그램의 실현에 있어서도 루스키 미르 재단의 필요성을 강조한다.

3) 제안 사항

1. 국가정책 차원에서도 해외에서의 러시아어와 문화 확산 노력에 대한 지원을 계속해 줄 것을 제안한다.
2. 러시아어, 문화, 역사의 대중화를 위한 루스키 미르의 교육문화 활동에 보다 적극적으로 재외동포와 협력기관들의 관심을 유도할 것을 제안한다.
3. 루스키 미르의 정보소통 공간을 확장하여 러시아에 대한 진실을 보다 많은 사람들에게 알릴 것을 제안한다.
4. 러시아 교육 시스템의 국제적 잠재력과 위상을 강화할 것을 제안한다. 러시아 교육 서비스에 대해 보다 자세한 정보와 보다 폭넓은 접근성을 보장할 것을 제안한다.
5. 루스키 미르의 창의적인 자산을 활용하여 러시아의 문화적, 학술적, 혁신적인 잠재력을 발전시킬 것을 제안한다.
6. 역사적 조국인 러시아와의 유대관계를 보존하기 위하여 러시아의 차세대 재외동포들을 위한 교육 프로그램에 특별한 관심을 기울여 줄 것을 제안한다.
7. 러시아어를 사용하는 청년단체의 운동을 지원하고 발전시킬 것을 제안한다.
8. 러시아어를 사용하는 단체들 간의 전 세계적 네트워크 형성과 확장

을 촉진시킬 것을 제안한다.

9. 수평적 관계에 근거하여 루스키 미르의 모든 구성원들을 통합하는 국제적인 시민사회단체를 발족시킬 가능성을 검토해 줄 것을 제안한다.[24]

12. 2017년 제11차 연차총회

니즈니 노브고로드 — 생태와 특별 자연보호 구역의 해[25]

볼셰비키 혁명 100주년이자 러시아의 국민시인 '푸시킨의 해'이기도 한 2017년 11차 총회는 막심 고리키의 고향인 볼가강 변의 고도 니즈니 노브고로드에서 '세계를 위한 루스키 미르의 이념(Идеи Русского мира для мира)'을 대주제로 삼아 개최되었다. 패널 토의 주제인 '러시아어와 국가: 덕분에 vs. 그럼에도 불구하고'는 국가공용어로서의 러시아어와 국가의 언어정책 사이의 복합적이면서 미묘한 상호작용의 제 문제를 지속해서 다루고 있다. 니코노프는 전체회의에서 다음과 같이 루스키 미르의 현재의 입장을 정리하였다.

> "На самом деле, мы не занимаемся политикой, нас волнуют вопросы культуры и русского языка. Но сегодня предлагаю подумать над тем, какие идеи Русского мира могут быть предложены миру... Якорь – это общечеловеческие ценности. Это идея справедливости как правды жизни, это идея свободы не в либерально-глобалистском духе, а как свободы саморазвития для всех. И главное – это идея мира и жизни."[26]

사실상 우리는 정치를 하는 게 아닙니다. 우리의 관심은 문화와 러시아어의 문제들입니다. 하지만 오늘 나는 여러분들에게 루스키 미르의 어떤 사상들이 세계에 제시될 수 있을지를 생각해 보기를 제안합니다. … 아마도 핵심은 인간의 보편적인 가치가 아닐까 합니다. 그건 삶의 진실로서의 정의라는 사상, 신자유주의적 글로벌화라는 차원에서가 아닌 모두를 위한 자기발전이라는 차원에서의 자유라는 사상입니다. 그리고 가장 중요한 것은 평화와 생명의 사상입니다.

세션별 토론에서는 '러시아에서의 종교간 대화: 경험과 전망', '다인종 교육환경에서의 러시아어', '문화 간 대화 차원에서의 미디어 공간', '푸시킨의 루스키 미르', '막심 고리키와 루스키 미르', '미닌과 포자르스키: 시대와 국경을 초월한 러시아의 구원자에 대한 기억'을 주제로 다양한 분야의 전문가들이 모여서 열띤 토론을 벌였다. "세계적인 푸시킨(Всемирный Пушкин)"이라는 문학 콩쿠르가 연중 진행되었고, 11차 총회에서 우승자들에 대한 시상식도 거행하였다.

2005년에 처음으로 국경일로 공식 지정된 민족통합의 날의 주인공인 미닌과 포자르스키 동상이 같은 해에 니즈니 노브고로드에서 제막식을 갖게 된 것은 바로 이 지역에서 인민의용군의 조직과 결성이 이루어진 후 1612년 폴란드의 침공으로부터 모스크바를 해방시키게 되었기 때문이다. 2017년은 그로부터 405주년을 기념하는 해가 되기에 이곳을 루스키 미르 제11차 연차총회의 장소로 결정하였던 것이다. 오늘날 러시아에서는 1917년 볼셰비키 혁명의 기억이 확실히 그 이전 시기 역사적 사건의 비중과 의미에 자리를 양보하고 있다는 사실이 점점 더 명확해지고 있다.

---

24. 별첨의 결의문 러시아어 원본 텍스트 참조.

25. https://www.russkiymir.ru/the-xi-assembly-of-the-russian-world/

26. https://russkiymir.ru/publications/232934/

III. 루스키 미르의 미래에 대한 전망

2004년에 푸틴 대통령 집권 2기가 시작되면서 2005년부터 '민족통합의 날' 제정, 2006년부터 국가 공식 기념의 해 지정 및 선포, 2007년부터 국내외 러시아정교회의 통합 선언 및 루스키 미르 재단의 창립과 더불어 시작된 본격적인 문화외교 전략의 실현, 2012년을 푸틴 집권 3기와 함께 '역사의 해'로 지정하면서 시작된 과거 제정러시아와 소비에트 시기 역사에 대한 재조명과 재평가, 2014년 크림공화국의 러시아 합병으로 촉발된 소위 우크라이나 사태와 이로 인한 서방의 대러시아 경제 제재조치와 러시아에 대한 비판적 시각의 확산, 2017년 러시아 혁명 100주년을 지나면서 일어난 볼셰비키 혁명의 성공과 실패에 대한 러시아 엘리트 지식인과 정치 지도자들의 과거 역사와 문화에 시각의 전환, 그리고 2018년 푸틴 집권 4기를 맞이하면서 '루스키 미르'라는 개념은 아주 정교하게 이 모든 역사적 사건의 흐름 속에 자연스럽게 용해되어 있다.

지난 10년 동안의 역사적 과정과 주요 어젠다를 전체적으로 살펴보면 한편으로는 "소위 '푸틴주의' 또는 '신유라시아주의'로 대표되는 민족주의적이고 애국주의적인 수사학을 '루스키 미르'라는 보다 인문학적인 개념으로 환원시키면서 서구 세계의 비판적 시각에 늘 붙어 있는 신유라시아주의에 내포된 '제국주의적 성격'을 어느 정도는 걷어 냈다고 볼 수 있다. '루스키 미르'라는 개념은 러시아가 대내외적으로 온건한 '문화주의' 정책을 확산시켜 나가면서 주변 세계로부터의 공감과 지지를 이끌어 내며 과거 소비에트로부터 남겨진 부정적 유산으로부터 벗어나 긍정적인 러시아의 이미지를 창출하는 데 분명 일정한 기여를 하고 있다"는 송정수(2016)의 지적에 반대를 제기하기는 어렵다.

또한 "더 이상 국경이나 인종, 민족적 구분으로 국가의 개념을 말하기 힘든 오늘날, '루스키 미르'가 21세기 러시아어와 러시아 문화를 중심으로 구성되는 새로운 공동체 개념으로 자리 잡을 것이라는 점에는 큰 이견이 없을 것으로 보인다. '루스키 미르'의 이념이 글로벌 시대에 새로운 러시아 정체성 확립과 러시아의 이미지를 긍정적으로 개선할 대외정책의 기본 개념으로 작용할지, 혹은 문화제국주의의 또 다른 변이형이 될지는 앞으로 좀 더 추이를 지켜볼 필요가 있다"고 송정수(2016)는 결론짓고 있다.

하지만 이런 반듯하고 객관적인 결론과 동시에 약간은 도발적으로 러시아인의 내재적인 관점에 입각하여 언어적 정의에 충실하게 루스키 미르가 표방하고자 하는 '루스카야 이데아(русская идея)'를 살펴보면 그건 '루스카야 이데올로기야(русская идеология)'와는 사뭇 결이 다르다는 점에 재고의 여지도 있어 보인다. 이상(идеал)을 추구하는 이데올로기로서가 아니라 현실(реальность)에 근거한 민족적 자아와 문화적 정체성을 인식하고 선포하기 위한 표현의 수단으로서의 이데아는 어느 민족 누구에게나 보장된 보편적인 인간으로서의 가치와 권리가 아니겠냐는 주장에 반대하기는 쉽지 않다. 중요한 점은 서방을 비롯한 국외로부터의 의심에 찬 부정적인 시각이나 평가로부터 보다 자유로워지려면 현재보다는 좀 더 정교하고 세련되게 루스키 미르가 주장하는 이데아가 어떻게 21세기 글로벌 국제사회에서 다른 민족이나 국가의 이익과 충돌하지 않으면서 조화롭게 공존할 수 있을지를 고민하고 계속해서 새로운 아이디어로 가득 찬 프로그램과 로드맵을 제시해야 하리라는 것이다.

결론적으로 루스키 미르는 러시아 사상사에서 면면히 이어 온 슬라브주의와 서구주의의 이분법적 대립을 변증법적으로 극복해 보고자 시도한 기존의 유라시아주의 혹은 신유라시아주의의 변이형으로서, 21세기의 양극화 혹은 다극화된 세계질서 체제에서 끊임없이 제3의 길이라는 대안을 제시하려고 하는 러시아 문명의 요구이다. 달리 표현하면, 니코노프의 말처럼 러시아는 '유로-퍼시픽 파워(euro-pacific power)'로서 다극화된 세계질서 체제에서 변함없이 일정한 정도의 영향력을 행사하며 국제사회의 일원이 되고

자 한다는 것이다. 루스키 미르가 표방하는 전략과 목표와 과제들이 한편으로는 순수한 인문학적 관점에서 러시아의 당연한 문화적, 언어적 권리를 천명하는 측면이 있다고 한다면, 또 다른 한편으로는 러시아의 애국적 국가주의에 호소하는 다분히 지정학적인 관점을 노출하고 있다는 점에서 서구사회의 불편한 시각이 기인하는 것이라고 여겨진다. 루스키 미르 재단을 이끌어 가고 있는 두 명의 지도자로부터 러시아어를 사랑하여 올바른 러시아어의 사용을 강조하는 인문학자의 소박한 진실(류드밀라 베르비츠카야)과 이론적 사상가이자 정치학자로서의 노련한 전략적 비전(뱌체슬라프 니코노프)이 동시에 양가적으로 드러나는 점을 지적하지 않을 수 없다.

지난 수 세기 동안의 역사를 통해서 드러나듯이 러시아 국가의 문장인 양두 독수리, 유라시아 대륙이라는 이중적인 지리적 속성, 모스크바와 상트페테르부르크라는 두 개의 수도, 황제의 권력과 정교회 총대주교의 권위라는 복수의 권력 시스템, 국가와 민중이 온전한 근대적 시민사회로 융화되기 어려운 러시아인의 멘탈리티, 그리고 21세기에 목도하고 있는 푸틴-메드베데프의 이중권력(tandem) 체제, 이 모든 요인들이 여전히 유명한 19세기 러시아 민족시인 튜체프(Тютчев)의 구절을 계속해서 음미하게 만든다. 머리로는 러시아를 이해할 수 없다고….[27]

---

27. Умом Россию не понять, 머리로는 러시아를 이해할 수 없다.
Аршином общим не измерить: 공통의 척도로 측량할 수도 없다.
У ней особенная стать - 러시아에게는 독특한 형상이 있다.
В Россию можно только верить. 러시아는 단지 믿을 수 있을 뿐이다.
(Тютчев Ф.И. 1803-1873)

【참고문헌】

남혜현. 2011. “탈소비에트 시기 러시아 정부의 러시아어 확산 정책.” 『슬라브연구』 제27권 2호, pp.161-194.

남혜현. 2016. “현대 러시아 언어정책에 나타난 언어이념.” 『노어노문학』 제28권 3호, pp.3-26.

니콜라스 르제프스키 저·최진석 역. 2017. 『러시아 문화사 강의: 키예프 루시부터 포스트소비에트까지』. 서울: 그린비출판사.

다닐로프 저·문명식 역. 2015. 『새로운 러시아 역사』. 서울: 신아사.

송정수. 2016. “포스트 소비에트 시기 러시아 문화정책 관점에서 바라본 루스키 미르.” 『슬라브학보』 제31권 1호, pp.87-118.

신동혁. 2014. “현대 러시아에서 교회와 정치: 러시아 정교회의 ‘루스키 미르 개념’을 중심으로.” 『중소연구』 제38권 2호, pp.271-312.

엄구호. 2011. “러시아의 공공외교와 한국 내 러시아 문화원 개설.” 『Russia-CIS Focus』 97호.

우준모. 2010. “러시아의 공공외교: 특수성과 보편성.” 『세계지역연구논총』 28집 3호, pp. 185-207.

정경택. 2011. “러시아 연방과 자치공화국에서의 러시아어의 위상.” 『Acta Russiana』 3호, pp. 23-46.

정하경. 2011. “루스키 미르, 그 언어적 관점에 대하여.” 『Russia & Russia Federation』 Vol. 2, No. 1. pp. 58-64.

제임스 빌링턴 저·류한수 역. 2015. 『이콘과 도끼: 해석 위주의 러시아 문화사 제1-3권』. 서울: 한국문화사.

파이지스 올랜도 저·채계병 역. 2014. 『러시아 문화사: 나타샤 댄스』. 서울: 이카루스미디어.

Никонов В.А. 2015. *Код цивилизации. Что ждет Россию в мире будущего?* Москва: Эксмо.

Никонов В.А. 2015. *Современный мир и его истоки.* Москва: издательство МГУ.

Никонов В.А. 2017. *Лидерство по-русски.* Москва: Эксмо.

II Ассамблея Русского мира. Москва, 2008.

VI Ассамблея Русского мира. Москва, 2012.

Государственный язык Российской Федерации в жизни современной России. СПбГУ. СПб., 2017.

Россия как цивилизация: Устойчивое и изменчивое / отв. ред. И.Г. Яковенко. Москва, 2007.

РусскийМир.ru. Ежемесячный журнал. Фонд Русский мир. 2008, Выпуск 1.

Слово Русского мира. Москва, 2017.

Смыслы и ценности Русского мира. Сборник статей и материалов круглых столов, организованных фондом «Русский мир». Москва, 2010.

Юбилейный сборник фонда "Русский мир". Москва, 2017.

"2006 год объявлен в России Годом гуманитарных наук, культуры и образования". http://kremlin.ru/events/president/news/35060/print (검색일: 2018. 03. 26)

"Декларация прав культуры". http://www.lihachev.ru/lihachev/deklaratsiya/ (검색일: 2018. 03. 26)

"Фонд « Русский мир » создан во исполнение Указа Президента РФ В. В. Путина от 21 июня 2007 года."
https://www.russkiymir.ru/fund/ (검색일: 2018. 03. 26)

"Первая ассамблея Русского мира"
https://www.russkiymir.ru/fund/assembly/first-assembly-of-russian-world/ (검색일: 2018. 03. 26)

"Вторая ассамблея Русского мира"
https://www.russkiymir.ru/fund/assembly/the-second-assembly-of-the-russian-world/ (검색일: 2018. 03. 26)

"Третья ассамблея Русского мира"
https://www.russkiymir.ru/fund/assembly/the-third-assembly-of-the-russian-world/ (검색일: 2018. 03. 26)

"Четвёртая Ассамблея Русского мира"
https://www.russkiymir.ru/fund/assembly/the-fourth-assembly-of-the-russian-world/ (검색일: 2018. 03. 26)

"Пятая Ассамблея Русского мира"
https://www.russkiymir.ru/fund/assembly/the-fifth-assembly-of-the-russian-world/ (검색일: 2018. 03. 26)

"Шестая ассамблея Русского мира"
https://www.russkiymir.ru/fund/assembly/the-sixth-assembly-of-russian-world/ (검색일: 2018. 03. 26)

"Седьмая Ассамблея Русского мира"

https://www.russkiymir.ru/fund/assembly/the-seventh-assembly-of-the-russian-world/ (검색일: 2018. 03. 26)

"Восьмая Ассамблея Русского мира"

https://www.russkiymir.ru/fund/assembly/the-eighth-assembly-of-the-russian-world/ (검색일: 2018. 03. 26)

"IX Ассамблея Русского мира"

https://www.russkiymir.ru/fund/assembly/the-ninth-assembly-of-the-russian-world/ (검색일: 2018. 03. 26)

"X Ассамблея Русского мира"

https://www.russkiymir.ru/fund/assembly/x-assembly-of-the-russian-world/ (검색일: 2018. 03. 26)

"XI Ассамблея Русского мира"

https://www.russkiymir.ru/the-xi-assembly-of-the-russian-world/ (검색일: 2018. 03. 26)

"Нам всем пора вернуться к истокам – на свою духовную родину"

https://russkiymir.ru/publications/232934/ (검색일: 2018. 03. 26)

"« Бессмертный полк » – акция единения Русского мира"

https://russkiymir.ru/fund/assembly/x-assembly-of-the-russian-world/news/216261/ (검색일: 2018. 03. 26)

"День народного единства"

https://ru.wikipedia.org/wiki/%D0%94%D0%B5%D0%BD%D1%8C_%D0%BD%D0%B0%D1%80%D0%BE%D0%B4%D0%BD%D0%BE%D0%B3%D0%BE_%D0%B5%D0%B4%D0%B8%D0%BD%D1%81%D1%82%D0%B2%D0%B0 (검색일: 2018. 03. 26)

"Гагарин, Юрий Алексеевич"

https://ru.wikipedia.org/wiki/%D0%93%D0%B0%D0%B3%D0%B0%D1%80%D0%B8%D0%BD,_%D0%AE%D1%80%D0%B8%D0%B9_%D0%90%D0%BB%D0%B5%D0%BA%D1%81%D0%B5%D0%B5%D0%B2%D0%B8%D1%87 (검색일: 2018. 03. 26)

【별첨】

ПРОЕКТ

«Русский мир: настоящее и будущее»

Международная конференция

РЕЗОЛЮЦИЯ

г. Москва. Государственный Кремлевский дворец

21 июня 2017 г.

Мы, участники международной конференции «Русский мир: настоящее и будущее», собравшиеся в городе Москве по случаю десятилетия фонда «Русский мир», представители культурных, научных, образовательных и общественных организаций, органов власти, средств массовой информации из 80 государств мира, согласны в понимании Русского мира как уникального цивилизационного явления, духовной общности людей, которых вне зависимости от их национальности, религии и гражданства объединяет любовь к России, интерес к её истории и культуре, к русскому языку, сопричастность к судьбе России, которая была, есть и останется сердцем Русского мира.

Мы, участники конференции:

- **Выражаем поддержку** усилий государства и общества, направленных на всемерное продвижение и популяризацию ценностей и традиций Русского мира. Для Русского мира важен и дорог каждый человек, чувствующий свою общность с русской культурой, языком, историей, вне зависимости от того, живет ли он в Российской Федерации или за её пределами, является ли гражданином России или иного государства.
- **Считаем необходимым подтвердить** приверженность Русского мира принципам мира, свободы, справедливости, достоинства, информационной объективности и открытости, уважительного отношения к другим культурам и конфессиям, недопустимости дискриминации по национальным, расовым, религиозным и иным признакам.
- **Исходим из того**, что русский язык является основным носителем исторических кодов и смыслов Русского мира, базой его культуры. Приветствуем усилия государственных и общественных организаций по поддержке русского языка и программ его изучения во всём мире, популяризации российской культуры, науки и истории.
- **Решительно противостоим** политике двойных стандартов в отношениях между странами, попыткам подменить образовательные, культурные и простые человеческие отношения между народами информационными войнами и враждебной пропагандой.

1

- **Призываем** российские, зарубежные и международные неправительственные организации к сплочению усилий по международному гуманитарному сотрудничеству в сфере общественной дипломатии и культурных обменов. Принципиально важна работа российских соотечественников, преподавателей русского языка по сохранению, развитию и укреплению связей с Россией.
- **Отмечаем уникальную роль фонда «Русский мир»** в популяризации русского языка и культуры, его востребованность в реализации образовательных, просветительских, творческих, информационных проектов и донесении правды о России и Русском мире до всех, кто её ищет и желает знать.

Мы, участники конференции «Русский мир: настоящее и будущее», предлагаем:

- **Продолжать и наращивать поддержку** усилий по продвижению за рубежом русского языка и культуры, в том числе на уровне государственной политики.
- **Активнее вовлекать** соотечественников, всех друзей Русского мира в культурно-просветительскую деятельность по популяризации русского языка, российской культуры и истории.
- **Расширять** информационное пространство Русского мира, доносить до людей правду о России.
- **Укреплять** международный потенциал и авторитет образовательной системы России; обеспечить лучшую информированность о российских образовательных услугах и их большую доступность.
- **Развивать** культурный, научный, инновационный потенциал России с опорой на творческие ресурсы Русского мира.
- **Уделять особое внимание** образовательным программам для детей российских соотечественников, нацеленным на сохранение их связей с исторической родиной.
- **Развивать и поддерживать** русскоязычное молодёжное движение.
- **Содействовать** расширению мирового сетевого взаимодействия на основе русскоязычной общности.
- **Рассмотреть возможность создания** международного общественного движения, объединяющего всех друзей Русского мира на основе горизонтальных связей и вне зависимости от национальной, религиозной, политической или иной принадлежности участников. Поручить фонду «Русский мир» изучить данный вопрос и собрать предложения на этот счёт.

2

3장

조선무역협회통보를 통해 본 중일전쟁시기 조선과 중국 간 무역*

송규진

I. 머리말

1992년 한중수교 이래 한중무역은 각종 통계에서 보이듯이 비약적으로 성장했다. 1992년에 수출 26억 5천만 달러, 수입 37억 2천만 달러, 합계 63억 7천만 달러에 불과하던 교역규모가 2016년에는 수출 1,244억 3천만 달러, 수입 869억 8천만 달러, 합계 2,114억 1천만 달러로 33.1배에 달하는 급성장을 기록했다. 그러나 2014년에 최고치를 기록한 후 상황이 달라져 2015년에는 3.5% 감소했다. 특히 사드 배치 문제가 불거진 2016년에는 7.5%까지 감소하여 우려를 자아냈다(국가통계포털[https://kosis.kr]). 이는 정치외교적인 문제가 경제관계에도 지대한 영향을 미치는 것을 보여 주는 사례이다. 현재의 한중

* 이 글은 2017년 12월에 한국민족운동사연구에 게재된 "『조선무역협회통보』를 통해 본 중일전쟁시기 조선의 對中貿易"을 이 책의 집필원칙에 맞추어 수정한 것이나 동일 논문임.

무역은 상호 호혜의 관계에 있기 때문에 양국은 바람직한 미래를 지향하며 향후에 슬기롭게 이 문제를 해결해 갈 것이다.

전근대시기에도 한국의 가장 중요한 무역 대상국은 중국이었는데 개항 이후 정치경제적 상황이 크게 변하면서 일본이 그 자리를 대신했다. 특히 한국이 일제의 식민지로 전락하자 일본의 독점화현상이 심화되어 중국과의 무역비중이 감소했고 만주사변 후 '만주국'이 수립되면서 중국이 차지하던 비중은 급격히 줄어들었다. 일제가 중일전쟁을 도발함으로써 일본의 식민지였던 한국(이하 조선)과 중국의 관계는 위기를 맞았고 조선과 중국 간 무역(이하 조중무역)도 급변했다. 중일전쟁 당시 일제는 '대륙전진병참기지론'을 표방하면서 조선을 전쟁수행을 위한 물자공급기지로 삼았다. 당시 '대륙전진병참기지'가 거론되는 상황에서 조선 경제의 위상이 높아졌고 지속적으로 발전할 가능성이 있다는 주장이 제기되었다(鈴木武雄 1942, 274-310). 그러나 조선 경제의 발전은 허상에 지나지 않았다. 조선을 발판으로 삼아 중국을 지배하기 위해 전쟁을 일으킨 일제의 일차적인 관심은 전쟁수행을 위해 필요한 물자를 조선에서 어떻게 확보하고 공급할 것인가에 집중되었다(방기중 2007). 이를 위해 조선총독부(이하 총독부)는 조선무역의 기본목표를 전쟁에 필요한 물자를 원활히 공급하는 것으로 설정하고 이 목표를 완수하기 위해 무역통제정책을 실시했다(송규진 2001, 177-193).

일제강점기 조중무역에 대해서는 그동안 몇 편의 연구성과가 나왔고(송규진 2004; 송규진 2006; 송규진 2013; 강진아 2005; 김태현 2017) 중국 학계에서도 일부 연구자가 일제하 조중무역에 대해서 언급했다(鄭友揆 1984; 孫玉琴 2004). 중국의 입장에서는 일제강점기 조중무역이 큰 비중을 차지하지 않았기 때문에 극히 부분적으로 설명하는 정도이다. 한국 학계의 경우에도 조중무역의 급변시기인 중일전쟁시기 조중무역만을 다룬 구체적인 연구성과는 거의 없다. 필자는 일련의 연구를 통해 일제강점기 조중무역을 다루면서 중일전쟁 당시 일제가 조중무역 진흥을 위한 방안을 모색하고 실행했다는 것을 분석한 바 있다. 그러나 기존 연구는 전체적인 흐름을 분석하면서 특히 미곡 수출이 지닌 측면만을 강조하여 중일전쟁시기 조중무역의 전체상을 파악하는 데에 한계가 있다.

이 글은 조선무역협회에서 간행한 조선무역협회통보(朝鮮貿易協會通報)에 수록된 중국 관련 항목을 분석하여 수출을 중심으로 중일전쟁시기의 조중무역을 분석하고자 한다. 이를 통해 중일전쟁에 필요했던 식료품을 중심으로 일본군이 필요로 했던 물자공급이 어떻게 이루어졌는지를 정리할 것이다.[1] 또한 물자공급을 맡은 무역담당자가 거의 모두 일본인이었기 때문에 무역성장의 수혜자가 일본인이었다는 것을 밝힘으로써 현재의 한중무역에서 한국인과 중국인이 서로 이익을 공유하는 구조와는 근본적으로 달랐다는 점을 살펴보고자 한다.

II. 일제의 중국 해관 접수와 무역통제정책

1. 중국 관세 개정 요구와 중국 해관 접수

중일전쟁이 발발한 뒤 일제는 점령지역에 '괴뢰정부'를 수립하고 전쟁수행을 위한 협력체제를 구축했다.[2] 또한 원활한 물자조달을 위해서 만주국, 조

1. 총독부는 1932년 경성에서 각도(各道) 산업과장 및 관계자에 의한 협의회를 개최하여 조선무역협회를 설립할 것을 결의했고 1933년 2월에는 소기의 결실을 거두게 되었다. 1933년 4월에 창립된 조선무역협회는 조선의 주요 도시 및 만주국, 관동주, 중국의 각 주요 도시에 지부를 설치했다. 조선물산의 소개·선전·거래 중개·알선 및 무역촉진에 필요한 시황 및 각 지역의 경제사정을 통보하는 활동을 주로 하던 중 경제사정을 제대로 전해 줄 수 있는 잡지의 필요성이 제기되면서 1936년 4월에 조선무역협회통보를 월간지로 창간했다.

2. 베이핑(北平)에서는 1937년 12월에 왕커민(王克敏)을 수반으로 하는 중화민국임시정부가 성립되었고, 1938년 3월에는 량훙지(梁鴻志)를 수반으로 하는 중화민국유신정부가 처음에 상하이(上海)에서 건립되었다. 두 정부는 1940년 3월에 난징(南京)에 조직된 '왕징웨이(汪精衛) 정권'에 통합되었다. '괴뢰'라는 용어는 '위(僞)' '한간(漢奸)'과 함께 중국에서 일반적으로 쓰고 있는 용어인데 도덕적 폄하가 포함된 단어의 함의에서 벗어나지 못하는 개념이라며 '협력'이라는 개념을 사용하자는 논의가 있음을 밝혀 둔다(박상수 2005; 이은자 2013).

선, 중국 화북지역(이하 화북)의 경제적 관계를 강화하면서 일원적 '신경제체제'를 수립했다(高橋龜吉 1940). 관동주, 만주국, 남만주철도주식회사(이하 만철), 총독부, 중국 파견 일본군(이하 일본군) 등은 이러한 체제를 실행하기 위해 각 관계기관이 협력하기로 합의했다. 만주국, 조선, 화북을 하나로 묶어 '유기적 대륙경제' 블록을 형성하고 중공업을 중심으로 자원 및 생산력의 수급통제를 일원화하는 것을 근본목표로 삼았다. 이를 실행하기 위해 먼저 ① 만주국, 조선, 화북 간 통상장벽 조사, ② 만주국, 조선, 화북 간 생산관계 정립 및 생필품에서 분업제의 확립과 규격 통일, ③ 만주국, 조선, 화북 간 일본과 동일 기업의 자본관계 또는 카르텔화의 촉진을 도모했다. 특히 제품 내용에 따라 지역적 분업체제를 만들고 유기적으로 종합생산계획을 수립하여 동종기업의 마찰을 피하고 제품의 규격 통일을 중시했다. 또한 철, 전기, 화학공업 등 전쟁과 직접적으로 관련이 있는 기업 간에 자본 합동 또는 카르텔화를 촉진하여 동종기업의 자본 통합을 도모했다(조선무역협회통보 37/08, 114).

무역진흥을 위해 통상장벽 제거를 시급한 과제로 설정한 일제는 점령지역의 해관에 대해 압력을 행사했다. 먼저 일본 군수품, 각국 군수품, 영사관 인정 관용품, 점령지역에 설치한 치안유지회 용품 등은 관세를 부과하지 않고 거래하도록 했다. 또한 일반상품은 기존 관세를 적용한다고 표방하면서 ① 화물명세서를 필요로 하는 대량 거래가 아닌 것, ② 치안유지회에서 요구하는 밀가루, 수수, 설탕 등을 비롯한 필수품, ③ 다롄(大連)으로부터 유입되는 일본 상인, 외국 상인의 수하물로 중국인을 제외한 1인당 30개씩의 지참 수하물, ④ 친황다오(秦皇島) 및 기동(冀東) 무역 상품, ⑤ 특수구역에서 수입되는 것은 예외로 한다는 조항을 둠으로써 점령지역에서 자신들이 필요한 대부분의 물품을 무세로 처리하려고 했다(조선무역협회통보 37/09, 18-19).

당시까지 중국 관세는 종가세, 종량세 등 본세 외에 부가세, 하구세(河口稅)와 마두세(媽頭稅) 등이 복잡하게 얽혀 있었다. 중일전쟁 당시 조선무역협회는 중국 관세에 관심을 기울이며 자신들에게 유리한 관세율을 설정하기 위해 회의를 개최했다. 1937년 10월에 개최한 '조선무역조사연구회좌담회'에서 참석자들은 점령지역도 각국의 조계지가 있고 중국 관세가 외채의 담보로 설정되어 있어 중국 관세율을 낮추는 것이 쉽지 않다는 것을 파악했다. 그러나 당시 중국 관세가 '금지관세'와 같은 정도로 고율이라며 조중무역을 활성화하기 위해서는 관세문제에 대한 특단의 방법을 강구해야 한다고 주장했다. 점령지역에서 관세를 저감하지 않는 한 상하이 지역으로부터 무세로 반입하는 중국 상품에 대항할 수 없으며 여러 외국 상품도 역시 상하이를 경유하여 상품을 보내기 때문에 화북관세뿐만 아니라 중국의 통관 전체를 '개선'해야 한다고 생각했다(조선무역협회통보 37/11, 30-37).

1937년 10월에 개최한 '북지조선물산 견본시출장자보고좌담회(北支朝鮮物産 見本市出張者報告座談會)'에서 관세문제가 중요한 의제로 제기되었고 '배일관세'를 개정해야 할 필요성이 거론되었다. 조선무역협회 상무는 영국인이 담당하던 톈진(天津)해관에 일본인도 참여하여 중국 해관을 '공평'하게 운영해야 한다고 역설했다. 더 나아가 화북에서 독립국이 출현하지 않으면 남방으로부터 밀수품이 반입되어 이로 인해 일본인이 큰 타격을 받을 것이라며 화북에 '괴뢰국'이 수립되기를 소망했다(조선무역협회통보 37/11, 47).

이러한 소망은 실현되었다. 중일전쟁 직후 '경진치안유지연합회(京津治安維持聯合會)'로 하여금 해관 사무를 담당하게 했는데 '괴뢰정부'의 수립 후 재정확보의 제1단계로 화북지역의 해관을 접수한 것이다. 이때 행정위원장 왕커민(王克敏)은 톈진해관사무사 마이어스와 수차례에 걸쳐 협의하여 해관 당국도 '국민정부'의 붕괴를 인정하고 '신정부'에 복종하도록 했다. 또 '기동방공자치정부(冀東防共自治政府)'도 '괴뢰정부'에 합류하자 톈진, 친황다오의 해관 사무도 '괴뢰정부'가 담당하게 되었다. '괴뢰정부'는 톈진, 친황다오 양 해관을 접수한 뒤 관세를 전면적으로 인하하기로 결정하고 국무회의에서 승인을 받았다. '괴뢰정부'는 관세 개정을 단행하면서 표면적으로는 일본·만주국·중국을 묶은 삼국경제블록의 건설이라는 최고목표를 실현하기 위해 중국 농촌구제에 중점을 두어 개정종목 및 인하율을 신중하게 고려했다고 주장했다(조선무역협회통보 38/01, 62). 특히 일제가 원했던 중요수입품의 관세인하를 단행하면서 식료품 등은 관세를 평균 5할이나 인하했으며 조선의 가장 중요한 상품인 쌀을 무세로 수입하기로 결정했다(조선무역협회통보 38/01, 87). 그러자 조선의 무역업자들은 '배일관세'가 시정됨에 따라 기동무역(冀東貿易)이 단절되어 조중무역이 크게 신장될 것이라며 기대했다(조선무역협회통보 38/01, 98). 이러한 저율 관세도 일본군의 군수품에 대해서는 적용하지 않을 정도로 일본군의 입김은 상당히 강했다(조선무역협회통보 38/02, 12).

일제는 '괴뢰정부'가 수립되어 자국에 유리한 관세를 적용했으나 관세제도가 여전히 재해복구를 위한 응급조치에 지나지 않는다고 평가절하했다. 일제는 '신경제체제'를 수립하기 위해 무역제휴를 구현하고 철도부설, 도로건설, 치수, 항만의 개수에 수반한 물자수입세를 절감하고자 했다. 또한 화학공업에 필요한 기계류수입의 면세 등을 포함한 대대적인 관세 개정을 추진했다(조선무역협회통보 38/03, 92). 1938년 6월에는 화중해관마저 접수했다(조선무역협회통보 38/06, 50). 1938년 4월부터 그때까지 상하이에서 거래할 경우 일본군 특수부 알선하에 지정 상업조합을 설립하여 해관업무를 대행하게 했으나 해관을 접수하게 되자 상업조합을 해산하고 상하이 총영사관이 이를 담당하게 했다(조선무역협회통보 38/06, 50-51). 해관을 접수했지만 종래의 중국 해관제도가 영국식이었기 때문에 일제는 통관수속이 다소 불편하다고 인식하고 무역업자, 선박업자의 요구에 부응하는 형식으로 해관제도를 바꾸고자 했다(조선무역협회통보 38/06, 137-138).

해관접수 관세율이 떨어졌으나 1938년 9월에 조선무역협회는 일본 본국의 외무대신, 총독부 재무국장, 식산국장, 외무과장에게 중국의 수입세율 개정을 요망하는 글을 올렸다. 2차 개정으로 관세율을 어느 정도 낮추긴 했지만 당시 조선의 수출유망품 가운데는 여전히 고율관세에 해당하는 상품이 많았다고 판단했기 때문에 '대륙병참기지의 사명'에 비추어 수출을 촉진하고 일본·만주국·중국 블록 확립에 기여하기 위해 세율을 더욱 낮출 뿐만 아니라 통관제도를 좀 더 개정하라고 요청한 것이다(조선무역협회통보 38/10, 91). 특히 조선무역협회는 수출상품 가운데 중요한 품목인 인삼(송규진 2004)에 대해 중국 수입세를 인하해 줄 것을 총독부에 진정했는데 총독부 재무국장은 요구대로 되도록 최대한 노력하겠다고 답신했다(조선무역협회통보 39/09, 31-32). 이와 같이 일제는 점령지구에 중국인 협력자를 끌어들여 '괴뢰정부'에 압력을 행사함으로써 전쟁에 필요한 물자를 안정적으로 공급할 수 있었다.

2. 무역통제정책과 수출입조합의 설립

1937년 10월에 총독부는 '임시수출입허가규칙'[3]을 공포하여 수출입을 강력히 통제하면서 중국을 비롯한 엔블록 수출을 제한했다. 이를 통해 조정품목을 지정했는데 대부분이 수출품이었다. 1938년의 경우 조선의 엔블록 수출액 1억 6천2백만 엔 중 1억 1천4백만 엔의 수출품이 통제품목으로 선정되었는데 이는 전체 수출액의 7할 이상을 차지하는 규모였다. 조선의 수출상품을 산지별로 살펴보면 조선 산품은 9천6백만 엔, 조선을 통해 중계수출되는 일본 산품이 6천4백만 엔이었는데 그 가운데 통제품목으로 제한되는 조선 산품은 6천3백만 엔, 일본 산품은 5천1백만 엔이었다. 일제는 '임시수출입허가규칙'을 개정하여 제한품목의 경우 1939년 6월~9월 수출실적의 1개월 평균액까지 수출을 허가했고, 특히 국내의 수급관계에 차질이 없는 한 엔블록 수출에 대해서도 허용적인 태도를 취했다(송규진 2006, 98-99).

무역통제정책이 내세운 '블록 내의 자급자족과 원활한 물자교류'라는 원

---

3. 1937년 10월 조선총독부가 부령 제153호로 발포한 '수출입품 등에 관한 임시조치에 관한 법률 제1조에 의한 명령의 건'을 의미한다(송규진 2001, 179).

칙은 중일전쟁이 장기화되면서 서로 모순을 초래했다. 더구나 미국 등 여타 국가에서 일본에 대한 무역규제를 강화하면서 조선 무역에도 영향을 끼치게 되었다. 결국 일제는 엔블록 무역을 더욱 중시할 수밖에 없었고 통제 수단을 구체적으로 획책했다. 1939년 당시 조선무역협회 부회장으로 활발하게 조중무역과 관련된 논설을 썼던 시부야 레이지(澁谷禮治)는 조선 수출품이 특수한 품목을 제외하면 중소업자가 대부분 분산적으로 공급하고 있다며 여러 무역회사들을 통합하여 거대한 무역회사를 설립해야 한다고 주장했다. 개별적으로 난립된 무역회사만으로는 무역관계산업을 통일적으로 개발할 수 없으며, 지역별 무역회사가 우후죽순 생겨난다면 무역회사 사이에 마찰이 일어나 결국 만주국, 화북, 화중지역을 경영하고자 하는 일제의 계획에 차질이 생길 수도 있다는 것이다(송규진 2006, 99). 해주상공회의소도 조선 상품이 중국에서 서로 경쟁하면 실적이 부진해질 우려가 있고 자본이 작은 회사들은 크게 발전하기 어렵기 때문에 작은 회사들을 통합하여 대자본을 바탕으로 하는 무역회사를 설립해야 한다고 주장했다(조선무역협회통보 40/06, 60-70). 이런 시도는 1941년 4월에 거대무역회사인 조선동아무역주식회사를 설립함으로써 결실을 맺었다.[4]

전시경제에서 중요한 엔블록 수출을 조정할 뿐만 아니라 내외 행정기관과 긴밀한 협력체제를 갖추기 위해 수출조합의 필요성도 제기되었다. 1939년 12월에 신의주에서 조선 최초의 수출조합인 신의주수출조합이 설립되었다. 창립 이후 1940년 3월까지 수출허가신청취급은 1,809건, 147만 6천 원(일본인 17명, 조선인 33명, 외국인 7명)이었다. 이 가운데 1,176건, 82만 5천 원이 수출허가를 받았고 불허가로 각하된 것이 43건, 8만 5천 원이었으며 나머지 550건, 56만 6천 원을 총독부에서 심의했다. 신의주수출조합은 임의조합이어서 일본 지역의 다른 조합과 같이 법적 권리의무가 부여된 것은 아니었다(조선무역협회통보 40/05, 9-14). 이후 23일에 나진수출조합, 24일에는 청진수출조합이 창립되었고 동시에 평양상공회의소가 주축이 되어 평양 무역업자들이 평양수출조합을 창립했다. 조선무역협회는 수출조합이 창립되자 각 조합의 수출을 조정하면서 판로 개척, 거래 알선에 협조했다(조선무역협회통보 40/05, 67-68).

총독부의 무역통제정책에 호응하여 조선무역협회는 무역업자의 중앙통제기구를 설립해야 한다고 주장했다. 조중무역이 확대되면서 무역업자가 특산품의 수출경기에 편승하여 물품만 있으면 모든 것을 팔 수 있다고 생각하여 품종의 적부를 고려하지 않는 데다 주문품과 내용이 다른 경우가 많고, 품질이 현저하게 떨어져 계약이 파기되는 경우가 많았기 때문이다. 알선 이후 계약을 강행할 경우 일시적으로 이익이 발생하지만 조선 특산품 시장을 새롭게 개척하고, 조선 상품의 좋은 이미지를 유지하기 위해서는 중앙에서 관리해야 한다는 논리였다(조선무역협회통보 40/03, 57). 특히 조선무역협회 톈진지부는 해산물무역에 관한 조선 내 조합조직이 화북으로 진출할 수 있도록 해 달라고 요청했다. 화북에는 일본수산회사, 만주수산회사 등 큰 회사가 진출하여 운수통관, 창고시설, 기타 합리적 판매법이 운용되고 있었는데 이에 대항하기 위해서 조선에도 강력한 조합을 세워 중국에 진출하고, 수출통제를 행하여 판매지에서 수요공급의 균형을 맞추어야 한다는 것이었다(조선무역협회통보 40/06, 60-70).

이러한 요구가 받아들여져 1940년 8월에 '동아수출입조합연합회(東亞輸出入組合聯合會)' 및 '동아필수품수출조합(東亞必需品輸出組合)'이 설립되었다. 당시 화북, 화중에서는 '화북대일수입조합연합회(華北對日輸入組合聯合會)' '중지나일본물자수입배급조합연합(中支那日本物資輸入配給組合聯合)'이 수입품을 조

---

4. 총독부는 1941년 4월에 조선동아무역주식회사를 설립하고 7월에 '임시수출입허가규칙'을 개정한 뒤 엔블록 무역의 조정기관으로 선정했다. 그런데 일본의 조정기관과는 달리 하부기관이 없어 개개의 무역업자와 직접 교섭을 해야 했기 때문에 무역업자는 물론 이 회사도 업무처리에 어려움을 겪었다. 이 문제를 해결하기 위해 상품별유통조합이 1942년 7월 차례로 결성되었고 이미 설립한 조합도 점차 협력기관으로 개조되었다(송규진 2006, 100~101).

정했다. 특히 조선 상품에 대한 유입을 통제하기 위해 '칭다오조선물산수입조합(青島朝鮮物産輸入組合)' '중지나조선수입배급조합(中支那朝鮮輸入配給組合)'이 설립되었다. 이들 기관들은 일본 측의 수출조정에 의한 무역통제법 강화와 수입기구 조정 정책과 맞물려 일본 측의 강력한 수출기관과 협력체계를 갖추었다(송규진 2006, 100). 조합들은 당시 현지의 무역관계자들을 총망라한 기구였다. '칭다오조선물산수입조합(青島朝鮮物産輸入組合)'은 관계상사 43개로 이루어져 조선으로부터 수입하는 물자의 수입을 조정하고 가격을 책정했다. 일부 품목을 제외하고 조선으로부터 수입하는 물자를 모두 조합에서 취급하여 조합의 수입승인서가 없다면 수입할 수 없도록 했다(조선무역협회통보 40/11, 20). '중지나조선수입배급조합(中支那朝鮮輸入配給組合)'은 관계상사 48개로 이루어져 조선 상품의 확보와 배급을 조정했다. 상하이에 영업소를 두고 영사관의 영업허가를 받으면서 한커우(漢口)를 제외한 화중 일대까지 취급했다. 조합 내 기구로 처음에는 공산품, 식료품, 목재, 인삼, 잡화의 5부를 설치했다(조선무역협회통보 40/11, 35). 그런데 물동조합과 군부의 요구 때문에 '중지나조선수입배급조합(中支那朝鮮輸入配給組合)'은 취급품을 변경할 수밖에 없었다. 공산품부 가운데 기계공구를 잡화부에 편입시키고 나머지 공업약품은 전부 물동 및 군부배급으로 취급하여 조합에서 제외했다. 목재부도 물동계획에서 취급하여 제외했고, 잡화부 중에서도 펄프 및 경화유, 기계유, 석유 등을 물동조합에서 취급함에 따라 제외했다(조선무역협회통보 40/12, 50).

이와 같이 전시상황에 따라 취급상품이 수시로 변경되고 조선의 상황이 변하면서 조합운영이 곤란을 겪기도 했다. 조선에서 화중으로 수출하는 멸치를 통해 구체적으로 살펴보자. 1942년 12월에 조합원은 '중지나조선수입배급조합'으로부터 수입승인서를 발급받아 조선 상인에 송부하여 수입했는데 당시 조선에서 멸치 수출통제가 일원화되었기 때문에 조합이 수입자 명의를 상사로 대행하게 했다. 그렇게 하자 수수료를 어떻게 할지, 이익을 어떻게 할지에 대해서는 구체적인 방침이 결정되지 않아 어려움이 있다는 문제점이 제기되었다(조선무역협회통보 43/01, 23). 이는 조합을 신속하게 설립하려는 의욕 때문에 수입물자와 현지생산품과의 관계, 이미 결성된 조합과 새로 급조된 조합과의 관계 등의 문제를 미리 조정하지 않았기 때문이다.

III. 조중무역 진흥 방안과 수출 급증의 의미

1. 조선무역협회의 수출진흥 방안

일반적으로 무역기관은 수출진흥을 위해 수출에 적합한 물품을 조사하여 생산장려기관에서 상품제조를 장려하고 선전 알선을 담당한다. 또한 수출품 수송에 필요한 항로개설과 배선할당, 철도운송에 의한 속도증가, 운임할인, 집화(集貨)할인 등을 위해 운수교통기관과 협력한다. 조선에서 이러한 목적으로 설립된 대표적 무역기관이 조선무역협회이다.

당시 중국에는 서구열강에 의한 조계지가 여러 군데 있었다. 이 가운데 톈진은 국제도시로 중국에서 '조계의 전람회장'적 의미를 지니며 일본, 영국, 프랑스, 이탈리아 등 각국 조계지가 있었고 특별지구로 특별 제1구(구독일 조계), 제2구(구오스트리아 조계), 제3구(구러시아 조계)가 있었다. 조계지는 각국에서 행정권을 담당했지만 특별지구에서는 평시에는 중국이 행정권을 담당하고 '사변' 시에는 열국이 분담하여 공동경비를 할 수 있는 권리가 있었다. 그런데 톈진에는 일본군이 주둔하며 일본 조계지를 수호하는 역할까지 담당했다. 중일전쟁이 발발한 후 일본인들이 톈진으로 몰려들면서 물자가 부족한 상황에 빠지자 일본은 조선에서 물자를 공급하는 방안을 마련해야 했다(조선무역협회통보 37/08, 6).

총독부는 일본군 및 일본인에게 물자를 공급하기 위해 조선무역협회와 구체적 방책을 협의했다. 조선무역협회는 톈진에 파견원을 보내 사정을 자세하게 조사하는 동시에 필요한 물자를 조선에서 조달하여 선박으로 보내기로 결정했다. 또한 치밀한 계획을 수립하여 화북에서 필요로 하는 물자공급과 병행하여 조선 상품을 선전하고 소개하는 한편, 조선의 사정을 화북에 알리기 위해 노력했다. 특히 군수품을 공급하기 위해 일본군과 총독부가 협의한 이후 무역업자 간의 알선사무를 대행했다(조선무역협회통보 37/08, 10). 조선무역협회는 견본시 개최에 대한 기본계획을 수립하고(조선무역협회통보 37/08, 12-13) 1937년 9월 20일에 경성상공회의소에서 이사회를 개최하여 조선무역협회 직원을 중국으로 파견하는 문제를 논의하고 필요한 경비를 추가한 예산을 편성하기로 결정했다(조선무역협회통보 37/08, 30-31). 이 결정 이후 조선무역협회는 톈진에 사무소를 두고 2명의 직원을 파견하여 무역경제 현황조사, 정보수집, 조선 사정 선전, 조선 상품 소개·알선에 주력했다. 이때에도 화북에서 일본군의 수요와 재일본인단체의 수요에 맞춰 상품을 공급하기 위해 일본군 및 톈진의 일본인단체로부터 협조를 끌어내는 것을 최우선 과제로 설정했다(조선무역협회통보 37/09, 1).

톈진사무소는 총독부에서 파견한 사무관과 연락하여 일본군의 군수품 매매교섭을 개시했다. 일본군이 처음에는 많은 물자를 일시에 조달해 달라고 요구했기 때문에 이를 일괄적으로 보내기 어려웠던 조선무역협회는 수차례에 걸쳐 불가능함을 호소했다. 그러자 일본군은 조선무역협회의 요청을 받아들여 출하품 대부분을 각 부대에 분할납입할 수 있도록 했다. 이렇게 조달된 물품을 일본군이 적극 사용하면서 당시 조선 내 각 시찰단 및 많은 업자들은 기대감을 가지고 톈진으로 갔다. 당시까지만 해도 통신, 배, 차의 발착이 정확하지 않았고 한꺼번에 많은 사람들이 톈진에 몰려들면서 톈진의 숙박시설이 부족하여 불평할 정도의 상황이 발생했다(조선무역협회통보 37/10, 8). 또한 조선무역협회 파견원이 많지 않았기 때문에 견본시에 출품하면 바로 매매가 이루어질 수 있을지에 대해 회의적인 시각도 있었다. 그러나 조선무역협회는 알선한 물품을 일본군에서 대부분 구입했기 때문에 성공적이었다고 자평했다(조선무역협회통보 37/10, 44-45). 일본군에게 필요한 물품을 조달하는 것을 최우선 과제로 설정한 조선무역협회는 납품업자들에게 육군창고로 납품하는 물품에 대한 포장을 일반 시판용과 달리 포장규격으로 통일해 줄 것도 요구했다(조선무역협회통보 37/12, 1).

1938년 1월 29일에 개최된 무역조사연구회에서 조선은행 조사과 소속 연구원은 화중무역에 대해 신중한 입장을 취했다. 일본군이 중일전쟁에서 승리하면서 화중에도 '괴뢰정부' 수립이 예상되는 상황이었지만 화중에는 반일지식인이 많았으며 일반 중국인의 배일사상도 강했기 때문이다. 또한 영국과 미국이 경제적으로 영향력을 가지고 있었기 때문에 일본이 화북과 같이 적극적인 정책을 강행할 경우 국제적 분쟁이 일어날 것을 우려했다(조선무역협회통보 38/02, 19). 조선무역협회는 전황을 직접 파악하여 정확한 대책을 수립하기 위해 협회 임원이 중국 현지를 직접 시찰하기로 결정한 뒤 시찰기간에 맞추어 간담회 및 전시회를 연이어 개최했다. 시찰자로 확정된 조선무역협회 상무이사 구도 산지로(工藤三次郎)는 1938년 2월 13일에 경성을 출발하여 나가사키를 거쳐 2월 16일에 상하이에 도착했다. 그는 1938년 2월 21일부터 2월 23일까지 난징을 시찰하고 상하이에 돌아와 2월 25일에 항주로 간 뒤, 2월 26일에 다시 상하이로 돌아왔다. 2월 27일에는 상하이로부터 배를 타고 출발하여 2월 28일에 칭다오에 도착했고, 3월 2일에 지난(齊南)으로 간 뒤 3월 4일까지 머물고 난 후 톈진으로 갔으며, 3월 9일에 톈진을 출발하여 경성으로 귀환했다. 그는 전투가 벌어지는 상황에서도 총독부, '괴뢰정부', 일본군이 적극적으로 협력했기 때문에 광대한 지역을 시찰할 수 있었다(조선무역협회통보 38/03, 1).[5]

1939년 11월에는 조선총독부가 주최하고 조선무역협회와 조선상공회의

---

5. 1939년 2월에 澁谷禮治도 화중에서 화북까지의 광대한 지역을 시찰했다. 그는 일본군 물자보급을 위한 조선의 역할이 더욱 커질 것이라 예상했다. 난징에서 체류하는 중에는 '괴뢰정부', 군사령부, 육군특무부, 상공회의소를 방문하여 물자교류를 위한 의견을 교환했다(조선무역협회통보 39/06, 119).

소가 알선한 '조선물산선전 화중 및 화북 견본시 즉매회'를 개최했다. 이 행사에는 조중무역의 진흥, 선무(宣撫)공작의 협력, 현지 산업경제의 조사, 조선 사정의 선전, 현지 일본군의 위문 등이 포함되어 있었다. 견본시가 무역을 포함한 경제적인 목적 외에 일본의 전쟁수행을 원활하게 하기 위한 목적 때문에 개최되었다는 것을 주목할 필요가 있다. 1940년 5월에 개최된 제2회 전선무역대회(全鮮貿易大會)에서는 전쟁수행을 위한 협력네트워크를 더욱 강화하고자 했다. 조선·만주국·관동주·중국 무역을 종합적으로 관리하기 위한 무역연락회의를 개최하여 대륙전진기지로서 조선의 역할을 잘 수행할 수 있도록 조선, 만주국, 관동주, 중국의 무역행정당국, 무역업자, 무역진흥기관 등의 대표가 정기적으로 모여 상호 연락을 도모하고 의사소통을 원활히 하고자 했다(조선무역협회통보 40/06, 60-70).

이후에도 이러한 노력은 계속되었다. 조중무역의 중요성이 더욱 강조되면서 칭다오 및 지난의 무역업자와 총독부 및 무역업자 간에 충분한 협조와 연락망이 구축되었는데 원활한 거래를 기하기 위해 총독부 칭다오출장소 및 조선동아무역주식회사의 알선에 의해 1942년 1월에 경성에서 간담회가 개최되었다(조선무역협회통보 42/02, 44-45). 1943년에도 다롄, 칭다오, 지난, 난징, 상하이 각지에서 간담회 및 전시회를 개최하여 조선총독부를 비롯한 조선무역협회, 무역업자 등이 모여 물자를 원활하게 공급하기 위해 서로 협력할 것을 결의했다(조선무역협회통보 43/04, 26).

2. 조선과 중국 간 원활한 물자교류를 위한 노력

중일전쟁 이전에 조선의 대화북 수출은 톈진, 칭다오 등 해로를 통해 직접 수출한 것과 산하이관(山海關)을 경유하여 철로를 통한 것, 다롄을 경유한 중계무역, 이렇게 세 가지 통로로 이루어졌다. 톈진, 칭다오 등으로 직접 수출하는 것은 운임의 측면에서 유리했지만 '배일관세'에 의해 부진했고 철도로 수출하는 것은 운임이 비쌌기 때문에 다롄을 경유한 중계무역이 대부분을 차지했다(조선무역협회통보 38/01, 9).

중일전쟁 직후에는 무역의 유통로였던 운수업이 타격을 입게 되어 수출에 큰 차질을 빚었다. 특히 생필품의 제한으로 일반화물의 수송이 어려워졌는데, 경인철도의 경우 1936년 7월과 비교하여 1937년 7월에 인천에서 발송은 13,190톤이 감소한 반면 도착은 5,640톤이 증가했고 특히 미곡수송의 제한으로 체화(滯貨)현상이 발생했다. 선박운수에 있어서도 1936년과 1937년 7월을 비교하면 이출입화물은 112,890톤이 증가한 반면 수출입화물은 9,982톤이 감소했다(조선무역협회통보 37/08, 58). 그러나 화북에서 화남 물자의 공급이 두절상태에 빠지자 일제는 조선을 물자공급기지로 확고히 자리매김하면서 수출을 촉진하기 위한 여러 방안을 모색했다. 총독부는 조선무역협회와 조선의 각 상공회의소 등과 협력하여 해산물을 비롯하여 통조림, 음료수, 밀가루를 화북으로 공급하고자 했다(조선무역협회통보 37/08, 121).

중일전쟁 직후 해상수송이 위험하다고 판단한 일본보험협회는 중국행 및 다롄행 선박에 대해 전시보험료라는 명분으로 평상시의 수배에 달하는 해상보험료를 징수했다. 조선무역협회는 일본 해군이 제해권을 장악했고 해상수송 시 조난사고도 없었기 때문에 톈진항로가 안전하다고 판단하고 조선상공회의소와 함께 보험료율 인하를 위해 협력하면서 신문에 부당성을 발표하는 등 언론 플레이까지 전개했다. 조선무역협회의 강력한 요구로 일본보험협회는 1937년 9월 12일부터 톈진항로에 대해 적하보험료를 10전씩 인하하기로 결정했다(조선무역협회통보 37/09, 10).

조선에서 중국과의 해상수송을 담당했던 조선우선주식회사(이하 조선우선)는 중일전쟁이 발발하자 화북무역이 크게 증가할 것을 예상하고 서선(西鮮)~톈진 항로를 1937년 9월 1일부터 개설하기로 결정했다. 항로 개설 이후 첫 번째로 신의주, 안동으로부터 목재를 가득 실어 톈진으로 직항한 이후 두 번째부터는 인천을 기점으로 진남포, 신의주, 안동을 경유하여 톈진으로 항해했다. 신항로를 개설한 이후 조선우선은 화북 경제상황에 대해 자세히 조사하면서 제2단계 '화북진출'을 꾀했다(조선무역협회통보 37/09, 71). 그럼에도 이때까지 대중국항로는 여전히 적은 편이었다. 명령항로로 아와쿠니(阿波國)공동기선주식회사에서 인천~진남포~다롄~톈진선, 동사(同社)의 인천~즈푸(芝罘)~다롄선(전쟁으로 휴항), 조선우선의 인천~진남포~신의주~즈푸~다롄~잉커우(營口)~칭다오선(중일전쟁으로 휴항) 등에 지나지 않았다. 이에 조선무역협회는 ① 인천~진남포~다롄~톈진선에 1천 톤급 2척을 추가로 배선(配船)할 것, ② 부산~목포~군산~다롄~톈진선을 신설하여 1천 톤급 1척을 배선할 것, ③ 나진~톈진~원산~부산~칭다오선을 신설하여 2천 톤급 내지 3천 톤급 1척을 배선할 것, ④ 진남포~인천~군산~목포~칭다오~상하이선을 신설하여 2천 톤급 내지 3천 톤급 1척을 배선할 것, ⑤ 부산~인천~칭다오~상하이선을 신설하여 2천 톤급 내지 3천 톤급 1척을 배선할 것 등 신명령항로를 개설하고 기존명령항로를 확충해 줄 것을 총독부에 진정했다(조선무역협회통보 38/01, 14-15). 요구가 거세지자 총독부는 새로운 항로를 개척하기 위해 조선우선이 과반 이상을 점유한 선박회사를 설립할 것을 계획하면서 자본을 교부하기로 결정했다(조선무역협회통보 38/02, 72).

1938년 4월 중순에 인천을 출범한 배가 제1선으로 상하이까지 운항함으로써 중일전쟁으로 중단된 상하이항로가 부활되었다. 이때 기항지는 인천으로 진남포, 군산, 목포를 경유한 뒤 부산으로부터 상하이로 직항하고 상하이에서 칭다오를 경유하여 인천으로 귀항하는 항로였다. 당시까지는 북부조선으로 더 연장하자는 안이 늦추어졌지만 칭다오와 조선과의 무역관계가 크게 늘어날 것으로 기대되는 상황에서 일제는 칭다오 항로를 증설하기로 결정했다(조선무역협회통보 38/04, 82-83). 이와 같이 북부조선과 상하이가 항로로 결합되면서 화북으로 물자를 공급한다는 목표의 실현이 가능해졌다. 일본군이 승리를 거듭한 중일전쟁 초기에 조선과 중국 간 항로가 안정적으로 운영되자 '동해호수화'가 제창되면서 황해경제연맹을 결성해야 한다는 주장까지 제기되었다. 조선이 주동적 입장에서 일제의 여러 기관과 협력하여 결성을 촉진할 필요가 있다는 것이다(조선무역협회통보 38/07, 3).

조선우선은 '서선칭다오선(西鮮靑島線)'과 '조선상하이선(朝鮮上海線)'을 운영하고 있었는데 1940년 4월부터 인천~칭다오~인천~진남포~인천의 '서선칭다오선(西鮮靑島線)'을 상하이까지 연장하고 인천~칭다오~상하이~칭다오~인천~진남포~인천 코스를 '서선칭다오상하이선(西鮮靑島上海線)'으로 바꾸어 불렀다. 배선도 종래의 두 척에서 증배하여 세 척으로 늘려 인천발은 매월 1일, 6일, 11일, 16일, 21일, 26일에 출항했다. '조선상해선'은 종래에는 인천~진남포~남선(군산 혹은 목포)~부산~상하이~칭다오~인천에 기항했지만 이를 연장하여 청진~원산~부산~상하이~칭다오~부산~청진의 코스로 20일 간격으로 운항했다. 당시 일본이나 중국과 비교할 때 조선우선은 운임에서 상당한 경쟁력을 가지고 있었다. 운임을 비교하면 인천~칭다오는 12원 62전이지만 다롄~칭다오는 26원 1전, 모지(門司)~칭다오는 25원 95전으로 인천~칭다오가 가장 저렴했다. 인천으로부터 칭다오를 경유하여 상하이로 운항할 경우에도 운임이 20원 62전으로, 다롄~상하이 36원 1전, 나가사키~상하이 42원 21전과 비교하면 훨씬 저렴했다(조선무역협회통보 40/05, 51-52).

1941년 6월부터는 화북교통선과 조선우선 항로와의 연락 및 동(同)항로를 경유하는 조선철도국선과 연락운송이 실현되어 여객 및 수하물 취급이 개시되었다. 항로는 칭다오~인천까지 2천여 톤급의 세 기선이 취항하여 월 6회 왕복했는데 칭다오발은 5일, 10일, 15일, 20일, 25일, 30일 모두 오후 3시에 출항하여 3일째 아침에 인천에 도착했다. 정원은 이등 30명, 삼등 100여 명, 일등은 없었다. 왕복여객에는 항로 1할, 철도 2할의 운임할인이 있었다(조선무역협회통보 41/07, 23). 조선우선항로를 경유할 경우 다른 항로를 이용하는 것보다 운임이 훨씬 저렴했다(조선무역협회통보 41/07, 29).

일제는 육로교통도 정비하면서 철도성 및 조선철도국을 포함하여 일본, 조선, 만주국, 중국 사이에 연락운수협정을 체결하여 신속하게 단일화하는 교통계획을 수립했다(조선무역협회통보 38/02, 68). 화북교통(임채성 2012)에서 운영하는 '화북철도'의 각 선 화물운임이 중일전쟁 직후에는 전쟁 발발 이전과 다르지 않았지만 상품을 수송할 때 일반위탁자와 취급업자에게 번잡한 수속이 요구되어 무역업자들은 불편함을 느꼈다. 화물의 원가를 구성하는 중요 항목인 운임 등 여러 비용을 계산하는 데에도 번잡한 점이 발생하자 무역업자들이 철도당국에 시정을 요구했다. 이에 대해 철도당국은 철도운임개정이 ① 철도수입에 미치는 영향, ② 자원개발에 미치는 관계, ③ 지방상공업에 미치는 영향 등이 극히 광범위하다며 신중한 반응을 보였지만 1939년 4월에 일부 내용을 개정하여 바로 실시했다(조선무역협회통보 39/07, 86). 1939년 6월에 개최된 전선무역대회(全鮮貿易大會)에서 결의한 사항에 대해 조선무역협회는 철도화물운임 할인과 조선으로부터 화북에 수출하는 선어(鮮魚)를 직행열차로 수송할 방법을 강구하고 조선 수출품의 수송에 조선 철도당국이 우선적으로 열차를 배급할 것을 요망했다. 이에 대해 총독부 철도국장 야마타 신이치로(山田新一郎)는 선어를 직행열차로 즉각 수송하기는 어렵지만 편리한 방안을 적극적으로 검토하겠다고 답신했다(조선무역협회통보 39/08, 40).

총독부는 중국과 교통문제를 통일하기 위해 노력했는데 1941년 3월에 총독부 철도국이 실시한 화물사고방지주간에 화북교통은 그 취지에 맞추어 수·소하물(手·小荷物) 취급 및 화물취급업자에게 교육을 실시했다. 이때 화북교통은 화물사고방지를 위해 국민총력조선교통연맹을 비롯한 기타 조선의 교통관계자와도 협력했다. 이때부터 발송화물에 대해서는 짐 꾸리기 엄중감시, 통관관계서류정비 등 조선 측이 요구하는 사항을 지키기로 합의하고 도착화물에 대해서는 화물 발송상태 재검사, 인도 시 차표 통지서면과 현품의 엄중검사, 꼬리표, 표기, 차표, 통지서 등의 불비, 오기, 오발행을 철저하게 확인하여 사고를 방지하기 위해 노력했다(조선무역협회통보 41/03, 8).

한편 조선과 화중 간 우편물 체송(遞送)은 종전 나가사키~상하이선으로

만 한정되었지만 조선무역협회는 총독부 체신국에 진정하여 1942년 12월 1일부터 다롄~상하이 간 선편으로도 체송할 수 있도록 확대했다. 그럼에도 일본과 화중의 여객 왕래 및 수·소하물 운송은 상하이항로와 칭다오항로로만 이루어지고 있었다. 조선무역협회는 1943년 1월 1일부터 조선~만주국~중국을 육로로 경유하면 좋겠다는 의견을 제시함으로써 수송 폭주와 여객 혼잡을 완화하기 위해 육운 비상체제를 확립하여 연락운송경로를 추가하도록 했다. 대륙경유로 철도성선(關釜 항로경유)~조선철도국선~만철선~화북교통선~화중철도선, 연안항로 경유로 철도성선~조선철도국선~만철선~다롄기선(다롄-상하이 간 항로 경유)~화중철도선으로 구분한 뒤 표 한 장으로 조선과 만주국, 화북과 화중을 결합하여 약 4천5백 킬로미터를 운송할 수 있도록 하여 편리성을 극대화했다(조선무역협회통보 43/01, 24).

1943년 1월에는 화북, 화중 간 객화운송을 편리하게 하기 위해 협의회를 개최했다. 이는 내륙의 선시수송력을 증강하기 위한 것이었다. 여기에서 만철선, 화북교통선, 조선철도국선, 화중철도선 상호간 객화차 직통협정에 관한 협의, 화북교통선 경유 철도성선, 조선철도선, 화북철도선 상호 간 소형 화물의 연락운송 개시에 관해 협의를 이끌어 냈다(조선무역협회통보 43/02, 22). 제국 내에 정치적인 견해 차이가 있었지만 전쟁수행을 위해서는 각 기관이 다각적으로 협력했다는 것을 보여 주는 것이다.

3. 수출 급증과 조선인의 역할

중일전쟁시기 조중무역액 추이를 보여 주는 것이 〈표 1〉이다(조선은행조사과 1948, Ⅲ-44~45). 이 표에 의하면 조중무역은 지속적으로 증가하는 경향이었다. 1937년을 기준 연도로 하여 1944년에 수출은 7.2배 증가했고 수입은 2.7배 증가했으며 수출입 합계는 4배 정도 증가했다. 특히 수출의 증가가 훨씬 컸기 때문에 1937년에는 적자였던 무역수지가 이후 계속 흑자를 유지했다.

중일전쟁 직후 화북으로 물자공급을 계획하면서 가장 먼저 발송하고자

〈표 1〉 조중무역액 추이

연도	수출		수입		합계		무역수지
	가액(천 엔)	지수	가액(천 엔)	지수	가액(천 엔)	지수	(천 엔)
1937	4,842,350	100	10,367,605	100	15,209,955	100	-5,525,255
1938	22,155,354	458	12,217,258	118	34,372,612	226	9,938,096
1939	33,565,918	693	10,334,033	100	43,899,951	289	23,231,885
1940	39,160,000	809	17,454,000	168	56,614,000	372	21,706,000
1941	42,145,000	870	38,833,000	375	80,978,000	532	3,312,000
1942	42,405,000	876	29,257,000	282	71,662,000	471	13,148,000
1943	47,646,000	984	37,800,000	365	85,446,000	562	9,846,000
1944	35,020,000	723	26,555,000	256	61,575,000	405	8,465,000

했던 물품은 청주, 맥주, 된장, 간장, 절임류, 멸치, 건명태, 김, 해삼, 통조림류, 명태알, 조미료, 과자류, 성냥, 세탁비누, 전지(塵紙), 목탄, 사과 등이었다(조선무역협회통보 37/09, 11). 이를 통해 알 수 있듯이 수출품은 대부분 식료품이었다. 기존 연구에서 밝힌 바와 같이 점령지역에서 조선쌀의 수요가 급증하여 결국 조선쌀이 대중 수출을 주도했다. 1939년에는 39.4%까지 차지하면서 가장 중요한 상품이 되었다. 물론 조선쌀에 대한 수요는 일본인이 대부분이었으나 당시 조선쌀을 선호하는 중국인도 있어 쌀 수출은 더 큰 기대를 받았다(송규진 2006, 109-111). 중일전쟁시기에 조선인의 식량 소비량이 크게 감소하던 상황에서 이루어진 쌀 수출 증가는 그만큼 조선인들의 고통을 가중시키는 것이었다(조선은행조사과 1948, Ⅲ-29).

수산물은 중일전쟁이 발발한 직후 수요가 늘 것을 예상하여 미리 물자를 확보했는데 수출이 원활하게 이루어지지 않아 곤란을 겪기도 했다(조선무역협회통보 42/12, 4). 1939년 10월부터 1940년 9월까지 1년간 톈진해산물조합에서 조선의 주요 수산물의 취급량을 조사한 바에 의하면 명태, 새우, 염어 등 일본인이 선호하는 수산물이 가장 많았고 중국인이 식용하는 것은 많지 않았다. 멸치는 오히려 일본으로부터 수입이 상당량에 달해 중국에 수출하려던 멸치가 조선에서 재고 과잉인 상태였다(조선무역협회통보 41/01, 11). 그런데 중일전쟁이 장기화되고 수요가 늘어나면서 결국 수산물의 수출량이 늘었고 수산물 가운데 특히 일본인이 가장 애용하던 명태가 크게 주목을 받았다. 1942년 2월에는 조선에서 상하이의 6개 상사를 통해 명태를 수출했는데 당시 물자 획득이 어려운 상황에서도 평가가 좋은 조선명태를 배급하기 위해 노력했다(조선무역협회통보 42/04, 28-29).

과일도 식료품으로 중요한 역할을 담당했다. 특히 조선사과는 일본군에서 수요가 많았기 때문에 신중하게 다루어져 상하이의 경우 조선사과의 공급을 대부분 미쓰비시(三菱), 미쓰이(三井) 등 일본 대기업이 담당했고 극히 소량만 조선인이 취급할 수 있도록 허용했다. 협회는 조선에서 사과 출하업자에게 나쁜 인상을 줄 우려가 있다며 사과에 대해서도 통제할 것을 주장했다(조선무역협회통보 38/07, 26-29). 1938년에는 대부분 일본을 거쳐 상하이로 조선사과를 수출했는데 대구사과의 경우 일본 내 나가사키 상인의 손을 거쳐 상하이의 나가사키 상인에게 매도하는 구조였다. 대구에서 바로 상하이로 보내지 못하고 나가사키를 거치기 때문에 운임과 세금뿐만 아니라 도매상의 수익까지 포함될 수밖에 없어 가격 인상이 불가피했다. 게다가 나가사키에서 며칠을 경과하면 신선도가 떨어질 수밖에 없었다. 본래의 맛을 유지하기 위해 직접 조선항로로 운반하는 것을 상인들도 요망했다(조선무역협회통보 38/08, 130-131). 그러나 기존 기득권을 가진 일본 상인들이 이러한 요구를 받아들이지 않았다. 1940년 7월에 이르러 수요가 폭발적으로 증가하면서 나가사키뿐만 아니라 시모노세키를 경유하여 사과 수출이 이루어졌다. 이때 사과의 산지는 대구, 나주였는데 나주산이 평가가 더 좋았다. 조선에서는 직수출을 원하는 요구도 있었지만 이때도 여전히 중계무역을 통해 수출이 이루어졌다. 그런데 일반적으로 일주일이나 걸렸던 통관문제는 해결 방법을 찾을 수 있었다. 통관이 늦어질 경우 식료품은 부패할 가능성이 많았기 때문에 상품을 적출(積出)하면서 동시에 수량을 전신으로 하수인에게 통지하면 하수인이 해당 선박회사에 교섭하여 해당 금액의 보증금을 직립하고 임시로 허가서를 발행하여 통관수속을 완료하도록 한 것이다. 그리하여 화물 도착과 동시에 곧바로 화물을 인도하도록 하여 창고료의 부담을 없애고 또 물건 손상을 최대한 방지할 수 있었다(조선무역협회통보 40/08, 13-14).

일제의 물자동원계획은 조선의 광물 수출에도 큰 영향을 주었다. 중일전쟁 이전까지 석탄 공급이 원활하게 이루어져 중국은 외국 석탄을 수입할 필요가 없었다. 조선석탄을 수입하려는 계획이 일부 있었지만 고율관세, 가격 등의 문제로 이루어지지 않았다. 그런데 중일전쟁 이후 석탄이 부족하게 되고 석탄 가격이 폭등함으로써 조선석탄에 대한 수요가 발생했다. 프랑스령 인도차이나 지역이 조선석탄과 경쟁을 했지만 거리뿐만 아니라 적출항의 하역설비, 선박 등 수송력에서 조선석탄이 유리했다(조선무역협회통보 38/10, 24-26). 조선흑연도 중국에서 품질이 좋은 것으로 평가받았다. 1940년 상하이의 흑연 수입에서 조선흑연이 차지하는 비율은 90% 정도였다. 그 가운데 토상흑연이 9할 정도였고 주로 건전지용과 주물용으로 사용되었다(조선무역협회통보 41/03, 11).

점령지역이 확대되고 치안이 확보되자 일본인뿐만 아니라 조선인도 중국으로 이주하는 사람들이 증가했다. 화북지역의 경우 중일전쟁 직전인 1937년 6월에는 8,123명이었던 조선인 인구가 1940년 6월에는 68,462명으로 늘어났다(김광재 2004, 228). 1940년 3월에 화중지역의 일본인과 조선인, 대만인을 표기한 것이 〈표 2〉로 중일전쟁 이전과 비교하면 2~4배에 이르는 수치였다고 한다(조선무역협회통보 40/06, 1). 이 지역을 두루 시찰했던 시부야 레이지는 이 가운데 조선인의 활약을 주목하고 중일전쟁에서 조선인이 담당하는 역할에 대해 큰 기대를 걸었다. 그는 조선인 20여 명을 만나 담소를 나누었는데 그들은 무역 혹은 통관, 식료잡화, 토목건축, 기계기구, 철물, 사진, 영

〈표 2〉 1940년 3월 현재 화중지역의 일본인·조선인·대만인 인구

	일본인	조선인	대만인
상하이	59,900	6,300	2,600
소주	2,700	98	
항주	2,100	68	
난징	10,000	1,200	
우후(蕪湖)	2,200	330	
구강	2,000	800	
한구	7,700	1,500	
합계	86,600	10,296	2,600

화 등과 관련한 업종에서 활동하면서 상당한 재산을 축적했다며 조선인들이 계속 늘어날 것으로 전망했다(조선무역협회통보 40/06, 1-4). 실제로 1941년 3월에 화중지역의 조선인은 11,148명까지 늘어났다(조선무역협회통보 41/07, 39).

조선인이 경영하는 사업은 북경의 경우 대부분 자본 회수율이 빠른 소매업 업종으로 일본인과 중국인들이 취급하지 않는 '틈새시장'을 공략했는데 일정 규모의 자금으로 기업을 경영한 경우도 있었고 무역업에 종사하는 사람도 15명가량 있었다. 그럼에도 무직자가 60%를 점할 정도로 국내에서 살기 어려웠던 조선인들이 일본의 선전에 편승하여 중국으로 건너와 힘들게 사는 경우가 대부분이었다(김광재 2004, 233-235). 이병철은 중국에서 무역업을 하려는 계획을 세운 뒤 중국의 대도시를 시찰했는데 일본군의 '어용상인'들이 상권을 장악하여 조선인은 발붙일 여지가 없다고 판단하여 포기했다(한국일보사 편 1981, 294).

실제로 조중무역을 주도한 것은 일본인이었으며 이들은 조선인의 역할을 부정적으로 평가했다. 조선무역협회 임원과 직원은 물론 일반회원에 이르기까지 대부분 일본인과 일본인 단체가 참여하고 있었다(송규진 2003, 103).

1937년 8월에 개최한 간담회 참석자 명단을 정리한 것이 〈표 3〉이다(조선무역협회통보 37/09, 1). 이에 의하면 참석자 전원이 일본인이었음을 알 수 있다. 이런 상황은 이후 수차례의 조중무역과 관련한 간담회 출석자도 거의 대부분 일본인이었다는 점과 동일하다.

〈표 3〉 간담회 참석자 명단

직위	명단	직위	명단	직위	명단	직위	명단	직위	명단
부회장	戶嶋祐次郎	이사	伊藤正懿	이사	西野爲作	이사	工藤三次郎	이사	田川常治郎
이사	永井市太郞	이사	澁谷禮治	이사	大塚俊雄	이사	今井嘉三	이사	都筑康二
이사	陰山正三	감사	藤田米三郎	임석자	星子敏輝	임석자	境勝	고문	賀田直治

1942년 개최한 간담회에서도 조선 측 참석자 74명 가운데 흥아산업주식회사 대표를 제외하고 모두 일본인이었다(조선무역협회통보 42/02, 45-47). 물론 당시 조선인들 가운데 상당수가 창씨개명을 했기 때문에 조선인 인원이 추가될 수도 있지만 그 이전 간담회 명단에 조선인이 거의 없었던 점을 고려하면 일본인 성명으로 기재된 사람을 일본인으로 보아도 큰 무리가 없을 것이다. 이때 참석한 조선인을 '박'이라는 성만으로 표기한 것이 흥미롭다. 필자는 일본인은 성과 이름을 모두 기록하고 조선인은 성만 기재한 것이 일본인이 조선인을 무시 내지 멸시한 정황이 드러난 것은 아닐지 조심스럽게 추측해 본다.

조선무역협회 직원으로 천진지부에 파견된 일본인은 화북을 예로 들면서 이 지역에 일본, 관동주, 상하이 지역의 물자가 충분히 보급되는 데다 조선의 무역업자가 화북을 일종의 잔품 정리시장과 같이 생각하여 품질이 좋지 않고 조악한 상품만을 수출하기 때문에 조선인의 활동으로 인한 무역신장은 그리 크지 않다고 평가했다. 또한 조선인은 상도덕을 무시하는 경향이 있기 때문에 오히려 조선 상품에 대한 평가를 떨어뜨린다며 비난했다(조선무역협회통보 42/11, 4). 조선인 다수의 필요와 상관없이 이루어진 조중무역은 일본인을 중심으로 이루어졌고 일본인에게 협력하면서 작은 이익이라도 얻으려 했던 조선인 자본가들의 노력도 일제의 민족차별을 극복할 수는 없었다.

IV. 맺음말

지금까지 조선무역협회에서 간행한 조선무역협회통보를 통해 중일전쟁시기 조중무역의 실상을 살펴보았다. 일제는 점령지구에 중국인 협력자를 끌어들여 '괴뢰정부'를 세운 후 중국 정부로부터 중국 해관을 분리시키고 해관업무를 '괴뢰정부'의 지령에 따르도록 합의를 이끌어 냈다. 이후 관세 개정으로 수입세가 경감되었을 뿐만 아니라 수출세도 점차 폐지되었고 생필품에 대해서는 저세 혹은 면세수입을 원칙으로 했다. 특히 일본군에 필요한 물자는 관세를 적용받지 않는 경우가 많았기 때문에 조선의 병참기지화정책의 일환으로 실행된 조중무역은 일본군의 전쟁수행에 크게 기여했다.

중일전쟁 이후 일제는 무역통제정책을 실시했는데 '블록 내의 자급자족과 원활한 물자교류'라는 원칙을 실행하려 했지만 전쟁이 장기화되면서 엔블록 무역을 중시할 수밖에 없었고 이에 따라 통제수단을 구체적으로 획책했다. 총독부는 개별적인 무역회사만으로 무역관계산업을 통일적으로 관리할 수 없다고 판단하여 무역회사들을 통합하여 1941년 4월에 '조선동아무역주식회사'를 설립했다. 전시경제에서 중요한 엔블록 수출을 조정할 뿐만 아니라 판로 개척, 거래 알선에 대한 협력체제의 일환으로 수출조합들도 창립했다. 또한 총독부는 중국 현지에서 무역업자의 중앙통제기구를 설립해야 한다는 조선무역협회의 의견을 받아들여 중국 각지에 거대조합을 만들었다.

조선무역협회는 중일전쟁이 발발하자 수출진흥을 위해 수출에 적합한 물품을 조사하여 생산장려기관에서 상품을 제조하도록 적극적으로 장려했을 뿐만 아니라 선전 알선도 직접 담당했다. 점령지역에 파견원을 보내 사정을 자세하게 조사하고 견본시 개최에 대한 기본계획을 수립했다. 특히 일본군과 일본인단체에 물자를 공급하는 것을 최우선 과제로 설정했다. 조선이 대륙병참기지로 제대로 기능할 수 있도록 조선, 만주국, 관동주, 중국의 무역행정당국, 무역업자, 무역진흥기관 등의 대표가 정기적으로 모여 물자를 원활하게 공급하기 위한 방안을 논의하고 서로 협력했다.

수출진흥을 위한 교통로를 확대하기 위해 대중국항로도 증설했다. 일본군이 승리를 거듭한 중일전쟁 초기에는 조선과 중국 간 항로가 안정적으로 운영되자 '동해호수화'가 제창되면서 '황해경제연맹'을 결성해야 한다는 주장까지 제기되었다. 조선우선항로를 경유할 경우, 다른 항로를 이용하는 것보다 운임이 훨씬 저렴했기 때문에 조선 측에서 주도권을 가지려 한 것이다. 항로를 증설하고 육로교통을 정비하면서 철도성 및 조선철도국을 포함하여 일본, 조선, 만주국, 중국 간에 연락운수협정을 체결하여 교통체계를 단일화했고 중국과의 전시수송력을 증강하기 위해 노력했다. 이는 일본제국 내에 정치적인 견해 차이가 있고 정치주도권을 둘러싸고 긴장과 갈등이 있는 상황에서도 전쟁수행을 위해서는 각 기관에서 다각적으로 협력했다는 것을 보여 주는 것이다.

전시물자를 안정적으로 보급하기 위해 각 기관에서 노력한 결과 1937년을 기준 연도로 하여 1944년에 수출은 7.2배 증가했고 수입은 2.7배 증가했으며 수출입 합계는 4배 정도 증가했는데 전쟁시기임을 감안하면 엄청난 증가이다. 특히 수출의 증가가 훨씬 컸기 때문에 1937년에 적자였던 무역수지가 이후 계속 흑자를 유지했다. 이런 수치를 근거로 당시 조선 경제를 연구했던 일본인 학자나 무역관계자들은 조선 경제가 질적으로 변화했다고 주장했으나 중요상품을 분석해 보면 수출품이 대부분 쌀, 수산물, 과일을 중심으로 한 식료품이었고 일제의 물자동원계획에 따라 석탄과 흑연 등 일부 원료품으로 이루어졌다.

점령지역이 확대되고, 어느 정도 치안이 안정되자 일본인뿐만 아니라 조선인도 중국으로 이주하는 사람들이 증가했다. 그러나 중국 무역의 확대를 주도하고 큰 수익을 본 것은 대부분 일본인들이었다. 조선의 조중수출을 위한 간담회에 참석한 명단을 분석해 보면 대부분 일본인들이었고 중국에서 조선 상품을 취급하는 무역상도 대부분 일본의 거대기업이 차지했다. 뿐만 아니라 조선무역협회는 중국에서 활동하며 전쟁수행을 위해 협력했던 조선인에 대해 상도덕을 떨어뜨리고 있다며 부정적인 존재로 평가함으로써 민족차별적 인식을 드러냈다.

이와 같이 일제강점기 조중무역은 전쟁수행을 위한 목적으로 이루어졌기 때문에 조중무역이 급증하는 상황에서 중국인과 조선인 다수는 무역증대에 따른 어떤 혜택도 누리지 못했다. 약간의 수혜를 받았던, 일본인에게 협력하고자 했던 조선인 자본가들마저도 일제의 민족차별을 극복할 수는 없었다. 중일전쟁시기에 이루어진 조중무역은 한국과 중국, 양 국가의 상호간 호혜에 입각하여 이루어지고 있는 현재의 한중무역과는 근본적으로 다른 것이었다.

【참고문헌】

朝鮮貿易協會. 1936~1943.『朝鮮貿易協會通報』. 京城: 朝鮮貿易協會.

朝鮮銀行調査課. 1948.『朝鮮經濟年報』. 서울: 朝鮮銀行調査課.

송규진. 2001.『日帝下의 朝鮮貿易硏究』. 서울: 高麗大學校 民族文化硏究院.

임채성. 2012.『중일전쟁과 화북교통: 중국 화북에서 전개된 일본제국의 수송전과 그 역사적 의의』. 서울: 일조각.

한국일보사 편. 1981.『財界回顧』1. 서울: 한국일보社出版局.

孫玉琴. 2004.『中國對外貿易史』第2冊. 北京: 對外經濟貿易大學出版社.

鄭友揆. 1984.『中國的對外貿易和工業發展』. 上海: 上海社會科學院出版社.

高橋龜吉. 1940.『戰時經濟 と 新經濟體制』. 東京: 大日本雄辯會講談社.

鈴木武雄. 1942.『朝鮮の經濟』. 東京: 日本評論社.

강진아. 2005. "식민지 대만과 조선의 對中貿易 구조 비교."『大邱史學』81. pp. 1-41.

김광재. 2004. "중일전쟁 이후 北京지역의 한인단체 연구."『한국독립운동사연구』23. pp. 223-267.

김태현. 2017. "신의주·安東간 密輸出 성격과 조선총독부 關東의 양면성(1929~1932)." 고려대 석사학위논문.

박상수. 2005. "쟁점과 동향: 식민지, 점령지의 "협력"(Collaboration) 연구; 중일전쟁기 중국의 대일(對日) "협력"(Collaboration)에 관한 연구 시각과 전망—구미학계를 중심으로."『사총』61. pp. 309-321.

방기중. 2007. "1940년 전후 총독부의 "신체제" 인식과 병참기지강화정책—총독부 경제지배시스템의 특질과 관련하여."『동방학지』139. pp. 97-152.

송규진. 2004. "일제하 관세정책의 변화가 조선의 대중국 무역에 끼친 영향."『아세아연구』116. pp. 243-281.

송규진. 2006. "1930년대 이후 조선의 대중국 무역."『東洋學』39. pp. 93-116.

송규진. 2012. "조선의 '북방권'무역을 통한 경제협력 네트워크 강화과정."『사총』76. pp. 1-30.

송규진. 2013. "일제하 동북아 관세문제와 조선의 대'중국' 무역."『한국사연구』160. pp. 183-218.

이은자. 2013. "중일전쟁기 일본점령구의 로컬 경험—對日 '협력'과 관련하여."『로컬리티 인문학』10. pp. 183-210

통계청. 국가통계포털(https://kosis.kr).

4장

‘내파(內破)’하는 ‘대동아공영권’*

동남아시아 점령과 조선통치

이형식

I. 머리말

‘대동아공영권’은 일본이 1930년대까지 영유했던 ‘일만지(日滿支)’블록에 새롭게 남방(동남아시아)을 편입시켜 지도국 일본을 맹주로 위계적으로 재편하려 한 지역주의였다. 이 패권적 지역주의는 아시아에 많은 상흔을 남긴 채 실현되지 못하고 역사의 뒤편으로 사라졌지만, 동아시아 지역통합이 논의될 때마다 패권적 지역주의의 망령으로 거론되거나 그 역사적 평가를 둘러싼 견해차이로 대립하는 등 전후 동아시아 사회에 적지 않은 영향을 미쳐 왔다고 할 수 있다.

일본에서의 ‘대동아공영권’에 관한 연구는 1970~80년대부터 본격화

* 본 발표는 『사총』(2018.1)에 게재된 논문을 수정한 것이다.

되었다. 먼저 경제 분야에서는 경제지배 구조와 실태에 대한 해명이 선행되어, 공영권의 슬로건에도 불구하고 실제로는 물자 압박, 하이퍼인플레이션, 강압적인 지배와 과도한 노무동원 등 내걸었던 이념과는 동떨어졌던 실태를 구명하는 연구가 활발하게 이루어졌다. 이후 정치, 외교, 민족문제 분야에서 '대동아공영권'의 구상과 실상을 밝힌 연구(岡部牧夫·小田部雄次 1989; 岡部牧夫 1992; 後藤乾一 1994; 安部博純 1996), 육군, 해군, 외무성의 남방진출과 외교정책에 관한 연구가 진행되었고(波多野澄雄 1997), 최근에는 '언설'을 시야에 넣은 공영권의 '독립'문제를 논한 연구가 등장하였다(河西晃祐 2012).[1] 한편 사상 및 문화 분야에서는 정치학자 야베 데이지(矢部貞治)의 '대동아공영권'사상을 언급했던 연구(有馬學 2006; 源川真希 2009), '대동아공영권'의 문화건설을 다룬 연구 등이 발표되었다(池田浩上 2007). 전체적으로 일본의 보수화 분위기와 연동하면서 '대동아공영권'에 관한 수정주의적인 해석이 나오고 있고 이에 대한 반론이 거듭되면서 연구의 깊이와 폭을 더해 가고 있다. 학술적 논의와는 별도로 잡지, 출판물을 중심으로 '대동아전쟁'과 '대동아공영권'을 긍정하는 논의가 범람하고 있다.

이처럼 일본에서는 많은 연구 축적이 있는 데 반해, 한국에서의 연구는 아직도 미진하다. '공존공영'을 표방한 '대동아공영권'은 구호와는 달리 위안부, 징병, 징용, 강제연행 등 식민지 폭력과 식민지 모순을 응축적으로 드러내며 한국을 비롯한 아시아에 많은 상흔을 남겼다. 그러나 이 연구테마의 중요성에도 불구하고 정작 피해 당사자인 한국에서의 연구는 몇몇 사상사 연구(임성모 2005; 김경일 2005; 최규진 2014)와 대동아국제법(송병권 2017)을 다룬 연구를 제외하고는 대단히 미진한 실정이다.

이처럼 지금까지의 '대동아공영권' 연구는 주로 일본의 정치, 경제, 외교, 사상, 문화에 초점이 맞추어져 있고, '대동아공영권'의 모순을 응축적으로 내포하고 있는 조선(문제)에 대한 시각은 결여되었다.

본고에서는 이러한 문제의식에 입각하여 1930년대 후반과 1940년대 초반 급변하는 국제관계 속에서 일본을 중심으로 전개되었던 지역주의 구상을 조감하면서 그 속에서 조선문제가 어떻게 논의되었는지를 살펴보고자 한다. 즉, 전황의 추이, 조선의 시점, 국제관계라는 3가지 요소를 중시하며 논의를 전개하고자 한다. 첫째 전황의 추이에 주목하는 것은 '대동아공영권' 구상은 면밀한 계획에 의해 수립된 것이 아니라 제2차 세계대전 발발이라는 세계정세 변화에 맞추어 급조된 측면이 강했고 따라서 그 범위도 고정되지 않았을 뿐만 아니라 추진주체에 따라, 전황에 따라 그 내용이 변동하였다고 판단하기 때문이다. 지금까지의 전시기 연구는 중일전쟁에서 태평양전쟁 종결까지의 시기를 평면적으로 이해하고 있는 경향이 있었다. 전시기라고 하더라도 중일전쟁 시기와 태평양전쟁 개전 초기, 태평양전쟁 말기는 전시체제의 강도 면에서 현격한 차이를 보이고 있다. 특히 태평양전쟁 시기라고 하더라도 전쟁 초기와 전황이 악화되는 1943년 이후와는 전쟁지도, 전쟁목적, 프로파간다, 전시동원의 양태에서 현저한 차이를 보이고 있다. 본고에서는 연합국의 본격적인 반격이 예상되면서 '대동아공영권'의 수정이 모색되는 1943년 이후의 변화에 주목하고자 한다.

둘째 조선문제에 주목하고자 하는 것은 '대동아공영권' 안에서 지도국('내지')에 속하면서 식민지였던 관계로 '대동아공영권'의 모순을 응축적으로 내포하고 있던 조선의 시점에서 '대동아공영권'을 재해석할 필요가 있기 때문이다. 마지막으로 국제관계에 주목하는 것은 조선문제는 일본과 조선이라는 양자관계만이 아니라 국제질서, 지역질서와 깊숙이 연동되어 있어 국제질서-지역질서-제국질서-제국정부-식민권력-조선사회라는 입체적인 분석이 필요하다고 판단하기 때문이다. 본고에서는 카이로회담(조선 독립), 테헤란회담으로 대표되는 연합국의 전후 아시아 구상과 이에 대한

1. 본 논문은 가와니시의 분석시각(대동아공영권에서의 '독립'문제)을 심화시켜 조선이 동남아 '독립'문제를 어떻게 인식하고 반응했는가에 중점을 두었다.

일본의 반응 및 대응 그리고 '대동아공영권' 내부(동남아시아의 '독립'과 조선)의 연쇄, 상호영향을 염두에 두면서 이러한 연쇄, 연동이 '대동아공영권'을 어떻게 '내파(內破)'시키는가를 1차사료에 입각하여 입체적이고 실증적으로 분석할 것이다.

II. '동아신질서'에서 '대동아공영권'으로

'대동아공영권'이란 용어 자체는 이미 선행연구에서 지적하고 있듯이 1938년 육군성 군무국 군사과 고급과원인 이와쿠로 히데오(岩畔豪雄) 중좌와 참모본부 제1부 제2과의 호리바 가즈오(堀場一雄) 소좌가 작성한 '국방국책안'에 이미 제시되었다(安部博純 1989, 128). 이 '국방국책안'에서 처음으로 '동아공영권'이라는 단어가 사용되었는데, '동아공영권'의 구조는 일본을 중심으로 동심원 모양으로 '자존권', '방위권', '경제권'이 위계적으로 계층화, 질서화되어 있는 것이다. 여기에서 '자존권'은 일본열도와 만주, 중국 북부, 몽골을 포함하는 지역을 가리키고, '방위권'은 시베리아, 중국 중남부, 버마 동부의 동남아시아, 그리고 자바, 수마트라 및 북태평양 해역 도서를 포괄하는 지역을 말한다. '경제권'은 '방위권' 외곽의 자원공급지역으로서 인도와 호주를 포괄하는 지역으로 구성되어 있다(安部博純 1996, 362). 이후 중일전쟁이 장기화되면서 교착상태에 빠지고 미일교섭이 난항을 거듭하는 가운데 유럽에서 독일이 전격전으로 눈부신 승리를 거두자 힘의 공백상태에 빠진 남방의 구 프랑스령, 네덜란드령에 대한 침략을 정당화하는 '대동아공영권' 논리가 등장했다.

'대동아공영권'이라는 단어를 처음 공식적으로 사용한 사람은 제2차 고노에 내각의 외상 마쓰오카 요스케(松岡洋右)라고 전해지고 있다. 야스오카는 일본의 외교방침을 "황도의 대정신에 의거하여, 먼저 일(日), 만(滿), 지

(支)를 그 일원으로 하는 대동아공영권을 도모"하는 데 있다고 하고 그 범위는 남양(南洋)을 포함한 대동아이고, 인도차이나, 인도네시아 그 밖을 포함해서 확립되어야 할 자급자족의 '동아안정권'이라고 설명했다. 제2차 고노에 내각은 1940년 8월 성립 직후 각의에서 '기본국책요강'을 결정하였는데, 여기에서 "황국의 국책은 팔굉(八紘)을 일우(一宇)로 하는 조국(肇國)의 대정신에 기초하여 세계평화의 확립을 이루는 것을 근본으로 삼아 우선 황국을 핵심으로 하고 일본과 만주, 지나(支那)의 강고한 결합을 근간으로 하는 대동아의 신질서를 건설하는 데 있다"라는 대외정책의 근본방침을 정했다.

이후 일본은 1941년 12월 8일 진주만 기습을 시작으로 아시아 지역을 본격적으로 침략하면서 '대동아공영권'을 대외적인 목표로 내걸게 되었다. 일본은 개전과 동시에 필리핀, 말레이반도에 상륙하고 나아가 인도네시아, 버마를 손에 넣었으며, 뉴기니까지 진출하였다. 동남아시아 침략의 최대 목적은 전쟁수행을 위한 자원획득에 있었지만, 일본은 이러한 전쟁목적을 은폐하고 분식할 전쟁 슬로건이 필요했던 것이다. 도조 히데키(東條英機) 수상은 1942년 1월 열린 시정연설에서 '대동아공영권' 건설의 근본방침을 "사실상 건국 정신에 그 연원을 두는 것으로 대동아의 각 국가와 각 민족으로 하여금 각각 분에 맞게 해서(其の處を得しめ) 제국을 핵심으로 하는 도의(道義)의 의거한 공존공영의 질서를 확립하려는 데 있다"라고 표명했다(이규수 편역 2012, 417-418).

그렇다면 고노에 내각이 중일전쟁의 교착상태를 타개하기 위해 1938년 11월 3일 발표한 '동아신질서[2]' 구상과 1938년부터 준비되어 유럽전쟁

---

2. 고노에 내각은 장개석 정권에 일본-만주국-중국 3국의 상호 제휴, 정치, 경제, 문화 각 방면의 호조연환(互助連環) 관계수립을 근간으로 동아시아에서 국제정의 확립, 공동방공의 달성, 신문화의 창조, 경제결합의 실현을 추구할 것을 제안했다.

발발과 함께 공론화되고 일본의 진주만 기습과 동남아 침략으로 구체화된 '대동아공영권'은 어떤 관련이 있는 것일까? 대체적으로 '대동아공영권' 구상은 '일, 만, 지'를 중심으로 한 '동아신질서'에 남방(동남아시아)을 아우르는 구상으로 '동아신질서' 구상의 연장선상에서 이해하는 것이 통설이었다. 하지만 양자 사이의 단절이 있었다는 주장이 제기되었다. 전자는 "아시아에 대한 역사주의적이고 도의주의(道義主義)적인 발상에 유래하는 사상"인 것에 대해, 후자는 "유럽근대국가의 특징인 권력주의·합리주의의 사상"에 기초를 두며 나치류(流)의 지도자 원리적 색채가 농후한 사상이라는 관점이다. 전자가 '동문동종(同文同種)', '일의대수(一衣帶水)' 등 동아시아의 지역적·역사적 연원을 강조한 중일제휴론이었다면, 후자는 독일의 지정학을 원용한 '경제적·합리적 지역주의'라는 것이다(三輪公忠 1981, 226-227). 이러한 주장에 대한 반론도 만만치 않다. 아베 히로즈미(安部博純)는 '대동아공영권'이 나치의 지정학을 원용하면서도 '도의주의적' 색채도 농후했다는 점, 다시 말하면 '동아신질서'에서 '대동아공영권'으로의 전환을 '도의주의'에서 권력주의로의 전환으로 파악하기보다는 권력주의와 '도의주의'의 야합의 소산으로서의 '신도의주의(新道義主義)'로 파악해야 한다고 주장했다. 또 '동아신질서'에서 '대동아공영권'으로의 이행은 질적 전환으로 보이는 측면도 있지만, 단순한 범위의 확대, 양적인 변화의 측면을 무시할 수 없다고 비판했다(安部博純 1996). 양자의 관계는 연속, 단절의 양자택일적인 관계라기보다는 오히려 두 측면이 모두 병존해 있다고 보는 것이 더 타당하다 하겠다. 예를 들면 아베 히로즈미가 지적한 것처럼 '팔굉일우'나 '조국(肇國)의 정신'과 같은 황도주의 이데올로기는 '동아신질서'에서부터 나오지만, "대동아의 각 국가와 각 민족으로 하여금 각각 분에 맞게 해서 제국을 핵심으로 하는 도의(道義)의 의거한 공존공영의 질서를 확립"한다는 논리는 '대동아공영권'에서 처음으로 등장한다. '대동아공영권'구상이 대두하는 시기에는 민족이론('동아민족주의', '광민족주의'), 개발주의('동아경제협동체론', '광역경제론'), 지정학, 국제관계론(矢部貞治) 등과 같은 사회과학이 복합적으로 동원되었다(임성모 2005). 대동아공영권은 제2차 세계대전 이전에 논의된 지역통합의 대상이었던 '일·만·지'와는 너무나 이질적인 구미열강의 식민지였던 동남아시아 지역을 포함하는 것으로, 지도국을 자임하는 일본으로서는 그때까지의 지역편성과는 다른 논리와 방법이 요구되었던 것이다. 이들 논리는 서로 분리되기보다 상호결합하는 형태로 전개되었는데, 공통적으로는 일본을 맹주로 하는 공영권 내의 유기적이고 차등적인 지역통합을 정당화하였다. 즉, 각 민족은 능력, 민도, 공적에 따라 지위를 인정받아 전체적으로 유기적인 조화를 이루어 각국은 '지도국', '독립국', '독립보호국', '직할령' 등의 차이가 있어야 한다는 것이다.

하지만 '대동아공영권'이라고 하더라도 다양한 편차가 존재했다. 1941년 말부터 1942년에 걸쳐 각 방면에서 각종 공영권 구상이 등장했다. 1942년 9월 해군성이 작성한 「대동아질서의 내부적 정치구도」에서는 '대동아공영권'을 "역사적 사정과 민도에 따라" '지도국', '독립국', '독립보호국', '직할령', '권내(圈內) 외국령'으로 분류하고 있다. 여기에서 조선, 대만을 포함한 '지도국' 일본은 공영권의 안보와 각국 간의 지도·매개의 중심으로 정치, 경제, 문화 방면의 건설과 운영을 지도하는 존재로 자리매김된다. '독립국'은 만주국, 중화민국, 태국으로 '지도국'과 형식적인 외교나 조약 관계로 결합되지만, '내면지도'를 받는다는 점에서 절대적인 주권국가 원리는 부정된다. '독립보호국'은 버마, 필리핀, 자바 등으로 지도국의 종주권하에 군사와 외교가 지도국에 위임되어 지도국에서 파견한 고등판무관, 지도관 등의 지도를 받는 나라들이다. '직할령'은 지도국이 총독 혹은 장관을 파견하여 직접 통치하는 지역으로서 "대동아 방위의 주요전략거점과 그 배후지"에 조성된다. 마지막으로 '권내 외국령'이란 인도차이나, 티모르, 마카오 등 아직 서구열강의 식민지 상태인 '이질적' 지역으로서 앞으로 제국의 지도 아래 공영권의 '동질적' 구성요소가 되어야 할 지역을 가리킨다

(大久保達正編 1992, 27-28; 임성모 2005, 108).

한편 극단적인 예는 1941년 12월 군과 척무성이 작성한 「대동아공영권의 토지처분안」을 들 수 있다. 이 안에 따르면 '대동아공영권'은 제국 영토로서 총독부를 설치한 지역, 독립국으로 간주하는 지역, 소비에트령으로 나뉘고 그 범위는 북쪽으로는 북위 50도를 넘고, 남쪽으로는 남위 35도, 동쪽은 대서양 서경 65도까지, 서쪽은 인도양의 서단 동경 55도에 걸쳐 있다. 이 공영권 구상에서는 독립국으로 간주하는 지역은 인도네시아, 버마, 말레시아, 태국, 캄보디아, 베트남이고, 제국의 직할지로서 대만총독부, 남양청, 남태평양총독부, 호주총독부, 뉴질랜드총독부 등 9개의 총독부를 관할하에 두고 있다(河原宏 1979, 308-312).

이처럼 '대동아공영권'구상은 면밀한 계획에 의해 수립된 것이 아니기 때문에 그때그때의 전황과 세계정세에 따라 그 범위가 시시각각 변화하기도 했다. 황도 이데올로기로 분식되어 그 내용이 추상적이고 관념적일 뿐만 아니라 구상주체에 따라 편차가 존재한다. 하지만 초기의 '대동아공영권' 구상은 서전의 눈부신 승리로 인해 일본제국을 중심으로 한 패권주의적 지역질서로 재편하려고 했다는 점에서 공통점을 찾을 수 있다.

Ⅲ. '대동아공영권'의 변용: 시게미쓰의 '대동아동맹' 구상

1942년 6월 미드웨이 해전에서 일본군이 패배한 후 전세는 역전되었다. 1943년 들어서 일본군은 2월에 과달카날섬에서 철수했고, 4월 유럽전에서는 스탈린그라드에서 30만의 독일군이 소련군에 항복했다. 같은 해 5월에는 애투섬(Attu Island)에서 일본군 수비대가 전멸하고 7월에는 주축국인 이탈리아에서 무솔리니가 실각하는 등 전세는 한층 악화되었다. 1943년 하반기부터 본격적으로 전개될 연합국 측의 공세를 대비하기 위해 일본은 '대동아공영권' 각국의 전쟁협력태세를 긴밀히 하고 대서양헌장[3]을 상쇄하는 '사상전'을 준비하지 않을 수 없었다. 개전 초기 일본이 내걸었던 '대동아공영권'의 슬로건은 너무나 '도의주의적'이고 추상적일 뿐만 아니라 패권주의적이었다. 전황이 열세로 돌아서는 상황에서 아시아 각국의 전쟁협력을 얻어 내기 위해 패권적인 색채를 희석시키고 전쟁목적을 새롭게 정의할 필요가 절실했던 것이다.

1943년 4월 새롭게 외무대신에 취임한 시게미쓰 마모루(重光葵)는 '대동아정책'에 대한 전환을 꾀하였다. 시게미쓰의 신정책 구상은 '대중국신정책'과 '대동아헌장' 제정으로 구체화되었다. 시게미쓰는 남경국민정부와 조계 반환, 치외법권 철폐를 중요한 내용으로 하는 일화동맹조약(日華同盟條約)을 체결하고 만주국, 버마, 필리핀, 태국과도 비슷한 동맹조약을 맺어 공영권 내 각국의 통합을 도모하는 '대동아기구건설헌장'을 전쟁목적으로 주창했다. 또 그 이념 아래 각국 공동의 협의기관으로 '대동아연맹'(국제기구)을 창설하고 공동의 전쟁목적으로 '대동아건설헌장'을 발표해서 전시뿐만 아니라 전후의 협력체제를 구축하려고 했다(安田利枝 1990; 波多野澄雄 1997). 이 '대동아기구건설헌장'은 연합국 측의 전쟁목적을 공표한 대서양헌장을 의식한 것이었다. 시게미쓰는 영미가 대서양헌장에서 소민족, 소국민의 보호자를 자임하면서 '자유의 회복'을 표방하고 있지만, 실은 소국민은 희생되고 전쟁수행의 수단으로 공수표를 발행했다고 비판했다. 반면에 일본이 아시아 민족에게 자유를 주고, 자유를 보호하는 지위에 서 있으므로 "지나민족에게 독립자유를 주고, 태국의 국민적 요망을 달성시키고, 필리핀, 버마 양 민족에게 독립을 부여하고, 다른 동아민족을 만족하게 하는 것을

---

3. 영토불확대, 민족자결, 무역의 자유, 노동조건, 사회보장의 개선, 해양의 자유, 평화기구재건을 주요한 내용으로 1941년 8월 발표된 대서양헌장은 영국의 처칠, 미국의 루즈벨트에 의해 합의되어 전후 국제질서건설에 관한 기본적인 정책강령이 되었다.

제국의 정책으로 하고 국시로 해야 한다"라고 주장했다(伊藤隆ほか編 1986, 329). 시게미쓰는 대서양헌장과 영미의 현실정책과의 괴리를 지적하면서 일본이야말로 민족자결원리의 진정한 실행자라는 것을 강조했다(源川真希 2012, 168).

시게미쓰의 '신정책'은 쇼와 천황의 동의를 얻어 '대동아정략지도대강(大東亜政略指導大綱)'으로 구체화된다. 5월 31일 어전회의에서 결정된 '대동아정략지도대강'은 크게 세 가지 내용을 담고 있다. 먼저, 세계정세의 변전(變轉)(연합국의 본격적인 반격)에 대비하여 아시아 제 지역 주민의 전쟁협력을 조달하기 위해 점령지의 독립(버마, 필리핀)과 정치참여(인도네시아)를 용인한다는 것, 두 번째로 10월 하순에 대동아 각국의 지도자를 동경에 집결시켜 전쟁완수를 결의하고 '대동아공영권'의 확립을 내외에 성명할 것, 마지막으로 점령지 가운데 말레시아와 인도네시아는 제국 영토로 결정하고 주요자원의 공급지로서 극력 개발하며 민심 파악에 노력하고 당분간은 군정을 계속한다는 것이다(波多野澄雄 1997, 129-136). 해군이 이 대강이 작전수행에 방해되고 국방자원의 획득에 저해된다는 이유로 일관해서 반대해, 대강 가운데 영토편입(말레시아, 인도네시아)과 자원수탈에 대한 부분은 당분간 발표하지 않는다고 결정했다(軍事史學會編 1998, 383). 이처럼 자원수탈을 위해 인도네시아를 영토로 편입한다는 방침을 은폐하고 있는 '대동아정략지도대강'은 '동아민족'의 전쟁협력을 이끌어 내기 위한 미봉책에 지나지 않았다.

도조 수상은 6월 16일 82회 제국의회에서 필리핀, 버마의 독립과 인도네시아에 대한 정치참여를 용인하는 소위 '도조성명'을 발표했다. 이 '도조성명'은 중요자원지대인 인도네시아의 독립을 당분간 고려하지 않는다는 것을 밝힌 것으로 인도네시아 민족지도자를 실망시켰고 일본에 협력적인 스카르노에 대한 비난, 공격을 한층 가중시켰다. 도조 수상이 7월 7일 자카르타를 방문하자 스카르노는 도조에게 일본의 아시아 해방 '성전' 완수에 인도네시아인이 협력한 사실을 강조했지만 도조의 반응은 냉담했고 전쟁수행의 필요성을 반복하고 자바 주민에 대한 정치참여를 이야기할 뿐이었다(斉藤鎮男 1977, 124-125). 참고로 인도네시아인의 정치참여에 관한 내용은 9월 5일 발표되었는데, 1) 중앙참의원, 지방참의원의 설치, 2) 군정감부참여제도(軍政監部參與制度)의 설정, 3) 주장관(州將官) 등 군정의 주요 지위에 인도네시아인 관리의 등용, 4) '토후(土侯)'에 대한 정무, 시설의 이양 등을 골자로 하고 있었다. 군정에 관한 최고자문기관인 중앙참의원을 설치하고 인도네시아인을 군정의 주요 지위에 등용한다는 대단히 미온적인 내용이었다(斉藤鎮男 1977, 139).

이후 외무성은 1943년 8월 전쟁목적연구회를 설치하고 '대동아헌장', '태평양헌장'을 제정하여 영국, 미국이 내건 대서양헌장의 이념을 비판하고 '대동아전쟁'을 정당화하려 하였다. 외무성 정무국 제1과는 대동아공동성명을 '국가연합' 형성의 첫 단계로 위치 짓고 구체적으로는 "미합중국과 같은 연합국가로서 조직할 필요가 있다"라고 하면서 일본, 중국, 만주국, 태국, 버마, 필리핀, 베트남으로 구성되는 항구적인 협의기구로서 대동아회의를 상정하고 회의의 부속기관으로서 '대동아중재재판소', '대동아경찰군', 통화와 통상의 안정을 위한 '대동아청산은행(大東亞淸算銀行)'을 설치할 것을 제안하였다(波多野澄雄 1997, 135). 최초의 일화동맹조약안에도 다른 대동아 제국이 참가하는 '대동아연맹' 창설에 관한 조항이 포함되어 있고, 만주국 사이의 신조약안도 전후 일본군의 철병조항과 유사한 조항이 포함되어 있다. 전쟁목적연구회의 대동아국제기구 창설 구상은 식민지의 독립, 약소민족의 민족자결 자체를 목적으로 하지 않았다고 하더라도, 대서양헌장에서의 평화기구 설치 구상과 마찬가지로 전후 새로운 지역질서, 국제질서를 염두에 두고 있었다는 점은 동일하다. 하지만 참모본부가 철병을 반대했고 '대동아연맹'안에 대해서는 육해군의 통수부와 대동아성이 국제연맹과 유사한 협의기구의 창설은 적당하지 않다고 하여 시게미쓰 외상의 제안은 일축된다(波多野澄雄 1997, 136).

이후 '대동아정략지도대강'에 따라 1943년 11월 5일, 6일 동경의 제국의회 의사당에서 대동아회의가 개최되어, 일본(도조 히데키), 남경국민정부(汪兆銘), 태국(완 와이 타야콘), 만주국(張慶惠), 필리핀(Jose P. Laurel), 버마(Ba Maw) 등의 대표자와 인도 대표인 찬드라 보스(Subhas Chandra Bose)가 옵서버로 참석하여 대동아공동선언을 발표했다. 이 회의에서는 일본의 패권을 상기시키는 '대동아공영권'이라는 용어를 피하면서 공존공영 질서의 창설, 자주독립의 상호존중, 문화앙양, 경제발전, 세계진운의 공헌, 인종적 차별의 철폐를 내걸고 '대동아전쟁'을 완수하고 '대동아'를 건설함으로써 세계평화의 확립에 기여하겠다는 것을 선언하였다. 당초 태국 대표로 피분송그람 수상이 초청되었으나, 참가를 꺼렸던 피분송그람 수상은 완 와이 타야콘 친왕을 대리로 보냈고,[4] 인도네시아는 참가를 희망했으나 초청받지 못했다. 인도네시아 전공자인 고토 겐이치(後藤乾一)가 지적하고 있듯이, 대동아회의는 조선, 대만은 물론 동남아시아 인구의 60% 이상을 점하고 있는 인도네시아, 말레이시아, 베트남을 제외했다는 기본적인 결함을 가지고 있었고, 그런 의미에서 동남아시아 제 민족의 주권문제는 대서양헌장과 동질적인 것이었다. 그 결과 스카르노와 같은 인도네시아 지도자의 대일불신을 증폭시켰다고 한다(後藤乾一 1992, 172-173). 역설적으로 적성국 언어인 영어와 중국어로 진행된 이 회의는 주최 측인 일본에 의해 박수 타이밍까지 사전에 결정되었다고 한다. 당시의 비판적인 언론인이었던 기요사와 기요시(清沢洌)는 "도조의 성명은 늘상 그렇지만 평범하고 진부하다. 우리들의 선전(商賣)이라고 해도 일독할 가치가 없다"라고 혹평했다(清沢洌 1975, 178).

한편, 시게미쓰는 10월 27일 제국의회 중의원예산위원회에서 자주독립, 평화호혜를 '대동아공영권'의 이념으로 강조했다. 이에 대해 대동아성의 브레인인 동경제대 법학부 교수 야베 데이지(矢部貞治)는 대동아공영권의 질서는 민족해방, 독립도 그 자체가 목적이지 않고, 일본이 어디까지나 '대동아공영권' 안에서 중핵적인 지위를 확보하고 각 민족을 일본에 협력시키는 것이 주안이라고 시게미쓰의 자주독립, 평화호혜론을 비판했다(源川真希 2009).

이처럼 '시게미쓰 외교'는 연합국의 본격적인 반격에 대비하여 지도국 개념을 명시하지 않음으로써 개전 초기 '대동아공영권'론의 패권주의적 색채를 희석시켜 '자주독립', '평화호혜'라는 슬로건을 통해 점령지의 자발적인 전쟁협력을 이끌어 내는 것을 목적으로 했다. 이 '시게미쓰 외교'는 일본을 중심으로 한 전후의 새로운 지역질서('대동아동맹')를 구상한 것이었지만, 정치역학 속에서 '대동아공동선언'으로 후퇴하였고 내부의 동의를 조달하지 못하였다. 나아가 2주 후에 발표된 카이로선언에 의해 '시게미쓰 외교'는 대서양헌장의 상쇄라는 당초의 목적을 달성할 수 없었다.

Ⅳ. '내파'하는 '대동아공영권': '대동아공영권' 안에서의 조선문제

'대동아공영권'론에서 조선은 '내지'에 속해 있지만, 조선에는 명치헌법이 시행되지 않았을 뿐만 아니라 법적, 제도적인 부분에서 차별적인 지위에 놓여 있었다. '대동아공영권'에서 조선은 '내지'(지도국)이지만 실제로는 '내지'가 아닌 '외지'(식민지)로 위치되어 이념과 현실이 괴리되었다. 도조 수상은 1942년 1월 21일 제79회 제국의회 시정방침연설에서 필리핀과 버마를 독립시킬 것을 처음으로 표명했다(제1차 도조성명). 소위 제1차 도조성명은 사전협의 없이 발표되었기 때문에, 통수부는 분개했고 남방군총사령부는 당황했다고 한다(野村佳正 2016, 50).[4] 통수부가 반발하자 필리핀과 버마 독립문제는 싱가포르 함락을 목전에 두고 열린 대본영정부연락회의에

---

4. 전전부터 독립국이었던 태국이 참가를 꺼리자 도조는 "태국에 2, 3개 사단 증파할 수 없는지"라고 참모총장에 제안할 정도로 피분송그람의 태도에 분격했다고 한다(参謀本部編 1989, 501).

서 논의되었다. 1942년 2월 9일 열린 이 연락회의에서는 총리성명안을 심의했는데, 해군은 버마, 필리핀 독립문제에 대해서 "독립의 자구(字句)는 조선 독립문제에 적용될 우려가 있으니 그만두는 것은 어떤가"라고 지적했다. 이에 대해서 도조 수상은 "조선인은 진정한 일본인이 되었기 때문에 문제 삼을 필요가 없다"라고 답하고 있다(参謀本部編 1989, 19). 결국 도조의 주장대로 2월 16일 제1차 도조성명과 유사한 성명이 발표되었다(제2차 도조성명). 버마와 필리핀 독립은 실제로는 '내지'가 아니면서 대동아공영권 내의 '내지'로 위치 지어진 조선에 대한 처우문제를 발생시킬 수밖에 없었다. 버마 군정총감부는 버마가 독립하더라도 군사, 외교, 경제 등에 걸쳐 제국의 강력한 파악하에 둔다고 방침을 정하고 있다. 이러한 방침에 대해 바 마우(Ba Maw) 버마 중앙행정장관은 "영국으로부터 버마를 되찾기 위해 싸우는 것인지 아니면 버마를 일본의 지배하에 두기 위해 싸우는 것인지 확실하지 않았기 때문에, 그들('朝鮮派') 대다수는 어떤 방식으로 조선이나 만주와 같은 형태로 버마를 일본의 지배하에 두고자 한다는 것을 얼마 있지 않아 깨달았다"라고 회고하고 있다. 여기서 등장하는 '조선파'란 일본의 식민지전쟁과 식민지통치에 깊숙이 관여한 사람들을 지칭하는데, 바 마우는 남방군총사령부(총사령관 寺內壽一)가 '조선파'에 의해 완전히 장악되어 동남아시아에서 조선적인 정책을 시행하려고 하고 있다고 비판했다(バー·モウ 1973, 196).[5]

1943년 1월 14일 대본영정부연락회의에서는 연합국의 반격에 앞서서 인도 민중의 독립열망을 자극하고 버마로부터 전쟁협력을 이끌어 내기 위해 버마독립을 결정했다. 버마 독립이 아시아 다른 민족의 독립을 자극시킬지도 모른다는 우려가 있었지만 조선은 '내선일여 황민화(內鮮一如 皇民化)'의 원칙으로 대처하고, 인도네시아는 일본 시책에 협력하는 상황을 보고 지위 향상을 도모한다는 방침을 세웠다(参謀本部編 1989, 351). 도조는 1943년 1월 28일 열린 제81회 제국의회 시정방침연설에서 버마와 필리핀의 독립을 다시

한 번 표명하면서 "오늘날 만주국의 충실한 발전은 곧 대동아 전역의 내일의 모습을 보여 주는 것으로 마음이 든든합니다"라고 동남아시아 제국(諸國)의 '만주국화'를 넌지시 암시했다(이규수 편역 2012, 440-441). 버마와 필리핀을 명목상으로 독립시킨 후에 이들 국가와 공수동맹을 맺고 점령군의 '내면지도'를 통한 사실상의 괴뢰국으로 삼겠다는 것이다.

도조 수상은 1943년 3월 버마의 바 마우 행정장관 일행을 일본에 초대하여 버마 독립에 관한 일본정부의 의향을 전달했다. 버마가 '대동아공영권'의 일원으로 정치, 군사, 경제 각 방면에서 제국과 밀접하게 제휴, 협력할 것을 기대했던 것이다(参謀本部編 1989, 392). 또한 육군, 해군, 외무성이 '인도공작(印度工作)'에 이용하기 위해 망명 중이던 인도독립운동가 찬드라 보스를 동경에 초대할 것을 1943년 4월 17일 결정했다(参謀本部編 1989, 397). 도조는 6월 14일 보스를 만나 대동아공영권과 인도독립 계획에 관한 의견을 교환하고 인도독립 지원을 약속하였다(森瀬晃吉 1999; 조길태2017). 나아가 도조는 전술한 바와 같이 제82회 임시의회(1943년 6월 16일)에서 소위 '대동아선언'이라고 불리는 시정연설을 했는데, 이 연설에서 도조는 버마·필리핀 독립과 인도네시아인의 정치참여에 관한 조치를 시행할 것을 성명했다(이규수 편역 2012, 447-454). 필리핀의 독립은 이미 몇 차례 성명했지만, 이 연설에서 공식적으로 버마의 독립과 인도네시아의 정치참여에 관한 조치를 천명했던 것이다. 도조는 어전회의에서 인도네시아의 낮은 민도, 독립 능력의 부족, '대동아 방위'의 필요성을 이유로 인도네시아를 제국 영토에 편입했고 민도를 고려하여 정치참여를 결정했다고 천황에게 보고했다(参謀本部編 1989, 414). 하지만 인도네시아의 독립이 배제된 것은 중요 지하자원의

---

5. 조선군 참모장을 역임한 데라우치 남방군총사령관(데라우치 초대 총독의 장남) 이외에도 많은 '조선파'가 동남아점령통치에 관여하고 있었다. 전 정무총감 고다마 히데오(児玉秀雄, 데라우치의 사위)는 육군군정최고고문으로 제16군이 점령한 자바에 부임했고, 이마무라 히토시(今村均) 제16군사령관 역시 함흥에 배치된 74연대에서 근무한 경험이 있다.

확보라는 군사적인 고려가 우선시된 것으로 보인다. 도조성명에서 인도네시아가 배제되자 인도네시아 민족주의자들은 맹렬히 반발했다. 수카르노(Sukarno)는 도조성명이 "인도네시아 민족의 머리 위에 내리쳐진 철퇴"라고 했고, 핫타(Mohammad Hatta)는 "인도네시아에 가장 불쾌한 굴욕과 자극을 주었다"라고 비판했다고 한다(深田祐介 2004, 185). 이처럼 동남아점령통치와 상호 긴밀히 연동되어 조선의 처우는 대동아공영권에 포함되는 동남아 민족에게 앞으로 자신들의 운명을 판가름하는 중요한 가늠자였다. 도조 정권은 '대동아선언'을 국내외로 대대적으로 선전했지만, 이 선언은 당초의 목적을 벗어나서 예기치 못한 파장을 불러일으켰다.

도조 내각은 이러한 비판에 대응하기 위해서라도 점령지를 확대함과 더불어 흥아원(興亜院)·기획원(企画院)·군부(軍部) 등이 중심이 되어 대동아성(大東亜省)을 신설하고, 이와 함께 전쟁을 효율적으로 수행하기 위해 척무성을 폐지하고 조선과 대만을 내무성의 관할하에 두는 「내외지행정일원화(内外地行政一元化)」 조치를 취했다(水野直樹 1997; 전상숙 2005). 그러나 군부가 '대동아공영권'에 속해 있던 여러 나라를 외무성의 관할에서 분리해서 대동아성의 관할 하에 두려고 하자 외무성은 외교일원화를 주장하며 강력히 반발하였다. 또한 대동아성이 설치되었을 때 왕자오밍(汪兆銘) 정권에는 일종의 식민성이 설치되어 남경국민정부는 보호국이 되는 것이 아닌가를 염려했고, 태국은 자존심에 크게 상처를 받았다고 한다. 1942년 가을에 시행된 내외지행정일원화(内外地行政一元化)는 중앙행정기구 차원에서의 척무성 폐지, 조선·대만에 관한 행정사무의 내무성 이관을 실현한 것에 지나지 않았고, 내무대신에 일반적인 감독권이 아닌 '사무의 통리상 필요한 것을 지시하는' 권한이 부여된 것뿐이었다. 조선, 대만에 관한 행정이 내무대신에 이관되었다고 하더라도 조선총독의 '종합행정권'이 폐지된 것은 아니고 조선이 '내지'가 된 것도 아니었다(이형식 2011).

'대동아공영권'민족정책의 맹점은 앞에서 소개한 1942년 9월에 해군성

조사과가 작성한 「대동아공영권론」에도 이미 내재해 있었다. 이 문건은 해군성의 의뢰로 '대동아공영권'론의 이데올로그인 동경제국대학의 야베 데이지가 작성한 것으로 '대동아공영권'을 이론적으로 잘 정리한 문서 중의 하나이다(酒井哲哉 2017, 178). 야베는 이 문서에서 '대동아공영권'론의 민족정책은 극단적인 동화정책, 황민화정책을 피하고 각 민족의 역사, 전통, 풍습, 문화, 사회 형태의 특질을 이해하고 그것에 입각해 정책을 시행하는 것과 동시에 각 민족 고유의 민족문화, 민족경제의 배양·육성에도 지도·협력해야 하는 것이라고 설명하고 있다. 권내 각 구성은 일본의 지도하에, 서구의 '기계적인 평등' 원리가 아니라 각각 그 분에 맞게 유기적인 차등관계에 입각해서 각각의 능력, 가치, 민도에 어울리는 지위를 주어 전체적으로 유기체적인 통일을 이루어야 한다는 것이다(大久保達正編 1992, 8-29). 이러한 야베의 민족정책관은 동화정책을 비판하고, 공영권 내 지위의 차등 기준을 능력, 가치, 민도로 설정하고 있다는 점에서 지도국에 속하지만 사실상 지도국 내의 식민지였던 조선으로부터의 도전·비판에 직면할 수밖에 없었다.

1943년 7월 5일 재만특명전권대사(在滿特命全權大使) 우메즈 요시지로(梅津美治郎)는 제82회 의회에서 도조 수상이 천명한 '대동아선언'에 대한 만주에 거주하는 '재만조선인'의 반향 보고서를 작성하여 대동아성에 제출했다. 관동군은 필리핀과 버마에 독립을 부여하고 인도네시아에 정치참여를 약속한 '대동아선언'이 시기상조이고, '대동아선언'이 만주국 내에 있는 조선인에게 중대한 자극을 주었다고 비판했다. 대동아성에 제출된 이 보고서에는 당시의 재만조선인의 주장이 기재되어 있다.

· 조선민족을 도외시하고 동아민족정책의 근본적 해결은 없다.
· 남방 미개의 원주민에게 독립을 부여한 이상 당연 우리들에게도 같은 영예를 달라.

· 수상의 남방민족에 대한 독립성명에는 무관심할 수 없다. 북방민족인 조선, 몽골 두 민족에 어떠한 언급도 없는 것은 유감이다.

· 이번 도조신인이 재민조선인에게 더욱 심각한 정신적 고충을 안겨 준다는 것은 부정할 수 없다[6]

요점은 '남방 미개의 원주민'에게 독립을 부여한 이상 조선을 독립시키라는 것이다. '대동아공영권'을 중심으로 지역질서가 현실화되려는 순간 제국질서의 동요가 초래됐던 것이다. 대동아공영권 민족정책의 가장 큰 걸림돌은 바로 조선이었다. 버마, 필리핀 독립에 의해 민족의식이 촉발된 것은 재만조선인만이 아니었다. 〈표 1〉은 일본에서 유언비어(造言卑語) 등으로 검거된 재일조선인 가운데 버마, 필리핀, 인도와 관련된 내용을 모은 것이다.

재일조선인들은 조선 독립의 당위성을 일본이 공영권 내 지위의 차등 기준으로 설정했던 독립능력, 민도에서 찾고 있다. 전황이 악화되는 가운데 버마, 필리핀 독립을 조선 독립의 계기로 삼으려는 각계각층 재일조선인의 모습을 엿볼 수 있다. 특히 '재교토조선인학생민족주의그룹사건' 혐의로 검거(1943. 7)된 교토제국대학 학생이었던 송몽규는 '대동아공영권'의 이론은 동아 각 민족이 각각 분에 맞게 하는 것이기 때문에 대동아공영권의 일원으로 조선이 독립하는 것은 '역사적인 필연'이라고 인식했다.[7] '적의 무기'였던 '대동아공영권론'으로 일본을 비판했던 것이다. 당시 일본의 신문들은 '대동아공영권'의 선전을 위해 버마 행정장관인 바 마우, 인도의

---

6. 梅津美治郎,「東條首相ノ施政方針演説ニ對スル反響ニ關スル件」『第八十二臨時議會/2 昭和18年6月22日から昭和18年7月5日』. JACAR (アジア歴史資料センター) Ref. B02031345600, 帝國議會關係雜件/議會ニ於ケル總理, 外務大臣ノ演說關係 第九巻 (A-5-2-0-1_2_009) (外務省外交史料館); 河西晃祐(2012), 173-174.

7.「朝鮮人運動の状況」『特高月報』1943.12, 116~117쪽.

〈표 1〉 치안유지법 위반자(동남아 관련)

날짜/검거	직업·연령	거주지	이름	동남아 관련 주요 언급 내용
1943년 6월	교토제대 학생	교토	宋夢奎	찬드라 보스를 지도자로 하는 인도독립운동의 대두에 대해서 윤동주와 토론. 강화조약이 체결될 때 조선 독립을 내걸어야 한다.
1943년 6월	잡역인부	오사카	金明源	찬드라 보스의 도일 및 자유인도국 성명에 관한 신문보도에 자극받아 조국애의 정신을 발휘하면 조선민중도 독립할 수 있다.
1943년 7월	전 흥문(興文) 중학생	구레시	島津 惠吉	조선은 하나의 언어, 하나의 풍속, 하나의 민족을 가지고 있다. 버마, 필리핀이 독립하고 있는데 조선이 독립하지 않을 이유가 없다.
1943년 8월	노동자	효고현 아마가사키시	德川某	버마는 전쟁협력을 통해서 독립을 획득했다. 버마는 조선보다도 독립능력이 없는 나라다. 그들이 석유를 주고 독립을 했다면 우리들은 쌀을 주겠으니 독립을 시켜 달라.
1943년 8월	약종상	효고현 아마가사키시	金井 淸治	조선보다도 문화가 낙후된 버마마저도 독립한 이때에 조선 독립을 외치면 된다.
1943년 8월	점토 채굴부	아이치현	松月 富明	남방 버마가 독립한 때에 조선에서도 지금 독립만세를 외치는 자가 없다고는 할 수 없다.
1943년 8월	明治學院 高商生	도쿄	東園 康生	이탈리아의 무조건 항복에 의해 일본도 점차 패전할 것이다. 버마의 독립에 의해서 조선도 당연 독립해야 한다.
1943년 9월 (검거)	토공부	가라후토	安田 致賢	남방 제 민족의 독립을 기회로 조선민족의 치열한 요구를 통해서 독립이 실현될 수 있다 것을 확신. 조선 독립을 위해서는 인도처럼 치열한 민족운동을 광범위하게 전개할 필요가 있음.
1943년 9월	고물상	효고현 아마가사키시	豊田 吉載	미국이 일본을 취하기만 하면 조선은 독립된다. 일본이 버마, 필리핀을 독립시켜 사령관과 같은 주요한 인물을 두어 민심을 수습하고 통치하고 있는 것처럼 미국과 조선은 지리적으로 너무 떨어져 있기 때문에 조선을 독립시킬 것이다.
1943년 10월	代書人	효고현 아마가사키시	田原 良作	필리핀, 버마 독립을 보고 대동아공영권을 확립하려 하면 각 민족을 해방시키고서야 비로소 목적을 달성할 있는데 왜 조선만은 언제까지도 붙잡고 놔주지 않는 것인가

출전: 朴慶植(1976)에서 작성.

독립지도자인 찬드라 보스의 일본 방문, 대동아회의를 대대적으로 보도했다. 이 보도를 접했던 재일조선인, 재일유학생들은 오히려 버마, 필리핀을 부러워하고 조선의 독립을 염원했던 것이다.

마지막으로 공출, 징용, 학도병출진 등 전시동원, 전시체제가 강화되고 있는 가운데 발표된 '대동아선언'은 조선통치를 한층 악화시키고 조선 독립에 대한 염원을 증폭시켰다(변은진 2013). 조선에서는 동아 제국(東亜 諸國)을 독립시키면서 왜 조선은 독립시키지 않는가 하는 운동이 일어나고 있었고 학도병을 송별하는 장행회(壯行會) 석상에서 야유가 난무하고 혼란했다고 한다(清沢洌 1975, 208). 1943년 10월 1일 소위 '학도출진'(在學徵集延期臨時特例)이 결정되자 징병검사를 받기 위해 조선으로 돌아온 많은 재일유학생들이 동남아 독립의 '충격'을 전했을 것이다.

이처럼 연합군의 반격에 대비하여 동남아시아의 전쟁협력을 이끌어 내고 '대동아공영권'을 공고히 하기 위해 발표된 '대동아선언'은 오히려 조선인의 민족의식, 독립의식을 자극해 '대동아공영권'의 균열, 갈등을 증폭시킴으로써 '대동아공영권'을 '내파(內破)'시키는 결과를 초래했다. 조선인들은 버마, 필리핀 독립을 계기로 탈식민지화가 현실화되는 광경을 목격하면서 조선도 독립할 수 있다는 가능성에 기대를 걸고 '대동아공영권'으로부터의 이탈을 염원했던 것이다. 이에 대해 대본영육군전쟁지도반은 '대동아선언'이 민족적 각성을 촉진시킬지도 모르니 조선, 대만에서도 민족적 각성에 상응하는 조치를 취할 필요가 있다고 인식하고 있었다(軍事史學會編 1998, 432).

V. 카이로선언과 조선인참정권문제

일본이 진주만을 기습하고 파죽지세로 동남아를 침공해서 승리를 거둔 직후인 1942년 5월 9일 도조 수상은 쇼와천황에게 조선총독 경질과 조선에서의 징병령 시행을 상주했다. 천황은 징병령 시행이 참정권문제를 야기시키지 않을지에 대해 하문했다. 기도(木戸幸一) 내대신은 "매우 적절한 하문(下問)으로 감격했다"라고 일기에 적고 있다(木戸日記研究會 1996, 961). 천황과 그 측근들은 징병령 시행과 참정권문제가 결부되는 것에 우려를 표했던 것이다. 이후 소위 '익찬선거'에서 당선된 조선군 출신 '조선대의사' 가네코 데이치(金子定一)는 1943년 2월(제81회 제국의회) 대정부 질문으로 조선인, 대만인에게 일본인과 동등한 참정권을 부여할 것, 조선에서는 우선 25명을 선출할 것, 조선인, 대만인에게 징병령을 시행할 것을 내용으로 하는 질문안을 준비했다. 평소부터 친분이 있었던 도조 수상이 직접 답변할 것을 약속했지만, 대정익찬회 간부들이 반대하고 대동아성의 이마요시 도시오(今吉敏雄) 국장, 만주국 총리부의 후루미 이즈시오(古海巖潮) 차장, 관동군 경제참모인 이케다 스미히사(池田純久) 대좌 등이 육군성에 격렬한 질문저지운동을 전개하여 결국 중의원에서의 질문은 비밀회에서 진행되었다고 한다(金子定一 1955, 17). 참정권문제에 대한 일본 정계의 부정적인 반응을 엿볼 수 있다.

이러한 상황에서 전황이 악화되자 전술한 바와 같이 도조 내각은 식민지에서의 전시동원을 강화하고 점령지의 자발적인 전쟁협력을 이끌어 내기 위해 '대동아선언'으로 대표되는 대동아정책을 발표했다. 하지만 도조의 대동아정책은 오히려 조선인의 조선 독립염원을 고양시켰다. 이러한 상황을 우려한 전 조선총독부 학무과장이자 중앙조선협회 이사인 유게 고타로(弓削幸太郎)는 전 조선총독부 학무국장이자 협회 전문이사인 세키야 데자부로(關屋貞三郎)에게 "(중앙정부가) 조선에 있는 조선인에게 제국의회에의 참정권에 관해 성명할 필요가 있습니다. 또 징병제도와 참정권을 교환문제라고 생각하는 것은 옳지 않습니다. 통용되지 않는 주장입니다. 자신만을 생각하는 주장입니다. 자치론, 독립론을 완전히 봉쇄하기 위해서는 참정권에 관해 성명할 필요가 있습니다"라고 진언하고 있다.[8] 1944년 징병령 시행을 앞두고 독립론, 자치론을 봉쇄하기 위해서는 제국의회 참정권을 부여하자고 건의했던 것이다. 참고로 중앙조선협회는 사카타니 요시로(阪谷芳郎) 회장을 중심으로 중일전쟁 이후 조선총독부와 의견을 조율하는 한편, 최린, 한상룡 등과 접촉하면서 일본에서의 조선인참정권문제를 공론화하려 했지만 좀처럼 진척되지 않았다(Lee hyoung-sik 2013). 기존의 연구가 조선인참정권문제를 징병제 시행에 대한 보상이라는 국내요인과 '대동아공영권' 건설이라는 지역질서의 재편에 따른 대응이라는 측면을 지적하고 있는데, 아울러 국제질서의 변동도 함께 고려해야 할 것이다(浅野豊美 2008).

1943년 10월 14일에 필리핀이 독립하였다. 독립이라고 하더라도 버마와 필리핀의 독립 조건으로서 일본과의 공동방위, 병력주둔, 군사기지의 사용을 강요하고 외교는 '긴밀제휴'를, 경제는 '긴밀강력'을 약속하게 했다(参謀本部編 1989, 352-353). 만주국과 남경국민정부와 같이 군의 내면지도에 기초한 사실상 '괴뢰독립', 허울뿐인 독립이었던 것이다.

같은 시기 연합국 측에서도 조선문제를 논의하기 시작했다. 1943년 5월 장개석의 부인인 송경령과 루즈벨트 회담에서 한반도는 중·미·소 3개국의 공동관리하에 두기로 잠정 합의된다. 7월 26일 김구는 장개석을 만나 "영국과 미국이 조선 장래의 지위(국제적 지위)에 대해 제멋대로의 주장을 가지고 있다. (그들은 한국문제에 대하여) 국제공동관리 방식을 채용하려하고 있으니 중국은 그들의 주장에 현혹되는 일이 없이 한국의 독립주장을 관철해 주길 바란다"라고 요청했다.[9] 1943년 11월 카이로에서 열린 회의에서 "한국민이 노예 상태에 놓여 있음을 유의하여 앞으로 한국을 자유 독립 국가로 할 것을 결의한다"라고 명시해 한국 독립이 처음으로 국제적인 보장을 받았다. 이어 11월 28일부터 12월 1일에 걸쳐 이란의 테헤란에서 루즈벨트, 처칠, 스탈린이 모여 소위 '테헤란회담'을 열었다. 이 '테헤란회담'에서는 프랑스상륙작전, 버마탈환작전, 지중해작전과 소련의 대일참전 등이 논의되었다.

대동아회의가 폐막한 지 3주 만에 카이로선언(11월 29일)이 발표되자 일본은 처음에는 이렇다 할 공식반응을 보이질 않았다. 외교평론가 기요사와는 "루즈벨트, 처칠, 장개석이 카이로에서 11월 23일부터 27일까지 5일에 걸쳐서 회의했다. 이 중대한 뉴스를 아사히신문도 마이니치신문도 매우 간단하게 전달하고 있다"라고 그 감상을 일기에 적고 있다(清沢洌 1975, 78). 겉으로는 태연한 것처럼 보였지만 카이로선언에는 일본의 항복과 만주, 대만, 평후(澎湖) 제도의 중국에의 반환, 조선 독립을 포함하고 있어 일본으로서도 결코 무시할 수는 없었다. 12월 2일 아모 에이지(天羽英二) 내각정보국 총재는 도조 수상, 시게미쓰 외무대신과 이 문제를 논의했고 치안을 담당하고 있는 내무성 간부들과 의논하여 카이로회담에 대한 발표를 연기했다. 버마, 필리핀 독립 선언이 조선민심에 미친 영향을 파악하고 있었던 내무성으로서는 카이로선언 내용이 알려지는 것을 막으려 했던 것으로 보인다. 아모는 다음 날 열린 각의에서 카이로선언이 발표된 경위를 설명했고, 시게미쓰도 국제정세를 이야기했다(天羽英二日記·資料集刊行會編 1990, 275). 시게미쓰는 카이로선언이 만주, 대만, 조선을 언급하고 있지만, 영국과 미국의 식민지인 홍콩, 말레시아, 인도, 필리핀 및 그 외 지역을 언급하고 있지 않은 모순을 지적하면서 카이로선언이 건설적인 정책이 아니고 '대동아선언'과 비교해도 전체 구성이 매우 저조하다고 비판했다(武田知己 2007, 335). 12월 4일에는 대본영정부연락회의에서 카이로회담 대책이 논의되었는데(伊藤隆編 1990, 275), 개전 2주년을 기하여 내각총리대신이 전쟁목적의 도의

---

8. 1943년(추정) 8월 7일 關屋貞三郎 앞 弓削幸太郎 서한(국회도서관헌정자료실 소장 『關屋貞三郎關係文書』 823-2).

9. 이상철, 「장제스 일기로 본 카이로 회의」(대한민국 임시정부 제95주년 기념학술회의 『대한민국 임시정부와 카이로 선언』 발표문).

성(道義性), 전쟁완수의 결의 및 대동아의 결집에 관한 담화를 발표할 것을 결정했다(参謀本部編 1989, 519). 12월 6일 도조 수상은 쇼와 천황에게 카이로회담에서 연합국 수뇌부의 성명에 대한 조치 및 미국 사정을 상주했다(宮内廳 2017, 248). 테헤란회담이 발표되자 12월 7일 아모는 정보국에서 심의실회의를 개최하여 카이로선언, 테헤란회담에 대한 신문보도를 논의하였다. 언론통제를 담당하고 있던 정보국은 이 선언들이 민심에 미칠 영향을 고려하여 언론을 통제하기 위한 방책을 논의했던 것으로 보인다. 이후 시게미쓰 외상은 구체적인 내용은 알 수 없지만 12월 9일 약 1시간에 걸쳐 천황에게 카이로, 테헤란회담 상황을 상주했다(宮内廳 2017, 252). 도조는 같은 날 9일 진주만 기습 2주년을 맞이하여 라디오 연설에서 카이로회담을 언급했다. 도조는 영국과 미국이 동아 제 민족을 영구히 자신의 노예로 삼으려고 할 뿐이고 카이로회담은 '일장춘몽'에 지나지 않는다고 비판했다. 이 라디오 연설은 『매일신보』(1943년 12월 11일자)에도 실렸다. 이어 도조 수상은 제국의회 제84회 시정연설(1944년 1월 21일)에서 카이로선언을 언급하면서 미국과 영국이 장개석 정권을 유혹하여 "그들의 향후 방침을 논의했습니다만, 이는 미영과 충칭과의 정신적 연계의 파탄만을 폭로하는 것입니다"라고 폄하했다(이규수 편역 2012, 470).

이처럼 내각정보국은 카이로회담에 대한 언론을 통제해 카이로선언이 조선에 알려지는 것을 막는 데 고심했다. 이러한 언론통제로 학도병들도 "조국 독립이라고 하는 엄청난 뉴스"를 많이 알지도 못했고 카이로선언은 "살짝 귓가에 스쳐 지나가기만 하는 하나의 유언비어처럼" 변조되어 가볍게 다루어졌다고 한다(1.20학병사기간행위 1987, 122). 대만에서는 미군기가 카이로선언의 내용을 알리는 삐라를 살포하여 적지 않은 대만인들이 그 내용을 알고 있었겠지만, 조선에서는 치안당국의 노력으로 표면적으로 카이로선언은 그다지 영향을 미치지 못했던 것으로 보인다. 하지만 극소수의 조선인들은 단파방송이나 외무성의 조선인 고등관 장철수와 같은 여러 루

트를 통해서 이를 접했던 것으로 보인다.[10]

전황이 악화되자 1944년 3월 다네무라(種村佐孝) 대본영 참모는 시게미쓰 외무대신에게 전황이 호전되는 시기에 인도네시아를 독립시키고 대만, 조선인에게 참정권을 부여할 필요가 있다고 주장했다(軍事史學會編 1998, 506). 이후 전황은 주축국에 더욱 불리하게 돌아가고 있었다. 1944년 6월 유럽 전선에서 연합군은 노르망디에 상륙했고 아시아에서도 같은 해 7월 미군은 대본영이 전쟁을 수행하고 일본 본토를 방위하기 위해 절대로 확보해야 할 '절대방위권'으로 설정했던 사이판을 점령했다. 사이판이 점령되자 도조 내각이 무너지고 쇼와 천황은 조선총독인 고이소 구니아키(小磯國昭)로 하여금 내각을 조직하게 하였다. 참모본부와 육군성의 수뇌부는 인도네시아의 독립을 성명할 것과 조선인, 대만인에게 황민화 정책을 철저히 시행하여 제국 신민으로서의 권리, 의무를 부여하고 독립운동을 철저히 탄압한다는 지도요강을 내각과 통수부의 연락조정을 위해 설치된 최고전쟁지도회의에 제출하였다(參謀本部 1967, 36). 이 「앞으로 취해야 할 전쟁지도의 대강」은 8월 19일 열린 제8회 최고전쟁지도회의에서 통과되었다.

고이소 내각이 성립되자 신임 정무총감 엔도 류사쿠(遠藤柳作)는 총독 출신 수상에게 다음과 같이 참정권문제 해결을 기대했다.

> 귀족원령 개정을 전 총독[미나미 총독, 필자 주]이 내각에 요청한 경위가 있습니다. 현 수상으로서는 중의원 쪽도 일거에 해결하려는 의지가 있지 않나 합니다. 이 점은 저도 내각에 그 의향을 확인하고 싶습니다. 총독부로서는 총독[아베 총독, 필자 주]도 저도 연구가 불충분하지만 가능하다면 이 내각의 손으로 일거에 해결을

---

10. 당시 동경에서 잡지사를 경영하고 있던 김을한은 장철수가 카이로선언에 관한 내용을 여운형에게 전해 줬다고 회고하고 있으나 여운형이 동경을 방문한 것은 1942년 4월이기 때문에 기억착오인 것 같다(金乙漢 1971). 하지만 외무성의 고등관이었던 장철수가 극비정보인 카이로선언을 여운형의 측근인 이상백에게 흘렸고, 이상백이 김을한과 여운형에게 흘렸을 가능성은 충분이 있을 것으로 보인다.

> 도모했으면 합니다. 하지만 이번 임시의회에 정부가 제안할 결의가 있는지는 의문이고 소집도 확정되지 않아 일단 정부 의향을 확인한 후에 준비하려고 하고 있습니다. 조선 내의 사정은 선황의 추이와 함께 하루하루 경계를 요합니다.[11]

앞에서 살펴본 것처럼 조선인에게 참정권을 부여하는 것에 대해서는 일본 내 정치세력의 반대가 예상되었다. 엔도는 고이소 총리가 이러한 반대를 돌파할 수 있을지 그 정치력에 의심을 품으면서 전황의 악화와 함께 조선통치 상황이 녹록지 않은 상황에서 조속한 해결을 희망했다. 고이소는 1944년 9월 7일 제85회 제국의회 시정방침연설에서 인도네시아의 독립 부여와 조선, 대만의 처우에 관한 성명(소위 '고이소성명')을 발표하였다. 동시에 인도네시아 국기(國旗)와 국가(國歌)의 사용이 허가되었다(山本茂一郎 1979, 65-66). '고이소성명'과 동시에 독립준비를 위한 독립준비위원회 설치가 발표되자 인도네시아 민중은 열렬히 환영하였고 민중대표는 성명을 발표한 다음 날 군사령관을 방문하여 감사를 표하였다. 하지만 이러한 환영 무드는 그리 오래가지 않았다. 독립시기는 주민의 정치능력 향상의 상황을 감안해서 결정하지만 지나치게 빠른 독립 실시는 피한다는 내부방침에 따라 성명에는 독립시기가 명시되지 않았다(伊藤隆·武田知己編 2004, 59). 독립시기를 명시하지 않은 것은 인도네시아 자원의 전력화에 불안을 느낀 해군이 반대했기 때문이다(波多野澄雄 1997, 223). 성명이 발표된 이후에도 독립이 실현된다는 징후가 보이지 않았기 때문에 인도네시아인들의 불만은 커져만 갔다(山本茂一郎 1979, 145). 필리핀이 점령되고 미군의 공세가 더욱 강화되는 가운데 고이소가 약속했던 독립준비조사회는 1945년 3월이 되어서야 겨우 설치되었다.

고이소 내각이 인도네시아 민족의 장래 '독립'을 성명하자 조선 독립론은 더욱 거세졌다. 1944년 조선총독부 고등법원 검사국이 조사한 '불온언론' 유포로 검거된 사람들을 살펴보면 전황(일본의 패전)이 346인, 조선 독립이 252인, 징병이 224인, 공습이 139인, 징병이 114인 순이었다(高等法院檢事局 1945, 23). 특히 하반기에는 조선 독립, 공습, 징용, 잠수함 출몰에 관한 '불온언론'이 급증하고 전국관계(戰局関係), 양곡 및 공출관계, 징병관계가 격감했다(高等法院檢事局 1945, 32). 조선의 치안당국은 조선 독립에 관한 '불온언론'이 급증한 원인을 1944년 7월 대본영이 사이판의 함락과 '옥쇄'를 발표한 후에 패전사상이 격화되어 종래 패전사상 유포자의 언동에 조선 독립에 관한 언동이 부과된 것이라고 분석했다(高等法院檢事局 1945, 33).

이렇듯 조선에서 독립론이 확산되자 전쟁지휘부는 대책마련에 고심했다. 10월 5일 오가타 다케토라(緒方竹虎) 정보국 총재는 최고전쟁지도회의에서 단파라디오를 통한 첩보활동, 공산주의, 대동아 각지에서의 반일운동과 함께 조선 독립운동을 엄중히 단속한다는 '적측사상모략파최방안(敵側思想謀略破摧方案)'을 설명했다. 또한 내각정보국은 조선에서의 독립운동에 대해서는 일본이 처우개선을 준비한다는 것을 성명한다는 것을 방침으로 정했다(伊藤隆·武田知己編 2004, 196-197). '처우개선'이라는 애매모호한 프로파간다를 통해서 조선 독립론을 상쇄하려 했던 것이다. 하지만 조선 독립론은 좀처럼 수그러들지 않고 오히려 확산 일로였다. 조선통치에 대한 파장을 우려한 마루야마 쓰루키치(丸山鶴吉) 전 경무국장은 1944년 10월 9일 세키야 중앙조선협회 전무이사에게 다음과 같이 전하고 있다.

> 무엇보다도 조선문제가 가장 걱정입니다. 지난번 총리의 연설에서 "처우에 관해 특히 고려한다"라고 하는 것으로는 도저히 구제되지 않습니다. 혹은 사건이 먼저 일어날지 모르겠습니다. 거기에 징용의 강화, 그 실시방법의 심각화가 인심에 미치는 영향은 매우 중대합니다. 그것을 듣고 올해 공미(供米)가 개시되니 지도자계급도 독립문제에서는 뭐라고 해도 납득할 수 없습니다. <u>인도네시아</u>

11. 1944년 8월 28일 자 **關屋貞三郎** 앞 **遠藤柳作** 서한(앞의 **『關屋貞三郎關係文書』** 49).

까지 독립을 허락하는데 대동아전쟁에 가장 협력하고 있는 반도를 빼놓은 이유를 그들은 이해하지 못합니다. 神代시대부터 오래된 관계가 있다고 하는 설명은 오히려 반감을 초래할 따름입니다. 그래서 크게 선수를 쳐야 한다고 생각합니다.[12] (밑줄 필자 강조)

조선에 대해서 "처우에 관해 특히 고려한다"라고 하는 애매한 성명만으로는 불충분하고 조선인의 처우개선에 대한 구체적인 성명, 즉 참정권을 부여하겠다고 밝혀야 한다고 제안하고 있다. 마루야마는 구체적으로 조선, 대만의 관리 혹은 지도자계급을 일본의 지방참여관(칙임관)에 임명하여 일본행정에 참여시키는 한편, 귀족원령을 개정해서 조선인, 대만인을 귀족원의원에 임명하고 중의원 참정권을 논의하기 위한 대조사기관에 조선인, 대만인을 참가시킬 것을 제언했다. 마루야마는 조선인과 대만인을 일본행정에 참여시켜 유능한 자는 각료가 될 수 있다고 선전하면 독립론을 잠재울 수 있을 것이라고 판단했다.

이후 전황은 더욱 악화된다. 1944년 11월 이후 도쿄가 B-29의 공습을 받고부터 재조일본인들은 갑자기 '온순'해지기 시작했다고 한다. 그때까지 멸시했던 조선인의 기분을 살피려는 언사들을 하며, 고추나 마늘은 건강에 매우 좋다든가, 조선인 여성이 머리 위에 물건을 이고 걷는 것은 몸을 만드는 데 이상적이라든가 하는 등, 조선인의 풍속 관습을 칭찬하는 기사가 신문이나 '학술서'에까지 나타나게 되었다고 한다(윤건차 2013, 85).

이렇듯 시시각각 전황이 악화되는 상황에서도 일본 정계는 여전히 조선인참정권문제에 부정적인 태도를 취했다. 경무국장을 역임한 이케다 기요시(池田清) 오사카부(大阪府) 지사는 "조선인처우문제가 고이소 내각의 치명상이라고 전해질 만큼 매우 중요합니다. 혹자는 조선인을 경시해서 선거권부여를 절대로 부정하고, 혹자는 전면부여의 의향을 가져 사람마다 의견이 분분합니다. 이 여론의 귀결은 쉽지 않을 것입니다"라고 우려할 정도였다.[13] 이후 고이소 수상은 육군의 지지를 얻어 조선, 대만의 정치적 처우개선을 추진하게 된다(岡本真希子 1996). 12월 조선급대만재주민정치처우조사회(朝鮮及臺湾在住民政治處遇調査會)가 설치되고 그에 따라 본격적으로 참정권 문제가 논의되었다. 1945년 4월 정치적 처우개선을 위해 귀족원에 조선(7), 대만(3)의 귀족원 칙선의원 10명이 임명되었고, 중의원선거법이 부분 개정(조선 22명, 대만 5인)되었는데, 개정된 중의원선거법은 결국 시행되지 못한 채 패전을 맞이하게 된다.

이처럼 카이로선언으로 대표되는 연합국이 주도하는 전후 세계질서 구상이 부상하는 가운데, '대동아공영권'이라는 일본의 지역질서 재편은 오히려 일본 제국질서의 균열을 초래했고, 일본은 이러한 균열을 봉합하기 위해 조선, 대만의 정치처우개선이라는 미봉책을 고려하지 않을 수 없었다.

VI. 맺음말

본 논문은 1940년대 초반 일본이 주도한 '대동아공영권'이라는 패권적 지역주의의 구상과 전개를 살펴보았다. '대동아공영권' 구상은 면밀한 계획에 의해 수립된 것이 아니라 제2차 세계대전 발발이라는 세계정세의 변화에 맞추어 급조된 측면이 강했기 때문에 그 범위가 애매해고 불분명할 뿐 아니라 내용도 유동적이었다. 진주만 기습 이후 서전에서 눈부신 승리를 거뒀던 초기의 '대동아공영권' 구상은 점령지의 자원확보와 치안유지를 우선과제로 설정하고 일본의 지도적 지위를 전면에 내세웠다. 하지만 이후 전황이 악화되고 1943년 가을부터 연합국의 본격적인 반격이 예상되자 점

---

12. 1944년 10월 9일 자 關屋貞三郎 앞 丸山鶴吉 서한(앞의 『關屋貞三郎關係文書』 356-1).

13. 1944년 11월 21일 자 關屋貞三郎 앞 池田清 서한(앞의 『關屋貞三郎關係文書』 163-3).

령지의 자발적인 전쟁협력을 이끌어 내고자 '대동아공영권'의 수정이 시도된다. 외무성을 중심으로 '대동아동맹'이라는 국제기구를 설치하고 그 부속기관으로 '대동아중재재판소', '대동아경찰군', '대동아청산은행'을 설치할 것을 주장하는 전후 지역질서 구상이 전개되었지만, 현실정치에서는 받아들여지지 않았다. 대신에 초기 '대동아공영권'의 패권주의적 색채를 '자주독립', '평화호혜'라는 슬로건을 통해 분식시키면서 '대동아공영권'에 대한 동의를 조달하려는 대동아회의가 개최되었지만 오히려 참가국 선정문제 등이 불거져 나오면서 '대동아공영권'의 내부모순을 증폭시켰다.

한편 '대동아공영권' 내에서 지도국('내지')이면서 실질적으로는 식민지('외지')였던 조선은 '대동아공영권'의 내부 모순을 한층 증폭시켰다. '공존공영', '자주독립', '평화호혜'라고 하는 '대동아공영권'의 슬로건이 강조되면 될수록 제국질서의 파열음은 커져만 갔다. 일본이 구미제국주의를 비판하면서 '대서양헌장'을 대신할 수정된 '대동아공영권'을 내걸었지만, 점령지 민족들은 오히려 제2의 조선, 제2의 만주국이 되지 않을까 우려하지 않을 수 없었다. 반면에 '도조성명', '대동아선언', '고이소성명'은 오히려 조선인의 민족의식, 독립의식을 자극해 '대동아공영권'의 균열·갈등을 증폭시켜 '대동아공영권'을 '내파(內破)'시키는 결과를 초래했다. 조선은 '대동아공영권'이 내건 '공존공영', '자주독립', '평화호혜'를 무기로 '대동아공영권'으로부터의 이탈, 독립을 주장했다. 일본이 내건 구호가 부메랑으로 돌아왔던 것이다. 이처럼 '대동아공영권'이라는 일본의 지역질서 재편은 일본 제국질서의 심각한 균열을 초래했고, '카이로회담', '테헤란회담'으로 대표되는 국제질서 재편 속에서 제국질서의 균열을 봉합하는 미봉책으로서 정치적 처우개선이 패전 직전에야 비로소 고려되었던 것이다.

【참고문헌】

1. 자료

金乙漢,「夢陽과 民世의 解放前夜: 東京에서 맞은 八一五」『世代社』 97, 1971.

1.20학병사기간행위,『1·20學兵史記. 第3卷 : 光復과 興國』, 1.20同志會, 1987.

天羽英二日記·資料集刊行會編,『天羽英二日記·資料集第』 3巻, 天羽英二日記·資料集刊行會, 1990.

伊藤隆ほか編,『重光葵手記』, 中央公論社, 1986.

伊藤隆編,『東條内閣総理大臣機密記録』, 東京大學出版會, 1990.

伊藤隆·武田知己編,『最高戰争指導會議記録·手記』, 中央公論新社, 2004.

大久保達正編,『昭和経済社會史料集成』 17, 大東文化大學東洋研究所, 1992.

金子定一,「東條·板垣言行側面紀 8」『奥羽史談』 24, 1955.

木戸日記研究會,『木戸幸一日記』 下巻, 東京大學出版會, 1966.

清沢洌,『暗黒日記』, 評論社, 1975.

宮内廳,『昭和天皇實録』 第9, 東京書籍, 2017.

軍事史學會編,『機密戰爭日誌』 下, 錦正社, 1998.

斉藤鎮男,『私の軍政記』, ジャワ軍政記刊行會, 1977.

參謀本部,『敗戦の記録』, 原書房, 1967.

参謀本部編,『杉山メモ』 下, 原書房, 1989.

武田知己,『重光葵·外交意見書集〈第2巻〉駐華大使·外務大臣時代(上)』, 現代史料出版, 2007.

バー·モウ,『ビルマの夜明け』, 太陽出版, 1973.

山本茂一郎,『私のインドネシア―第十六軍時代の回想』, 日本インドネシア協會, 1979.

2. 논문과 저서

김경일,「대동아공영권의 '이념'과 아시아의 정체성」, 백영서 외,『동아시아의 지역질서』, 창비, 2005.

송병권,「일본의 전시기 동아국제질서 인식의 전후적 변용 – '대동아국제법질서'론과 식민지 문제」『사림』 61, 2017.

윤건차,「식민지 일본인의 정신구조 – '제국의식'이란 무엇인가」, 이형식편저,『제국과 식민지의 주변인: 재조일본인의 역사적 전개』, 보고사, 2013.

임성모, 「대동아공영권 구상에서의 '지역'과 '세계'」 『세계정치』 26-2, 2005.
이형식, 「조선총독의 권한과 지위에 대한 시론」 『史叢』 72, 2011.
전상숙, 「일제 식민지 조선 행정일원화와 조선 총독의 '정치적 자율성'」 『일본연구논총』 21, 2005.
최규진, 「대동아공영권론과 '협력적' 지식인의 인식지형」 『역사문화연구』 50, 2014.
이규수 편역, 『일본제국의회 시정방침 연설집』, 선인, 2012.
변은진, 『파시즘적 근대체험과 조선민중의 현실인식』, 선인, 2013.
조길태, 『인도 독립운동사』, 민음사, 2017.

安部博純, 「〈大東亜共榮圈〉構想の形成」 『北九州大學法政論集』 16-2, 1989.
有馬學, 「誰に向かって語るのか—〈大東亜戰争〉と新秩序の言説」, 酒井哲哉編, 『岩波講座「帝國」日本の學知』 第一巻, 岩波書店, 2006.
岡本真希子, 「戰時下の朝鮮人·臺湾人參政權問題」 『早稲田大學大學院文學研究科紀要』 42, 1996.
岡部牧夫·小田部雄次, 「『大東亜共榮圈』の支配と矛盾」, 藤原彰·今井清一編, 『十五年戰争史』 第三巻, 青木書店, 1989.
岡部牧夫, 「〈大東亜共榮圈〉と東條政權」 『歴史評論』 508 , 1992.
後藤乾一, 「「大東亜戰争の意味」, 矢野暢編, 『東南アジアと日本』, 弘文堂, 1992.
後藤乾一, 「大東亜共榮圈の『實像』」, 浅田喬二編, 『「帝國」日本とアジア』, 吉川弘文館, 1994.
酒井哲哉, 「『矢部貞治日記銀杏の劵』と『暗黒日記』(清沢洌)」, 黒澤文貴·季武嘉也編, 『日記で読む近現代日本政治史』, ミネルヴァ書房, 2017.
水野直樹, 「戰時期の植民地支配と『内外地行政一元化』」 『人文學報』 79, 1997.
三輪公忠, 「「東亜新秩序」宣言と「大東亜共榮圈」構想の断層」, 三輪公忠編, 『再考 太平洋戰争前夜 日本の一九三〇年代論として』, 創世記, 1981.
森瀬晃吉, 「第二次世界大戰とスバス·チャンドラ·ボース」 『大垣女子短期大學研究紀要』 40, 1999.
安田利枝, 「大東亜會議と大東亜共同宣言をめぐって」 『法學研究』 63-2, 1990.

浅野豊美, 『帝國日本の植民地法制』, 名古屋大學出版會, 2008.
安部博純, 『日本ファシズム論』, 影書房, 1996.
池田浩上編, 『大東亜共榮圈の文化建設』, 人文書院, 2007.
河西晃祐, 『帝國日本の拡張と崩壊』, 法政大學出版會, 2012.
河原宏, 『昭和政治思想研究』, 早稲田大學出版部, 1979.

野村佳正, 『「大東亜共栄圏」の形成過程とその構造: 陸軍の占領地軍政と軍事作戦の葛藤』, 錦正社, 2016.

深田祐介, 『大東亜会議の真實』, PHP新書, 2004.

波多野澄雄, 『太平洋戰争とアジア外交』, 東京大學出版會, 1997.

源川真希, 『近衛新体制の思想と政治』, 有志舎, 2009.

Lee hyoung-sik, "Yoshiro Sakatani, a Member of the House of Peer, the Imperial Diet, and Korean Affairs Expert(Chosentsu) and Japanese Rule of Korea." *International Journal of Korea History*, 18-1, 2013.

5장

동아시아 전시체제와 중국의 노동조직

윤형진

I. 머리말

이 글은 전후 사회와의 연속성을 의식하면서 중일전쟁 시기 난징국민정부의 노동통제 정책을 통해 이루어진 변화를 살펴보고, 이를 동아시아 전체의 상황 속에서 이해하려는 시도이다. 중일전쟁을 중국 사회의 중요한 변화를 가져온 계기로서 파악하려는 시각 자체는 새로운 것이라고 할 수 없다. 중국혁명을 이해하기 위해 '농민 민족주의'나 중국공산당의 사회경제적 개혁, 혹은 국민정부의 내부적 붕괴 등에 주목한 고전적인 연구들부터 이러한 시각을 공유하고 있다고 할 수 있다. 이 글에서 주로 다루고자 하는 노동문제와 관련해서도 전쟁이 가져온 변화와 그 지속에 대해 주목한 연구들이 있다. 전시 수도인 충칭(重慶)의 병기공장에 대한 사례연구를 통해 노동계급의 형성이라는 관점에서 접근한 연구(Howard 2004), 노동복지 정책을 중심으로 위기상황에서의 새로운 정책 형성과 그 지속을 탐구한 연구

(Frazier 2002), 현대 중국의 노동보험과 불평등 문제를 다루면서 국민정부 시기부터 그 기원을 탐색하고 있는 연구(Dillon 2015) 등이 대표적인 사례이다. 이 글에서는 주로 국가와 노동조직[1]의 관계 변화에 주목하여 중일전쟁 시기의 변화와 그 유산에 대해 검토해 보고자 한다.

이 글에서는 전시 노동정책 전반에 유의하면서도 주로 노동조직, 즉 노동조합의 성격에 주목하려고 한다. 노동조합의 성격과 관련된 전시의 변화와 전후에의 영향을 다루는 것은 지금까지 지속되고 있는, 당-국가가 노동조합과 밀접하게 연관된 체제[2]의 성립 과정에 대한 이해를 확장하기 위한 것이다. 또한 전시체제의 변화와 그 장기적 유산에 대한 논의의 폭을 넓히는 의미를 가지고 있다. 그리고 이 글에서는 국가사의 범위에서 검토하는 것만으로는 전시에 이루어진 변화를 충분히 설명할 수 없다고 보고, 중국에서 일어난 변화가 동아시아 차원에서 이루어진 새로운 통치 방식의 도입과 어떤 연관성을 가지고 있는지 살펴보려고 한다.

국가와 노동조직의 관계를 다루면서, 이 글에서는 노동현장의 구체적 변화보다는 주로 법제적인 차원에 집중하고자 한다. 전시의 중국에서, 전쟁이라는 위기상황, 정치권력의 분할과 취약성, 공업 발전의 지역적 차이 등으로 인해 당과 정부가 주도한 제도적 변화가 노동현장에서 일률적인 상황의 변화를 가져왔다고 보기 어려우며, 따라서 법제적 측면에 주목하는 것은 지역적 다양성을 놓칠 가능성이 있다. 그러나 전시에 새롭게 등장한 제도적 틀이 전시의 관철 정도와 관계없이 전후까지 이어지는 흐름을 만들었으며, 또한 여러 지역이 가지는 특수성과 정책 실행 능력의 차이 속에서 적절한 비교의 수단을 제공해 준다는 점에서 법제적 측면을 검토하는 의미를 찾을 수 있다. 또한 이 글에서는 전시 노동정책에서 중요한 부분을 차지하고 있는 노동력 강제동원 문제에 대해서는 다루지 않을 텐데, 이는 전후 동아시아 사회구조로 이어지는 측면에 주목하고자 하기 때문이다. 강제동원은 중요한 주제이지만 그 영향이 전후에까지 이어지지는 않으며, 또

한 지금까지 전쟁 말기의 강제동원 문제가 비교적 많이 연구되어 왔다.[3]

이하에서는 전시 노동정책 및 노동조직의 성격 변화와 관련하여 우선 크게 '일본 제국'으로 묶을 수 있는 지역의 변화를 먼저 살펴본 후, 전시에 국민정부에서 나타난 변화를 검토하여 양자를 비교해 볼 것이다. 그리고 마지막으로 전시의 변화가 전후에도 지속되었는지를 살펴보려고 한다.

II. 동아시아의 전시 노동통제

중일전쟁 시기는 동아시아 전 지역에서 전시동원체제가 구축되는 시기였다. 이 장에서는 중국에서 노동조직의 성격 변화가 이루어지기 전에 유사한 변화가 동아시아 지역 차원에서 나타났다는 점에 주목하여 조선, 만주국, 화북 점령지 등 주로 '일본 제국'통치 영역의 전시체제 에서 노동정책의 영역에 나타난 변화를 일별해 보려고 한다.

우선 식민지 조선에서의 상황을 살펴보자. 조선총독부 내에 노동문제를 전담하는 부서는 엄밀한 의미에서 1930년대 전반기 이전까지 존재하지 않았다. 1921년 7월 총독부 내무국에 사회과가 신설되어 노동문제를 다루기 시작했지만, 노동자의 구제라는 사회사업의 개념에 머물러 있었다. 노사관

---

1. 이 글에서 '노동조합'이 아닌 '노동조직'이라는 용어를 채택한 이유는, 전시의 노동력 동원조직이라든가 노-자를 포괄하는 직업단체를 비롯하여 분석 대상이 되는 시기의 여러 조직이 '노동조합'이라는 용어로 묶기에 어려운 면이 있기 때문이다. 또한 중국의 '공회(工會)'가 현재도 당-국가의 지도를 받으며 중화전국총공회(中華全國總工會) 산하의 통일적 조직이라는 점 등에서 우리의 '노동조합'과는 성격이 다르다는 측면도 고려하였다.

2. 중화인민공화국 시기의 당-국가와 노동조합 관계에 대해서는 윤형진(2015, 서론)을 참조.

3. 중국에서는 전시 노동문제와 관련된 연구에서 쥐쯔펀(居之芬)과 제쉐스(解學詩) 등을 중심으로 일본 점령지에서의 강제적인 노동력 동원과 그 피해에 대한 연구가 대부분을 차지하고 있으며 노동정책 자체를 다룬 연구는 오히려 소수에 불과하다. 한국과 일본에서도 노동력 강제동원에 관한 연구는 상당히 축적되었다. 한일민족문제학회 강제연행문제연구분과(2005) 참조.

계에 해당하는 업무는 총독부 경무국 보안과에서 관할하는 식민지 경찰이 담당했고, 노동문제에 대한 경찰의 개입은 전시체제로의 이행에 따라 1938년 11월 경제경찰 제도가 창설됨으로써 더욱 강화되었다(김경일 2007, 285-286). 조선에서 처음으로 만들어진 노동통제 기구는 1941년 4월 13일에 신설된 노무과(勞務科)였다. 노무과에서는 노동통제 법령의 운용, 노동력 동원 계획에 따른 필요 노동력의 동원과 배치 등을 담당했다(곽건홍 2001, 178). 노무과는 이후 1941년 12월에는 후생국으로, 1942년 8월에는 사정국(司政局)으로, 1943년 12월에는 광공국(鑛工局)으로 이관되었다. 1944년 10월 총독부 내에 신설된 근로동원본부에서 노동 관련 사무를 담당함에 따라 노무과는 발전적으로 해체되어 근로조정과와 근로동원과 및 근로지도과의 3과로 개편되었다(김경일 2007, 287).

노동통제를 위한 협력기관으로서 1941년 6월 28일 조선노무협회(朝鮮勞務協會)도 설립되었다. 1941년 6월 28일 조선총독부 노무과 안에 조선노무협회를 설립했다. 조선노무협회는 노동력 동원정책의 '실행기관', 노동행정의 '측면적·중간적'협력기관, '관민일체의 특수기관'으로 발족했다(곽건홍 2001, 184). 이 조직은 후술할 만주국의 만주노공협회(滿洲勞工協會)나 화북의 신민회(新民會) 노공협회(勞工協會)와 유사한 성격이라고 볼 수 있을 것이다.

조선에서 전시 노동통제와 관련된 법제의 정비는 일본의 「국가총동원법」이 1938년 5월에 조선에 적용되면서 시작되었다. 「국가총동원법」에는 노동력 동원을 강제한 4조, 고용·해고 또는 노동조건에 대한 통제를 규정한 6조, 파업에 대한 제한·금지를 규정한 7조 등이 있었다(곽건홍 2001, 57). 이후에 「국가총동원법」에 근거하여 노동력의 취업과 이직을 제한하는 여러 가지 정책이 등장하였다. 1938년 8월 「학교졸업자사용제한령(學校卒業者使用制限令)」을 공포하여 대학의 공학부와 이공학부, 공업 관련 전문학교, 공업학교, 기타 이에 준하는 각종 학교의 지정된 학과 졸업생을 고용할 때는 조선총독부의 인가를 받도록 규정하였다(이상의 2006, 199). 또한 기술자와 숙련노동자를 둘러싼 노동력 '쟁탈'이 빈번하게 일어나자, 「종업자고입제한령(從業者雇入制限令)」을 제정하여 이들에 대한 고용을 제한했다. 그리고 이것이 전쟁이 장기화됨에 따라 미숙련노동자의 노동이동 제한에 중점을 두는 「종업자이동방지령(從業者移動防止令)」으로 바뀌었다. 「노무조정령(勞務調整令)」은 종래의 「종업자이동방지령」과 「청소년고입제한령(青少年雇入制限令)」을 정리·통합하여 일원화하고 노동이동을 제한하여 군수산업에서 노동력을 확보하기 위한 것이었다(곽건홍 2001, 71-73). 이러한 제도를 통해 광산에서 일부 '기능자(技能者)'의 이동이 어느 정도 억제되었으나, 미숙련노동자의 노동이동은 여전히 자주 발생했다(김경일 2007, 284).

일본 본토의 노동통제 정책은 조선과 대체로 유사했다. 조선의 노동통제 관련 정책과 법률이 대체로 일본 본토의 것을 그대로 적용하고, 약간의 시차가 있는 정도였다. 「국가총동원법」을 통해 통제의 법률적 근거를 마련하고 이어서 「국민직업능력신고령(國民職業能力申告令)」, 「종업자고입제한령」, 「청소년고입제한령」, 「종업자이동방지령」, 「노무조정령」 등 동일한 내용의 통제 법령이 조선보다 조금씩 일찍 시행되고 있었다. 따라서 일본에서의 노동통제 정책의 전개는 조선과 큰 차이가 없다고 할 수 있다. 다만 중요한 차이로서 조선과 달리 일본에서는 전국적 노동조직의 편성이라는 움직임이 있었던 것을 들 수 있다. 일본에서는 나치의 사례를 따라서 노동조합을 해산하고 모든 노동자를 대정익찬회의 일부인 산업보국회로 조직했으나, 이와 달리 조선에서는 1930년대 이후 국지적으로 조직된 어용노조의 사례를 제외하고 조선총독부나 지방 권력이 노자가 함께 참여하는 모임이나 조직을 만드는 데 어떠한 형태로도 관여하지 않았다(김경일 2007, 284). 따라서 법제적인 측면에서 유사했던 일본과 조선이 노동조직의 성격 변화, 그리고 국가와 노동조직의 관계 변화라는 점에서는 다른 길을 걸었다고 할 수 있다. 일본에서는 '근로신체제'운동을 통해 '대일본산업보국회(大日本産業報國會)'가 조직되었는데, 여기에는 나치식 근로 프로그램이 모델로 활용되었다(Mimura 2015, 267-272).

다음으로 만주국에 대해서 살펴보자. 만주국 건국 초에 관동군의 위탁을 받은 경제조사회에서 노동정책에 대해 구체적으로 준비했다. 그리고 1933년 9월에 정책주체로서 특무부(特務部) 노동통제위원회(勞動統制委員會) 설립을 결정했다(兒嶋俊郎 2003, 34). 1938년 5월에는 만주국 국무원 기획위원회 내에 노무위원회를 설립함으로써, 노동정책 제정의 주체가 과거의 특무부 노동통제위원회에서 노무위원회로 바뀌었다(兒嶋俊郎 2003, 50). 1937년 7월 1일에는 만주국 정부의 노동정책 집행기관으로서 민생부(民生部) 사회사(社會司)에 보도과(輔導科)를 설립했다(兒嶋俊郎 2003, 45). 1940년 1월에는 보도과를 노무사(勞務司)로 개조하였다. 민생부 사회사 산하의 1개 과에서 노동과, 동원과, 보도과 등 3개 과로 구성된 사(司)로 승격되었던 것이다. 담당하는 업무도 확대되어 「노동통제법」에서 다루는 광범위한 노동동원와 각종 통제에 대응하는 체제를 형성했다(兒嶋俊郎 2003, 53). 관동군과 국무원 등 국가기구 외에도 회사 형태의 노동통제 기구도 설립되었다. 대동공사(大東公司)는 톈진의 육군 특무기관이 1934년 4월 1일에 자본 10만 원(元)으로 설립한 합자회사로서, 그 전신은 1928년에 설립한 협화토목공사(協和土木公司)였다. 대동공사에서는 만주로 진입하는 노동자들의 통제를 담당했다(兒嶋俊郎 2003, 36). 이후 좀 더 포괄적인 역할을 담당하는 노동통제의 협력기관으로서 1938년 1월 7일 만주노공협회가 창설되었으며, 대동공사는 1939년 7월 1일자로 만주노공협회에 흡수되었다(兒嶋俊郎 2003, 42-43).

만주국에서는 노동자들을 파악하고 관리·통제하기 위한 제도도 정비되었다. 경제조사회에서는 1934년 9월 9일 관동군참모부에 「노동자지문관리방책안(勞動者指紋管理方策案)」을 제출했다. 이 방안은 지문관리를 통해 만주국 내의 모든 노동자를 파악하고 관동군 특무부의 관리와 감시하에 두려는 것이었다. 1935년 2월에는 「신분증명서제도(身分證明書制度)」와 「외국노동자취체규칙(外國勞動者取締規則)」도 공포하였다(兒嶋俊郎 2003, 37). 노동자들을 관리·통제하는 것을 넘어서 본격적인 전시 노동통제로 나아가는 것은 중일전쟁이 시작되고 「국가총동원법」이 반포된 이후였다. 1938년 2월에 「국가총동원법」이, 12월에 「노동통제법」이 반포되었다. 「국가총동원법」에서는 정부의 노동조건 및 해고에 관한 명령권을 규정(22조)했으며, 「노동통제법」의 7~9조에서는 민생부 대신이 노동자 공급업자에게 대해 모집, 고용, 공급, 유동, 임금, 보호, 보도(輔導) 등에 대한 명령권을 가지는 것으로 명시하였다(兒嶋俊郎 2003, 52). 그리고 '노무신체제'가 선언된 1941년 9월 이후에는 노동력 동원의 전면적 강제화가 진행되었다(兒嶋俊郎 2003, 25).

'위(僞)'국민정부로의 통합 이후 화북정무위원회(華北政務委員會)라는 명칭의 괴뢰정부가 통치하던 화북 지역에서는 시기적으로만 조금 늦을 뿐, 만주국에서와 유사한 노동통제의 흐름이 나타나고 있었다. 여기에서는 주로 화북정무위원회의 소재지였던 베이징에서의 사례를 중심으로 살펴보려고 한다. 일본 점령기 베이징에서는 자발적인 노동조직의 결성이라든가 노동자들의 활동은 최대한 억제되었으며, 노동조직은 주로 노동력의 파악과 징발을 위한 조직으로서의 성격을 가지고 있었다(윤형진 2018, 54). 화북 점령지의 노동조직으로서는 만주국의 협화회를 모방한 조직이었던 신민회의 직업분회(職業分會)라는 형태로 주민들을 구성원으로 포섭하려던 시도가 있었고(윤형진 2018), 또한 직업분회 외에도 '노공협회'가 조직되었는데, 노동자만의 조직이 아니라 사용자, 노무관리인, 공두(工頭) 등을 포괄하는 조직이었다. 노공협회가 실제로 수행하는 업무는 주로 타 지역에 필요한 노동자를 확보하여 공급하는 일이었다(윤형진 2018, 59-61). 또한 점령기 후기에는 신민회 직업분회와 신민회 노공협회를 대체하여 화북 지역의 노동력 관리와 공급을 위해 새롭게 화북노공협회를 설립하였다. 화북노공협회는 화북 지역의 노동력 관리와 통제를 관할하는 일원화된 기구였으며, 화북정무위원회의 산하 기구이면서 신민회와도 밀접한 관계를 맺고 있었다. 그러나 실제로 화북노공협회는 집행기관에 지나지 않았으며, 실제로 노동통제 및 노동력 공급과 관련된 주요 정책의 결정권은 화북노공협회의 설립을 주도했던 일본군 특무 기구와 흥아원(興亞院)에 있었다. 구체적으로는 중앙의 북지나방면군 참모부 제4과와 흥아원 화북연락부(華北連絡部) 노무실[4], 그리고 지방에서는 북지나방면군의 각급 특무기관 및 휘하의 각급 노무통제위원회와 분회등이었다(居之芬·莊建平 2003, 6). 표면적으로 화북노공협회의 사업에 대한 감독, 명령 및 인가 등은 실업총서(實業總署) 노공국(勞工局)의 관할이었다. 그러나 실제의 지도와 감독은 '치안과 정치 방면의 원인 때문에'북지나방면군과 흥아원에서 담당하고 있었다. 또한 화북노공협회의 각 지방판사처(地方辦事處) 및 판사분실(辦事分處)의 수장은 명목상 각 지방 행정기관의 장이 맡고 있었지만, 실제 주재자인 '주임'은 모두 일본인이었다(居之芬·莊建平 2003, 447-448).

화중(華中) 지역에서도 구체적인 조직의 차이에도 불구하고 유사한 변화들이 나타났는데, 한 가지 중요한 차이가 있었다. 일본의 점령지역임에도 불구하고 화북과는 달리 노동조직의 형식으로서 노동조합이 유지되었다는 점이 그것이다. 화중 지역에서 노동조합과 관련된 제도적 변화 중에서 가장 핵심적인 것이 「수정공회법(修正工會法)」의 등장이며, 여기에 나타난 변화들은 후술할 국민정부 통치 지역과 유사한 것이었다(劉明達·唐玉良 2000a, 360).

이상에서 살펴본 각 지역의 전시 노동정책에서 나타나는 공통적 변화로서 노동통제를 총괄하는 기구의 성립, 집행 및 협조를 위한 기구의 설치, 노동조직의 성격 변화, 취업과 해고 등에 개입하는 법제의 도입, 강제적 노동력 동원의 제도화 등을 들 수 있다. 총력전 체제 구축의 일환으로서 노동자, 노동현장에 대한 국가의 통제와 개입이 강화되는 현상이 나타났던 것이다.

Ⅲ. 국민정부의 전시 노동정책과 노동조직의 성격 변화

앞 장에서 살펴본 전시체제하 노동정책의 변화와 유사한 현상은 전시의 난징국민정부 통치 지역에서도 찾아볼 수 있다.

우선 노동정책을 담당하는 기구가 정부에 처음으로 등장했다. 1940년 12월 사회부가 국민당에서 국민정부로 옮겨지면서, 원래는 주로 당의 활동영역이었던 직업단체에 대해 정부가 깊이 개입하기 시작했다.[5] 그리고 1942년 9월 1일 사회부 산하에 노동국이 설립되었다. 노동국 설치의 목적은 "「국가총동원법」에 의거하여 인력 동원 업무를 집행하고, 동시에 노동행정의 기초를 확립함으로써 '항전건국'의 수요에 대응"하는 데 있었다. 노동국은 설립 후 1) 노동력의 조사, 2) 노동력의 징발과 배치, 3) 노동력의 조정, 4) 노동력의 절약, 5) 노동력의 발휘, 6) 노동력의 보호 등 6가지 항목의 업무방침을 정했다. 그리고 이러한 방침에 기초해서 업무의 범위와 항목을 1) 노동력의 조사등기, 2) 노동의 통제, 3) 국민의무노동 등으로 확정했다.[6] 이 업무 항목 중 1)과 2)는 개정된 「공회법」 및 인민단체와 노동조합의 통제에 관한 각종 법률을 통해 구체적인 법적 근거를 가지게 되었고, 3)은 1943년 말 「국민의무노동법(國民義務勞動法)」의 제정으로 이어졌다.

노동조직의 성격에도 근본적인 변화가 발생했다. 동원의 필요가 증가함에 따라 직업단체에 대한 통제가 강화되었고, 자발적 조직이었던 직업단체가 의무적으로 조직되어 정부의 통제 아래 놓이게 되었다. 그리고 그 결과 직업단체가 부분적으로 정부의 동원기구로서의 역할을 하게 되었다.

---

4. 1942년 11월 이후에는 대동아성(大東亞省) 주베이징사관경제국(駐北京使館經濟局)로 이관되었다.

5. 사회부는 원래 국민당 소속의 조직이었지만, 다른 조직과의 업무 중복을 이유로 1940년 12월 행정원으로 소속을 옮기게 되었다(土田哲夫 2005, 118). 사회부의 조직 구성에 대해서는 陳長河(1991) 참조.

6. 黃懋仁. 1944. "兩年來之人力動員." 『社會工作通訊月刊』 第1券 第9,10期(秦孝儀 1984b, 94).

국민당 중앙은 1941년 12월 22일 제5기 중앙집행위원회 제9차 전체회의에서 통과된 결의안에서 사회부 업무에서 특별히 주의할 것으로 직업단체의 조직을 강조하고 있다. 여기에서는 "직업단체의 조직은 전시의 3년 건설계획과 연결시켜 널리 충실해지도록 해야 하고, 전국 인민을 완비된 조직 안에 모두 포함시켜야 비로소 유효한 동원을 수행할 수 있으며 전후에는 자치(自治)의 기초를 굳게 할 수 있다"라고 지적하고 있다.[7] 직업단체의 효율적인 동원을 위해 국민정부가 추진한 정책이 조직과 가입의 의무화였다. 국민정부는 이전에 훈정으로의 이행을 선언한 직후 인민단체[8]의 조직 원칙을 천명한 바 있었다. 1930년 3월 6일 제3계(第3屆) 중앙집행위원회 제3차(第3次) 전체회의에서 통과된 훈정시기의 민중훈련방안에서는 민중훈련의 기본원칙으로서 "인민의 단체 조직은 자발적 조직을 원칙으로 한다"라고 규정했으며, 다만 "당부(黨部)는 각종 인민단체가 그 조직을 완성하도록 지도해야 한다"라는 원칙을 병기하여 당의 개입원칙을 마련하였다.[9] 이와 같은 자발적 조직의 원칙이 바뀌게 된 계기는 1942년 2월 10일에 「비상시기인민단체조직법(非常時期人民團體組織法)」이 공포된 것이었다. 이 법에서는 "인민단체 중에서 동일 업무로 인해 결합된 것"을 '직업단체'라고 하여 직업단체를 폭넓게 정의하고 있으며,(제3조) "각종 직업에 종사하는 자는 모두 법에 따라 직업단체를 조직해야 하며, 또한 각 해당 단체에 회원으로 가입해야 한다"(제4조)라고 명시하여 직업단체의 조직과 가입을 의무화했다. 또한 "인민단체의 조직은 발기인이 주관 관서에 허가를 신청해야 하며, 허가를 거친 후 주관 관서는 인원을 파견하여 지도해야 한다"(제13조)라는 규정과 "인민단체의 조직이 완성된 후 회원의 명부를 주관 관서에 보고해야 한다"(제16조)라는 규정을 통해 직업단체에 대한 정부 통제의 근거를 마련하고 있다.[10]

「비상시기인민단체조직법」에 의거해서 개정되어 1943년 11월 20일에 공포된 새로운 「공회법」은 노동조합의 조직 및 가입을 의무화시키는 한편,

정부의 노동조합에 대한 각종 통제권한을 규정하고 있었다.[11] 이 법에서는 노동조합이 조직된 지역 내의 만 16세 이상 남녀 노동자는 모두 종사하는 분야의 '산업공회(産業工會)'나 '직업공회(職業工會)'에 가입해야 한다고 규정(제12조)하여 노동조합 가입을 의무화하고 있다.[12] 이러한 의무 가입 조항은 1929년 국민정부가 공포한 최초의 「공회법」에서 규정했던 자유로운 입회와 탈퇴의 권리를 부정한 것이었으며,[13] 노동조합이 인력을 효율적으로 파악하고 관리하는 동원조직으로서의 성격을 갖게 하는 중요한 근거가 되었다. 이 외에도 비상시기의 파업을 금지하는 조항(제29조), 필요할 때 정부가 노동조합을 해산할 수 있다는 조항(제45조) 등이 있어서, 노동조합의 자율성을 크게 제한하고 정부의 권한을 강화하고 있다. 또한 매년 두 차례 회

---

7. 「對于政治報告之決議案」(榮孟源 1985, 741).

8. 직업단체는 인민단체에 포함된다. 인민단체의 분류에 대해서는 1929년 6월 17일에 통과된 인민단체 조식 방안에서 "인민단체는 직업단체와 사회단체의 두 종류로 나뉜다"고 규정하고, 다시 "직업단체는 농회, 공회, 상화(商會) 등"이라고, 그리고 "사회단체는 학생단체, 부녀단체 및 각종 자선단체, 문화단체 등"이라고 규정했다. 「人民團體組織方案」(榮孟源 1985, 763) 참조.

9. 「訓政時期民衆訓練方案案」(榮孟源 1985, 796).

10. 「非常時期人民團體組織法」, 行政院秘書處 編印, 『行政院公報(渝字 第5券 第2號)』, 1942年 2月 28日, pp.10-12.

11. 1943년에 공포된 「공회법」은 사회부에서 당시의 상황을 참작하고 「비상시기인민단체조직법」에 의거하여 초안을 마련했으며, 심의를 거쳐 1943년 10월 29일 입법원 제4계기 제248차 회의에서 통과되었다. 그리고 같은 해 11월 20일에 공포·시행되었다. 史太璞. 1944. "新舊工會法之比較." 『社會工作通訊月刊』 第1券 第5期(秦孝儀 1984b, 60).

12. 이전의 「공회법」과 마찬가지로 수정된 「공회법」에서도 노동조합 조직의 예외를 규정하고 있다. 제6조에 따르면 국가의 행정, 교육 사업에 종사하는 각 기관의 원공(員工) 및 군사공업의 노동자는 노동조합을 조직할 수 없었다. 이와 관련하여 「공회법시행세칙」에는 군사공업을 "군정부(軍政部)나 기타 군사기관이 독자적으로 경영하거나 합자 경영하는 공업"(제10조)이라고 규정하고 있다(「工會法施行細則」, 行政院秘書處 編印, 『行政院公報(渝字 第7券 第5號)』, 1944年 5月 31日).

13. 국민정부는 1913년 11월 21조의 「공회조례」를 공포한 바 있다. 그리고 1929년 9월 10일 「공회법」이 립법원에서 통과되어, 같은 해 10월 21일 공포되었다. 이 「공회법」은 1931년, 1932년, 1933년에 약간의 수정을 거쳤다. 史太璞, "新舊工會法之比較," 『社會工作通訊月刊』 第1券 第5期, 1944年 5月 15日(秦孝儀 1984a, 59). 1929년의 「공회법」에는 "공회는 노동자의 입회를 강요하거나 탈퇴를 막을 수 없다"(제20조)라는 규정과 "공회의 회원은 수시로 공회를 탈퇴할 수 있다"(제21조)라는 규정이 있었다. 「工會法」, 行政院秘書處 編印, 『行政院公報(第94號)』, 1929年 10月 26日.

원명부와 회계부 등을 제출해야 할 의무(제26조), 노동조합을 설립할 때 정부가 파견한 사람의 감독을 받아야 할 의무(제9조), 주관 관서에 업무를 보고해야 하는 의무(제31조) 등을 규정하여 노동조합을 정부의 통제하에 두기 위한 근거를 마련하고 있다.[14]

국민정부가 직업단체에 대한 통제를 강화해 감에 따라 노동조합을 비롯한 직업단체들은 점차 동원기구로서의 성격이 강화되어 갔다. 1943년 말에 실시되었던 인도 파견 운수노동자의 모집은 노동조합이 기층행정조직처럼 직접적인 인력 동원의 통로가 된 사례로서, 전시에 진행된 직업단체의 성격 변화를 단적으로 보여 주고 있다. 운수노동자의 모집에서는 노동국 산하기관인 공인복무대총대부가 징집과정을 주도하였고, 그 과정에서 업종별로 조직된 노동조합의 간부들이 소속 노동조합에서의 징집을 책임지게 되었다. 직업단체인 노동조합의 간부가 징집의 정원을 채워야 하는 책임을 맡게 되었던 것이다.[15] 이러한 사례는 특수한 경우라고 볼 수도 있겠지만, 적어도 직업단체의 조직과 가입을 의무화시키는 것이 직업단체의 동원기구로서의 성격을 강화시킬 수 있는 가능성을 내포하고 있음을 보여준다. 그리고 때로는 이러한 가능성이 직접적인 인력 동원으로 연결되기도 했던 것이다.

국민정부의 직업단체 통제는 직접적인 인력 동원으로 연결되기도 했지만, 그보다 더 중요한 비중을 차지했던 것은 이직에 대한 통제였다. 인플레이션을 방지하기 위해 노동자들의 임금이 통제되면서 여러 가지 부작용이 나타나기 시작했는데, 그중에서도 산업 생산에 큰 문제가 되었던 것은 노동자들의 잦은 이직이었다. 다른 기업의 노동자들을 몰래 고용하는 '알공(挖工)'과 노동자들의 작업장 무단이탈을 뜻하는 '도창(跳廠)'이라는 용어가 표현하는 현상은 전시의 산업 생산을 안정적으로 유지하는 데 걸림돌이 되었다.[16] 이러한 현상에 대응하기 위해 국민정부는 「비상시기창광공인수고해고한제판법(非常時期廠礦工人受僱解僱限制辦法)」을 제정하여 노동자들의 취업과 이직에 엄격한 통제를 가하려고 했다. 「국가총동원법」의 제11조를 근거로 제정(제1조)된 이 법은, 직접 생산에 종사하는 노동자를 10인 이상 고용한 모든 사업장에 적용되었다(제2조). 이 법에 의하면 심사와 허가를 거치지 않으면 노동자는 마음대로 이직할 수 없었고, 사업장은 노동자를 마음대로 해고할 수 없었다(제11조). 또한 주관 관서에서는 '공인등기조사표(工人登記調査表)'를 통해 노동자들의 인적사항을 파악하도록 규정되어 있었다(제4조).[17]

전쟁 말기에 나타난 노동정책의 새로운 요소로 의무노동제도의 추진을 들 수 있다. 의무노동제도는 지방자치의 추진이라는 명목으로 시도되었고, 주민들의 지방행정조직에 대한 노동력 제공을 주요내용으로 하고 있었다. 지방자치의 일환으로서 주민들이 지방자치단체에 노동력을 제공해야 한다는 생각은 쑨원(孫文)의 지방자치 구상에도 포함되어 있었다. 쑨원은 「지방자치개시실행법(地方自治開始實行法)」에서 모든 사람이 1~2개월의 노동력을 지방자치단체에 제공해야 하고, 제공하지 않을 때는 노동력에 상응하는 대가를 납입해야 하는 제도를 도입할 것을 제안하였다.[18] 그러나 국민당 중앙이나 장제스기 '노동복무(勞動服務)'의 중요성을 여러 차례 강조했음에도 불구하고 노동력의 징발이 법적인 근거를 가지게 된 것은 항전 말기에 이르러서였다.

의무노동제도의 법적 기준이 되었던 「국민의무노동법」은 노동국 성립

---

14. 이상의 「공회법」 조항의 출전은 行政院秘書處 編印, 『行政院公報(渝字 第6券 第12號)』, 1943年 12月 31日, pp.28-33.

15. '各業工會協辦徵工努力人員一覽表'에 따르면, 징집 책임자들은 소속 공회에서 각각 이사, 상무이사, 서기, 간사, 상무감찰 등의 직위를 맡고 있었다(「重慶市工人服務總隊部奉令協辦徵顧第二批赴印運輸工人報告書」(秦孝儀 1984b, 170-172).

16. 노동자들의 이직에 대해서는 Howard(2003) 참조.

17. 「非常時期廠礦工人受雇解雇限制辦法」, 行政院秘書處 編印, 『行政院公報(渝字 第6券 第5號)』, 1943年 5月 31日.

18. 「地方自治開始實行法」(1920年 3月 1日), 『孫中山全集』 第5券, 中華書局, 1985, p.221.

이후 기초작업이 이루어졌다. 노동국에서 만들어진 초안은 행정원 회의와 국방최고위원회 회의를 통과했으며, 이후 1943년 11월 16일 입법원(立法院) 249차 회의를 통과하여 같은 해 12월 4일 국민정부를 통해 반포되었다. 그리고 「국민의무노동법」 반포 이후 노동국에서는 「국민의무노동법시행세칙」, 「공무원의무노동실시판법」 등을 제정하였다.[19] 「국민의무노동법」에서는 "중화민국의 모든 18세에서 50세 사이의 남자는 이 법의 규정에 따라 의무노동에 복무해야 한다"(제1조)라고 규정하고 있으며, 의무노동을 주관하는 관서로 중앙의 사회부 외에 성시(省市)의 정부와 현정부 등을 들고 있다(제2조). 그리고 의무노동의 사항으로 도로건설, 수리, 자위(自衛), 지방조산(地方造産), 기타 지방 공공복리 사업 등을 들고 있다(제3조). 노동시간에 대해서는 1년에 10일에서 20일 사이라고 규정했다(제7조). 그리고 「병역법」과 「군사징용법」의 실시는 이 법의 영향을 받지 않는다고 규정함으로써, 의무노동제도가 병역제도를 방해하지 않는 범위 내에서 이루어진다는 원칙을 밝히고 있다(제26조).[20] 의무노동제도는 항전 말기에 가서야 성립되었지만, 병역 이외의 부분에 대한 인력 동원은 이미 광범위하게 이루어지고 있었기 때문에, 이 제도는 새로운 인력 동원의 방식을 도입한다기보다 오히려 기존의 현상을 제도적 체계 안으로 끌어들여서 정부와 지방행정조직의 통제 아래 둔다는 의미를 가지고 있었다.

이상에서 살펴본 국민정부의 전시 노동통제 정책은 왜 등장한 것일까? 극심한 인플레이션 상황에서 산업 생산을 유지하기 위한 방책이라고 설명할 수 있다. 그러나 노동통제 담당기구의 설립, 「국가총동원법」과 그에 기반한 각종 노동통제 법률의 제정, 직접적인 노동력 동원의 시도, 노동조직의 국가화 등의 방식이 전시 상황에 대한 대응으로서 필연적인 것이라고 보기는 어렵다. 실제로 위와 같은 노동통제는 성과가 전혀 없다고는 할 수 없지만, 대체로 철저하게 관철되지 못했다. 위와 같은 정책들이 등장한 것을 동아시아 지역 차원에서 나타난 흐름의 일부로서 파악할 수 있는 가능성을 생각해 볼 수 있지 않을까? 이러한 설명의 가능성을 검토하기 위해 이상에서 살펴본 동북아 각 지역의 전시 노통통제와 관련된 내용을 불완전하게나마 표로 정리해 보면 다음과 같다.

〈표 1〉을 통해 동아시아 여러 지역에서 등장한 노동통제 관련 정책·제도의 유사성과 차이, 그리고 시간적 선후관계를 대략적으로나마 살펴볼 수 있다. 노동통제를 담당하는 기구 및 노동통제 및 노동력 동원을 실행하는 기구의 설립은 만주국에서 가장 먼저 나타난다. 그리고 식민지 조선과 중국의 점령지에서 뒤이어 등장한다. 고용 및 이직, 해고 등에 개입하는 노동통제 법규들은 만주국, 일본, 조선 등에서 「국가총동원법」의 제정을 계기로 1930년대 후반부터 1940년대 초반에 걸쳐 거의 비슷한 시기에 등장하고 있다. 노동조합의 변화는 지역적 차이가 뚜렷하게 나타나는데, 노동조합 조직 자체가 억압된 지역이 있었고 일본과 화중 점령지와 같이 노동조합에 대한 국가의 개입과 통제가 강화되는 변화가 나타난 지역이 있었다. 보편적 노동조직을 만들고 이를 국가화하려는 지향은 일본과 국민정부에서 분명하게 나타난다. 그러나 식민지나 점령지에서는 노동력 징발에 협력하는 기구가 중시되고 노동자들의 조직은 억제되는 경향이 있다. 그리고 점령지 지역정권 중에서도 공회의 허용 여부를 둘러싼 차이가 존재한다.

시간적인 선후관계를 보면 전반적으로 만주국에서 관련 기구와 법률을 가장 먼저 정비함으로써 동북아 전시 노동통제 정책의 원형을 제공했다고 할 수 있을 듯하다. 그리고 약간의 시차를 두고 일본과 조선에서 유사한 정책이 실행되었고, 화북과 화중의 일본 점령지는 조금 늦게 유사한 정책이

---

19. 丁文安, 「義務勞動法之産生及其展望」, 『社會工作通訊月刊』 第一卷 第九期, 1944年 9月 15日(秦孝儀 1984b, 72-75). 丁文安의 보고에는 초안이 행정원 회의를 통과한 시기가 1942년 10월로 기록되어 있으나 이는 오류인 것으로 보인다. 『新華日報』의 보도에 따르면 행정원 제604차 회의에서 「국민의무노동법」 초안이 통과된 것은 1943년 3월 9일이었다(「政院會議通過國民義務勞動法草案」, 『新華日報』 1943年 3月 10日).

20. 「國民義務勞動法」, 行政院秘書處 編印, 『行政院公報(渝字 第7券 第1號)』, 1944年 1月 31日.

〈표 1〉 동북아 각 지역의 노동통제 정책 비교

	국민정부	만주국	일본	조선	화북	화중
노동 통제 기구	국민정부 사회부 (1940. 12.) 사회부 노동국 (1942. 9.)	관동군 특무부 노동통제위원회 (1933. 9. 5.)→국무원 기획위원회 노무위원회(1938. 7. 15.) 민생부 보도과 (1937. 7. 1.) → 노무사 (1940. 1. 1.)	후생성 노동국	노무과 (1941. 4. 13.)	북지나방면군 참모부 제4과/흥아원 화북연락부 노무실/실업총서 노공국	
노동 통제의 집행기관/ 협조기관	국민당과 삼민주의 청년단	만주노공협회 (1938. 1. 7.) → 노무흥국회(1941. 10. 22.) 대동공사(1934. 4.) → 만주노공협회로 흡수(1939. 7. 1.)		경제경찰 (1938. 11.) 조선노무협회 (1941. 6. 28.)	신민회 노공협회/ 신민회화북 노공협회 (1941. 7. 8.)	중일만연합 노공협회 (中日滿聯合勞工協會) 조직(1941. 8.)
노동 조직의 성격 변화	「비상시기인민단체조직법」 (1942. 2. 10.) 「비상시기공회잠행판법」 (1941. 8. 21.) 「공회법」 (1943. 11. 20.)		노동조합의 해산과 산업보국회의 결성(1940. 11.)		신민회 직업분회 (1938~1942. 3.)	「성시현공회조직준칙 (省市縣工會組織準則)」 (1940. 8. 21.) 「수정공회법」 (1941. 6.)
노동 통제 관련 법제	「비상시기창광공인수고해고한제판법」 (1943. 4. 8.) 「전시전국기술공원관제조례 (戰時全國技術員工管制條例)」 (1943. 7. 9.)	「국가총동원법」 (1938. 2.) 「노동통제법」 (1939. 2. 21.) 「노동자고입사용전국협정」 (1939. 4. 28.)	「국가총동원법」 (1938. 4) 「국민직업능력신고령」(1939. 1) 「종업자고입제한령」(1939. 3) 「청소년고입제한령」(1940. 2) 「종업자이동방지령」(1940. 11) 「노무조정령」 (1941. 12)	「국가총동원법」 (1938. 5. 5.) 「국민직업능력신고령」(1939. 6. 1.) 「종업자고입제한령」(1939. 8. 1.) 「청소년고입제한령」(1940. 9) 「종업자이동방지령」(1940. 12. 5.) 「노무조정령」 (1942. 1)		
직접적 노동력 동원의 법제화	「국민의무노동법」 (1943. 12.)	「노무신체제확립요강」 (1941. 9. 10.)	「근로신체제확립요강」 (1940. 11. 18.)	「국민근로보국협력령」 (1941. 12. 1.)		

실시되었다. 국민정부는 전시체제의 일환으로서 노동통제를 위한 기구를 만들고 관련 법제를 정비하였는데, 이 과정에서 노동조직의 성격이 근본적으로 변화하고 국가가 노동시장에 깊이 개입하는 구조가 만들어졌다. 그리고 이러한 변화에 대해서 당시에도 이미 국민정부의 관련 정책이 일본의 모방이라는 지적이 있었던 것을 보면, 그 유사성이나 영향관계에 대한 인식이 존재했음을 알 수 있다.[21]

1930년대 후반 이후 나타나는 동북아 각 지역 노동통제 정책의 유사성과 동시성의 배경을, '역류'로 표현되기도 하는 만주국 국가모델의 실험성과 영향(임성모 2001, 192-195)을 보여 주는 것으로 해석할 수도 있을 것이다. 그러나 만주국의 실험성 이전에 독일과 소련 모델의 존재도 고려해야 할 것이다. 만주국과 일본의 국방경제체제의 구상에서 선구적 역할을 했던 것이 일만재정경제연구회(日滿財政經濟硏究會)였다. 여기에서 작성된 계획과 구상은 이후 기획원 등에 받아들여지고 수정되면서 전쟁경제체제의 확립을 위해 사용되었다. 일만재정경제연구회의 대표적 인물인 미야자키 마사요시(宮崎正義)에 대해 상세하게 분석했던 고바야시 히데오(小林英夫)는 특히 소련 5개년계획을 참고했던 것을 중시했고, 오카자키 데쓰지(岡崎哲二)도 소련의 5개년계획과의 친근성을 시사했다. 그러나 야나기사와 오사무(柳澤治)는 러시아의 계획경제는 생산수단의 사적 소유의 폐지를 전제로 하는 사회주의적 방식이며, 그러한 전제조건을 갖추지 않은 일본이 소련의 계획적 경제 방식을 채용하는 것에는 한도가 있었다고 지적한다. 미야자키 마사요시는 사회주의적인 계획경제의 방식을 부정하고 '부르주아 경제기구'를 토대로 하는 독일·이탈리아·영국·프랑스형의 방침을 채용했고, 그중에서도 독일

---

21. 예컨대 「국가총동원법」이 공포된 지 얼마 안 된 시점에서 이미 일본의 한 저널리스트는 국민정부의 「국가총동원법」이 그 내용과 구성에서 완전히 일본의 「국가총동원법」을 모방한 것이라고 지적하고 있다(增田米治 1943, 529).

의 1936년의 4개년계획에 주목했다(柳澤治 2008, 118-122). 이처럼 만주국 이전에 중요한 참조점으로 작용했던 외부 모델이 있었다는 점이 동시성의 배경으로 중요하게 다루어져야 할 것이다. 위에서 살펴본 국민정부의 노동통제 정책도, 일본과 점령지의 영향을 받았을 것이라고 추측되지만, 유사성의 배경으로 국민정부 수립 이래의 파시즘에 대한 국민당과 국민정부의 관심을 지적해야 할 것이다.[22] 또한 노동통제 정책에서는 국민정부가 추세를 시차를 두고 따라가는 듯한 모습을 보이지만, 만주국 협화회 조직 과정에서 '일국일당의 원칙'을 추구하면서 중국의 국민당이나 공산당을 의식했던 것(윤형진 2018, 65-66)에서 볼 수 있듯이 1930~40년대 동아시아의 통치 아이디어의 유통은 일방향적인 것으로만 보기 어렵다는 점도 지적하고 싶다.

Ⅳ. 전시 노동통제의 유산

이 장에서는 중국을 중심으로 이상에서 살펴본 전시의 변화가 전후의 사회에 남긴 유산을 검토해 보고자 한다. 전시에 위에서 검토한 노동통제 정책이 모두 관철되지 못하는 현상은 모든 지역에서 나타난다. 앞서 조선에서 「노무조정령」을 비롯한 이직제한제도에도 불구하고 노동이동을 막지 못했다는 평가를 언급했지만, 국민정부에서도 이직 및 취업과 관련된 각종 규제에도 불구하고 결국 '알공'과 '도창'을 규제하는 데 성공하지 못했다(耿密 2014, 170).

그러나 전시 노동통제 법제의 방향은 전시의 불완전성에도 불구하고 전후에도 지속적으로 추구되었다. 특히 국가와 노동조직의 관계에 있어서, 중국에서는 중일전쟁 시기 이후 현재까지도 중요한 변화가 없었다고 해도 과언이 아니다. 전후에 정권을 두고 또 다시 전쟁을 벌였던 국민당과 공산당 양측은 당-국가와 공회의 관계에 대한 입장에서 큰 차이가 없었다.[23]

전후 국민정부에서는 두 차례에 걸쳐 「공회법」의 수정이 이루어졌는데, 의무적 가입이라는 원칙과 정부의 통제를 비롯한 전시 「공회법」의 원칙들이 그대로 유지되었다. 1947년에 「공회법」의 수정이 이루어졌는데, 여기에서도 노동조합 의무 가입이라는 원칙은 유지되었으며, 다음 해 공포된 「공회법시행세칙」에는 가입을 거절하는 노동자에 대한 업무정지를 결의할 수 있다는 조항(10조)도 있었다.[24] 1948년 12월에 '헌법시행'을 계기로 다시 수정 통과된 「공회법」에서도 역시 "노동조합이 조직된 지역 내에서 16세 이상의 남녀 노동자는 모두 종사하는 산업 혹은 직업 노동조합의 회원이 될 권리와 의무를 가진"(12조)이라는 조항을 통해 노동조합 의무 가입 원칙이 유지되었다(劉明逵·唐玉良 2000b, 733).

노동통제를 위해 당-정부 및 외곽의 기구들 역시 계속 존재하였다. 1945년 5월에 중국국민당 제6차 전국대표대회에서 중앙집행위원회 아래 농공부(農工部)를 설립하여 마차오쥔(馬超俊)이 농공부장에 임명되었다. 국민당 농공부는 농업·농민 문제와 함께 노동정책 및 노동운동을 담당하는 당기구였다(劉明逵·唐玉良 2000b, 334-335). 노동정책을 담당하는 정부 기관인 사회부 역시 그대로 유지되었으며, 그 외에도 각지에 '공운지도위원회(工運指導委員會)'가 설치되었다(劉明逵·唐玉良 2000b, 335-337). 또한 일본 점령지를 수복하는 과정에서 노동조직을 통제할 목적으로 설립된 각종 기구들도 있었다. 예를 들어 상하이의 '공인충의구국군(工人忠義救國軍)', 베이핑(北平)의 '노공복업보도처(勞工復業輔導處)', 광둥(廣東)의 '공인단체지도위원회(工人團體指導委員會)'등이 있었다(劉明逵·唐玉良 2000b, 433). 수복 과정 이후에도 상하이 '상하

---

22. 파시즘에 대해 중국의 관료와 지식인들이 가졌던 관심에 대해서는 Kirby(2001) 참조.

23. 윤형진(2015) 참조. Frazier는 중국의 전시 노동정책이 전후까지 이어지는 연속성을 강조하면서 위기에 대한 대응으로서 성립된 제도가 지속성을 가지는 사례로서, 19세기 말의 일본과 대공황 시기 미국에서 만들어진 고용관행이 양 국가의 특징적 제도로 자리 잡은 사례와 유사하다고 지적한다(Frazier 2005, 결론).

24. 「工會法施行細則」(劉明逵·唐玉良 2000b, 512).

이공인복리위원회(上海工人福利委員會)' 및 산하의 '호공대(護工隊)', 베이핑의 '공인청공위원회(工人清共委員會)', 허베이성의 '공회숙청간소조(工會肅清奸小組)' 등 당의 영향력을 노동조합 내부에서 확산시키기 위한 조직들도 만들어졌다(劉明達·唐玉良 2000b, 537-545). 1947년 3월에 국민당의 6기3중전회에서 통과된 「공인운동실시요강(工人運動實施綱要)」에서는 각급 당부를 '공인운동'의 주체로 규정하였으며, 노동조합의 조직 업무를 지도하기 위해 각급 당부에서 당원을 지휘하여 '당단(黨團)'을 건립하도록 규정하였다.

전후에 국민정부가 추구했던 노동조합의 조직원칙은 중국공산당이 1949년 이후에 추진했던 방식과 다르지 않았다. 1945년 10월 국민정부 사회부에서 올린 후 행정원의 심사와 국방위원회의 심의를 거쳐 통과된 「노공정책강령실시판법」에서는 업종별 공회의 조직, 업종별 전국조직, 업종별 전국조직의 연합으로서의 전국총공회 조직 등을 전후의 노동조직에 관한 방침으로 설정하고 있었다. 이러한 방침은 이후에 중국공산당이 추구했던 노동조직의 원칙과 극히 유사한 것이었다. 다만 기층노동조합의 조직 확대에 적극적이지 않았던 것은 공산당과 다른 부분 이었다(윤형진 2015, 198-202).

중국공산당은 내전에서 승리하고 정권을 잡은 이후 공회의 보편적 조직과 당-국가의 공회 장악이라는 방향을 철저하게 밀고 나갔고, 그 결과 앞장에서 분석한 전시 노동통제의 요소들이 더욱 강화된 형태로 나타났다. 통일적 노동조직, 국가의 노동조직 통제와 노동시장에 대한 개입 등에 있어서 동아시아의 어느 지역보다 더 선명하게 전시체제의 유산을 계승하고 있다. 물론 전시체제의 유산이라는 측면 외에도 소련식 사회주의 모델과의 결합 속에서 나타난 중국적 변형이라는 측면도 존재한다. 무엇보다도 노동조직과 기업조직뿐 아니라 일상의 거의 모든 측면이 통합된 '단웨이(單位)'라는 독특한 사회조직의 전개가 이를 잘 보여 준다. 그러나 가입이 의무화되고 단일한 계통의 전국조직을 갖춘 노동조합을 조직하고 당과 국가가 그에 대해 강한 통제력을 가지는 체제는 전시부터 계속 이어진 것으로서 공산당의 권력 장악 이후에 새롭게 등장한 것이 아님은 분명하다.

V. 맺음말

이상에서 살펴본 바와 같이 전시 중국에서는 전시체제의 일환으로 추진된 노동통제 정책으로 국가와 노동조직의 관계가 근본적으로 변화했으며 국가가 노동조직을 통제하고 노동시장에 깊이 개입하는 체제가 만들어졌다. 그리고 그 성과와 지향은 전후에도 계속 유지되었다. 전시의 노동통제 정책은 국민정부에 한정된 것이 아니라 일본과 식민지, 점령지를 비롯한 중국의 각 지역정권 모두에서 모두 나타났던 변화였으며, 차이점도 있지만, 공통적인 요소도 많이 발견할 수 있다. 시간적으로 만주국이 이러한 변화의 선두에 서 있었으며, 국민정부의 노동통제 정책은 내용적으로 유사하면서 일본과 조선, 만주국 및 화북과 화중의 점령지에 비해 시간적으로 뒤늦은 것이었다.

이 글에서 분석한 전시의 변화는 법제적 변화에 국한된 것으로서 각 지역정권의 상황을 좀 더 상세하게 파악하고, 기층에서 이루어진 변화를 추적함으로서 전시의 변화와 그 유산에 대해 더욱 진전된 논의의 여지가 있을 것이다. 다만 전시체제와 전후 사회주의체제의 연속성에 관한 논의의 범위를 확장시키고, 전후 사회구조의 전시체제적 기반이라는 주제를 동아시아적 차원에서 살펴볼 수 있는 소재를 제공했다는 점에서 이상의 분석이 가지는 의미를 찾을 수 있을 것이다. 또한 이 글에서 전시의 국민정부에서 나타난 변화를 일본과 일본의 식민지 및 점령지에서 나타난 변화와 함께 검토한 것에는 기존의 일본 식민지 비교연구라는 틀의 유용성을 입증하는 측면과 그 틀을 벗어나 버리는 측면이 모두 존재하고 있는데, 이 글이 이와 관련된 지속적인 토론의 계기가 되기를 기대한다.

당과 국가가 가지는 통제력의 한계, 노동자 조직화의 한계, 산업 구조의 문제 등으로 인해 이 글에서 다룬 법제적 변화가 노동현장에서 전면적인 변화를 가져왔다고 보기는 어렵다. 그러나 그러한 제도적 변화는 국가와 노동조직 사이의 관계에 있어서 근본적 전환으로서, 장기적인 구조가 형성되는 출발점이었다고 볼 수 있다. 이 전환은 전시에 국민정부 통치하에서 시작되어 공산당 정권에서 완성되었다. 그리고 그러한 전환의 배경에는 통치 아이디어의 국제적 유통이 존재했다.

【참고문헌】

1. 사료

『新華日報』

行政院秘書處 編印,『行政院公報』.

『孫中山全集』第5券(中華書局, 1985).

居之芬·莊建平 主編. 2003.『日本掠奪華北强制勞工檔案史料集(上·下)』. 北京: 社會科學文獻出版社.

榮孟源 主編. 1985.『中國國民黨歷次代表大會及中央全會資料(上·下)』. 北京: 光明日報出版社.

劉明達·唐玉良 主編. 2000.『中國近代工人階級和工人運動 第十二冊: 抗日戰爭時期淪陷區的工人階級和工人運動』. 北京: 中共中央黨校出版社.

劉明達·唐玉良 主編. 2000.『中國近代工人階級和工人運動 第十三冊: 解放戰爭時期國民黨統治區的工人階級和工人運動』. 北京: 中共中央黨校出版社.

秦孝儀 主編. 1984.『革命文獻 第99輯 抗戰建國史料-社會建設(四)』. 臺北: 中央文物供應社.

秦孝儀 主編. 1984.『革命文獻 第101輯: 抗戰建國史料-社會建設(六)』. 臺北: 中央文物供應社.

増田米治. 1943.『重慶政府戰時經濟政策史』. 東京: ダイヤモント社.

2. 연구서

곽건홍. 2001.『日帝의 勞動政策과 朝鮮勞動者, 1938~1945』. 신서원.

이상의. 2006.『일제하 조선의 노동정책 연구』. 혜안.

한일민족문제학회 강제연행문제연구분과. 2005.『강제연행·강제노동 연구 길라잡이』. 선인.

加藤佑治. 1970.『日本帝國主義下の勞動政策: 全般的勞動義務制の史的究明』. 御茶の水書房.

松村高夫. 2007.『日本帝國主義下の植民地勞働史』. 東京: 不二出版.

柳澤治. 2008.『戰前·戰時日本の經濟思想とナチズム』. 東京: 岩波書店.

赤木須留喜. 1984.『近衛新體制と大政翼贊會』. 東京: 岩波書店.

Dillon, Nara. 2015. *Radical Inequalities: China's Revolutionary Welfare State in Comparative Perspective*. Cambridge: Harvard University Asia Center.

Frazier, Mark. 2002. *The Making of the Chinese Industrial Workplace: State, Revolution, and Labor Management*. Cambridge: Cambridge University Press.

Howard, Joshua H.. 2004. *Workers at War: Labor in China's Arsenals, 1937-1953*. Stanford: Stanford University Press.

Mimura, Janis. 2015. 박성진 옮김. 『제국의 기획-혁신관료와 일본 전시국가』. 소명출판.

3. 연구논문

김경일. 2007. "일제의 노동정책과 노동운동." 『東洋學』 41호, pp.283-303.

윤형진. 2015. "黨治의 원칙과 工會 — 1949년 前後의 北京을 중심으로." 『中國近現代史硏究』 65집, pp.183-208.

윤형진. 2018. "점령지 통치와 주민조직 — 北京의 新民會 職業分會를 중심으로." 『史叢』 93호, pp.49-76.

임성모. 2001. "'國防國家'의 실험: 滿洲國과 日本파시즘." 『中國史硏究』 16호, pp.193-237.

耿密. 2014. "抗戰期重慶の工場間勞動移動." 久保亨·波多野澄雄·西村成雄 編. 『戰時期中國の經濟發展と社會變容』, pp.157-180. 東京: 慶應義塾大學出版會.

陳長河. 1991. "國民黨政府社會部組織槪況." 『民國檔案』(2), pp.129-134.

兒嶋俊郎. 2003. "僞滿勞動統制政策." 解學詩·松村高夫 編. 『滿鐵與中國勞工』, pp.25-74. 北京: 社會科學文獻出版社.

土田哲夫. 2005. "抗戰期の國民黨中央黨部." 中央大學人文科學硏究所 編. 『民國後期中國國民黨政權の硏究』, pp.105-155. 東京: 中央大學出版部.

Kirby, William C.. 2001. "Images and Realities of Chinese Fascism." Stein Ugelvik Larsen ed. *Fascism outside Europe: The European Impulse against Domestic Conditions in the Diffusion of Global Fascism*, pp.233-268. New York: Columbia University Press.

Howard, Joshua H.. 2003. "Chongqing's Most Wanted: Worker Mobility and Resistance in China's Nationalist Arsenals, 1937-1945." *Modern Asian Studies* 37. Issue. 4. pp.955-997.

제2부

미중 경쟁과 동북아공동체

6장

지역다자주의 틀에서의 미중 경쟁과 한국의 다자안보전략구상*

'아세안 중심성'의 교훈

이신화·이양호

I. 서론

제2차 세계대전 이후 세계질서의 중추를 담당해 온 미국의 대외정책은 언제나 국제사회의 지대한 관심을 끌어 왔고, 새로운 행정부가 들어설 때마다 외교, 안보 및 경제 관련 미국의 전략적 방향과 내용에 대해 전 세계가 촉각을 곤두세워 왔다. 자국우선주의를 내세우며 신고립주의와 보호무역주의를 강조하는 도널드 트럼프 대통령의 외교안보정책은 불확실하고 일관적이지 않지만, 전후 미국 주도로 형성되어 자리 잡은 자유주의적 국제질서(Liberal International Order)에 대한 대대적인 재편을 예고하면서 세계를 매우 불안정하게 하고 있다. 특히 트럼프의 대외정책들은 최대 경쟁국으로

---

* 이 논문은 2017년 『담론 201』 20권 2호에 발표한 이신화, 이양호의 논문을 최근 한반도 및 동북아 국제정세의 변화를 반영하여 첫 번째 저자가 부분 수정한 것이다.

부상한 중국을 견제하려는 전략적 고려가 크게 작용한 것으로 한국, 일본, 호주 등 전후 미국과의 동맹을 근간으로 국가안보정책을 추진해 온 동아시아 국가들에게 적지 않은 파장을 주고 있다. 전후 혼란 속에서 미국은 소련의 부상을 효과적으로 억제하기 위해 서구 유럽에 다자간 안보협약에 기반을 둔 북대서양조약기구(NATO) 동맹을 형성한 반면, 동아시아에서의 안보질서는 개별적인 양자동맹을 중심으로 구축되었기 때문에 미국 외교정책의 변화에 취약할 수밖에 없는 구조이다.

냉전 종식과 더불어 정치적, 이념적 장벽이 허물어지면서 동북아 국가들도 다자주의적 협력의 필요성에 공감하게 되었다. 미국의 아시아 동맹국들의 역량이 증대되고 국가 간 전통적 군사안보문제 이외에 초국가적인 새로운 위협요인들이 늘어나면서, 미국을 중심으로 역내 국가들이 연결되어 있는 소위 '중심-위성'(hub and spoke) 형태의 비대칭적 동맹관계에 대한 회의감이 커졌기 때문이다. 그러나 동북아 국가들이 주도적으로 직접 만들거나 운용하는 지역협력체가 아니라 1994년 아태지역 최초의 공식적 다자안보대화체인 아세안지역안보포럼(ARF), 1997년 ASEAN+한중일 정상회의(ASEAN+3), 2005년 동아시아정상회담(EAS), 2006년 아세안 확대국방장관회의(ADMM: ASEAN Defense Minister's Meeting)+3 등 동남아시아국가연합(ASEAN, 아세안)이 주도가 되어 만든 광의의 지역협력체에 참가하는 형태로 다자주의적 접근을 모색해 왔다.

지난 세기의 냉전과 새로운 시기의 탈냉전이 공존하는 동북아 국가들은 강대국의 갈등적 대립과 경쟁 속에서도 긴장 완화가 필요한 상호 모순적 상황을 극복해야 하는 외교적 과제를 안고 있다. 특히 미, 중, 러, 일 등 4강의 자국우선주의를 앞세운 '스트롱맨'들의 지역패권경쟁이 가열되고, 북한 김정은 정권과 미국 트럼프 행정부의 '벼랑 끝 전술'식 대치상황이 가열되면서 동북아 지역에서의 군사적 충돌 가능성이 커지고 있기 때문이다. 또한 역내 국가 간 역사적 반목과 상호 불신감이 팽배하고 민족주의 감정이 격화되어 정치군사적 안보문제는 협력의 이슈가 아닌 경쟁의 이슈라는 인식이 여전히 지배적이라 지역안보문제를 다자적 차원에서 협력하여 해결해야 한다는 시민적 자각이나 정치적 동기가 미흡한 실정인 탓도 있다(이신화, 2014).

한국의 경우, 고고도미사일방어체계(THAAD: 사드) 배치에 따른 중국과의 외교갈등, 역사인식과 영토문제를 둘러싼 일본과의 대립, 미국과의 무역마찰 및 대북정책공조의 균열가능성 등 직면한 외교안보여건이 매우 복합적인 난관에 부딪혀 있다. 이에 더해 미중 양국 간 갈등이 커질수록 북핵문제 해결을 포함한 한국의 전략적 입지나 선택의 폭은 제한될 수밖에 없는 가운데, 평창동계올림픽 이후 급속도로 진행되고 있는 남북정상회담 성사 및 북미정상회담의 성공여부 등을 둘러싸고 한국의 중재자 역할도 제한적일 수밖에 없는 것이 엄중한 현실이다. 이렇듯 복잡하고 어려운 지정학적 상황에 처한 한국이, 여전히 불안정하고 핵보유를 주장하는 북한과의 관계 및 한미동맹과 주변 4강 외교를 최우선시해야 하는 외교안보적 현실을 뛰어넘어 새로운 외교패러다임에 대한 비전과 방향을 독자적으로 혹은 또래국가들과의 연합형성을 통해 수립하는 것은 상당히 힘든 과제이다(Lee and Kwon, 2015). 실로 지난 몇 년 사이 강대국정치 및 자국우선주의, 양자주의가 더욱 팽배해진 동북아 국제관계에 있어 다자주의에 기반을 둔 안보협력체를 추진한다는 것은 더욱 요원한 일이 되어 버린 듯하다.

그렇다면 동북아 지역에서 강대국의 의지나 욕구를 무시할 수 없는 제한적 역량을 가지고 한국은 어떻게 기존의 양자동맹과 새로운 다자적 안보협력 네트워크를 발전시켜 나갈 수 있을 것인가? 과거 다자안보협력에 있어 부정적이거나 수동적인 태도를 보여 온 중국이 최근 들어 지역적, 세계적 차원에서 점점 다자외교나 다자협력체 구성에 적극적으로 나서는 이유는 무엇인가? 이러한 중국 정책의 변화에 대응하여 전통적으로 아시아 안보관계에서 쌍무주의를 선호했던 미국은 어떠한 정책을 취하고 있는가? 동북아 안보의 특수성과 복합성을 감안할 때 다자무대에서의 미중 경쟁의 심화는 한국을 포함한 역내 국가들의 다자간 안보체제 구축 노력에 어떠한 긍정적 혹은 부정적 영향을 끼칠 것인가? '아세안 중심성'(ASEAN centrality)을 토대로 지난 50년간 자신들의 집단적 행동과 입장을 강화하여 지역정체성과 영향력을 꾸준히 확대시켜 온 아세안의 경험을 교훈 삼아 한국이 얻을 수 있는 적실한 전략적 시사점은 무엇인가?

이러한 맥락에서 본고는 한국이 국가안보를 위협하는 다양한 요인이나 상황에 능동적이고 시의적절하게 대응하기 위하여 억지력(deterrence)과 협력이라는 양날의 칼이 필요하며, 이를 위해 한미 양자동맹과 다자간 안보협력체를 상호 배타적인 것이 아닌 상호 보완적인 것으로 접근할 필요가 있음을 강조한다. 특히 동북아 지역에서 한미 대(對) 북중이라는 양자적 대결구도를 극복하고 지역평화와 개발을 위한 촉진자 역할을 모색하기 위한 새로운 접근으로서 한국은 다자안보전략구상을 제시하고 실천하는 중견국 외교를 펴는 것이 바람직하다. 이를 위해 강대국 간 불필요한 대립과 긴장관계로 인한 안보딜레마의 충격을 완화할 일환으로 쌍무적 동맹관계를 굳건히 유지하되 다자간 협력체를 동시에 추구하는 '양-다자'(bi-multilateral) 협력전략을 발전시킬 필요가 있다. 이와 동시에 한미일, 한미중, 한중러 등의 여러 형태의 소다자적(minilateral) 협력을 활성화하는 네트워크외교를 통한 다자주의적 접근을 배가할 필요가 있다(Lee, 2015). 그러나 염두에 두어야 할 것은 이러한 외교안보적 노력은 자칫 강대국 국제정치의 향방이나 지정학적 상황 변화에 의해 좌초할 가능성이 적지 않다는 점이다(전재성, 2017). 따라서 군사력, 경제력, 사회문화적 영향력, 지적 역량 등을 아우르는 종합적인 국력을 강화하는 정책을 통해 강대국 이권과 패권에 휘둘릴 가능성을 줄여 나가야 한다.

탈냉전기에 들어서면서 동북아 다자안보협력의 제도화를 위한 전제조건 및 다자주의적 접근을 위한 구체적인 방안을 모색하기 위한 많은 학문적, 정책적 노력이 있어 왔으나 동북아 국가들 간에는 아직도 정부 차원의 정례적인 지역안보협력대화가 부재한 실정이다. 본고에서는 지금까지 많은 논문들이 논의해 온 다자협력체 현황이나 발전조건과 한계 등에 대한 논의보다는 격화되는 미중 경쟁이 다자안보 영역에까지 확대되고 있는 배경과 현황을 살펴봄으로써 한국과 같은 상대적 약소국이나 중견국이 어떠한 전략적 선택을 해야 할지에 대해 논해 보고자 한다. 이를 위해 본고는 우선 동북아 지역안보협력체 구축 가능성을 모색하기 위해 세력균형과 지역안보 구조 간 역학을 고찰하는 국제관계이론의 여러 논점에서 논하고자 한다. 또한 다자주의와 다자적 접근의 공통점과 차이점을 살펴봄으로써 다자주의의 한 형태라 할 수 있는 다자안보협력에 관한 이론적 고찰을 시도할 것이다. 둘째, 중국의 다자외교 발전과정을 살펴보고 급부상하는 중국을 견제하려는 미국의 전략적 시도가 동아시아 다자안보 영역에서는 어떻게 전개되고 있는지를 고찰하고, 이러한 두 강대국의 다자주의적 접근이 역내 국가들에 끼치는 영향에 대해 논할 것이다. 셋째, '집단적 목소리'를 통해 자신들의 입장을 미중 관계 및 국제관계에 적극적으로 투사하고 있는 동남아 국가들의 '아세안 중심성'의 성과와 한계를 살펴봄으로써, 지정학적 한계와 강대국정치의 소용돌이 속에서 한국이 외교적 공간과 영향력을 확보하기 위해 추구해야 할 전략적 교훈을 찾아보고자 한다.

II. 동아시아 다자안보협력체에 대한 이론적 고찰 및 적실성

동아시아 지역안보협력체 수립의 가능성과 적실성을 모색하기 위해 세력균형과 지역안보 구조 간 관계를 설명하는 여러 관점의 이론적 논의를 살펴보고, 다자주의와 다자적 접근에 관한 공통점과 차이점을 비교·검토함으로써 다자주의의 한 형태인 다자안보협력에 대해 이론적으로 조명해 볼 필요가 있다.

우선, 다자주의와 관련하여 현실주의자, 신자유제도주의자, 구성주의자들의 입장은 서로 다르다. 현실주의자들은 국제관계의 무정부상태로 인한 안보딜레마로 인해 일국이 자국의 안보적 이익과 직접적으로 연결되지 않는 국가 간 협력을 논한다는 것은 어렵기 때문에 자칫 국가권력이나 선택이 축소될 수 있는 다자주의적 안보협력에는 회의적일 수밖에 없다는 입장이다(Caporaso, 1992: 601; Hemmer and Katzenstein, 2002: 576). 반면, 신자유제도주의자들은 강대국에 대해 저항하거나 협력하여 균형을 유지하거나 기회적 편승을 할 경우 따르는 부정적 결과를 줄이고 세력균형의 부정적 결과를 줄이기 위해 효과적이고 지속적인 지역협력체를 구축해야 한다고 강조한다. 한편, 구성주의자들은 지역제도 구축을 위한 정체성과 사회화와 같은 가치들의 필요성에 집중한다. 강한 그룹정체성은 회원국들로 하여금 강대국이 지역질서를 수립하는 것을 수동적으로 기다리는 것이 아니라 자신들이 속한 지역의 경제적, 전략적 지형을 스스로 만들어 갈 잠재력을 키우게 할 수 있다고 주장한다(Hopmann, 2010).

둘째, 다자주의와 다자적 방법은 비슷한 개념이지만 이를 구별하여 고찰함으로써 다자주의의 한 형태로 이해할 수 있는 다자안보협력에 대한 이론적 접근이 용이하다. 다자주의란 러기(John Ruggie)가 주장하듯 일반화된 행동원칙에 따라 셋 이상의 국가 간 관계를 조율하는 것이다(Ruggie, 1992: 22). 다자주의가 성공하기 위해서는 집단적 정체성도 중요하지만, 커헤인(Robert Keohane)이 '포괄적 상호성'이라 일컫는 구성원들 사이의 기대, 즉 단기적으로는 다소 손해를 보더라도 장기적으로는 이익이 될 수 있다는 상호 인식이 핵심적인 요소이다(Keohane, 1986).

19세기 전반기 유럽의 국제질서는 '유럽협조체제'(Concert of Europe)로 불리는 역내 국가들 간 일련의 회의형태로 구체화되었으며 일정한 가치와 규범 및 질서를 갖춘 연대보장 체제였다(이용재, 2015). 유럽협조에 대해 혹자는 강대국 논리를 중심으로 움직이던 18세기 전통적인 세력균형의 국제관계와 다를 바 없다는 비판을 하고, 혹자는 나폴레옹 전쟁 이후 강국과 소국 사이에도 협상을 통해 이루어지는 일정 정도의 '정치평형'(political equilibrium)이 유지되었다고 주장한다(Schroeder, 1989). 하지만 다자주의를 토대로 '제도로의 움직임'(move to institutions)이 이루어져 공식적인 기구가 출현하고 다자적 합의의 지속성과 적응력이 가능해진 것은 20세기에 들어서면서부터였다(Ruggie, 1992: 23).

다자적 접근방식은 다자주의의 전제조건, 즉 집단적 정체성 등이 제대로 완숙하지 못한 상태에서라도 다수의 행위자로 하여금 이익에 대한 협상과 배분과정을 경험하게 함으로써 일종의 그룹정체성을 가지게 유도할 수 있다는 것으로(최종건, 2012: 16), 다자주의를 정착시키는 하나의 수단이라 할 수 있다. 또한 다자적 접근방법은 소극적 다자주의라는 차원에서 선택적 혹은 선별적 다자주의(selective multilateralism)라고도 일컫는다(김태운, 2005: 16). 다자적 접근이 국가 간 관계에서 비록 선별적인 이슈에 대해서만 협의나 이익분배를 한다 하더라도, 이와 같은 외교행태가 국제정치적 사회화과정을 통해 단기적 손익보다 장기적 이익을 추구하고, 더 나아가 국가 간 공통된 이익창출로 이어진다면, 공동체적 정체성이 만들어지고 다자주의가 발전하여 궁극에는 공식적인 제도의 출범으로 이어질 수 있을 것이다.

예를 들어 2003년 북한 핵문제 해결을 위해 시작된 한반도 주변 6개국이 참여한 6자회담의 경우 다자적 접근을 추구하지만 형식적 제도를 가지고 있지 않다. 더욱이 다자주의의 일반적인 행위원칙과 비차별성이라는 차원에서 볼 때, 미국과 북한의 일방성에 기반을 둔 6자회담을 다자주의로 보기는 어려운 측면이 있다. 협상에 대한 원칙이 없다는 점뿐만 아니라 참여국가들 간 포괄적 상호성이 부족한 것도 문제이다(김태운, 2005: 12-13). 하지만 특정한 안보이슈의 해결을 위해 셋 이상의 국가가 협의에 참여하여 공동목표를 추구하고 공동성명을 통해 다자간 합의를 이끌어 내고 있다는 점에서 공식적인 다자안보협력체로 발전할 가능성이 있는 다자주의적 제도로 보는 관점도 있다(김경일, 2003: 39).

셋째, 다자안보협력이란 지역적·세계적 차원의 안보이슈에 대해 셋 이상의 국가들이 공동안보를 추구하기 위해 상호 협력이 가능한 영역에 대해 협의하고 조정하여 적절한 해결책을 모색하는 과정이다. 다자안보협력을 통해 궁극적으로 추구하는 목표는 공동으로 당면한 위기상황에 대처하기 위해 국가들 간 서로 다른 이해관계나 우선순위 및 이견들을 조율할 수 있는 공식·비공식적 대화채널을 정례화·제도화하여 상호 재보장조치(MRMs)나 신뢰구축조치(CBMs)를 촉진할 수 있는 다자안보협력기구를 설립하는 것이다. 물론 이러한 기구는 기존의 국제기구나 지역기구 및 다자협력체제의 기능을 대체하는 것이 아니라 상호 보완할 수 있는 새로운 다자안보체여야 한다. 더욱이 냉전 종식 이후 군사안보문제뿐 아니라 환경, 경제, 인권, 질병 등을 아우르는 소위 포괄적 안보문제가 심각해지면서 초국가적 안보협력의 중요성이 커지고 있어 전통적인 안보체제를 보완하고 상호 신뢰와 협력안보를 증진시킬 다자주의적 협력체제의 필요성과 적실성에 대한 공감대가 넓어지고 있다.

이러한 맥락에서 지역 차원의 다자간 안보협력의 중요성도 커지고 있다. 지역다자안보를 제도화하는 것은 이를 통해 역내 국가들의 회동을 정례화하고 대화습관을 늘림으로써, 지역안보정세 및 공동위협을 규명하고 상호 입장교환을 활성화하여 불신과 오해를 최소화하고 서로 협력하는 장을 마련한다는 데 의의가 있다. 특히 지역다자안보 메커니즘을 통해 개별국가의 의도와 이해관계에 대한 정확한 전달 및 국가들의 정책과 활동의 투명성을 제고함으로써 상호 이해증진과 신뢰구축을 해 가는 과정은 궁극적으로 군축으로 이어질 수 있어 지역평화에도 기여할 수 있을 것이다.

하지만, 이와 같은 다자안보협력체의 유용성과 적실성에도 불구하고 동아시아 지역에서 다자주의적 질서와 다자안보협력체의 수립이 가능할지는 여전히 논란거리이다. 사실 전후 냉전기 동아시아에는 유럽연합과 같은 다자기구나 북대서양조약기구(NATO)와 같은 다자동맹체제가 없었을 뿐 아니라, 1970~80년대 유럽의 동서 양 진영이 추진했던 '헬싱키 프로세스'와 같은 상호 신뢰과정도 없었다(Ruggie, 1992: 4). 유럽에서는 세력균형이라는 틀을 뛰어넘는 새로운 틀을 모색한 데 반해, 동아시아에서는 미국과의 세력균형이 최선의 전략으로 간주되었기 때문이다.

강(David Kang)은 전통적으로 중화 중심의 서열적인 동아시아 지역질서에 기반을 두어 아시아 국가들은 부상하는 중국에 맞서기보다는 편승할 것이라고 예측한다(Kang, 2003). 반면, 아차리아(Amitav Acharya)는 역내 국가들의 군사증강, 미국의 양자동맹 강화 등을 예로 들어 부상하는 강대국을 묵인하거나 기회적 편승을 하는 일이 아시아에서 일어나지 않는다고 지적한다. 또한, 아세안은 경제적 이유로 중국과의 협력관계를 원하는 동시에 중국의 의도에 대한 불신으로 편승하는 것을 피해 왔으며 아세안을 비롯한 지역 협력체들이 통합된 정체성을 토대로 새로운 지역안보질서를 건설하는 것은 역부족이라고 주장한다(Acharya, 2003/2004).

이와 같이 상이한 이론적 견해나 접근은 지역안보 메커니즘을 설계하고 이행해야 하는 정책결정자들에게 유용한 가이드라인이 될 수 있다. 하지만 다른 지역들과 비교하여 현실주의적 안보구조 및 지정학적 역학이 뚜렷한 동북아의 경우, 현재의 패권국과 잠재적 패권국 간의 갈등에 대응하기 위한 이론적 선택은 균형이나 편승 중 택일하는 것 이외에는 별다른 대안이 없어 보인다. 한국의 경우, 미국과의 전통적인 군사적 동맹을 고수하여 경제적 이득과 안전보장을 담보 받는 것이 현실적인 선택으로 보인다. 하지만, 최대 무역파트너인 중국과의 전략적 협력동반자관계를 설정한 것도 한국의 현실주의적 외교정책에서 나온 것이므로 미중 강대국의 틈새에서 한국의 전략적 선택은 단순히 이론적 논리로만 설명될 수 없는 복잡한 역내 안보·경제방정식 속에서 미중 균형외교를 고심해야 하는 딜레마를 안고 있다.

더욱이 한국에게 있어 중국과의 관계는 경제적 의존도 때문만이 아니라 북한위협을 다루는 전략적 측면에서도 매우 중요하고, 동아시아 세력균형 변화 가능성도 일정 정도 우려해야 하는 실정이다. 따라서 한국의 외교정책은 미국의 동맹방기위험과 미중 갈등의 연루라는 두 가지 극단적 상황을 모두 염두에 두고 이행되어야 하기 때문에 어느 한 가지 국제정치이론을 근거로 정책 가이드라인을 찾기란 쉽지 않다. 주변 강대국 사이에서 쌍무적 관계만으로는 한국의 영향력이나 입지가 매우 제한적일 수밖에 없는 상황에서 힘의 정치역학을 강조하는 현실주의적 접근과 협력의 이익에 초점을 맞춘 자유주의적·제도주의적 접근, 그리고 집합적 정체성 제고를 토대로 한 구성주의적 접근을 적절히 조합하여 그 이론적 '상관성'(relevance)을 높이는 것이 중요할 것이다.

III. 동아시아 지역다자주의 틀에서의 미-중 패권경쟁

1. 중국의 다자주의 발전과정과 전략적 의도

전후 미국은 공산주의 확대를 저지하는 것을 골자로 하는 트루먼 독트린을 1947년 선언한 후, 그 기치 아래 유럽에서는 NATO를 통한 다자안보동맹(1949년)을 체결한 반면, 아시아에서는 호주(1951년)[1], 필리핀(1951년), 한국(1953년), 일본(1954년)과의 쌍무적 안보동맹을 체결하였다. 그러나 아시아 지역에도 미국 주도의 다자기구가 없었던 것은 아니었다. 1954년 미국을 비롯한 8개국이 참여하는 반공 군사동맹으로 동남아시아 조약기구(SEATO)가 설립되었다. 하지만, 회원국 만장일치를 토대로 하는 SEATO는 지역분쟁해결에 별다른 역할을 못하였고 1973년 베트남에서 미군이 철수하고 몇몇 회원국들이 탈퇴하면서 1977년 결국 해체되고 말았다(Dockrill and Hughes, 2006).

미국이 주도한 이러한 양자적, 다자적 조치들은 대소봉쇄전략의 일환이었지만, 1949년 국공내전의 승리로 중국인민공화국을 건국한 중국공산당 지도부에게는 이러한 미국의 전략들이 자국을 압박하고 억제하려는 수단으로 비춰져 경계와 배척의 대상이었다. 1950~60년대 중국은 대만이 중국을 대표하는 합법적인 정부로 인정되었던 유엔을 비롯한 국제무대에서뿐 아니라 아시아 지역 차원에서도 크게 고립되어 있었다. 1950년 중국은 친선, 동맹, 상호 원조인 중-소조약을 통해 독자적 안보체제를 만들려고 노력하였지만, 양국은 1960년부터 소련이 붕괴할 때까지 극심하게 분열된 상태였다.

비록 중국은 국제제도 틀이나 작동방식에 대한 이해 및 다자적 합의과정에는 서툴렀으나 1971년 유엔의 회원국이 되면서 대만을 대신하여 유엔안전보장이사회(안보리) 회원국이 되었다. 그럼에도 불구하고 중국은 1970~80년대에 걸쳐 다자적 안보협약이나 다자기구에 참여하는 것에 여전히 소극적이거나 주저함을 보였고, 종종 반대의사를 표명하기도 하였다. 하지만, 1990년대에 들어서면서 중국은 국제무대 및 아시아 차원에서 다자협력과정에 참여하거나 다자적 구상을 하기 시작하였다.

예를 들면, 중국은 1981년까지 유엔평화유지활동(PKO)의 임무에 대해 내정불간섭과 자주권존중 원칙을 내세워 반대하였고, 어떠한 재정적·인적 자원을 제공하는 것도 거절하였다(Choedon, 2005). 1982년 중국은 유엔 PKO에 재정적 지원을 시작하였으나, 그 후 1992~93년 캄보디아에 800명의 평화유지군을 처음 파견할 때까지 중립을 지킨다는 명분으로 PKO 파병 관련 유엔결의안들에 반대나 기권을 표명하였다. 1999년 동티모르의 PKO

1. 미호동맹은 호주, 뉴질랜드, 미국의 3자동맹인 태평양안전보장조약(ANZUS) 체결로 시작하였으나 1987년 뉴질랜드가 비핵화지대를 선언하고 미국과의 갈등이 불거져 ANZUS에서 배제되면서 실질적으로 미-호 양자동맹이 되었다.

파병은 중국이 상호 합의가 부재한 PKO 임무에 찬성을 한 첫 사례였고, 이후 중국의 PKO 참여와 기여가 늘기 시작하였다. 특히 2015년은 중국이 세계안보 기여국으로 전면 부상한 획기적인 해라고 할 수 있는데, 시진핑 국가주석은 9월 유엔총회에서 전체 유엔 PKO 상비군의 1/5에 해당하는 8천 명의 중국군을 파견하겠다고 공표하였다(Blasko, 2016). 이뿐 아니라 중국은 아프리카연합(AU) 상비군에 미화 1억 불을 제공하고 유엔평화개발신탁기금에 미화 10억 불을 기여하기로 하였다(Fung, 2016). 또한 미국 주도의 NATO 팽창에 대한 불만을 표명하면서도 중국은 유럽연합(EU)과 NATO를 중국을 견제하는 경계대상이 아닌 관여를 하는 파트너로 간주하여 공식적인 외교관계를 모색하기 시작하였다(Chung, 2011).

동아시아 차원에서 중국은 1994년 설립된 ARF에 안보기능에 대한 권한을 부여하는 것을 거부하였다. 하지만 1997년 중국은 다자적 지역안보체제에 대한 중국 관여의 이론적 기반이 되는 '신안보개념'(NSC)의 발표와 함께 ARF에 적극적으로 참여하고 아세안 국가들과의 안보협력을 모색하기 시작하였다(한석희, 2004). 중국이 난사군도의 미스치프 암초를 1995년 점령하면서 동남아 국가들이 중국을 위협으로 인식하기 시작하였는데, NSC는 이러한 대중위협론을 약화시키기 위한 대응방안으로 만들어졌다. 중국은 아세안 국가들과 기술적 군사문제들에 대한 협력을 모색하고 ARF 체제에서 분쟁방지 메커니즘을 지지하기 시작하였다. 중국의 아세안 다자협력체에 대한 불신을 완화하게 된 것은 개방적 지역주의, 합의형성, 협력안보를 기치로 한 ARF의 특성, 그리고 중국을 관여시키려는 ARF 회원국들의 노력에서 기인한 면도 있다. 하지만 무엇보다 중요한 이유는 지역안보에서 미국 주도의 동맹 구조에 대한 대안으로써 ARF를 이용하고자 하는 중국의 전략적 계산이었다(Christensen, 2001). 한편, 1996년 중국은 중앙아시아, 러시아와의 협력과 신뢰구축을 증진하기 위해 '상하이 파이브'를 공동 설립하였으며, 이는 2001년 상하이협력기구(SCO)라는 다자협력기구로 발전하였다. SCO 역시 미국의 아시아진출 확대전략에 대응하기 위한 중국 주도의 견제기구 성격이 짙어지고 있는데, 특히 최근 수년 동안 러시아와의 협력 하에 기구의 조직 공고화 및 기구 확대를 통해 미국 견제 및 국제질서의 다극화를 도모하는 노력을 경주하고 있다(박상남, 2014; 122).

2000년대 이후 중국의 다자외교나 다자주의적 접근은 더욱 활발해지는데, 2004년 제10차 해외주재사절회의에서 천명한 중국 외교의 4대 기조, 즉 "대국은 관건, 주변은 우선, 발전도상국은 기초, 다변은 주요 무대"(大国是关键, 周边是首要, 发展中国家是基础, 多边是重要舞台)에서 알 수 있듯이(宋伟, 2015), 다변화 혹은 다자주의가 대국화나 주변 국가 관계에서 중요하다는 것이 중국 외교정책의 핵심적 사안 중 하나가 되었다. 2003년 이후 중국은 북핵 위기를 해결하기 위한 수년간의 6자회담에서 조정자의 역할을 수행하였다. 2008년 12월 이후로 회담이 열리지 않고 있음에도 불구하고 6자회담은 다자적 접근에서 경험이 거의 없는 동북아 국가들이 민감하고 해결하기 힘든 지역안보에 대한 위협을 총괄적으로 다루기 위해 한자리에 모여 합의 도출을 위한 노력을 기울였다는 의의를 갖는다. 이 과정에서 중국의 중재자적 역할은 필수적이었다. 김정은 체제하의 북한에 대한 중국의 영향력이 적어지고 있다는 우려와 중국의 '북한피로감'이 커지고 북중 관계가 껄끄러워졌다는 지적에도 불구하고 9년 가까이 중단된 회담을 재개할 기회를 모색하는 데 있어 중국의 역할은 여전히 중요하다.

한편, 중국은 SCO와 아세안 국가들과의 여러 합의와 같은 다자적 안보체제를 만드는 것에 있어 주도적인 역할을 하려고 노력해 왔다. 2002~2010년 중국은 SCO 회원국들과 양자 또는 다자간으로 20개 이상의 합동군사훈련에 참여하였고, 130개 이상의 정부 간 기구의 회원국이 되었으며, 250개 이상의 국제다자조약에 서명하였다(Pradt, 2016; 133). 반면 미국은 베트남전에서 철수한 이래 30년 이상 동남아 지역을 도외시해 왔고, 특히 2001년 9·11 이후는 중동, 중앙, 서남아시아에 전략적으로 몰두해 있었다. 2008년의 경제위기는 미국의 지역적 영향력을 더 축소하였고, 중국은 이러한 상황을 자국의 영향력을 넓히는 전략적 기회로 활용하는 데 상당 부분 성공하였다.

2014년 5월 시 주석은 안보협력의 새로운 진보를 위한 중국의 '신아시아 안보전략'(NASC)을 주창하였다. NSC가 중국에 대한 동남아 국가들의 위협적인 인식을 약화시키기 위한 노력에서 나온 것처럼 NASC도 남중국해에서 긴장이 고조되는 가운데 중국의 부상에 대한 국가들의 부정적인 견해에 대응하기 위한 시도였다. 그러나 NASC는 한걸음 더 나아가 새로운 지역안보협력 구조를 건설하기 위한 명백한 목표를 내세우고 있다(Tiezzi, 2015). 중국과 동남아 국가들 간의 분쟁은 미국이 남중국해의 남부 해상에 있는 난사군도 섬들을 둘러싼 중국의 지속적인 팽창을 비난하고, 이에 대해 중국이 지역 간의 영토에 대한 요구에서 "어떠한 위험하거나 도발적인 행동은 취하지 말라"라고 미국에게 경고를 하는 등, 점점 미중 갈등 양상으로 번지면서 더욱 복잡해졌다.[2] 따라서 중국이 동아시아 다자적 접근에 적극성을 띠게 된 것은 동남아 국가들과의 유대감을 강화하여 이 지역에 대한 미국의 영향력을 약화시키고, 지역 차원의 안보불안과 위협을 완화시키는 데 중국이 건설적인 역할을 할 수 있다는 점을 이들 국가들에게 부각시키기 위한 전략적 계산이라 할 수 있다. 그러나 난사군도를 둘러싼 미중 패권경쟁의 심화로 중국의 이러한 다자적 노력의 의도가 오히려 동남아 국가들에게 부정적으로 비쳐지는 결과를 초래한 면도 있다. 하지만, 2016년 ARF 당시만 해도 뚜렷하게 나타났던 남중국해 문제를 둘러싼 중국과 동남아 국가들 간의 갈등관계는 2017년에는 상당히 회복된 모습을 보였다. 이는 1년 동안 중국이 아세안 개별국가들과 남중국해 문제를 두고 해빙무드를 조성하는 노력을 한 결과라 할 수 있다(Gao, 2017; 이재현, 2017).

이렇듯 중국이 다자주의적 접근에 적극성을 띠게 된 것에 대해 현실주의자들은 중국의 국제기구 참여는 자국의 힘을 극대화하기 위한 수단이라고 주장한다. 반면 신자유제도주의자들은 이익에 기반을 둔 설명들이 개혁 개방 초기의 중국을 설명하는 데는 합리적일지 모르나 규범에 기반을 둔 설명, 즉 우리(we-ness)를 강조하는 것은 중국이 글로벌 거버넌스 구축에 주도적 역할을 하기 위해 제도의 중요성을 인식하고 새로운 정책을 추구하게 된 것이라고 주장한다(Changhe, 2013). 한편, 미국과 같이 분명한 동맹국들이 없는 중국은 다자협력이 국가이익에 부합될 때는 적극적으로 추진하다가 그렇지 않을 때는 양자적 힘의 관계를 모색하는 '기회주의적'경향의 다자외교정책을 구사하고 있다는 주장도 있다.[3]

2. 미국 다자주의 안보전략의 모호성

미국은 제2차 세계대전 승리 이후 압도적 군사력과 경제력을 토대로 국제사회에 막강한 영향력을 행사하면서도, 자유주의적 국제주의를 표방한 다자주의 전통을 견지해 왔다. 특히 냉전기 미국은 국가주권 존중, 민주주의와 자유무역 자본주의체제 옹호, 인권증진 등의 규칙을 토대로 한 국제질서를 강조함으로써 자유진영이 소련 주도의 공산진영에 대해 이념적, 정치적 우위를 점하는 원동력으로 삼았다. 공산권 붕괴로 유일 초강대국이 된 미국은 자유민주주의체제의 확산을 안정적 세계질서 구축의 전략으로 내세웠지만, 이러한 미국 패권전략은 이슬람 국가나 제3세계 국가, 그리고 비국가행위자인 테러집단 등 크고 작은 대항세력들의 반발로 인해 예기치 못한 난관에 부딪히고 9·11 테러 사태와 같은 심각한 부작용들이 나타나게 되었다.

동아시아에서의 미국의 냉전기 지역전략은 소련 팽창을 저지하기 위한

---

2. "The South China Sea: Explaining the Dispute," The New York Times, July 14, 2016.

3. 첫 번째 필자의 미국 MIT 정치학과 및 국제학연구소(CIS) 중국전문가 Taylor Fravel 교수와의 2017년 4월 25일 면담내용 중에서 인용함.

양자동맹을 주축으로 하였다. 앞서 언급한 대로 미국이 동아시아 안보이슈를 처리하는 과정에서 다자적 시도가 없었던 것은 아니지만, 양자주의를 통한 미국 주도의 지역질서 유지를 선호하였다. 그 이유는 동아시아에서 미국의 강력한 영향력 구사를 위해 다자간 제도적 협력보다는 쌍무관계를 통한 자국의 정책자율성이 더 중요하다고 판단하였기 때문이다(Ikenberry, 2004: 357). 또한, 유럽 국가들에 비해 동아시아 국가들은 역사, 인종, 문화적 면에서 집단적 정체성이 결여되어 있고, 식민역사로 인해 상호 반목과 불신이 심하여 다자주의적 접근이 어려웠기 때문이었다(이상현, 2006).

1993년 클린턴 대통령의 '신태평양 공동체'(New Pacific Community) 구상, 1996년 '미일 신안보 공동선언,'1995년과 1998년 발표된 미국의 동아시아 전략보고서(East Asia Strategy Report) 등에서 살펴볼 수 있듯이, 냉전 종식 이후에도 미국은 한-미, 미-일 양자동맹 등을 주축으로 한 지역안보질서의 보완적 차원에서 다자안보협력체의 역할을 추진할 것이라는 입장을 분명히 하였다. 2001년 출범한 부시 행정부는 국제기구나 다자간 협정의 중요성을 경시하고 일방주의적 외교정책을 추진하여 국제사회의 논란거리가 되었지만, 동북아 다자안보체의 진전에 대해 반대하지 않았고, 9·11 이후 국가 간 반테러 협력을 위한 세계적·지역적 차원의 다자주의적 접근의 유용성을 재인식하게 되었다. 하지만 부시 행정부의 대외정책은 클린턴 시기와 비교하여 '선별적 다자주의', '일방적 다자주의', 혹은 '다자적 개입주의'의 양상이 더욱 뚜렷해졌다.

즉, 미국 스스로 필요성을 인정하는 다자대화나 협력 이니셔티브의 경우, 혹은 국제사회에 위협이 되지만 자국에 직접적인 해를 끼치는 이슈가 아닌 경우 미국은 다자주의적 접근에 적극적인 태도를 보여 왔다. 반면, 자국의 선택이나 행동에 걸림돌이 되는 다자적 협약이나 대화에는 소극적이거나 부정적 입장을 견지하였으며, 자국의 이익이 직접적으로 훼손될 경우는 일방적 군사활동도 불사하는 정책을 취해 왔다. 중국에 대해서는 기존의 개입정책을 견지하면서 군사적 봉쇄와 경제적 포용을 아우르는 소위 '봉쇄·포용 병진'(congagement) 전략을 강화하였고(Khalizad, 2012), 북한 핵문제 해결을 위한 6자회담과 관련해서는 중국을 활용하는 등 전임자에 비해 좀 더 '다자적인'접근을 취했다는 평을 받기도 하였다(Hathaway and Lee, 2005: 7).

2012년 버락 오바마 대통령의 아시아회귀(Pivot to Asia) 혹은 재균형 정책은 중국의 급진적 부상에 관한 불확실성과 우려로 인한 미국의 전략적 선택으로 미중 간 패권경쟁을 고조시키는 계기가 되었고, 역사적으로 분쟁이 끊이지 않던 남중국해를 둘러싼 중국과 동남아 국가들의 분쟁에 미국이 개입하면서 미중 갈등이 격화되었다. 다자간 관계에서의 강대국 경쟁은 해양문제를 뛰어넘어 많은 영역으로 확장되고 있는데, 중국은 '순수한'아시아 국가들로만 이루어진 아세안+3 구조를 선호하는 반면, 미국은 지역적 협력구조를 확대한 동아시아정상회의(EAS)에 2011년 가입하였다. 미국의 EAS 가입은 자국이 주도하지 않은 다자적 체제에 가입한 첫 사례로 미국이 그만큼 아시아에서의 중국 영향력을 고려해 전략적 선택을 한 것으로 판단된다. 또한 오바마 대통령이 아시아 회귀정책의 일환으로 추진해 온 환태평양경제동반자협정(TPP)과 중국이 아세안 국가와 더불어 추진한 역내포괄적경제동반자협정(RCEP) 또한 중요한 정치안보적 함의와 함께 미중 경쟁의 경제적 차원으로 간주되었다. 오바마대통령의 아시아회귀전략은 중국을 견제하려는 일본의 이해관계와도 맞아떨어졌지만, 이를 통해 동아시아에서의 전통적인 양자관계(한국, 일본, 호주, 필리핀)의 강화, 옛 우방국들과의 협력관계 재설정(인도네시아, 베트남), 새로운 파트너와의 협력모색(중국, 미얀마) 등을 양자관계 및 다자적 제도를 통해 활성화하려는 전략적 결정이었다(Green, 2016).

2017년 1월 트럼프 행정부는 출범과 더불어 보호무역주의를 강조하며 TPP 탈퇴를 선언하였다. 이로 인해 TPP의 동력은 크게 떨어지게 되면서 중국이 주도하는 협정인 RCEP와 아시아태평양자유무역지대(FTAAP)에 대한 아시아 국가들의 관심이 높아지게 되었다. 하지만 다자간 무역협정대신 주요 무역상대국과 개별적인 양자무역협상을 통해 미국의 이익을 추구하겠다는 트럼프 행정부의 전략은 한미 FTA 재협상이나 환율 관련 압박 등 한국을 비롯한 동아시아 국가들에게 경제적 측면뿐 아니라 정치, 외교, 안보 영역에서도 부정적 영향을 끼칠 수 있다. 대표적인 예로, 2017년 8월 ARF는 트럼프 대통령이 TPP를 폐기하기로 한 후 처음 개최된 회의였는데, 미국의 존재감이 두드러지지 않은 채 트럼프 대통령의 대동아시아정책의 취약성과 모호성이 비판받았다(Gao, 2017).

요약하면, 미국이 긍정적으로 동아시아 다자안보계획을 모색하게 된 것은 중국의 부상 및 도전적 대외행태, 북한의 군사적 위협과 정권 불확실성 증대를 포함한 아시아 안보정세의 불안정성, 미국 영향력의 상대적 약화, 포괄적 안보이슈의 중요성 확대 등 새로운 지역안보환경에 적응하여 대외정책을 조정해야 하는 필요성을 인식했기 때문이다. 또한 1990년대 후반 이후 중국이 다자대화 및 협력노력에 적극적인 태도를 보이는 것에 대한 견제의 성격도 강한 것으로 보인다(Ikenberry, 2004: 353). 이렇듯 미국의 다자주의에 대한 태도나 정책은 일관되지 못하고 모호한 양상을 띠어 왔고, 이로 인해 미국의 참여와 지지가 결여된 동북아 다자협력체를 수립하는 것은 현실적으로 거의 불가능한 것으로 간주되고 있다.

이러한 미국 행정부의 입장이나 정책과는 달리, 다자주의에 대한 미국 대중들의 입장은 일관적이고 긍정적인 것으로 나타난다. PEW 연구센터 서베이 데이터에 따르면, 다자주의적인 리더십 공유(shared leadership)를 선호하는 응답자의 비율이 약 75%, 단일 리더십(single leadership)이 약 15%를 차지하고 있으며, 미국이 리더십을 발휘하지 않아야 한다는 응답도 약 8~9%였다. "미국이 세계에서 어떤 종류의 리더십 역할을 해야 하는가? 단일 리더십, 공유된 리더십, 혹은 리더십 역할을 하지 않아야 하는가?"와 같은 설문에 대한 미국 대중들의 응답이 지난 15년 동안 거의 변하지 않고 일정한

수준을 유지하고 있다는 점도 주목할 만하다.[4]

다자주의적 접근에 대한 미국 대중들의 이와 같은 긍정적인 입장이 일방주의적 외교정책으로 국제적 비판을 받았던 부시 행정부 시기를 포함한 서베이 결과라는 점을 고려할 때, 현 도널드 트럼프 대통령의 양자주의 선호 및 국제다자협력에 대한 의구심과 상대적 경시정책에도 불구하고 미국의 여론은 크게 달라지지 않을 것이라는 추론이 가능하다.

결론적으로, 중국은 경제력, 군사력이 강해질수록 지역적 차원에서뿐 아니라 지구촌 전역에 걸쳐 자국의 영향력을 확대하기 위한 유용한 수단으로서 보다 적극적인 다자외교 전략을 구사할 것으로 보인다. 트럼프 행정부 출범 이후 전후 미국 주도로 형성된 규범과 다자적 국제주의 질서가 위기에 빠졌다는 우려의 목소리가 커지는 가운데, 중국이 그 빈틈을 어떻게 기회주의적이고 전략적으로 활용할 것인가, 그리고 트럼프 행정부하의 미국은 이러한 중국의 움직임에 어떠한 전략적 대응을 구사할 것인가가 동아시아 다자협력뿐 아니라 지역질서의 미래와도 긴밀하게 연계되어 있는 듯하다.

IV. '아세안 중심성'의 성과와 교훈

1. 아세안의 발전과정

1954년 창설된 SEATO에 대해 미국의 동맹국인 필리핀과 태국을 제외한

---

4. PEW Research Center data, http://www.pewresearch.org. 미국의 PEW Research Center의 서베이조사 결과인 April 2016 Politics and Foreign Policy Survey, November 2013 America's Place in the World Survey, November 2009 America's Place in the World Survey, America's Place in the World IV - General Public(2005), America's Place in the World III - General Public(2001) 등 미국인 2천여 명을 대상으로 한 서베이 데이터에서 각 연도별 추산한 것임.

여타 동남아 국가들은 미온적인 반응을 보였다. 1961년 태국, 말레이시아, 필리핀 등 3개국이 정치적 문제가 아닌 경제, 사회, 문화 등의 상호 협력을 목적으로 동남아시아연합(ASA)을 설립하였지만, 필리핀과 말레이시아의 영유권 분쟁으로 1963년 와해되었다. 더욱이 1962~66년 말레이연방에 반대하는 인도네시아와 말레이시아 간의 콘프론타시(Konfrontasi) 분쟁은 필리핀과 신생 싱가포르에까지 폭력테러나 정치적 혼란을 가져오는 등 부정적 영향을 끼쳤다(Jones, 2012; Vickers, 2005). 1965년 베트남과 미국의 전쟁이 격화되고 중국 문화대혁명의 영향이 동남아까지 파고들 수 있다는 역내 국가들의 우려 속에서, 인도네시아에서는 좌파세력의 쿠데타를 진압한 하지 모하마드 수하르토가 말레이연방에 반대하던 수카르노 대통령을 내쫓고 권력을 잡으면서 말레이시아와 평화협상이 이루어졌다. 1966년 3년 만에 인도네시아, 말레이시아, 필리핀은 국교를 정상화하였고, 지속적인 지역협력관계를 유지하기 위해 ASA를 발전적으로 해체하여 새로운 동남아 지역협력기구, 즉 아세안을 결성하는 데에 합의하였다(Jones, 2012; Vickers, 2005).

이로써 아세안은 1967년 동남아 국가들의 공동안보와 자주독립 노선을 지향하고 역내 국가들 간 협력증진을 목표로 하여 인도네시아, 말레이시아, 싱가포르, 태국, 필리핀 등 5개국의 방콕선언을 통해 출범하였고, 인도네시아의 수도 자카르타에 상설 지역사무국을 설립하였다. 이후 1984년 영국으로부터 독립한 브루나이가 아세안에 가입하였고, 냉전 종식 이후 1995년 베트남, 1997년 라오스와 미얀마, 1994년 캄보디아 등 구 공산권 국가들이 순차적으로 가입하면서 총 10개의 회원국으로 확대되었다.

창립 당시에는 경제, 문화, 사회 영역에서의 기능적 협력에 역점을 두었으나, 중소 갈등이 커지고, 베트남이 공산화되고 미국이 아시아로부터 철수하는 등 정치안보상황이 불안해지자 1971년 동남아시아 평화, 자유, 중립화(ZOPFAN) 선언, 1976년 동남아우호협력조약(TAC), 1980년 유럽연합(EC)과의 경제협력협정, 1987년 역내 경제협력 강화를 천명한 마닐라선언

채택 등을 통해 외부개입이나 대내외적 위협으로부터 자신들의 자치권을 유지하기 위해 회원국 간 정치적 단결을 강화하고 중립화 노력을 위한 다양한 활동을 적극적으로 펼쳤다. 냉전 후에도 1994년 ARF, 1995년 동남아 비핵지대조약(SEANWFZ), 1997년 아세안+3, 2005년 EAS, 2010년 아세안 확대국방장관회의, 그리고 2012년에 확장된 아세안 해양포럼을 설립하여 동남아뿐 아니라 동북아를 아우르는 동아시아 전역의 지역협력에 있어 자신들의 주도적이고 중심적인 역할을 추구해 왔다(Caouette and Côté, 2011).

물론 아세안은 내정불간섭 및 회원국 간 전원합의제 원칙을 토대로 한 소위 '아세안 방식'(ASEAN Way)이 유럽통합과정과 비교하여 '말잔치'라는 부정적 평가를 받기도 하였다. 그러나 2003년 발리협약과 2007년 세부선언을 통해 정치안보, 경제, 사회, 문화 등의 공동체 건설을 위한 '아세안 헌장'을 채택함으로써 회원국들 간 공동의 규범과 가치를 지향하고 정치안보, 경제, 사회문화 영역을 3개의 축으로 하는 초국가적 연합체 수립의 비전을 대내외적으로 제시하였다. 이러한 비전을 토대로 2015년 말 회원국들은 '하나의 비전, 하나의 정체성, 하나의 공동체'를 모토로 아세안정치안보공동체(APSC), 아세안경제공동체(AEC) 및 아세안사회문화공동체(ASCC)로 이루어진 '아세안 공동체'(ASEAN Community)를 출범시켰다. 전체 인구 6억 4천만 명으로 세계 3위, 국민총생산 2조 6천억 불로 세계 6위의 아세안은 저출산, 노령화를 우려하는 한국, 일본과는 달리 국민 평균연령이 29세로 젊을 뿐 아니라 자원이 풍부하고 중간계층이 두터워 성장잠재력도 크다. 이에 따라 아세안을 자기편으로 끌어들이고자 하는 미국, 중국, 일본의 각축전이 가시화되었고, 이러한 상황을 활용하여 동아시아협력을 진전시키고 제도화하는 과정에서 자신들의 역할을 확대하려는 '아세안 중심성'이 더욱 강화되고 있다.[5]

2. '아세안 중심성'의 특징, 성과 및 한계

회원국들 간 경제격차가 심하고, 인종, 종교 및 문화의 다양성이 복잡하며, 강대국의 갈등의 장이기도 한 아세안이 동북아 국가들과 달리 냉전질서를 극복하고 다자주의적 제도를 강화하고 지역공동체를 발전시킬 수 있었던 배경을 이해하기 위해서는 이 지역의 역사적, 문화적, 사회적, 정치적 영역 등에 대한 종합적인 고찰이 필요하다.

우선, 역사적으로 동남아시아 지역에는 다자주의적 성향, 즉 협상을 통해 갈등을 해소하려는 경향이 존재했다. 적대행위가 나타나는 것을 방지하고 갈등이 심화되는 것을 억제하는 중요한 요소로 '무시아와라'(musyawarah)라는 협의관행(practice of consultation)이 있었다. 중재를 통해 문제를 해결하는 이 전통적 관행은 인도네시아 자바섬에서 통용되었던 공동체 전원의 일치된 의견을 추구하는 '의사의 총체'(totality of the will)를 통해 만장일치의 결정이라 불리는 '무파캇'(mufakat)을 만들어 내는 방식이다(Mulder, 2005: 68). 이러한 방식은 자바에서뿐 아니라 말레이시아와 필리핀의 마을공동체에서 오늘날까지 통용되는 중재방식이며, 아세안의 공개적, 비공개적 회의들에서 신뢰를 구축하고 갈등을 억제하는 회원국 대표들이 활용하고 있다(Di Floristella, 2015).

둘째, 미소 대립체제의 냉전기 초반까지 별반 다를 것이 없었던 동북아와 동남아의 지역질서가 오늘날 후자는 지역공동체를 활성화하고 있고 전자는 신냉전질서로 치닫는 주요한 이유 중 하나로 두 지역 간 질서를 만들어 가는 원칙과 접근의 차이를 들 수 있다. 동남아 국가들은 1955년 인도네시아 반둥회의에서 강조된 비동맹, 제3세계 독자노선의 가치에 따라 모든 주권국가의 동등함과 모든 정치체제의 독자성을 일관되게 추구함으로써 1967년 방콕선언으로 이어지는 계기를 마련하였다. 이렇듯 동남아 국가들끼리 정치적 차이를 인정하고 상호 이익을 위해 타협하는 정치외교적 풍토가 냉전시대부터 존재할 수 있었던 이유로 1970년대 초 베트남전쟁 이후 미국이 후퇴하면서 동북아와는 달리 강대국정치에 직접적으로 휘둘리는 상황이 줄어든 점을 들 수 있다. 헤게모니 국가의 강력한 지정학적 영향력이 없는 상태에서 역내 국가들이 자체적으로 결정한 집단행위를 통해 지역문제를 해결할 수 있는 여건이 조성되었던 것이다(Simon, 2008: 265).

셋째, 아세안 국가들은 1990년대 말 이래 동아시아의 제도적 협력을 확장하는 구도 속에서 '아세안 중심성'을 내세워 왔다. 아세안 중심성이란 동아시아 다자간 협력체를 발전시켜 나가는 데 있어 아세안이 이니셔티브를 쥐고 중추 역할을 해야 한다는 원칙을 견지하고, 기존 및 새로운 동아시아 지역협력체 운용과정에 아세안 10개국의 전원 참석을 보장하고 아세안 의장국이 지역협력체 회의의 의장국을 겸임함으로써 아세안이 '운전석'(driver's seat)에 앉아 의제 선정을 주도하고 지역협력의 구심점을 잡겠다는 것이다. 이러한 아세안 중심성 원칙은 회원국들이 더욱 단합하고 공통된 입장을 취하여 역내 주요 이슈에 있어 아세안이 소외되는 일을 방지할 뿐 아니라 미중 간 영향력 경쟁에서도 세력균형을 추구하겠다는 의지를 표명한 것으로 2011년 채택된 '발리협약 III'이라 불리는 '범세계 공동체 속의 아세안 공동체에 관한 공동선언'을 통해 한층 더 강조되었다.[6]

넷째, 1990년대 이래 중국이 동남아에서의 미국, 일본, 인도 등의 영향력 확대에 대응하여 아세안을 통한 다자주의적 접근을 강화하기 시작하자 아세안은 이를 급부상하는 중국과의 경제교류 확대 및 자신들의 다자주의를 심화하는 기회로 삼는 동시에, 중국이 '게임의 규칙'(rule of games)을 만들어 자신들에게 군사적 위협과 경제적 족쇄가 될 수 있다는 경계심을 갖게 되

---

5. "인터뷰: '평화통일 외교에 아세안 역할 커져,'서정하 주싱가포르대사," 『내일신문』, 2014년 4월 7일, http://www.naeil.com/news_view/?id_art=102596.

6. "Bali Declaration on ASEAN Community in a Global Community of Nations: Bali Concord III," The 19th ASEAN Summit, November 2012, http://www.asean.org/wp-content/uploads/archive/documents/19th%20summit/Bali%20Concord%20III.pdf.

었다(Caouette and Côté, 2011: 10). 이에 따라 2010년 개최된 아세안 국방장관회의에 미국과 러시아를 초대하고 2011년 기존의 16개의 EAS 참여국에 미국과 러시아를 포함하는 협력 메커니즘을 만드는 등 중국의 지역적 야망에 공동 대응하는 세력균형식 전략을 구사하였다.

하지만, 아세안은 미국에게 더 큰 의존으로 이어질 수 있는 순수균형전략(pure-balancing strategy)을 추구하지는 않았다. 중국이 순수균형을 반(反)중국 동맹으로 보고 아세안 국가들을 향해 적대적인 자세를 취할 수 있기 때문에 번영하는 중국시장으로부터 상당한 경제적 기회들을 잃을 수 있는 위험을 감수하는 전략은 아세안에게 바람직하지 않기 때문이다. 인도네시아, 베트남, 필리핀의 경우는 중국과 역사적, 정치적, 영토적 갈등관계에 있음에도 불구하고, 중국을 봉쇄하는 어떠한 균형정책도 사용하지 않았고, 오히려 중국과의 전략적 협력관계를 추구하고 있다. 즉, 미국을 끌어들이면서도 아세안은 중국에 대한 예방적 봉쇄정책을 취하는 것에는 반대 입장을 견지하였다(Acharya, 2009: 269).

다섯째, 플러스 8개국 메커니즘이 된 아세안 국방장관회의도 아세안의 세력균형전략이라 볼 수도 있지만, 이 지역에 이해관계를 가진 관계당사국들을 협력의 틀에 얽어매어 다른 야심을 갖지 못하게 하는 효과가 있다. 이러한 차원에서 아세안의 지역협력노력은 자신들이 동아시아 지역의 중심이 되어야 한다는 당위성을 확보하고 강대국들로부터 지지를 받는 성과를 거두었다고 평가받는다. 고(Evelyn Goh)는 이러한 전략을 '사방얽기'(omni-enmeshment) 전략 혹은 '영향력의 복잡한 균형'전략이라 지칭했는데, 이는 아세안 국가들이 양자 및 다자 차원에서 모든 지역안보대화와 안보협력체 수립 및 운용과정에 참여하면서 경쟁 또는 균형양상을 수반하고 다자기구를 통해 강대국들과 '얽기'를 확립하는 광범위하고 다각적인 전략을 의미하기도 한다.

예를 들어 중국은 '아시안들만'(Asian-only)의 요소를 강조하며 아세안+3

을 선호하여, 미국, 캐나다, 호주 등이 포함되어 있는 ARF 프로세스는 참여국들의 다양하고 상이한 가치와 이해관계 및 의견차이로 인해 합의를 이끌어내는 데 어려움을 겪어 왔다. 하지만 아세안 회원국들은 특정한 단일 강국에 대한 의존도를 줄이기 위해 지역다자 메커니즘에 복합적인 다양한 세력을 불러들임으로써 참여 강대국들이 경쟁적으로 영향력을 발휘하거나 다른 회원국들의 지지를 끌어들이려는 노력을 기울이게 하는, 영향력의 복잡한 균형전략을 추구해 온 것이다. 이로써 아세안들은 개별국가로는 약소국임에도 불구하고 그들만의 고유한 접근전략을 통해 미중 강대국들에 대해 일정 정도의 영향력을 발휘해 왔다(Goh, 2013).

2017년 20주년을 맞이한 아세안+3은 지역기구도 아니고 정식명칭도 없지만 그동안 경제, 사회, 정치안보 영역에서 동아시아의 협력과 통합노력을 실질적으로 견인해 왔다 할 수 있고, 아세안 중심성이 주축이 되었던 것도 사실이다. 그러나 이러한 아세안 방식에 문제나 한계가 없는 것은 아니다. 아세안+3나 EAS 등은 참가국들의 합의를 중시하는 다자협력 메커니즘이기 때문에 논쟁적인 문제는 긴급한 지역안보에 관한 현안문제라 할지라도 제외되거나 낮은 우선순위를 두고 진행되는 경우가 많아 갈등해소보다는 갈등회피적 기능을 하고 있다는 비판을 받기도 한다. 대부분의 참여국들이 민감한 군사안보문제는 양자회동에서 이루어져야 한다는 인식과 정책을 고수하고 있기 때문이다(Acharya, 2009; Simon, 2008: 268-269).

더욱이 아세안 중심성이라는 원칙하에 이루어지는 지역협력활동이나 회의들이 비민주적이거나 절차상 비효율적인 경우가 종종 있고, 리더십 결여, 중국이나 미얀마 등 일부 회원국의 비민주적 정치체제 및 시민사회의 불참이나 배제가 비판받기도 한다. 또한 중일 간 대립의 심화 및 미국의 참여에 대한 찬반론 등으로 EAS가 출범한 이후로는 동아시아 지역의 범위나 정체성, 방향성 등에 대한 혼란이 문제시되기도 했다. 그 범위를 확대할 경우 지역협력체는 더 이상 지역적 기반을 둔 메커니즘이 아니고 지역통합이라는 궁극적 목표를 달성하기도 힘들다는 우려의 목소리가 있는 반면, 미국을 배제할 경우 동아시아공동체가 실질적인 성과를 거둘 수 없을 것이라는 회의적 의견도 많다. 우여곡절 끝에 2010년 미국과 러시아가 EAS의 정식 회원국이 되었는데, 이에 대해 미국의 동아시아 복귀로 동아시아공동체의 영향력이 커졌다는 긍정적 평가를 하는 측이 있는가 하면 중일갈등을 심화시키고 또 하나의 미중 패권경쟁의 장을 만든 결과가 되어 동아시아협력과 통합에 부정적 영향을 끼치게 될 것이라는 비판적 시각도 있다(신윤환, 2012).

아울러 주목할 것은, 카포라소(J. Caporaso)가 제시한 'k그룹의 논리'에 따르면 k그룹의 수가 적을수록 협력은 더 용이하지만 협정이 덜 다자적일 수밖에 없는 반면, k그룹이 클수록 협정은 더 다자적일 수 있지만 실질적인 협력을 위한 협정을 도출하는 것은 더 어려워질 수밖에 없다(Caporaso 1992, 606-607)는 점이다. 5개국으로 시작한 아세안이 10개국으로 확대되고, 지역안보환경의 변화로 여러 과정을 거쳐 18개국이 참여하는 지역협력 메커니즘이 마련된 점에서 볼 때 지역협력과 통합을 위한 회원국들의 협정이 보다 다자적일 수 있는 계기는 마련되었고 '사방얽기'의 효과를 기대할 수 있을 것이라는 긍정적 평가를 받을 수도 있지만, 실질적인 협력을 이끌어 내는 것은 더 어려워질 수도 있다.

3. 아세안 다자주의의 교훈

이상과 같은 아세안 중심성과 지역협력의 성과와 한계는 동북아 다자안보협력의 제도화과정에 의미 있는 교훈을 줄 수 있다. 지난 50년간 아세안이라는 다자적 조직을 통해 동남아 국가들은 영토분쟁, 불법이주문제 등과 같은 역내 갈등을 딛고 집합적 정체성을 공고화하고 급변하는 국제정세와 지역안보환경에 적응하여 자신들의 입지를 굳힐 수 있게 되었다. 한 예로 앞서 언급한 1960년대 말레이시아와 인도네시아 간 콘프론타시 분쟁상태는 오늘날 남북한 대치상태에 비유될 수 있다. 당시 수카르노는 콘프론타시를 추진하면서 말레이시아를 "밟아 뭉개 버려야" 한다고까지 생각했었다(Jones, 2016: 27). 남북한 간의 콘프론타시를 종식시키려면, 남북한에 비전과 결단력 있는 지도자가 필요하고 1960년대 초 태국이나 필리핀과 같은 화해조정자나 촉진자 역할을 할 외부행위자도 필요할 것이다. 특히 그 당시 동남아는 역내 국가들끼리 문제를 해결할 수 있는 상황이었지만, 4강에 둘러싸인 한반도의 경우 아무리 스스로 노력한다 해도 강대국정치에 좌지우지될 수밖에 없는 지정학적 한계가 있다. 설사 남북관계가 쌍무적으로 개선의 여지를 만든다 해도 미중 양국 간 갈등이 커질 경우 북핵문제를 포함한 한국의 전략적 입지나 선택의 폭은 제한될 수밖에 없는 처지이다.

이러한 상황을 고려할 때, 여전히 도발적이고 불안정한 북한과의 관계 및 한미동맹과 주변 4강 외교를 최우선시 해야 하는 외교안보적 현실을 뛰어넘어 새로운 외교안보 패러다임에 대한 비전과 방향을 독자적으로, 혹은 또래 국가들과의 연합형성을 통해 수립하는 것은 상당히 힘든 일이다. 이러한 관점에서 볼 때 동북아의 힘의 역학 속에서의 한국 외교는 하드파워보다는 다른 국가들의 동조와 지지 및 협력을 이끌어 낼 수 있는 소프트파워에 의한 리더십 제고에 역점을 두는 것이 보다 현실적인 대안인 것으로 보인다. 특히 동북아 국제관계에 있어 강대국의 의지나 욕구를 무시할 수 없는 제한적 역량을 가지고 있지만, 지구촌 전체로 볼 때 한국은 강대국과 약소국, 선진국과 개도국의 중간자라는 타당성과 공감대를 충분히 가지고 있으며, 이러한 역할을 효과적으로 수행할 능력도 갖추고 있다 할 것이다. 따라서 이러한 글로벌 차원의 역량을 토대로 동북아에서는 지역평화와 개발을 위한 촉진자 역할을 모색하기 위해 다자안보협력체 수립에 건설적 역할을 하는 중견국 외교를 하는 것이 가장 현실적으로 타당해 보인다.

이러한 맥락에서 아세안의 경험은 한국에 중요한 선례가 될 수 있다. 개별적으로는 소국에 불과한 동남아 국가들이 하나의 집단공동체를 구성하고 개방주의적 차원에서 이념을 초월한 협상의 장을 만들어 감으로써, 동아시아 지역에서의 다층적, 다기능적 협력체로서의 아세안의 필요성과 적실성을 제고해 왔다. 그 결과 한국, 중국, 일본, 미국 등은 자국의 영향력을 확대하기 위해 경쟁적으로 아세안에 대한 지지와 교류 확대 정책을 펴게 되었다. 이렇듯 다자주의를 통해 협력을 제도화하여 약소국들의 공통이익을 보호해 온 아세안처럼 지역정체성과 유대감을 강화하여 하나의 공동체를 만들기 위해서는 한국이 주도가 되거나 적극적으로 참여할 지역다자안보협의체를 수립하는 과정에서의 의제 선택이 매우 중요할 것이다. 아세안의 선례처럼 정치군사갈등을 해결하기보다는 회피한다는 비판을 받더라도 일단 동북아 다자안보 협상의제로 군사문제를 전면에 내세우지 않는 전략이 필요하다. 특히 정치군사적 문제가 핵심을 이루는 쌍무적 관계를 중시하면서도 비군사적 어젠다에 우선순위를 둔 다자적 접근을 지속적으로 추구함으로써, 주변 강대국들도 경제, 환경, 질병문제 등 비전통 안보문제에 대한 초국가적, 다자적 접근의 중요성을 점차 인정할 수 있는 상황을 조성해 나갈 필요가 있다.

미중 쌍방 간 갈등이 심해질수록 두 강대국은 양자적 구조보다 다자적 구도 속에서 상대 강대국 얽어매기가 가능하여 실질적으로 더 효과를 볼 수 있다고 판단할 가능성이 있다. 아세안에서 미국과 중국이 처음에는 양자주의를 다자주의보다 선호했지만 점차 다자주의가 오히려 경제적 이익을 포함한 여러 혜택을 가져다주고 상대 강대국의 야심이나 의도를 일정 정도 제어할 수 있는 효과가 있다고 판단하여 아세안이 주도하는 여러 지역협력체에 경쟁적으로 참여하고 있는 예가 이러한 추세를 잘 반영해 주고 있다. 물론 염두에 둬야 할 것은 이러한 다자외교안보노력이 강대국정치의 역학이나 지역정세 변화에 의해 무산될 수 있다는 점이다. 그러므로 아세안이 지역협력을 도모하는 동시에 내부 결속 및 자체적인 역량강화에 노력하고 있는 것처럼, 군사력과 경제력 및 여타 사회문화적 역량 등을 아우르는 총체적 국력을 강화하는 정책을 동시에 추진해 나가야 할 것이다.

V. 결론

양자동맹을 통한 국가안보의 확보가 사활적 국익인 한국으로서는 정부 차원의 다자주의 시도들을 전통적인 한미 양자동맹과 어떻게 일치시킬 수 있을지는 불확실한 딜레마이다. 한미동맹 강화와, 지역 국가들과의 양자관계에서의 외교적 공세성·독단성(assertiveness)과 수용성(accommodation)의 균형전략 때문에 선택의 여지가 적기 때문이다. 또한 북한 핵위협이나 역내 국가들 간 영토분쟁, 군비증강과 같은 전통적 안보문제는 개별국가뿐 아니라 지역 전체의 안보와 직결되는 민감하고 중대한 이슈이기 때문에 ARF와 같이 아세안 주도로 이루어지는 다자회동에서는 논의가 제대로 이루어지지 않는 실정이다. 이것이 4강의 이해관계가 첨예하게 교차하고 북한의 군사적 위협과 역내 국가들 간 역사적, 정치적 양자갈등이 극명하게 나타나면서도 동북아 지역에는 실질적 다자안보협력체가 전 세계적으로 유일하게 부재한 이유일 수 있다.

하지만 특정 일국 강대국과의 양자관계에만 전적으로 의존하는 외교는 심각한 전략적 한계를 노출할 수밖에 없다는 점도 동시에 고려해야 할 사안이다. 따라서 동북아 국가들 간 다자안보를 수용한 공감대를 형성하여 다자협력의 가능성을 확대할 수 있는 방안을 모색하는 것이 미중 경쟁시대를 헤쳐 나갈 한국의 외교전략에 반드시 포함될 필요가 있다. 만약 전통적 정치군사안보 사안에 대한 주도권을 행사하기에 역부족이라면, 경제, 환경, 난민 등과 관련한 비전통적 안보위협에 대처하는 다자안보협력체 설립에 주도적 역할을 찾는 것도 현실적 대안이다. 초국가적 비전통 안보문제는 양자동맹과 같은 기존의 안보협력체로만 대응하는 데는 명백한 한계가 있으며, 제대로 관리·대처하지 못할 경우 역내 안보불안이 심화될 수 있기 때문이다(이상현, 2006: 227). 그러므로 동북아 지역에서 한미 대(對) 북중이라는 양자적 대결구도를 극복하고 미국과의 양자동맹의 연장선에서 한미일 공조체제를 보완하는 합리적 선택이 필요하며 다자주의적 접근은 하나의 대안이라기보다는 당연히 동시에 고려해야 할 한국의 외교안보전략이어야 한다.

이러한 맥락에서, 한국이 2015년 3월 중국 주도의 AIIB에 가입하기로 결정한 것은 미국과 중국의 관계를 조절하는 한국의 욕구와 능력을 판단하는 신선한 시도였지만, 박근혜 대통령이 중국 열병식에 참석하고 한중관계가 급진전하자 미국은 우려하였고 결과적으로는 한미 관계가 냉각되는 과정을 겪었다. 미국이 한중 관계의 진전을 한미동맹의 약화로 인식하는 이분법적 사고도 경계해야 하지만, 미중 간 중간자나 조정자 역할을 자처하여 두 마리 '거대토끼'를 둘 다 놓칠 수 있는 전략적 실수도 조심해야 한다. 문재인 정부는 다시 진보정권이 복귀한 것으로 미중 균형외교 및 대북포용정책을 추진할 것이라고 기대하는 측과 우려하는 측으로 평가가 엇갈린다. 그러나 오늘날 불확실한 동북아 정세와 핵보유 북한의 위협을 고려할 때, 어떤 성향의 정부이냐에 관계없이 한국은 기본적으로 정치군사적으로는 한미동맹을 근간으로 다자적인 접근방식을 모색하고, 경제적으로는 한중 관계를 심화시켜 나가야 하는 복잡한 외교방정식을 풀어야 하는 과제를 안고 있다. 더욱이 한-중 FTA와 지역적 경제구조를 만들고 싶어 하는 중국의 욕구에 미국과의 경제관계를 어떻게 조화시킬 것인가도 한국에게는 험난한 도전일 수밖에 없다. 또한 '소다자적' 지역 단계에서는 한미일의 '사실상 동맹'(virtual alliance)(Rozman and Lee, 2008)과 한중일의 3자 관계 사이의 균형을 맞추는 것도 한국의 외교정책에 커다란 도전이 될 것이다.

이렇듯 복잡한 동북아의 상황에서 아세안 중심성의 성과와 한계를 교훈 삼아 한국 정부의 지역협력구상은 무엇보다 이미 존재하고 있는 다양한 지역다자협력체나 구상들에 상충적이거나 도전이지 않고 보완적으로 '가치를 더하는'(value-added) 측면을 강조하는 것이 중요할 것이다. 또한 이러한 지역구상이 미중 양 강대국 어느 한쪽의 오해나 불신을 사지 않도록 보편성과 정당성을 통해 역내 국가들의 지지를 우선적으로 확보해야 한다. 이를 위해 역내뿐 아니라 세계적 차원에서 '친구국가'들과의 협력 네트워크를 확대해 나갈 필요가 있으며, 재난구호, 인권보호, 핵확산 방지와 같은 보편적인 관념에 기초를 둔 '관념적 동맹'(ideational alliance)을 형성하는 데 촉매제 역할을 할 수 있는 중견국 구상을 고려할 필요가 있다.

결론적으로 한국은 4강의 이해관계와 힘의 역학이 교차하는 독특하고 도전적인 교차로에 위치하고 있기 때문에 '균형의 지역'(a region of equilibrium)을 만드는 노력을 기울이는 것이 중요하다(Rozman, 2015). 즉, 중국의 영향력을 전통적인 한미일 공조의 틀 속에서 긴밀한 협력을 통해 균형을 잡고, 한중일 정상회담의 정례화를 통해 지역현안들을 풀어 나가고, 한미중 회동을 통해 북한 핵문제를 포함한 한반도문제를 논의하는 등 여러 형태의 소다자협력을 활성화하는 네트워크외교를 추진하는 데 능동적인 역할을 할 필요가 있다. 특히 '집단적 주인의식'(collective ownership)을 배양해 온 아세안을 교훈 삼아 한중일 3개국이 미래지향적인 공동오너십을 만들어 낼 동북아 지역구상을 함께 발전시켜야 한다. 이를 위해 비전과 추진력을 가진 리더십 및 사려 깊고 분별 있는 대중의 지지가 요구된다.

【참고문헌】

김경일. 2003. “6자회담과 다자주의 – 일방성과 다자성에 대한 이론적 검토를 중심으로.” 『국제정치연구』 6(2): 31-55.

김태운. 2005. “6자회담의 다자주의 실천성 검증과 다자협력기제로의 발전방안.” 『북한연구학회보』 9(2): 1-20.

박상남. 2014. “상하이 협력기구의 평가와 전망.” 『유라시아연구』 11(4): 121-137.

신윤환. 2012. “아세안+3이 중심이 된 동아시아 지역협력을 되돌아 본다.” 서강대학교 동아연구소,『동남아산책』, 11월 5일.

이상현. 2006. “한반도 평화체제와 한미동맹.” 『한국과 국제정치』 22(1): 225-256.

이신화. 2014. “동북아 다자안보구상: 도전과 과제.” 『JPI 정책포럼』, No. 2014-06.

이용재. 2015. “빈 회의와 유럽협조 체제: 19세기 전반기 유럽질서의 형성.” 『통합유러연구』 6(2): 89-111.

이재현. 2017. “2017년 아세안안보포럼(ARF) 결산: 한미중의 성적표,” 『이슈브리프』, 8월 17일. 아산정책연구원.

전재성. 2017. “중견국 외교안보전략,” 정구현, 이신화 외, 『대전환의 파도 한국의 선택』. 서울: 클라우드나인, 제2장.

최종건. 2012. “동북아 다자적 협력 질서 변화와 6자 회담: 다자적 협상과 지역질서 변화를 중심으로 『국제·지역연구』 21(1): 1-24.

한석희. 2004. “중국의 신안보개념: 다자간 안보에 대한 중국의 협력가능성과 한계.” 『국제지역연구』 8(1): 221-244.

宋伟. 2015. “中国的周边外交：多边主义还是双边主义.” 『上海交通大学学报』 4(23): 5-12.

Acharya, Amitav. 2003/2004. “Will Asia's Past Be Its Future?” *International Security* 28(3): 149-164.

Acharya, Amitav. 2009. *Constructing a Security Community in Southeast Asia: ASEAN and the Problem of Regional Order*. London: Routledge.

Blasko, Dennis J. 2016. “China's Contribution to Peacekeeping Operations: Understanding the Numbers,” *China Brief* 16(18): 3-7.

Caouette, Dominique and Denis Côté. 2011. “Rife for a New Asian Multilateralism? Asean and Contemporary Regional Dynamics.” *European Journal of East Asian Studies* 10(1): 5-36.

Caporaso, James A. 1992. "International Relations Theory and Multilateralism: The Search for Foundations." *International Organization* 46(3): 599-632.

Changhe, Su. 2013. "China's Approach to Multilateralism in East Asia." In *Effective Multilateralism Through the Looking Glass of East Asia*. ed. Jochen Prantl. New York: Palgrave Macmillan, 70-89.

Choedon, Yeshi. 2005. "China's Stand on UN Peacekeeping Operations: Changing Priorities of Foreign Policy." *China Report* 41(1): 39-57.

Christensen, Thomas J. 2001. "Posing Problems Without Catching Up: China's Rise and Challenges for U.S. Security Policy." *International Security* 25(4): 5-40.

Chung, Kiyul. 2011. "China, Russia Oppose Another Libya-type of US-led NATO Military Intervention," *NSNBC International*. October 10, https://nsnbc.wordpress.com/2011/10/10/china-russia-oppose-another-libya-type-of-us-led-nato-military-intervention/ (검색일 2017년 5월 30일).

Di Floristella, Angela Pennisi. 2015. *The ASEAN Regional Security Partnership: Strengths and Limits of Cooperation System*. New York: Palgrave Macmillan.

Dockrill, Saki R. and Geraint Hughes. eds. 2006. *Palgrave Advances in Cold War History*. New York: Palgrave.

Fung, Courtney J. 2016. "China's Troop Contributions to UN Peacekeeping." *Peacebrief*, No. 212. Washington D.C: United States Institute of Peace(USIP).

Gao. 2017. "Did China 'Win'at the Manila ASEAN Foreign Ministers'Summit?" *The Diplomat*. August 9.

Goh, Evelyn. 2013. *The Struggle for Order: Hegemony, Hierarchy & Transition in Post-Cold War East Asia*. Oxford: Oxford University Press.

Green, Mike. 2016. "The Legacy of Obama's 'Pivot'to Asia." *Foreign Policy*. September 3.

Hathaway, Robert M. and Wilson Lee. 2005. *George W. Bush and East Asia: A First Term Assessment*. Washington, D.C.: Woodrow Wilson International Center for Scholars.

Hemmer, Christopher and Peter J. Katzenstein. 2002. "Why is There No NATO in Asia? Collective Identity, Regionalism, and the Origins of Multilateralism." *International Organization* 56(3): 575 – 607.

Hopmann, P. Terrence. 2010. "Synthesizing Rationalist and Constructivist Perspectives on Negotiated Cooperation." In *International Cooperation: The Extents and Limits of Multilateralism*.

eds. I. William Zartman and Saadia Touval. Cambridge: Cambridge University Press, 95-110.

Ikenberry, G. John. 2004. "American Hegemony and East Asian Order." *Australian Journal of International Affairs* 58(3): 353 – 367.

Jones, David M. 2016. "ASEAN's Imitation Economic Community: the Primacy of Domestic Political Economy." *ASEAN Economic Community: a Model for Asia-wide Regional Integration*. eds. Bruno Jetin and Mio Mikic. London: Palgrave Macmillan, 11-31.

Jones, Lee. 2012. *ASEAN, Sovereign and Intervention in Southeast Asia*. London: Palgrave Macmillan.

Kang, David. 2003. "Getting Asia Wrong: The Need for New Analytical Frameworks." *International Security* 27(4): 57-85.

Keohane, Robert O. 1986. "Reciprocity in International Relations." *International Organization* 49(1): 1-27.

Khalizad, Zalmay. 2012. "What does Congagement Mean and Why should the United States Pursue It?" *The Washington Quarterly*. Spring.

Lee, Shin-wha and Bo Ram Kwon. 2015. "The Pursuit of Multilateral Security Cooperation Amidst Growing Political and Economic Divides in Northeast Asia." *The Korean Journal of International Studies* 13(2): 353-381.

Lee, Shin-wha. 2015. "South Korea's Middle Power Multilateral Diplomacy: Optimistic and Pessimistic Views." *The Asan Forum* 3(6). http://www.theasanforum.org/south-koreas-middle-power-multilateral-diplomacy-optimistic-and/ (검색일 2017년 5월 30일).

Mulder, Niels. 2005. *Mysticism in Java: Ideology in Indonesia*, 2nd edition, Yogyakarta, Indonesia: Kanisius Publishing House.

PEW Research Center data, http://www.pewresearch.org. (검색일: 2017년 4월 18일)

Pradt, Tilman. 2016. *China's New Foreign Policy: Military Modernisation, Multilateralism and the 'China Threat'*. New York: Palgrave Macmillan.

Rozman, Gilbert. 2015. *Asia's Alliance Triangle: US-Japan-South Korea Relations at Tumultuous Times*. New York: Palgrave.

Rozman, Gilbert and Shin-wha Lee. 2008. "Unraveling the Japan-South Korea 'Virtual Alliance': Populism and Historical Revisionism in the Face of Conflicting Regional Strategies." *Asian Survey* 46(5): 761-784.

Ruggie, John. 1992. "Multilateralism: the Anatomy of an Institution." In *Multilateralism Matters:*

the Theory and Praxis of an Institutional Form, ed. John Ruggie. New York: Cambridge University Press, 3-47.

Schroeder, Paul. 1989. "The Nineteenth Century System: Balance of Power or Political Equilibrium?" *Review of International Studies* 15(2): 135-153.

Simon, Sheldon. 2008. "ASEAN and Multilateralism: the Long, Bumpy Road to Community." *Contemporary Southeast Asia* 30(2): 264-92.

Tiezzi, Shannon. 2015. "China's National Security Strategy." *The Diplomat*. January 24.

Vickers, Adrian. 2005. *History of Modern Indonesia*. Cambridge: Cambridge University Press.

7장

중국의 대외정책 결정과정에서 인터넷 여론의 역할*

제3차 북한 핵실험에 대한 정책 결정을 중심으로

이정남

I. 문제제기

정보화와 세계화의 영향으로 중국에서 인터넷 매체의 성장이 빠르게 이루어지고 있다. 중국인터넷정보중심이 2012년 7월 19일에 발표한 〈제30차 중국 인터넷발전상황통계보고〉에 따르면, 중국의 네티즌 수는 2012년 6월 말 현재 5억 3천8백만 명으로, 전국적으로 39.9%의 인터넷 보급률을 보이고 있다. 휴대폰 인터넷 사용자는 3억 8천8백만 명으로 2011년 말에 비해 3천2백7십만 명이 증가하였다. 중국은 2008년 6월 미국의 네티즌 수를 추월한 이래, 5년간 세계 제1의 네티즌 수를 유지해 오고 있다. 중국 소셜 네트워크 서비스 '웨이보'의 사용자는 2011년 말 6천3백11만 명에서 2012년 6월말 현재

---

* 이 글은 2013년 재단법인 동아시아연구원(EAI) MacArthur Asia Security Initiative 프로그램의 지원을 받아 연구된 것으로, 〈아태연구〉 제21권 제3호(2014), pp. 37-63에 게재된 글을 수정 보완한 것임.

1억 9천5백만 명을 기록해 반년 만에 1억 3천2백만 명이 증가하여 208.9%의 성장률을 나타내고 있다. 이로 인해 중국 전체 네티즌 중 웨이보 사용자 비율은 13.8%에서 40.2%로 증가하였다. 휴대폰 웨이보 사용자 수도 2010년 말 15.5%에서 34.0%로 증가하였다(张雷·刘力锐 2012, 2). 그리고 2012년 하반기부터 한국의 카카오톡과 비슷한 서비스인 웨이신을 사용하는 중국인의 숫자 또한 빠르게 증가하여 2013년 말 현재 사용자 수는 약 5억 명에 이르고, 해외 사용자 수 도 1억 명을 초과하였다(《人民网》 2013. 12. 31). 한 전문가에 따르면, 중국 내 인터넷 사용 증가율은 2000~2008년 사이 연평균 38.1%의 높은 성장률을 보여 줬는데, 만일 연평균 15%의 성장률만 유지하더라도 2015년이 되면 총 인구수의 58%인 7억 9천3백만 명이 인터넷을 사용하게 될 것으로 예상된다(张雷·刘力锐 2012, 2).[1]

이렇게 빠른 속도로 보급되고 있는 인터넷과 소셜 네트워크 서비스가 여론을 전파하는 중요한 수단이 되면서, 인터넷 매체는 여론 형성의 중요한 공간일 뿐만 아니라 정치 참여의 가장 중요한 수단이 되고 있다(陈玉霞 2012, 56-58). 비록 인터넷이 중국 정부에 의해 엄격하게 통제되고 관리된다고 하더라도, 인터넷은 여전히 수많은 사람들이 불만과 비판을 제기하는 주요한 통로로 기능하고 있다. 특히 2003년 이후부터 중국 네티즌들은 인터넷상에서 중국의 대외정책과 대외관계에 관심을 가지고 각종 토론을 전개하기 시작하였고, 이러한 토론은 중국의 대외정책 결정과정에서 고려해야 할 중요한 변수로 등장하고 있다(洪浚浩 2007, 123-124).

이러한 추세에도 불구하고 인터넷 매체가 중국의 대외정책 결정 및 추진과정에 미치는 영향에 대한 연구는 그다지 많지 않다. 그동안 중국과 같이 고도로 중앙집권화된 권위주의체제의 경우 민주주의체제에 비해 대외정책 결정과정에 외교부 이외 기타 집단이나 개인의 역할은 극히 제한적이라는 인식이 지배적이었다(王逸舟 2000, 36). 이러한 인식에 따르면, 비록 중국 외교가 점차 전문화되고 기관별로 다원화되고 있으며, 권력 핵심층 외 다양한 행위자의 참여가 증가하고 세계화가 이루어지고 있음에도 불구하고, 중국은 언론 통제 속에서 대중 여론이 외교정책 결정과정에 미치는 영향이 엄격하게 제한되는 비민주적인 국가이다. 또한 정부가 인터넷과 소셜 네트워크 서비스 등 신흥매체에 대해서도 문제가 되는 홈페이지를 폐쇄하거나 다양한 기술적인 방식으로 통제력을 행사하는 등, 인터넷이 정부의 외교정책 결정에 긍정적인 영향을 미치기 어렵다(Fewsmith & Rosen 2001, 172-175; Shie 2004, 523-540).

이에 반해 중국에서도 급속한 경제성장과 함께 시장화가 진전되면서 사회가 다원화되고 시민사회가 성장함으로써 외교정책 결정 및 집행과정에서도 다원화 추세가 강화되고 인터넷 여론의 영향력 강화가 불가피하다는 주장도 있다. 이러한 주장에 따르면, 대중 여론, 싱크탱크, 매체와 전문가 등 여론 주도층이 직접 혹은 간접적으로, 의식적으로 혹은 무의식적으로 외교정책 결정과정에 영향을 미치고, 정책의 최종적 결정이 자신들의 정책적인 선호와 부합하기를 희망한다(张清敏 2006, 55-56; 张沱生 2006, 12-13; 王军 2010, 141-155; Liao 2006, 73). 신문과 같은 기존의 전통매체가 여전히 정부로부터 상당 부분 엄격한 통제를 받고 있는 것에 반하여, 신흥매체인 인터넷이 발전함으로써 각종 정보에 대한 정부의 중앙집권적인 통제가 어렵게 되고 대중의 정치 참여 통로와 능력이 강화되어 국내정치뿐만 아니라 대외정책에 미치는 영향이 강화되었다는 것이다(田翠红 2012, 13-14; 俞燕敏 2007, 113; 洪俊浩 2007, 118-137; 俞燕敏 2007, 86-117).

이처럼 인터넷이 중국의 대외정책에 미치는 영향에 대해서는 여전히 논쟁 중이다. 이 글은 최근 들어 중국의 인터넷 사용률이 급속하게 증가하고 인터넷을 통한 대중 여론의 형성과 정치 참여가 빈번해지면서 정부의 대외

---

1. 2017년 8월 6일 「신경보안(新京報网)」의 보도에 따르면, 2017년 6월 말 기준 중국의 인터넷 사용자 수는 7억 5,100만 명으로 인터넷 보급률은 54.3%에 이른다. 그리고 2018년 2월 말 현재 한국의 카카오톡에 해당하는 위챗 사용자 수는 10억 명을 초과했다.

정책 추진에 이러한 신흥매체를 통해 형성된 여론이 점점 더 중요해지고, 동시에 이러한 인터넷 매체를 통해 형성된 여론과 대외정책 간의 관계가 다양한 형대를 띠고 있음을 주장하고자 한다. 다시 말해 인터넷 여론이 대외정책의 실질적인 변화를 이끌어 낸 경우도 있는 반면, 역으로 정부가 인터넷 여론을 통해 정책 방향을 선전하고 정책 집행에 유리한 조건을 만들어 나가는 경우도 있다는 말이다. 특히 이 글은 인터넷과 같은 신흥매체를 통해 중국 내 대중 여론이 대외정책과 다양한 관계를 맺으면서 발전하고 있다는 점을 전제로 제3차 북한 핵실험 이후 중국 내 인터넷 여론이 대외정책에 미친 영향을 살펴봄으로써 인터넷 여론과 중국 대외정책 간의 관계를 분석하고자 한다.

1. 인터넷 매체의 확산과 중국의 대외정책 결정에 대한 도전

이른바 제4매체 혹은 신매체로 불리는 인터넷은 1990년대 이래 급속하게 발전하여 정보전달과 여론 형성을 위한 중요한 도구가 되었다. 이는 이미 존재해 온 전통매체인 신문, 방송, 텔레비전 등과 비교하여, 인터넷을 통하여 전파되는 매체라는 특징을 가지고 있다. 인터넷 매체의 정의를 둘러싼 논쟁이 있지만, 이 글은 전파를 무대로 반도체, 전자, 통신, 시청각 분야 등에서 비롯된 다양한 기술을 빌려 문자, 목소리, 그림 등의 형식에 기초하여 새로운 소식을 전파하는 매체로 인터넷 매체를 정의한다. 또한 상호성과 동시성, 초국가성과 다매체성을 토대로 신문 홈페이지, 블로그, 인터넷 TV 등 인터넷 공간을 효율성 높은 전파 통로로 활용하는 형태뿐만 아니라 웨이보, 카카오톡 등 다양한 소셜 네트워크 서비스까지 포괄하는 개념으로 사용한다.

이러한 인터넷 매체는 중국에서 1990년대 중반 이후 인터넷 보급이 급속하게 이루어지면서 외교정책 결정과정에 영향을 미치는 중요한 변수로 등장해 왔다. 중국의 대외정책 결정과정에서 매체의 역할은 크게 다음과 같이 3단계로 변천했다. 첫째, 제1단계(1949~1978)는 마오쩌둥(毛择东)이라는 카리

스마적 지도자가 정책 결정의 핵심적 지위를 차지하고 전체 정책 결정과정이 고도로 개인화된 것이 특징인 시기를 일컫는다. 이 시기에는 대중매체의 발전 수준이 낮았고 냉전체제 속에서 중국이 국제무대로부터 고립되어 있어, 대중매체의 주요한 기능이 주로 정부의 소식을 보도하고 정부의 정책을 선전하는 것에 초점이 맞춰졌다.

제2단계(1978~1990년대 중반)는 외교정책 결정이 개인에 의존한 정책 결정에서 집단적 정책 결정 형태로 전환되었지만, 여전히 카리스마적인 지도자로서 덩샤오핑(邓小平)이 강력한 개인적 영향력을 발휘한 시기이다. 이 시기 중국 정치에서 대표적인 사건으로 1981년 외사영도소조가 부활된 바 있는데, 이는 집단적 대외정책 결정을 다시 회복하는 중요한 지표가 되었다. 비록 이 시기에도 정책 결정과정에 있어 대중의 역할이 여전히 부재하였지만, 대중매체의 발전이 빠른 속도로 이루어진 것이 특징이다.

제3단계(1995년대~현재까지)는 외교정책과 매체 간의 관계가 변화되기 시작한 시기이다. 이 변화에는 다음 네 가지 요인이 조건으로 작용하였다. 첫째, 탈냉전과 함께 중국에 인터넷을 대표로 하는 정보통신 기술이 빠른 속도로 도입되면서, 대중매체와 중국 외교정책의 관계에 변화가 나타나기 시작하였다. 둘째, 인구 구성의 변화, 즉 혁명 후 2~3세대의 출생으로, 강력한 카리스마적인 지도자가 등장할 수 있는 사회적인 기초가 줄어든 가운데 과학적이고 이성적인 외교정책 결정과정이 등장할 수 있는 주요한 조건이 조성되었다. 셋째, 개혁개방 정책의 진전으로 외교정책 영역이 확대되면서 여러 가지 새로운 요소가 외교정책에 영향을 미침으로써 매체의 영향력이 확대될 수밖에 없었다. 넷째, 중국 내 인터넷 사용이 전례 없이 빠르게 확산된 속도가 중요한 변인으로 작용한 것이다(韩絮 2011, 10-11).

상술한 요인들 중 특히 1990년대 중반 이래 꾸준히 발전해 온 인터넷 매체는 중국 대외정책이 매체와 맺는 관계에 엄청난 변화를 초래했다. 인터넷이 발전하면서 사이버상의 각종 커뮤니티에는 기존에 존재해 온 독점적인 전파매체에 도전하면서 대중을 기초로 하는 새로운 참여 메커니즘이 만들어졌다. 중국의 전통적인 대중매체에 대한 통제는 정부가 대중들이 어떠한 정보를 얻어야 하고 얻을 수 있는지, 어떠한 것을 믿어야 하는지를 결정하도록 했다. 또한 전통적인 매체에서는 공개토론이 불가능하며, 특히 대외정책과 관련된 경우 토론은 더욱 더 어려웠다. 그리하여 인터넷 매체가 발전되기 전 중국 대중에게는 정치와 공적인 일에 참여하고 관점을 표현할 수 있는 체계적인 통로가 없었다(洪浚浩 2007, 136).

그러나 인터넷과 인터넷논단(포럼)은 대중들이 자신의 관점과 의견을 표현하는 (특히 정치적인 주제에 대하여) 새롭고 유일한 장소가 되었다. 대중들은 인터넷을 통해 각종 소식 전파, 관점의 표현 및 정치적인 문제와 공적인 업무에 대한 비판을 일정 정도 할 수 있는 자유를 누릴 수 있게 되었다. 동시에 인터넷 포럼과 같은 창구는 대중들이 관방 정보와 뉴스 통제로부터 벗어나는 것을 가능하게 했다. 그리하여 인터넷은 대중들에게 정치적인 이슈에 대한 의견이나 비판을 표출할 수 있는 공간을 제공하고 외부세계와 정보의 연결을 가능하게 하였다(洪浚浩 2007, 136).

이처럼 인터넷이 비판적인 공간을 제공할 뿐만 아니라 외부세계와 정보의 연결을 가능하게 하는 중요한 통로가 되면서, 개인들은 인터넷을 통하여 중국 외교정책과 관련된 정보와 지식 또한 편리하게 얻을 수 있게 되었다. 이러한 상황은 중국의 외교정책 결정에 세 가지의 심각한 도전을 제기하였다.

첫째, 정보통신 기술의 발전이 정보의 재분배에 영향을 미치면서 초래된 도전이다. 국경을 초월하여 거의 실시간으로 이루어지는 정보의 초고속 이동은 모든 인터넷 사용자들이 일시에 특정 문제에 대한 가장 새로운 진전 상황을 확인할 수 있게 했다. 그리하여 설령 일반 중국 국민이라 하더라도 최고 정책결정자와 동시에, 심지어 더 빨리 같은 정보를 얻을 수 있게 되었다. 동시에 네티즌들은 인터넷으로부터 각종 국제관계에 대한 지식을 편리하게 취득할 수 있게 됨으로써, 개인의 선호도에 근거해서 국제현상과 중국의 외교정책을 이해하고 분석하는 수단을 선택할 수 있으며, 정부의 일방적 선택을 피동적으로 수용하지 않을 수 있게 되었다. 이제 정부가 국제문제와 자국의 대외정책에 대한 유일한 해석권을 독점할 수 없으며, 정책결정자가 정책을 정하고 선포할 때 대중을 어떻게 설득하고 어떻게 지지를 얻는가에 대하여 훨씬 더 많은 고려를 할 수밖에 없게 된 것이다.

둘째, 지식의 확산으로 인한 도전이다. 정보통신시대에 신뢰 가능한 지식의 공급은 새로운 권력 자원의 원천이 되었다. 충분한 정보가 공급되자 사람들은 효율적으로 숙성된 정보와 지식을 더 필요로 했다. 누가 이러한 지식을 제공하는가에 따라 지식을 제공받는 사람의 행위에 영향을 미칠 수 있다. 이러한 상황하에서 중국의 외교정책 결정기구는 대중들이 관방에 대한 신뢰를 어떻게 유지하도록 할 것인가에 대하여 심각한 고민을 하도록 하고 있다.

셋째, 권력분포의 탈중앙화 추세 강화로 인한 도전이다. 중국뿐만 아니라 대다수 국가의 외교정책 결정권한은 중앙정부에 집중되어 있는 것이 특징이다. 그러나 외교 영역의 다원화와 전문화가 이루어지고, 인터넷의 발전으로 개인이나 단체의 외교정책과 관련된 정보와 지식의 습득이 용이해지면서, 외교정책 결정 및 추진과정에서 권력의 탈중심화 현상이 강화되고 있음은 부정할 수 없는 추세이다. 전통적인 정책 결정 행위자 말고도 다양한 행위자가 과거보다 정책 결정과정에 훨씬 더 쉽게 영향을 미칠 수 있게 된 것이다. 특히 정책 결정 영역 밖의 행위자가 대중의 지지를 동원할 수 있을 때는 더욱 그렇다. 이러한 추세에 대응하기 위해 중국 외교부는 2004년 3월 19일 신문사(新闻司)에 공중외교처(公众外交处)를 설립하여, 대중들이 더 많이 외교부 업무를 이해하도록 하는 역할을 하게 했다(蒋昌建·沈逸 2007, 46).

2. 중국 대외정책 결정에서 나타나는 인터넷 매체 작동 메커니즘의 특징

대외정책 결정 및 추진과정에서 인터넷 매체의 역할은 다음의 과정을 통해서 이루어진다. 첫째, 외교 의제 설정을 추동할 수 있다. 인터넷에서 문제를 제기하고 여기에 대해 정부와 대중의 관심이 증가하면서 인터넷이 설정한 의제는 최종적으로는 정부의 정책 의제가 된다. 둘째, 정책 집행에 유리한 환경을 만들 수 있다. 외교정책은 한번 결정된 이후 실행 단계에서도 환경에 따라 실행이 불가능하게 되거나 조정되어야 할 수도 있는데, 이 단계에서 인터넷 매체는 사회 여론을 인도하고 통찰하는 중요한 창구 역할을 할 수 있기 때문에 외교정책의 결정과정뿐만 아니라 집행과정에도 개입하여 일정한 역할을 한다. 인터넷 매체는 정부 정책에 대한 선전, 정책 조문에 대한 구체적 해석, 정책 집행 모범사례에 대한 소개 등의 방식을 통해 대중들이 외교정책을 받아들이고 일치시키도록 하여 정책 실시에 유리한 환경을 조성한다. 셋째, 정책 평가에 참여한다는 점이다. 인터넷 매체는 정책의 실제 집행에 대한 사회 여론이나 건의를 정부와 정책결정자에게 보내는 방식을 통해, 정부의 정책 집행과정에 대하여 공개적인 감독을 진행할 수 있다 (韩粱 2011, 16-18).

이처럼 인터넷 여론은 외교정책에 대한 의제 설정, 집행, 평가 등에서 중요한 역할을 발휘할 수 있지만, 실제 중국의 대외정책 결정과정에서 인터넷 매체의 역할은 해당 의제의 성격에 따라 다르게 나타나고 있다. 첫째, 무역관계, 기후문제 등 세계화 과정에서 타국과 상호작용을 통해 문제를 해결해야 할 사안에 대해서 인터넷 매체는 의제 설정 및 성공적인 집행을 이끌어 내는 데 중요한 역할을 한다. 무역관계나 기후문제 같은 의제에 대해서는 인터넷 매체가 보여 주는 보도의 시각이 다양하기 때문에, 정부는 다양한 인터넷 매체를 이용하여 각종 소식을 수집함으로써 정책 의제를 설정하고, 정부가 지닌 전문성을 결합하여 쌍무적 혹은 다자간 협력을 통해 성공적 집행을 이끌어 낸다.

둘째, 국가의 근본적인 이익과 관련된 핵심적인 안보현안에 대한 정책 결정과정에서 인터넷 매체의 역할이다. 이는 국가의 근본적인 이익과 관련되기 때문에, 중국 정부의 태도는 종종 명확하고 강경하다. 인터넷 매체는 각종 형태로 특정 이슈에 대한 최신 진행사항을 보도하지만, 외교정책 결정과 관련된 정보를 얻는 데 있어서는 정부와 정책결정자에 높게 의존한다. 전문가들의 평론이나 예측 역시 인터넷 매체를 통해 알려진 중국 정부의 태도에 대한 보도나 미래 발전 국면에 대한 분석에 기초한다. 이러한 점에 기초해 볼 때, 인터넷 매체가 행하는 역할은 정책 변론과 정책 선전, 그리고 여론을 통한 영향력 발휘라고 할 수 있다.

셋째, 해외에서 중국 인민의 이익침해 사건 등의 경우에 인터넷 매체는 정책 선전자이자 여론 조성자이면서, 동시에 외교정책 실행 단계에서 참여자로 기능할 수 있다. 인터넷은 정보의 중심축으로서 정부와 대중을 연결하고, 직·간접적인 상호작용을 통해 정책 추진에 효율성을 제고시키고 손실을 줄이는 역할을 한다(韩絮 2011, 25-31).

상술한 바와 같이 무역분쟁이나 기후문제, 그리고 해외에서 중국 인민의 이익문제 등에 대해서는 인터넷 여론이 정부의 의제 설정, 정책 결정 및 집행과정에 일정 부분 영향을 미친다. 그러나 근본적인 국가 이익과 관련된 핵심적인 외교현안의 경우에는, 인터넷 여론의 영향력은 아주 제한적이다. 그렇다면 국가의 중요한 이익과 관련된 핵심적인 안보현안에 대해 인터넷 여론과 정부와의 관계는 구체적으로 어떠한가?

우선, 정부는 일부 담론화의 기회를 인터넷 여론에 부여하고, 정부가 직접 나서지 않지만 국제사회에 더 강렬한 신호를 보내는 수단으로 인터넷 여론을 활용한다. 예를 들면, 중국이 동해 자원개발과 관련하여 일본과 분쟁이 발생하였을 때, 국가주권, 외교관계 및 쌍방 간 무역협력과 관련된 일련의 의제에 대한 공식 입장표명에는 매우 신중하고 관방매체 또한 매우 신중한 보도를 하도록 통제했다.[2] 그러나 정부 및 관방매체가 일본에 대하여 매우 신중한 태도를 취한 것과 달리, 인터넷 여론은 일본에 대한 비난여론을 드세게 분출하였다. 중국의 많은 인터넷 포럼에서 일본에 대한 각종 비난여론은 제한받지 않았으며 오히려 애국주의로 간주되었다. 중국 정부가 2000년 4월 '국무원 신문판공실' 산하 '인터넷 신문 선전 관리국'을 설립한 이래 이런 여론을 통제할 수 있음에도 불구하고, 인터넷상 다양한 반일 여론에 대하여 묵인하는 태도를 취한 점에 비추어 볼 때, 중국 정부가 일본을 향한 인터넷 여론의 거대한 압력을 이용하여 일본에 외교적인 영향력을 행사하고자 했음을 알 수 있다.

둘째, 인터넷 여론이 정부의 정책 변화를 실제로 이끌어 내는 경우도 있다. 그 대표적인 사례가 인터넷을 통한 민족주의 여론 형성과 이것이 대외정책의 결정에 영향을 미치는 경우이다(王军 2011, 266-275). 가령 중국은 일본의 유엔 안보리 상임이사국 가입문제에 대하여 중일관계를 고려하여 한 번도 반대의 입장을 명확히 표현한 적이 없다. 그러나 중국 대중은 인터넷 서명 및 대규모 시위를 통하여, 일본이 상임이사국이 되는 것을 반대하는 항의 활동을 벌였다. 이러한 움직임은 지도부에게도 영향을 미쳐 2005년 4월 13일 인도 방문 중 원자바오(溫家寶) 총리가 "최근 중국을 포함한 일본의 몇몇 인접국가들이 일본의 안보리 이사국 가입을 반대하는 시위를 하고 있다. 아시아 민중의 이러한 강력한 반응은 일본의 심각한 반성을 이끌어 내야 한다. 역사를 존중하고 역사에 대한 책임을 지고, 아시아와 세계 인민의 신임을 얻어야만이 국제업무에서 더 큰 역할을 할 수 있다"라고 언급하면서 과거사에 대한 반성 없이 일본이 안보리 상임이사국이 될 수 없다는 의견을 분명히 했다(《人民日报》 2005. 4. 13.).

그렇다면 북한의 3차 핵실험 이후 중국 인터넷 여론은 중국의 대북정책의 추진에 어떠한 영향을 미쳤는가? 3차 핵실험 이후 중국 인터넷상에서는 전례 없는 강력한 대북 비난여론이 등장하면서 북한에 대한 강경대응을 요구하였고 중국 정부는 1, 2차 핵실험 이후보다 북한에 대한 제재 강도를 높임으로써 대북 강경책을 취하였다. 이러한 중국 정부의 북한에 대한 강경한 대응은 인터넷상의 북한에 대한 비난여론과 어떠한 관련성이 있는가? 아래에서는 북한의 3차 핵실험 이후 중국 네티즌들의 대북 비난여론과 중국 정부의 대북정책 간의 관계에 대한 분석을 통해 인터넷 여론이 중국 대외정책에 미치는 영향을 분석하고자 한다.

III. 사례연구: 북한 3차 핵실험 이후 중국 내 인터넷 여론과 대북정책

1. 3차 핵실험과 인터넷상 대북 비난여론 증가

2013년 2월 12일 북한이 3차 핵실험을 한 이후, 중국 네티즌들은 1차 핵실험과 2차 핵실험 때와는 달리 다양한 인터넷 매체를 통해 전례 없는 비난의 목소리를 내면서 중국 정부의 대북정책 변화를 요구하였다. 그리고 중국 정부도 1, 2차 핵실험 때와는 달리 미국과 함께 북한에 대한 유엔 제재결의안 통과에 적극적으로 참여하였을 뿐만 아니라 충실히 이행하는 태도를 보여주었다. 2006년 1차 핵실험 당시 중국 정부는 핵실험 이후 매우 강한 어조로 북한을 비난하였지만, 유엔을 통한 대북제재결의안 논의과정에서 기권을 하는 소극적인 태도를 취하였다. 그리고 2009년 2차 핵실험 이후에는 유엔 제재결의안의 통과에 참여하였지만, 통과된 대북제재결의안의 이행에는 상대적으로 소극적인 자세를 취하였을 뿐만 아니라 곧이어 대북 경제협력을 추진하는 등 포용적인 자세를 취하였다. 그러나 2013년 2월 3차 핵실험 이후 중국 정부는 미국이 주도한 유엔 제재안에 대해 전례 없이 신속하게 참여를 결정하고, 실제 제재에도 동참하였다(〈표1〉 참조).

---

2. 국무원 신문판공청주임은 관방 매체의 보도에 정부가 일정한 간섭을 하였음을 인정했다(李习文 2008, 53).

〈표 1〉 1, 2, 3차 북한 핵실험 이후 중국 정부의 대응과 여론 동향

	중국 정부의 대응	여론 동향
1차 핵실험 (2006년10월)	• "제멋대로(悍然)"라는 표현을 쓰면서 강력하게 비판. • 유엔 제재결의안의 논의과정에서 기권을 함.	반북(反北) 여론 등장, 그러나 크게 보도되지 않음.
2차 핵실험 (2009년5월)	• 핵실험을 결연히 반대한다는 성명서를 발표 하였지만, 1차 때보다 강도가 약함. • 유엔 대북제재결의안 1718호와 1874호에 참여 하였지만, 제재를 엄격하게 실행하지 않음. 오히려 원자바오(温家宝)는 10월 북한을 방문하여 경제협력 방안을 제시함. • 북한 지도부와 의사소통을 강화하여 북한 김정일 정권에 대한 태도가 크게 달라지지 않음. 북중 관계를 전통적인 우호관계로 지칭함.	반북 여론이 크게 보도 되거나 부각되지 않음
3차 핵실험 (2013년2월)	• 핵실험에 대한 강력한 비난과 유엔 제재결의안 2094호에 참여 및 엄격한 이행을 강조. • 북한의 비핵화를 강력하게 요구, 동시에 국제사회에 대해 대화와 협상을 통한 한반도 비핵화문제 해결을 강조. • 북한과 고위급회담을 개최하지 않고, 양당 간 전략대화(2011년)에서 양국 외교부 간의 전략대화로 대화를 조정(2013년 6월). 북중관계를 정상국가 간 관계로 지칭.	인터넷과 언론 매체를 통한 반북여론의 부각과 확산이 두드러짐.

이처럼 1, 2차 핵실험 이후와 달리 중국 정부가 대북제재에 대해 비교적 강경한 태도를 취한 것은 북한에 대한 인터넷상의 비판여론과 어떠한 상관성이 있는가? 1, 2차 핵실험 이후 보다 대북 비판여론이 더 강하게 부각되었다는 점에서, 표면적으로 볼 때 3차 핵실험 이후 중국 정부의 비교적 강경한 대북정책은 비판여론과 관련성이 있는 것으로 비칠 수 있다. 2차 핵실험 직후에 〈환구시보〉가 진행한 20명의 중국 국제관계전문가와의 인터뷰에서 절반이 강력한 제재를 주장한 것을 통해서 볼 수 있듯이(〈环球时报〉 2009. 5. 26), 2차 핵실험 직후에도 엄격한 대북제재의 목소리가 각종 매체를 통해 주류시각으로 등장한 적이 있지만, 3차 핵실험 이후 대북 비난여론은 전문가 집단

뿐만 아니라 대중들 사이에서도, 그리고 인터넷 매체에서 출발하여 대중시위로까지 확산되는 등 훨씬 더 강하게 등장하였기 때문이다. 그렇다면 이러한 인터넷 매체상의 여론 악화와 중국 정부의 대북정책에는 어떠한 상관성이 있는가?

2. 인터넷 여론 동향과 중국 정부의 대북제재 진행과정

(1) 인터넷 여론을 통한 대북 항의 시기(2013. 2. 12~2013. 3. 7): 인터넷상 대북여론 악화와 유엔 제재결정에 대한 참여

2013년 2월 12일 북한이 제3차 핵실험을 진행하기 직전 중국의 대북여론은 중조 우호관계를 소중히 여기고 북한 역시 이를 소중히 여겨야 한다는 점을 강조하면서, 북한이 중국의 경고를 무시하고 핵실험을 하면 얻을 것이 없다는 점을 경고하는 정도로 나타났다(〈环球时报〉 2013. 2. 6). 그러나 2월 12일 북한이 핵실험을 한 직후, 중국의 인터넷상에는 전문가와 대중들의 북한을 비판하는 강경발언이 빠른 속도로 확산되었다. 2월 13일 월스트리트저널 중문판에는 "북한의 핵실험은 북한에 대한 중국의 잘못된 인식과 북핵정책의 실패를 의미한다"라는 지적과 함께, 북한과의 관계를 냉전시기의 완충지대 논리가 아니라 현실적인 국가 이익의 관점에서 재정립해야 한다는 주장이 발표되었다(赵楚 2013). 같은 날 푸단대학(复旦大学)의 선딩리(沈丁立) 교수 또한 〈포린폴리시(Foreign Policy)〉에 북한의 지속적인 도발로 인해 북한이 중국에게 자산이 아니라 부담이 되었기 때문에, 중국이 유엔 대북제재를 보다 엄격하게 실행하고 북한에 대한 경제적인 지원을 줄여 북한을 변화시켜야 한다는 글을 기고하였다(Shen 2013). 베이징대학의 자칭궈(賈慶國) 교수도 북한의 핵실험은 지역 내 미국의 영향력 증가를 초래하여 중국에 심각한 위협을 증대시키고 있다고 지적하면서 북한에 대해 강경한 조치가 불가피함을 지적하였다(〈多维新闻〉 2013. 2. 12).

그러나 중국 정부의 대응은 비교적 조용하였다. 2월 12일 양제츠(楊潔篪)

외교부 장관은 주중 북한 대사를 불러서 엄중하게 항의하였지만, 어떠한 제재나 보복조치를 취할 것임을 표명하지는 않았다(〈多维新闻〉 2013. 2. 13). 또한 외교부는 홈페이지에 북한이 국제사회의 반대를 무시하고 다시 핵실험을 진행하였고, 이것에 대하여 중국은 결연히 반대하고, 한반도의 비핵화, 핵확산 방지, 동북아의 평화와 안정 보호는 중국의 일관된 입장임을 강조하면서도 동시에 중국은 북한이 비핵화 약속을 지키고 정세를 악화시키지 말고 대화와 협상의 길로 나아야 한다고 언급해 대화와 협상을 통한 문제해결을 강조하는 성명을 공개했다(〈新华社〉 2013. 2. 12).

이러한 성명은 1, 2차 핵실험 이후의 성명과 마찬가지로 북한의 핵실험을 강력하게 반대한다는 내용이었지만 몇 가지 미묘한 차이가 있었다. 첫째, 2006년과 2009년에는 북한에 대하여 비핵화의 약속이행을 강력하게 요구(demand)한다고 한 반면, 2013년에는 독촉(urge)한다고 함으로써 압박 정도에서 상대적으로 부드러운 표현을 사용하였다. 둘째, 2006년과 2009년 성명서에서는 북한이 6자회담에 '복귀'할 것을 요구하였지만, 2013년에는 "모든 당사자들은 냉정하게 대처하고 6자회담을 통해 이 문제를 해결할 것을 요청함으로써" 관련 국가에 대화와 협력을 통한 문제해결을 강조했다. 셋째, 2006년 핵실험 이후 외교부 공식성명은 '제멋대로(悍然)'라는 표현을 쓰면서 격렬하게 비판을 하였지만, 2013년에는 비판의 강도가 덜했다(〈新华社〉 2013. 2. 12; 〈新华社〉 2009. 5. 26; 〈新华社〉 2006. 10. 9). 이처럼 중국 정부는 1, 2차와 마찬가지로 3차 핵실험 이후도 대북 압박성 메시지를 전달하였지만, 전체적으로 그 이전보다 표현의 수위가 높지 않았고, 제재와 압력수단을 얘기하기보다는 여전히 대화를 통한 문제해결을 강조하였다.

이러한 외교부의 태도와는 다르게 중국의 대중이나 지식인들의 북한 핵실험에 대한 비난여론은 인터넷을 통하여 빠르게 확산되어 갔고, 이러한 비판여론은 오프라인상의 대중시위로까지 급속하게 확산되어 갔다. 중국의 주요 인터넷 포럼인 〈강국논단(强国论坛)〉에서는 핵실험이 이루어진 2월 12

일부터 15일까지 4일 동안 북한 핵실험과 관련된 글이 114건 이상 올라왔고, 각 글에 대해 댓글이 달리면서 북한 핵실험이 뜨거운 쟁점으로 떠올랐다. 또한 2월 13일 랴오닝성(辽宁省) 선양(沈阳)의 주민 1명이 북한의 핵실험에 강렬히 항의한다는 팻말을 들고 북한 총영사관 앞에서 시위를 하였고, 베이징 북한 대사관 앞에서도 10여 명이 항의시위를 하였다. 그 외에도 안후이성(安徽省) 허페이시(合肥市) 주민들이 공원에서 북한 핵실험 반대 시위를 전개하여 경찰에 연행되기도 하였고(〈多维新闻〉 2013. 2. 17), 후난성(湖南省) 헝양(衡阳)시와 헤이룽장성(黑龙江省) 하얼빈(哈尔滨) 시 등에서 소규모의 대중시위가 발생했다. 그리고 수많은 대중들은 웨이보를 통해서 북한에 대한 불만을 표시했다. 한 웨이보 사용자는 북한 대사관에 전화를 해서 김정은에게 중국 공민의 항의를 전달해 달라고 요청했지만 응답 없이 침묵만 지켰다는 소식을 전하기도 했다(〈大公网〉 2013. 2. 20).

지식인들 역시 비판의 목소리를 높였다. 구체적으로 2월 15일 베이징대학 주펑(朱峰) 교수는 3차 핵실험의 최대 피해자는 북한이 아닌 중국이라는 글을 발표하였다. "중국의 지도자들은 북한에 대한 인내심이 바닥이 났다. 핵이 있는 북한은 중국에 위협이다"라고 주장하면서 그 이유로 두 가지를 제시하였다. 첫째, 북한은 핵무기로 미국과 판을 만들려고 할 것이고 언젠가는 중국에 대해서도 그렇게 나올 것이다. 둘째, 북한이 핵이 있으면 미국이 각종 이유를 들어 동아시아에 군사적인 존재를 강화시킬 것이고, 미사일 방어체계 등을 통해 한·미·일이 더욱 가까워져 중국을 존중하지 않을 것이다. 따라서 중국은 국제사회에 북한 핵을 반대할 뿐만 아니라 북한에 대해 화가 났음을 분명히 해야 한다고 주장하였다(泉野 2013).

2월 12일 핵실험 직후부터 2월 15일까지 이처럼 대북 비난여론의 강력한 분출에도 불구하고, 중국 정부가 각 방면에서 '관례적인' 비판과 반대를 한 것을 제외하면, 관방매체는 평소 태도와는 판이하게 다른 냉정한 모습을 보였다. 〈신화사〉 〈인민일보〉 등 관방매체에서는 북한 핵실험에 대한 소식이 비교적 간단하게 보도되고, 관점이 드러나는 기사는 거의 보도되지 않았다. 뜨거운 이슈에 대해 목소리를 내기로 유명한 〈환구시보〉도 며칠 동안 침묵을 지킨 뒤, 16일에야 기사를 발표하여 중국의 대북정책이 실패하였다고 주장했으며 중국은 북한에 대해 친구로서 경고를 해야 하지만, 미국 주도의 제재에 협조할 경우 북한을 미·일의 적에서 중국의 적으로 변화시킬 수 있기 때문에 협조해서는 안 된다고 주장하였다. 그리고 한반도 정세를 중국이 주도할 수는 없지만 동시에 어느 한쪽도 주도할 수 없게 만들 수는 있다며 북한에 대한 우호 및 특수 관계 유지는 중국의 한반도정책 중 하나로 중국 동북지역을 오염시키지 않는 것이 대북정책에서 지켜야 할 마지노선임을 강조하였다(《环球时报》 2013. 2. 16).

〈신화사〉는 곧바로 〈환구시보〉의 사설을 반박하는 기사를 써서, 북한의 핵실험은 중국 대북정책의 실패가 아니며 북미 대립이 핵실험의 근원임을 강조하면서, 대화와 협상이 올바른 길임을 강조하였다. 이 기사에서 인민대 스인훙(時殷弘) 교수는 북한이 자국 이익에 관련된 판단에 따라 핵실험을 하였으며 핵실험 강행은 중국뿐만 아니라 모든 관련국들의 정책이 실패했음을 의미하는 것이라고 주장하였다. 칭화대 류장룡(劉江永) 교수도 북한 핵실험은 중국이나 한국에 보여 주기 위한 것이 아니라 미국에게 보여 주기 위한 것이며, 실패의 책임은 북한의 적대국인 한·미·일에 있으며 관련국들은 다 같이 반성해야 한다고 지적하였다(赵悦·刘莉莉 2013). 이처럼 중국의 대북정책은 실패하지 않았으며 대화와 협상을 통해 문제해결을 해야 한다는 관방언론의 기사는 인터넷상 대북 비난여론과 비교할 때 상당히 대조를 이루었다.

같은 기간 동안 북한 핵실험에 반대하는 중국 인터넷상의 목소리는 수그러들지 않고 가두시위도 여전히 사라지지 않았다. 16일과 18일 〈강국논단〉에는 모두 27건 이상의 북한 핵실험 관련 글이 올라오면서 대북정책에 대한 논쟁이 전개되었다. 또한 2월 16일 광저우에서 100여 명이 북핵을 반대하는 항의시위를 전개하였다(〈多维新闻〉 2013. 2. 17). 그리고 2월 17일 베이징의 반체제 언론인 가오위(高瑜)는 자신의 웨이보에 "미국의 정책은 맞다. 이러한 국가에 제재를 하지 않으면, 그들이 평화노선으로 가게 할 수 있는가? 북한에 대해 호랑이를 키우는 우환을 만들면 안 된다"라고 비판하였다(〈多维新闻〉 2013. 2. 17). 또한 2월 18일에도 네티즌들은 포털이나 인터넷 신문상에서 중국이 한국 주도의 한반도 통일을 두려워해서는 안 된다면서 국가 이익에 손해를 보면서까지 북한에 원조를 제공해서는 안 된다고 주장했다. 북한이 붕괴되어도 난민이 몰려오는 것은 일시적이며, 국제사회로부터 원조를 얻기도 쉽기 때문에 중국은 한국 주도의 통일을 두려워할 필요가 없으며, 한중관계가 북중관계보다 더 순조롭다는 점을 지적하고(曾銳生 2013) 대북정책에 대한 근본적인 방향 전환을 요구하였다.

이러한 상황에서 2월 18일 홍레이(洪磊) 중국 외교부 대변인은 "유엔 안보리의 대북제재에 관한 심의는 한반도의 비핵화와 핵확산 방지, 동북아 평화와 안정의 유지를 도울 것이다. 따라서 중국 측은 관련 심의가 각 방면과 접촉과 소통을 유지하기를 원한다"라고 언급하면서,[3] 유엔 대북제재결의안에 참여할 의지가 있음을 명확히 했다. 이러한 유엔 제재결의안에 대한 참여 표명이 대북 비판여론에 의해서 결정된 것이라고 단정하기는 어렵다. 그러나 2월 12일 3차 핵실험 직후 북한을 비판하는 성명서가 발표된 이래, 정부뿐만 아니라 관방언론인 〈인민일보〉나 〈신화사〉 등의 논조가 인터넷 여론에 비해 북한을 강력하게 비판하지 않았던 점을 고려한다면, 외교부 대변인의 유엔 대북제재에 대한 참여 선언은 상당히 대비되는 행동이다. 이를 통해 중국 정부가 인터넷상의 대북 비난여론을 허용하면서 민간여론을 통해 간접적으로 중국 정부의 비판의지를 북한에 전달하고자 한 것으로 해석할

---

3. "2013年2月18日外交部发言人洪磊主持例行记者会," http://www.fmprc.gov.cn/mfa_chn/fyrbt_602243/jzhsl_602247/t1014544. shtml(검색일: 2013.12.9).

수 있다.

한편 3월 1일 중앙당교의 기관지 〈학습시보(学习时报)〉 부편집인 덩이원(邓聿文)이 대북정책에 대한 진면적인 재검토를 주장하면서, 북한을 버리고 한국 주도의 통일을 추진하는 것은 한미동맹과 미일동맹을 약화시켜 동북아 지역에서 미국의 중국에 대한 정치적인 압력을 완화하고, 타이완문제를 해결하는 것을 돕는다는 글을 발표한다(邓聿文 2013). 핵심적인 관방매체인 중앙당교 기관지에 발표된 글이라는 점에서 이는 대북 비판여론의 심각성을 보여 주는 상징적인 사건으로 간주될 수 있다. 이처럼 여론이 악화되는 상황에서, 3월 4일 유엔 안보리는 미국과 중국이 제재 초안에 대해 이미 합의에 도달하였음을 밝혔다. 유엔 측은 제재 초안이 2006년과 2009년 제재조항에 기초하여 강화된 내용으로 준비되었으며, 특히 금지 품목을 위배한 북한 수송선에 대한 압류와 감독, 경제제재 방안 등이 명시되었다고 언급했다(〈多维新闻〉 2013. 3. 4). 그리고 3월 7일 안보리는 전원 일치로 확대된 대북제재결의안을 통과시켰다. 중국은 국제사회와 보조를 맞추어 3차 핵실험에 대응한 유엔 안보리 대북제재결의안을 성실히 이행하겠다는 의지를 보였고, 이에 따라 대북제재결의안 2094호에 찬성표를 던졌다.

유엔 안보리 대북제재결의안 통과는 3차 핵실험을 비판하면서 새로운 제재조치를 실시하여 북한을 국제사회에서 고립시키는 것을 의미하는 것이었다. 지난 3차례의 핵실험 이후 북한문제와 관련하여 중미 양국이 이 정도로 일치된 견해를 보인 것은 처음이었다. 미국이 제기한 이번 제재결의안에 중국이 지지를 표명한 것은 3주에 걸친 양국 간 막후 협상의 결과였다. 북한의 후견인으로 인식되는 중국이 강화된 제재안에 동의함에 따라, 중국이 북한과 거리를 두고자 한다는 평가가 나오기도 했다(〈多维新闻〉 2013. 3. 11). 새로운 제재조치에 따르면, 바닷길과 하늘길을 포함한 북한의 수출입 통로는 유엔 회원국의 엄격한 검사를 받아야 한다. 그 목적은 북한이 미사일과 핵무기 제조에 사용 가능한 물자를 얻는 것을 방지하기 위함인데, 무기와 외환

거래의 주요 통로가 중국이라는 점에서 중국 정부가 더 강경하게 제재하고 감독하겠다는 것은 의미 있는 행동이었다. 즉, 중국은 이러한 유엔 대북제재결의안에 동의함으로써 제3차 핵실험이라는 북한 도발행위에 대해 강력한 불만을 제기한 것이다.

그러나 유엔 대북제재결의안이 통과된 이후 양제츠 당시 중국 외교부장은 3월 9일 기자회견에서 "북한의 3차 핵실험에 대한 안보리 2094호 결의안을 지지하지만, 제재는 안보리 행동의 목적이 아니며 대화와 6자회담만이 한반도의 비핵화와 장기적 평화를 이룩할 수 있는 방법임"을 강조하였다(《共产党员网》 2013. 3. 9). 이러한 점은 중국 정부가 대북제재 동참이라는 강경책과 동시에 대화를 통한 문제해결이라는 두 가지 정책을 동시에 추진하고자 함을 의미한다. 인터넷상 북한에 대한 악화된 여론에도 불구하고, 제재 일변도 정책이 아니라 한반도 비핵화와 장기적인 평화를 실현하고자 하는 전략적 이해가 중국 대북정책에서 여전히 결정적인 영향을 미치고 있음을 보여 준 것이다.

(2) 대북제재 이행과 대화정책의 동시추진 시기(2013. 3. 7.~2013. 6. 30)

유엔 대북제재결의안이 통과된 이후 북한은 중국에 대한 태도를 바꿔 대규모 군사훈련을 감행하고 한반도 위기를 가속화하는 각종 조치를 단행하였다. 3월 11일 북한은 정전협정 폐지를 선포하고 판문점 연락통로 폐지와 그동안 북한과 한국이 서명한 불가침협정과 한반도 비핵화협정의 폐지를 선언하였다. 3월 26일과 27일 북한의 조선최고사령부는 북한의 작전 목표가 한미 양국이며 쌍방과의 모든 연락을 단절한다고 경고하면서, 더 이상 미국과 한국과는 대화의 통로가 없다고 선언하였다. 이런 상황에서 3월 28일 미국 B-2 전략폭격기가 출동하여 한국 상공을 날아와서 시위를 하였다. 이에 맞서 3월 30일 북한은 남북관계가 전시상황에 돌입했다고 선언하였고, 31일 미국은 한국에 F-22를 배치하고 U-2 정찰기를 증가시켜 북한을 정찰하는 등 일촉즉발의 위기상황으로 치달았다. 또한 3월 31일과 4월 1일 북한은 경제건설과 핵무력 건설을 병행하는 신전략노선 실행을 결정하고, 영변 핵시설 재가동을 선포하였으며 4월 3일에는 개성공단 폐쇄를 위협하였고, 4월 5일 평양 주재 외국 대사관 철수를 제안했다. 그리고 4월 8일 개성공단 폐쇄를 일방적으로 결정한 이후 4월 9일에는 북한의 조선아태평화위원회 위원장이 한반도는 열핵전쟁 전야에 놓여 있다고 경고하면서, 한국에 있는 모든 외국인은 한국을 떠나라고 경고하기에 이른다.

이런 상황에서 4월 6일 중국 고위 지도자들은 한반도의 위기상황을 고조시키는 행위에 대해 강력하게 경고하면서 동시에 대화와 협력을 통한 문제해결을 강조하였다. 왕이(王毅) 외교부장은 반기문 유엔 사무총장과의 전화통화에서 어떤 일방이라도 이 지역에서 도발행위를 하는 것을 반대하며, 중국의 대문 앞에서 문제가 발생하는 것을 허용하지 않는다고 경고했다(《多维新闻》 2013. 4. 9). 또한 4월 7일 보아오(博鳌)포럼 개막연설에서 시진핑(習近平) 주석은 "국제사회는 종합안보, 공동안보, 협력안보라는 생각을 고취해야 하며, 어느 일방이 자신의 개별적 이익을 위해 지역이나 세계를 혼란에 빠뜨려서는 안 된다"라면서 대북 압박성 메시지를 전달했지만, 동시에 갈등과 이견은 대화와 협상을 통해 해결해야 한다고 강조하였다.[4] 그리고 4월 9일 중국 외교부 훙레이 대변인도 기자회견에서 남북한이 관계를 개선하고 화합하고 협력해서 한반도의 평화와 안정에 기여해야 하고, 현재 한반도의 상황은 매우 긴장이 고조되고 있으며, 중국은 어떠한 일방이라도 한반도의 평화와 안정을 해치는 행동을 용납하지 않을 것임을 피력하였다. 한반도의 평화와 안정은 관련국의 공동이익이고, 공동책임이며 도발적 행동을 하지 말아야 하고, 긴장을 고조시키는 행동을 해서는 안 된다, 동시에 장기적인 각도에서 최대한 빨리 6자회담을 개최하여 대화와 접촉을 통해 관계를 개선하고, 한반도 비핵화와 동북아 안정의 길을 찾아야 한다는 것이 중국의 북핵문제에 대한 일관된 입장임을 강조했다(외교부 동북아국 중국정세분석팀 2013).

그러나 북한의 위협과 한반도 위기상황은 지속되었다. 4월 16일 조선중앙통신은 북한이 미국의 비핵화 요구에 대답할 수 없다고 언급하였다. 17일에는 또다시 한반도 긴장의 원인이 미국의 대북 적대정책에서 유래한 것이라고 주장하였다. 이런 상황에서 중국 정부는 4월 17일 유엔 대북제재결의 2094호(3월 7일부터 효력을 발휘하기 시작함)가 담고 있는 제재조치를 엄격히 이행하고 문제가 있으면 즉시 보고하라는 통지를 정부 산하기관에 내려보냈다(성연철, 2013). 그리고 이러한 사실을 4월 28일 오후 중국의 매체에 공개적으로 보도하여, 북한에 대한 강경한 제재의지를 보여 주었다.

4월 중순 이후 북한은 입장변화를 보이면서 대화와 협상을 강조하기 시작했다. 2월 핵실험 이후 북한은 중국 고위 인사의 북한 방문을 거절하였고, 주중 북한 대사관도 한때 중국 정부의 접촉요구를 거절하는 등 강경한 입장을 견지해 왔다. 그러나 4월 이후 중국 정부가 대북 강경책을 취하면서도 동시에 한국, 미국, 북한과 활발한 접촉을 통하여 대화국면을 조성하기 위해 노력하자 북한의 입장도 변화하기 시작했다. 중국 측 6자회담 담당자인 우다웨이(武大偉)는 4월 1일 워싱턴에서 미국 측 담당자와 회동하였고, 2일에는 한중 6자회담 담당자가 회동을 했다. 4월 12~13일에는 서울과 베이징에서 각각 한미, 미중 외무부 장관 회담이 있었고, 4월 22일에는 우다웨이가 방미하여 미국 측 북핵 담당자를 만났다. 이처럼 중국 정부는 대화를 통한 문제 해결을 강조하면서도, 5월 7일에는 중국은행이 북한 조선무역은행의 계좌를 폐쇄하고 모든 금융거래를 중단할 것임을 밝혔다. 유엔이 북한의 핵무기 프로그램에 대한 제재에 나서기로 한 뒤 중국 기관이 이러한 형태로 제재에 동참한 것은 처음이었다(〈연합뉴스〉 2013. 5. 7).

이처럼 중국은 유엔 제재조치를 이행하면서 대북 압박을 강화함과 동시

---

4. "博鳌亚洲论坛2013年年会开幕大会," http://www.china.com.cn/zhibo/2013-04/07/content 28428408.htm(검색일: 2014. 08. 01).

에, 대화를 통한 문제해결을 위한 노력도 계속했다. 5월 22일 최용해 조선인민군 총정치국장이 김정은의 특사로 중국을 방문하였고, 시진핑은 최용해를 접견하는 자리에서 한반도 비핵화에 대한 입장을 전달하면서, 북한에게 대화의 테이블로 나오라고 압박하였다. 그리고 6월 7일 시진핑은 오바마와 미국에서 회동하여 북한을 핵 보유국으로 인정할 수 없고 북한의 핵무기 개발을 용인하지 않겠다는 점에 합의하면서, 북핵문제에 대한 중미 간 공통된 입장을 확인했다.

비록 시간이 지나면서 대중들의 인터넷상 대북 비판여론 또한 소강상태로 접어들었지만, 일부 전문가들은 여전히 중국의 대북정책을 비판하는 글을 인터넷을 통해 발표했다. 6월 27일 중국은 북한 핵위기 해결을 기회로 한국이 한반도 통일을 실현하는 것을 도와야 하며, 이는 중국의 국익에 이롭다는 글이 발표되기도 했다(《联合早报网》 2013. 6. 17). 이러한 상황에서 중국은 대북제재 이행을 통해 북한을 압박하면서, 동시에 6자회담이 제공하는 대화와 협상을 통한 문제해결을 강조하는 정책적 입장을 견지했다. 6월 말 베이징에서 이루어진 한중 정상회담에서 중국은 이러한 입장을 거듭 확인했다.

이처럼 중국 정부는 유엔 안보리 대북제재결의 참여 이후 기본적으로는 결의사항을 이행하는 강경정책을 통해 북한을 압박하는 한편, 동시에 6자회담에 기초하여 대화를 통한 문제해결을 강조하는 입장을 견지해 왔다. 비록 인터넷상의 대북 비난여론이 소강상태로 접어들었지만, 중국 정부는 유엔 대북제재 이행이라는 강경책을 통해서 북한을 압박했고, 동시에 관련국들과 적극적인 접촉을 통해 대화를 통한 평화적 문제해결을 위해 분주하게 움직였다. 제재와 대화를 동시에 강조하는 중국 정부의 정책은 핵실험 이후 일관되게 추진된 정책이었다. 이는 중국 정부의 기본적인 대북정책 방향 결정이 인터넷상 여론과 상관없이 중미, 중일 간 대립관계 속에서 북한이 동북아에서 지닌 완충지대로서의 전략적인 가치에 대한 판단에 기초하고 있음을 보여 준다. 인터넷상의 북한 비난여론과 대중시위는 북한의 반복되는 핵실험에 대한 중국 정부의 강력한 불만을 나타내는 수단으로 활용되었을 뿐이다.

IV. 평가: 중국의 대외정책 결정과정에서 인터넷 매체의 역할

인터넷의 발전과 인터넷 여론의 빠른 성장은 중국의 정치적인 지평을 변화시키고 있다. 다양한 정치 이슈에 대한 인터넷상의 공공토론은 중국을 그 전보다 더 자유롭게 만들고 있다. 그리고 온라인상의 의견들과 사이버 공동체가 외교정책 결정과정에 영향을 미치게 되면서, 중국의 외교정책 결정에 또 다른 행위자로 등장하고 있다. 인터넷 여론은 이미 중국의 외교정책 결정과정에 변화를 가져오기 시작했을 뿐만 아니라, 사회구조와 정치체제 등 사회의 다양한 방면에 영향을 미치는 새로운 역량으로 부상한 것이다.

그러나 북한의 3차 핵실험 이후 대북 비판여론과 중국 대북정책 관계를 살펴보면, 인터넷 여론이라는 것이 무시할 수 없는 변수이지만, 그 역할은 정부에 의해서 활용되는 피동적인 역할에 그치고 있으며, 정책의 전환을 이끌어 내는 결정적인 변수가 되고 있지 못함을 알 수 있다. 오히려 한반도 평화를 위해 책임을 다하는 강대국으로서 신형 강대국 외교를 펼쳐야 한다는 전략적인 판단과, 북한의 핵개발이 미국의 아시아 재균형정책에 빌미를 제공하고 있는 안보상황에 대응해야 한다는 중국 정부의 전략적인 의도가 대북정책을 결정하는 핵심변수임을 나타내 주었다.

2013년 2월 북한의 3차 핵실험 이후 중국 내 인터넷 여론은 북한에 대한 강력한 비판과 함께 정부의 대북정책 방향 전환을 요구하였다. 그러나 인터넷상의 대북 비난여론은 중국 정부가 북한에게 외교적인 압력을 가하는 효과는 있었지만, 그것만으로 중국 대북정책에 변화를 이끌어 내었다는 근거는 없다. 중국 정부는 북한의 3차 핵실험 이후 유엔 대북제재에 대한 참여와 이행을 통해 대북정책이 조정 가능하다는 것을 북한에게 경고하고자 하였지만, 여전히 금융거래나 경제협력을 실질적으로 중단하거나 축소하지는 못하고 있다. 동시에 대화와 협상을 통한 북핵문제 해결을 강조하면서 6자회담의 조기 개최를 주장하고 있다. 이는 3차 핵실험 이후 강력한 대북 비판여론이 중국 대북정책의 방향 전환을 이끌어 내는 데 실질적인 역할을 하지 못하였음을 나타내 주는 것으로 볼 수 있다.

그러나 인터넷상의 대북 비판여론은 북한에 대한 경고 메시지 차원에서 중국 당국에 의해 선택적으로 노출된 것이라 하더라도 중국의 대북정책 추진과정에 일정한 변수로 작용하였음을 부정할 수 없다. 북한의 3차 핵실험 이후 중국 인터넷상의 대북 비난여론 증가는 전례 없는 상황이었고, 이러한 여론이 형성된 데에 대중과 지식인까지 가세하였기 때문이다. 비록 이러한 대북 비난여론이 중국 정부의 대북제재에 대한 강경대응을 이끌어 내고 대북정책의 방향 전환을 이끌어 내는 변수는 아니었지만, 인터넷 매체를 통하여 분출된 대북여론은 다음과 같은 점에서 대북정책에 영향을 미치는 배경으로 작용했음은 부정할 수 없다.

첫째, 인터넷을 통해 빠른 속도로 북한의 핵실험에 대한 비난여론이 증가하면서 북한 핵실험에 대한 국민적 분노가 얼마나 심각한 수준인가를 중국 정부가 느끼도록 하였다. 이러한 국민적 관심과 분노의 표출은 대북정책 결정과정에 결코 무시하지 못할 요인으로 작용할 수 있다.

둘째, 중국 대북정책의 기본적 방향에 대한 재검토 필요성 논의가 인터넷상에서 전면적으로 전개됨으로써, 인터넷 여론이 대북정책의 방향에 무시할 수 없는 변수로 부상하였다는 점이다. 북한과 중국과의 관계가 정상국가간 관계임을 강조하고 북한을 포기하고 한국 주도 통일을 지지하는 한반도 정책의 근본적인 전환을 요구하는 여론은, 인터넷이 대북 비판여론 형성의 장일 뿐만 아니라 대북정책에 대한 공개적인 토론의 장이 되었음을 말해 준다. 전문가와 대중들이 함께 참여하여 대북정책을 논의하고 정책의 방향 전환을 주장하는 상황은, 중국 정부의 대북정책 방향 설정에서 인터넷상의 목소리도 무시할 수 없는 중요한 변수임을 보여 준다.

셋째, 인터넷을 통한 중국 내 대북 비난여론 확산은 중국 정부가 북한에 대해 정책적으로 압박하는 데 있어, 북한에게 문제의 심각성을 인식시키는 중요한 수단으로 작용하였다고 볼 수 있다. 중국 정부가 인터넷상의 대북 비판여론을 강제적으로 통제하지 않고, 대북 비난여론의 형성과 발전과정을 일정 부분 묵인함으로써, 인터넷을 대북 비판여론을 조성하는 공간으로 활용하고, 이를 통해 북한에게 압력을 가하는 수단으로 활용한 측면이 있었기 때문이다.

이러한 점에 비추어 볼 때, 중국 인터넷은 대외정책을 둘러싼 대중 여론을 파악할 수 있는 중요한 공간일 뿐만 아니라, 대외정책 방향을 논의하는 중요한 토론 공간이 됨으로써 대외정책의 추진에 무시할 수 없는 중요한 변수로 등장하고 있음을 알 수 있다. 그러나 중요한 외교·안보현안과 관련하여 인터넷 여론이 대외정책의 방향 전환을 이끌어 내는 결정적인 영향을 미친다기보다는, 정부가 직접 나서지 않으면서도 상대국가에게 외교적인 압박을 가할 수 있는 자원으로써 활용되는 것으로 보인다. 이는 중요한 안보적인 현안과 관련하여, 중국의 대외정책 결정과정에서 인터넷 여론의 역할이 무시할 수 없는 변수로 등장한 것은 사실이지만, 그 역할은 정부에 의해서 활용되는 피동적인 것에 머무르고 있음을 의미한다.

【참고문헌】

성연철. 2013. "'대북 금수품목 검색 강화 등 철저 이행' 중 정부, 유엔제재안 2094호 집행 '공문'," 〈한겨레신문〉 2013. 4. 29.

외교부 동북아국 중국정세분석팀. 2013. "한반도문제 관련 중국측 반응," 〈e-중국이슈〉 24, http://asia2.mofat.go.kr/NL/24th/html/sub02.html(검색일: 2014. 03. 14).

张雷·刘力锐. 2012.《网民的力量: 网络社会政治动员论析》. 沈阳: 东北大学出版社.

陈玉霞. 2012. "新媒体与中国政治民主,"〈新闻研究导刊〉第2期.

洪浚浩. 2007. "网络舆论与中国的外交决策," 郝雨凡·林甦编,《中国外交决策开放与多元的社会因素分析》, 北京 : 社会科学文献出版社.

王逸舟. 2000. "市民社会与中国外交,"〈中国社会科学〉第3期.

张清敏. 2006. "社会变迁背景下的中国外交决策评析,"〈国际政治研究〉 第1期.

张沱生. 2006. "社会变迁带给中国外交的机遇与挑战,"〈国际政治研究〉第1期.

王军. 2010. "网络民族主义, 市民社会与中国外交,"〈世界经济与政治〉第10期.

田翠红. 2012. "试论网络舆情对国家政治安全的影响及对策," 复旦大学硕士学位论文.

俞燕敏. 2007. "媒体在中国对外政策中的作用-以美国对伊拉克战争事件为个案," 郝雨凡·林甦编,《中国外交决策开放与多元的社会因素分析》, 北京: 社会科学出版社.

韩絮. 2011. "论网络媒体对中国外交决策的影响," 中国外交学院硕士学位论文.

蒋昌建·沈逸. 2007. "大众传媒与中国外交政策的制定,"〈国际观察〉第1期.

李习文. 2008. "网络民意表达对政府公共决策的影响,"〈今日中国论坛〉第12期.

王军. 2011.《网络民族主义与中国外交》. 北京: 中国社会科学出版社.

江亚平·李诗佳. 2005. "温家宝总理在新德里会见国际媒体记者,"〈人民日报〉2005. 4. 13, http://www.people.com.cn/GB/paper39/14519/1290938.html(검색일: 2014. 03. 14).

赵楚. 2013. "朝鲜核爆标志中国朝核政策失败,"〈華爾街時報〉2013. 2. 13, http://www.cn.wsj.com/big5/20130213/ZHC092101.asp(검색일: 2014. 03. 14).

泉野. 2013. "舆论场: 中国不是主子, 朝鲜也不是小媳妇,"〈多维新闻〉2013. 2. 15. http://china.dwnews.com/news/2013-02-15/59127549-all.html(검색일: 2014. 03. 14).

邓聿文. 2013. "中国应该重估中朝关系,"〈学习时报〉2013. 3. 1.

赵悦·刘莉莉. 2013. "朝鲜核试验根源在哪里 ? "〈新华社〉2013. 12. 16(PM 5:48), http://news.xinhuanet.com/2013-02/16/c_114692027.htm(검색일: 2014. 03. 14).

曾銳生. 2013. "中國應歡迎韓國統一朝鮮,"〈多维新闻〉2013. 2. 17. http://opinion.dwnews.com/big5/news/2013-02-17/59130092-all.html(검색일: 2014. 03. 14).

Fewsmith, Joseph and Stanly Rosen. 2001. "The Domestic Context of Chinese Foreign Policy: Does 'Public Opinion' Matter?" In *The Making of Chinese Foreign and Security Policy in the Era of Reform, 1978-2000*, ed. David M. Lampton, 151-188. Stanford: Stanford University Press.

Shen, Dingli. 2013. "Lips and Teeth." *Foreign Policy* (Online). http://www.foreignpolicy.com/articles/2013/02/13/lips_and_teeth_china_north_korea(accessed: 2014. 03. 13).

Shie, Tamara Renee. 2004. "The Tangled Web: does the Internet offer promise or peril for the Chinese Communist Party." *Journal of Contemporary China* Vol.13, No.40.

XuanLi Liao, *Chinese Foreign Policy Think Tanks and China's Policy Towards Japan* (Hongkong: The Chinese University of Hongkong, 2006).

"중국은행 대북제재 동참…조선무역은행과 거래 중단,"〈연합뉴스〉2013. 5. 7, http://www.yonhapnews.co.kr/bulletin/2013/05/07/0200000000AKR20130507210600009.HTML?from=search(검색일: 2014. 03. 11).

"人民网: 2013年互联网舆情报告,"〈人民网〉2013. 12. 31, http://yuqing.people.com.cn/GB/371947/373066/ (검색일: 2014. 03. 14).

"多名中国知名学者支持更加严格地制裁朝鲜,"〈环球时报〉2009. 5. 26, http://world.huanqiu.com/roll/2009-05/471241.html(검색일: 2014. 03. 14).

"中国珍惜中朝友好, 朝鲜也需珍惜,"〈环球时报〉2013. 2. 6, http://opinion.huanqiu.com/editorial/2013-02/3622838.html(검색일: 2014. 03. 14).

"朝鲜核试验后中国还有什么牌可打?"〈多维新闻〉2013. 2. 12, http://opinion.dwnews.com/big5/news/2013-02-12/59124309.html(검색일: 2014. 03. 14).

"中国官媒罕见发声指责朝鲜,"〈多维新闻〉2013. 2. 13, http://china.dwnews.com/news/2013-02-13/59124909.html(검색일: 2014. 03. 14).

"中国外交部就朝鲜三次核试验发表声明,"〈新华社〉2013. 2. 12, http://news.xinhuanet.com/world/2013-02/12/c_114671733.htm(검색일: 2014. 03. 14).

"中国外交部就朝鲜再次核试验发表声明,"〈新华社〉2009. 5. 26, http://news.xinhuanet.com/world/2009-05/25/content_11433191.htm(검색일: 2014. 03. 14).

"外交部: 朝鲜悍然实施核试验 中国政府坚决反对,"〈新华社〉2006. 10. 9, http://news.xinhuanet.com/world/2006-10/09/content_5180207.htm(검색일: 2014. 03. 14).

"中国惊现抗议朝鲜核试验险示威,"〈多维新闻〉2013. 2. 17.

"中国多地爆发 '反朝示威'," 〈大公网〉 2013. 2. 20.

"朝鲜半岛风急, 中国更需战略定力," 〈环球时报〉 2013. 2. 16(PM 2:36), http://opinion.huanqiu.com/editorial/2013-02/3642393.html(검색일: 2014. 03. 14).

"2013年2月18日外交部发言人洪磊主持例行记者会," http://www.fmprc.gov.cn/mfa_chn/fyrbt_602243/jzhsl_602247/t1014544.shtlr(검색일: 2013. 12. 9).

"中美就安理会制裁朝鲜第三次核试验达成临时协议," 〈多维新闻〉 2013. 3. 4, http://national.dwnews.com/news/2013-03-04/59152770.html(검색일: 2014. 03. 14).

"中美密谈三周商讨制裁朝鲜决议," 〈多维新闻〉 2013. 3. 11, http://global.dwnews.com/news/2013-03-11/59154263.html(검색일: 2014. 03. 14).

"十二届全国人大一次会议举行记者会, 由外交部部长杨洁篪就'中国的外交政策和对外关系'逕中外记者问," 〈共产党员网〉 2013. 3. 9, http://www.12371.cn/special/2013lh/npc/live/wzjzh/ (검색일: 2013. 12. 01).

"中国警告朝鲜, 不要误判形势," 〈多维新闻〉 2013. 4. 9, http://opinion.dwnews.com/news/2013-04-09/59162910.html(검색일: 2014. 03. 14).

"博鳌亚洲论坛2013年年会开幕大会," http://www.china.com.cn/zhibo/2013-04/07/content_28428408.htm(검색일: 2014. 08. 01).

"中国帮助韩国统一朝鲜半岛利而无害," 〈联合早报网〉 2013. 6. 17, http://www.zaobao.com.sg/forum/letter/others/story20130627-221267(검색일: 2014. 03. 14).

8장

‘인정투쟁’의 관점에서 본 동북아 국제관계와 규범공동체 형성*

손기영

I. 서론

영국과 미국이 각각 19세기와 20세기의 강대국이었다면, 21세기는 아시아의 세기가 될 것이라는 관측이 나오고 있다. 아시아개발은행(Asian Development Bank 2011)이 발간한 『아시아 2050: 아시아의 세기를 실현하면서(Asia 2050—Realizing the Asian Century)』는 2050년까지 30억 명의 아시아인이 추가로 높은 수준의 생활을 누리면서 아시아가 전 세계의 생산, 무역, 투자의 절반을 차지할 것이라고 내다봤다. 하지만 이 전망은 아시아가 경제성장을 지속하면서 다양한 도전을 극복할 때 가능한 것이다. 현재 가장 눈에 띄는 지역협력 저해요인 중의 하나가 한중일 3국 간의 갈등과 반목인데, 이로 인한

* 이 글은 2015년 12월 30일에 발행된 『국제정치논총』 제55집 4호에 게재된 논문을 일부 수정한 것이다.

경제적 손실과 상호교류의 위축으로 상당한 기회비용이 발생하고 있다. 특히, 아베 총리의 집권 후 격화된 한일, 중일 간의 반목으로 진정한 동아시아의 세기를 열지 못하는 현실을 어떻게 이해하고, 어떤 해결책을 강구해야 할까?

유로존의 재정위기(Eurozone crisis)와 영국의 유럽연합(EU) 탈퇴선언을 분석해 보면 지역공동체의 형성이 모든 문제의 해결책은 아니지만, 역사와 영토 등과 관련된 국가정체성의 충돌로 인해 한중일 3국의 평화와 번영이 영향을 받는 현실을 타개하기 위해서는 지역공동체의 모색이 불가피해 보인다(Trencsenyi and Kopecek 2007). 센카쿠(尖閣·중국명 댜오위다오[釣魚島]) 열도를 둘러싼 영토분쟁으로 대표되는 중일 간의 갈등이 장기적으로 일본 경제에 더 큰 타격을 가할 것이라는 것이 중론이지만, 중국의 피해도 만만치 않을 것이라는 분석이 있다(Harner 2012). 협력의 실패로 인해 발생하는 경제적, 사회적 비용에도 불구하고 왜 동북아 국가들은 대립을 반복하고 있을까? 기존의 정치학, 경제학, 사회학, 철학 등이 대립과 투쟁의 발생을 주로 정치경제적 이해를 둘러싼 생존경쟁과 자아보존(self-preservation)이라는 관점에서 보았다면 헤겔(Georg Wilhelm Friedrich Hegel)이 구상해서 호네트(Honneth 1995, 7)가 개념화한 인정투쟁(struggles for recognition)이론은 물질적 영역뿐만 아니라 인식이나 감정적 영역이 대립과 투쟁을 발생시키는 근본요인이라는 측면을 강조함으로써 기존의 논의를 확장시켰다.

이 연구는 한중일 3국의 반목의 근본 원인을 국가정체성에 대한 상호 간 인정의 결핍이라고 보면서, 현재 벌어지고 있는 인정투쟁을 극복하고 지역공동체를 형성할 수 있는 가능성을 탐색해 본다. 아울러 협력이 강화되고 있는 한중관계가 주는 시사점은 무엇이며, 한중 양국이 동북아의 안정과 평화를 위해 어떤 역할을 해야 하는가도 짚어 본다.

마키아벨리와 홉스의 영향을 받은 현실주의(realism)는 반목과 갈등이 충돌과 전쟁으로 이어질 가능성 때문에 이를 지역의 안정과 평화에 부정적 영향을 미치는 요소로 보았지만, 헤겔의 '윤리적 공동체(ethical community)'라는 입장에서 지역을 조망해 보면, 갈등과 대립은 단기적으로는 전쟁을 포함한 분쟁으로 치달을 수 있으나, 장기적으로는 상호 간의 인정이 가능한 상황으로 발전해서 공동체가 형성될 수 있다(Geiger 2007, 108-115). 여기에서 '윤리'라는 말은 상호주관적으로 형성된 규범(norm) 또는 관습(custom)이라는 의미로 해석될 수 있는데, 윤리적 공동체가 헤겔이 살았던 19세기적 표현방식이라면 21세기적 의미로는 '규범공동체(normative community)'인 것이다(Inwood 1992, 91). 인정투쟁을 통해 대립되는 세력들 간의 행동과 언설을 상호주관적으로 조절하는 규범이 형성되고 상호 간의 인정과 연대감이 제고되면서 공동체가 구성될 수 있다. 종국적으로 이 공동체는 구성원을 속박하기보다는 그들의 자유와 자치를 최대한 보장해 주어야 한다는 것이 이 규범공동체의 기본 정신이다(Honneth 1995, 16).

구성주의자들 중에 웬트(Wendt 1999)는 현실주의가 주장하는 홉스적(Hobbesian)인 무정부상태론(anarchy)의 편협성에서 벗어나 로크적(Lockean), 혹은 칸트적(Kantian) 문화를 가진 다양한 무정부상태의 가능성을 제시했다. 하지만 가장 진화한 공동체의 한 형태라고 볼 수 있는 칸트적 공동체(Kantian Community)가 동아시아에서 실현 가능할까? 칸트의 영구평화론(perpetual peace)에 영향을 받아 형성된 민주평화론(democratic peace)은 사실상 민주주의 국가들 간의 평화이고 민주주의 국가와 비민주주의 국가 간의 평화적 관계 형성은 불가능함을 역설한다(Layne 1994). 이 점에서 웬트의 구성주의적 시각과 자유주의(liberalism)적 입장은 민주주의 국가와 비민주주의 국가가 함께 공동체 형성을 위해 노력해야 하는 동북아 지역에 대입하기에는 적절하지 않다.

반면 헤겔의 공동체론은 상호 간의 인정투쟁을 통해 상대편에 대한 인정의 수준을 단계적으로 높여 가면서 공동체를 구성하고, 이렇게 성립된 공동체가 구성원을 억압하는 것이 아니라 자유의 신장과 발전에 기여하는 것을 지향한다(Williams 1997; Honneth 1995). 한 국가의 특수성(particularity)을 넘어 지역 전체의 보편성(universality)을 추구하면서 공동체를 지향하고 이 공동체가 개별 국가의 자존(self-respect)과 자치(autonomy)를 최대한 보장해 줄 수 있다면 동북아 상황에 맞는 모델이라고 할 수 있다. 물론 헤겔은 19세기 초를 살아간 철학자이고 당시의 국제정세는 나폴레옹 전쟁으로 대표될 정도로 유럽연합과 같은 국가 간 공동체가 형성된 21세기 상황과는 비교도 할 수 없었다. 당연히 헤겔은 국가 간의 공동체는 우리(we)라는 공동체의식과 초국가(supranational)기구가 없는 상황에서 보편성을 획득할 수 없는 특수성을 가진 국가들의 집합체이므로 성립 자체가 불가능하다는 입장이었다(Williams 1997, 350). 헤겔은 칸트의 영구평화론도 비판했는데 국가 간의 연맹(federation)은 보편성을 지닌 공동체가 아니고 주권을 가진 개별 국가의 의사에 의해 좌우되므로 어떤 결정이 내려질지 예측할 수 없고, 게다가 연맹은 국가처럼 결정을 집행하고 일탈을 처벌할 힘이 없으므로 존립 자체에 문제가 있다고 봤다(Williams 1997, 359-360). 또한 이러한 연맹의 결성이 오히려 국제평화를 저해하는 요소가 될 수 있는데, 연맹에 반대하는 또 다른 동맹이 형성될 수 있기 때문이다. 기본적으로 헤겔은 "국가는 개인이 아니고 완전히 독립적인 총합체이며, 국가 간의 관계는 순수한 도덕적인 관계나 개인적 권리의 관계"라고 할 수 없으므로, 개인 간의 사회적이며 윤리적인 과정을 설명하기 위해 사용한 '인정'이라는 개념을 적용할 수는 없다고 보았다(Hegel 1991, § 330).

200년 전에 헤겔이 보인 국가 간 공동체에 대한 회의적인 시각에도 불구하고, 그가 주장한 인정투쟁과 국가공동체 형성 단계론은 유럽연합과 같은 지역공동체가 형성된 21세기의 국제관계와 동북아 지역에 시사하는 바가 크다. 이 연구는 헤겔의 인정이라는 개념을 발전시킨 프랑크푸르트학파의 대표 학자 호네트의 연구에 주목하면서 동북아 국가 간의 관계에서 '인정의 정치(politics of recognition)'를 분석한다. 헤겔의 국가공동체도 인정투쟁의 결과로 형성된 것이므로 국가 속을 보면 서로 협력하고 반목하는 다양한 이익집단이 상존하는 것이다. 결국 유럽연합과 같은 초국가적 공동체가 형성되고 세계화(globalization)가 진전된 21세기에 국가를 최대한의 공동체로 보는 것은 몰역사적인 시각이고, 나아가 상이한 인간집단이 상호주관적 인정을 통해 공동체를 만들어 갈 수 있다는 헤겔의 가장 기본적인 인정투쟁의 논리에 반하는 시각일 수 있다. 현재 한일, 중일 간의 역사, 영토문제는 물질적 이익의 문제도 있지만, 근본적으로 동북아라는 지역 내에서 서로의 정체성을 어떻게 인식하고 인정하느냐의 문제에 귀착된다고 볼 수 있다. 결국, 지역 국가들의 개별적 국가정체성이 인정투쟁을 통해 상호 간에 동의할 수 있는 보편성을 가진 국가정체성으로 바뀌면서, 상호인정이 이루어질 때 지역공동체의 형성으로 나아갈 수 있다. 제도적 장치의 완비가 국가 간 평화와 안정을 담보할 수 있다는 칸트적인 시각에 반하여 헤겔은 상호인정의 수준을 높여서 공동체를 형성하기 위해서는 국가를 대표하거나 국가라는 틀에 얽매여 있는 정치가보다는 초국가적 상황의 인식이 가능한 예술가, 종교인, 혹은 철학자 등이 국가 간 인정의 문제를 해결하기 위해 상당한 역할을 해야 된다고 보았다(Verene 1996, 152).

이 글은 먼저 이론적 분석을 통해 지역공동체 형성을 위한 3단계 모델을 만들어 보고 이러한 공동체를 형성하기 위해 국가 사이에 공유해야 할 규범을 탐색해 본다. 그 다음 장에서는 이러한 논의를 통해 도출된 규범공동체 형성을 위한 이론적 틀이 동북아 3국의 국제관계에 갖는 함의를 찾아본다.

II. 분석의 틀

헤겔이 정치적 공동체(political community)를 논할 때 염두에 둔 것은 국가(der Staat)였지만, 사실 고대의 동아시아 제국, 그리스의 도시국가, 로마의 공화정, 그리고 현대의 국민국가도 정치적으로 조직되고, 주권을 가지며, 다른 공동체와 독립되어 있으면 모두 헤겔이 말하는 정치공동체에 포함된다고 할 수 있다(Pelczynski 1984, 55). 헤겔이 현대를 살면서 유럽연합의 형성과정을 목격했으면 이것도 하나의 정치적 공동체로 보았을까? 이에 대한 답과는 별도로 동아시아 국가들은 유럽이 형성한 지역공동체를 하나의 모델로 삼아 동아시아적 가치가 내재된 새로운 공동체를 형성하기 위해 노력해 왔다. 이런 점에서 대립과 협력을 반복하고 있는 동아시아의 현실에 대해 현실주의적 혹은 자유주의적 분석과 대안의 제시도 중요하지만, 공동체 형성에 대한 가능성을 시사하는 헤겔과 호네트의 철학에서 미래에 대한 로드맵을 발견할 수 있지는 않을까?

물론 헤겔의 역사발전론적 시각과 인정이라는 개념은 후대의 학자들로부터 다양한 찬사와 비난의 대상이 되었지만, 그의 철학적 주장은 여전히 시사점이 많다(Coulthard 2007). 홉스가 주장한 자연 상태에서의 "만인의 만인에 대한 투쟁(the struggle of all against all)"은 인간사회를 보는 부정적인 시각에서 출발하여 이러한 투쟁 상태의 극복을 생존의 차원에서 논의했다면, 헤겔 철학의 장점은 이러한 투쟁이 인간 의식의 전환을 가져오고 서로를 상호주관적으로 인정하면서 정치적 공동체 형성이라는 단계로 발전할 수 있다는 가능성을 지적한 것이다(Honneth 1995, 17). 즉, 헤겔과 호네트의 인정투쟁 과정에는 세 개의 단계가 있다: 1) 사랑을 통한 가족의 형성, 2) 인정투쟁을 통한 법적 계약과 사회의 형성, 3) 인정투쟁을 통한 연대(solidarity) 및 국가공동체의 형성과 국가의 개인의 자유 확대 및 자아실현의 환경 조성(Honneth 1995, 129).

헤겔은 개인의 정신과 의식의 성장이 사회와 국가공동체의 형성에 기여하고, 반대로 사회와 국가공동체가 개인의 자유와 발전을 보장하는 쌍방향적 조화에 대해 연구했지만, 이러한 단계적 변화모델을 국가관계에 대입해 보면 어떨까? 이 논문의 지향하는 국가 간 공동체의 형성모델도 3단계로 나누어 볼 수 있다: 1) 개별적 총체성을 가진 국가의 형성, 2) 인정투쟁을 통한 계약형태의 수교조약의 체결과 지역사회의 형성, 3) 인정투쟁을 통한 지역공동체의 형성과 공동체가 개별 국가의 자유 확대를 위한 자율적 환경 조성.

인정투쟁을 통한 공동체 형성에 필요한 자기 타자화(self-othering) 과정을 헤겔 연구 전문가인 윌리엄스(Williams 1992, 148-149) 교수는 다음과 같이 설명한다. 자기 타자화의 과정은 '객체적인 나(me)'를 보편적인 존재로 착각했던 '주체적인 나(I)'가 스스로를 타자와의 차이와 관계성을 염두에 두지 않은 편협하고 추상적인 존재였다는 것을 자각함으로써 시작된다. 오랫동안 혼자 살던 사람이 짝사랑에 빠졌을 때 겪을 수 있는 상황처럼 자신을 타자 속에서 발견하게 되거나, 원래의 순진하고 편협했던 자아가 큰 타격을 받아 자아상실이 발생할 수도 있다.

하지만 이러한 특수성의 자각에서 오는 자아의 상실은 극복되어야 하는데, 이것을 극복하는 방법은 대립되는 관계에 있는 타자를 제거하거나, 자아가 가진 특수성을 초월하는 것이다. 이 과정에서 인정투쟁이 발생하는데, 타자의 사멸은 자멸과 같은 결과를 가져온다. 왜냐하면 인정투쟁은 자신에 대한 타자의 인정이 목적이기 때문에 사멸을 통한 타자의 부재는 자신을 인정해 줄 존재의 부재와 마찬가지인 것이다. 즉, 타자를 제거하는 것은 자아와 타자의 관계성에서 생성되는 자아의 정체성을 포기하는 것이고, 타자의 인정을 받는 것은 개별적 자아가 더 이상 특수하거나 절대적이 아니며, 타자와의 관계 속에서 존재한다는 것을 보여 주는 것이다. 이러한 조절과정을 통해 자아는 특수성을 유지하면서 보편성을 획득하는 방향으로 나아간다. 애덤 스미스(Adam Smith)의 『도덕적 감정론(Theory of Moral Sentiments)』에 따르면 타인의 인정을 받기 위해 자신의 행동을 기꺼이 변화시키려는 의지가 사회를 형성하게 하고, 인간을 사회화시키기도 한다(Evensky 2005, 40).

여기에서 중요한 것은 타자의 포용이 일방적이어서는 안 되고 쌍방이 자발적으로 자아를 조절해야 한다는 점이다. 이 과정의 마지막에는 타자화되었던 자아가 다시 복귀되어야 되는데 이것은 원래의 정체성으로 돌아가는 것은 아니고, 타자의 인정을 통해 더욱 확대되고 고양된 자아로의 회귀이다. 이러한 복귀는 자아가 타자를 풀어 줘서 자유를 보장해 줄 때 가능하다. 이러한 쌍방향적 해방은 상대방의 자유와 가능성을 최대한 보장하기 위한 것인데, 상대의 존재가 나의 가능성의 종말이 되어서는 안 되기 때문이다. 강요된 연대가 아니라 진정한 연대가 서로의 인정과 해방을 가능하게 하는데, 이 과정을 통해 보편적 의식과 견고한 정체성으로 표현되어지는 '정신(Geist)'이 형성되게 된다(Williams 1992, 59). 특수성을 포용해 형성된 보편성은 더 이상 자유를 제한하지 않고, 자유의 신장과 실제화를 의미하는데, 이러한 상호 간의 인정을 헤겔은 자아가 타자 속에서 마치 집처럼 편안한 상태라고 묘사했다(Williams 1992, 149). 인정투쟁의 과정에서 발생하는 자기 타자화라는 과정을 기초로 해서 아래에서는 지역공동체 형성을 위한 3단계 모델을 제시한다.

1. 지역공동체 형성을 위한 3단계 모델

1) 1단계: 개별적 총체성을 가진 국가의 형성

예나(Jena) 시기(1801~1806)의 청년 헤겔이 예나 대학에서 강의하면서 실험적으로 사용한 개념들은 그가 철학자로 성숙하면서 점차 다른 개념으로 교체되거나 강조점이 달라지곤 했다. 예를 들어 두 개의 대립되는 객체가 하나로 통합되는 가장 자연적이며 에로틱(erotic)한 형태의 '사랑(love)'을 사회통합의 매개체로 사용하고자 한 젊은 시절 헤겔의 노력은, 성숙하면서 좀 더 추상적이고, 이성적인 언어인 '연대(solidarity)'로 탈바꿈한다(Honneth 1995, 38). 헤겔은 윤리적 삶(ethical life)으로 나아가는 3단계를 설명하면서 사랑이라는 감정의 공유로 형성된 가족을 1단계로 보았다. 가족은 자연 상태에서 생성된 첫 윤리적 공동체로서 '우리'라는 의식에 기초를 두고 있지만, 사회나 공동체의 시각에서 보면 '편협함(parochial)'을 벗어나지 못한 상황이다(Williams 1997, 365).

가족처럼 국가는 개별적 총체성(totality)을 가진 모습으로 형성된다. 국민 상호 간의 인식과 애국심(patriotism)을 기반으로 하여 형성된 국가는 타국에 의해 인정을 받고, 주권을 행사함으로써 하나의 보편적 인식체로 성장하는 것이다(Williams 1997, 349). 지역공동체 형성을 위한 3단계 모델에서 신생국가나 고립된 국가는 상호인정을 통한 지역사회 형성의 단계에 합류하지 못한 편협한 집단이다. 이러한 국가는 다른 국가들과의 관계에서 '특수한 개체(particular individual)'의 위상을 지닐 뿐이므로, 전쟁, 쇠락, 파괴와 같은 불인정(nonrecognition) 상황에 처해 있는 것이다(Williams 1997, 334). 헤겔의 말을 빌리면 "국가는 자신을 위한 것이지만 또한 타자를 위한 것이기도 하다. 그러므로 인정을 받아야 되는데, 그로 인해 현재 많은 충돌이 발생했다"(Ilting and Hegel 1973, 740). 결국 국제사회의 형성이라는 시각에서 보면 고립된 국가는 타국의 인정을 필요로 하는 소외된 존재인데, 주권도 독립적으로 행사되는 것이 아니라 다른 국가들에 의해 인정받을 때 정당한 행사가 가능한 것이다. 예나 시기의 젊은 헤겔은 개인화(individuation)와 사회화(socialization)를 조화시킴으로써 '인륜적 생활'을 담보할 수 있는 개인의 특수성(particularity)의 상호주관적 인식과정에 대한 이해가 부족했는데, 이런 부분에 호네트가 다음 장에서 설명할 미드(George Herbert Mead)의 간주관성(intersubjectivity)에 중심을 둔 사회심리학적 방법론을 가미시켜 인정투쟁에 관한 설명력을 높였다(Honneth 1995, 16).

2) 2단계: 지역사회의 형성

2단계에서 국가는 서로 간의 인정투쟁을 통하여 국제사회를 형성하게 된다. 헤겔의 논리를 빌리면 이 과정은 다음과 같다. 먼저 독립적이면서 보편적인 존재라고 자부했던 한 국가가 다른 국가를 상대하면서 더 이상 자국이 보편적 존재가 아니라 다른 국가와 마찬가지로 특수한 존재임을 자각하게 된다. 이러한 국가 간의 특수한 관계는 계약의 한 형태인 수교조약을 통해 법적인 관계로 발전한다. 헤겔의 논리처럼 가족이 사회를 형성하기 위해서는 일종의 계약이 필요하듯 국가도 국제사회를 형성하기 위해서는 계약의 일종인 수교협정 같은 것이 필요하다. 이러한 계약이 형성되기 전에는 국가가 가진 특수한 총체성으로 인해 다른 국가에 대해 부정적이고 배타적인 성향을 보일 수밖에 없다. 상대편 국가도 배타적 총체성을 갖고 있기 때문에 국가 간의 관계는 대립적 관계로부터 시작된다고 할 수 있다. 이러한 분석은 영국학파(English School)의 와이트(Martin Wight)나 불(Hedley Bull)이 상정한 국제사회(international society)가 협력을 위주로 하는 국가들의 집단이 아니라, 세력균형, 국제법, 전쟁, 강대국의 역할 등을 통해 불안정한 질서를 유지하는 집단이라는 주장과 일맥상통한다(Bull 2002, xxxiii; Wight 1977).

대립적 관계에서 인정투쟁을 유발시키는 이유 중의 하나를 헤겔은 '점유'라는 문제에서 보았는데, 국제관계에서 보면 영토나 영유권의 문제, 혹은 자국의 정체성을 형성하는 역사적 사실에 대한 해석의 문제이다(김준수 1999, 283). 즉, 하나의 국가에 내포된 보편성과 특수성의 불일치로 인해 합법적 소유가 아닌 점유는 법적 유효성을 갖지 못하므로 타자에 의한 침해될 수 있다. 이 과정에서 자아의 총체성을 보존하기 위해 전쟁과 같은 극단적인 수단을 취할 경우에 타자의 사멸을 지향해야 되고, 자아 역시 사멸의 위험에 처하게 된다. 헤겔의 인정투쟁이론이 주는 함의는 특수한 총체성을 보존하기 위해 전쟁과 같은 무차별적 인정투쟁을 벌이면 국가 간의 문제가 해결되는 것이 아니라, 오히려 자기 파괴적인 행동이 된다는 것이다. 즉, 인정투쟁이 타자의 부정이나 사멸로 이어질 경우 사실상 자아를 인정해 줄 주체를 파괴하는 행동이며 투쟁의 목적인 인정 자체를 불가능한 상황으로 만들 수 있다(김준수 1999, 284).

인정투쟁은 국가로서 생존을 위한 투쟁만이 아니라 명예를 위한 투쟁이기도 하다. 인정투쟁을 통해 국가는 자신의 배타적 총체성을 지양하고 타국을 자신과 동등한 존재로서 인정함으로써만 종국적으로 자신이 타국으로부터 승인받은 존재가 될 수 있다. 헤겔은 서로를 인정하기 위해서는 동등한 존재가 되어야 하는데, 특히 주종관계에서는 서로 간의 인정이 불가능하다고 본다. 즉, 인정투쟁에 대한 헤겔의 '주인과 노예의 변증법(master-slave dialectic)'은 다음과 같다(Williams 1997, 59-68). 인정이 자의식을 가진 두 개의 주체가 선택할 수 있는 행위라면 주인은 결코 노예에게서 주인이라는 인정을 받을 수 없는 상태가 된다. 이유인즉, 노예는 주인에게 주인임을 인정해 줄 수 있는 자유를 애초부터 갖고 있지 않기 때문이다. 헤겔은 주인과 노예라는 비대칭적 관계보다는 권위(authority)와 책임(responsibility)을 함께 행사할 수 있는 주체들 간의 상호적 관계 정립을 희망했다(Seddone 2014). 이러한 인식구조를 가진 헤겔은 그의 강의에서 도덕론에 치우쳐 보이는 공자의 유교와 같은 동양철학이나 황제를 천자로 숭배하는 중국의 국가제도를 비판하게 된다(Kim 1978, 173-180). 하지만 헤겔이 동양사회를 주종관계의 잣대로만 단편적으로 인식하지 않고, 중국과 주변국이 상호인정을 통해 정치경제관계를 형성한 조공제도에 대해 좀 더 복안적 시각을 가졌다면 같은 결론에 도달했을까?

상호인정을 통해 국가승인이 이루어지면 국제사회가 형성되게 된다. 국제사회는 인정투쟁을 통해 국가의 특수한 자의식이 국제사회의 구성원이라는 보편적 의식으로 고양되어야만 가능한 것이다. 이러한 인정투쟁을 통해 국가는 자국의 실체를 재인식하게 되며, 이 경험을 통해 자국을 타국에게 개방하고 타국에게 인정받은 존재로 거듭 태어난다고 할 수 있다. 다시 헤겔의 논리로 돌아가면, 자유롭고 동등한 지위를 가진 인격자들의 상호인정을 통해 창출된 윤리성의 결과물이 법이다(김준수 1999, 287). 법적 공동체의 성립을 통하여 일방적 점유는 합법적 소유로 전환되고, 법은 특수성과 보편성의 통일이고 윤리의 한 형태가 된다(김준수 1999, 289).

이렇게 형성된 지역사회는 21세기 국제관계의 현실에서 어떤 의미를 가질까? 현재의 지역사회는 단순히 개별적 총체성을 가진 국가공동체의 집합이라고 볼 수 없을 정도로 하위수준의 다양성이 매우 크다. 즉, 국가에 내포된 '다중정체성'으로 인해 2단계의 지역사회 형성 방식이 단선적이 아닌 다선적인 경향을 띨 수 있으며, 나아가 인정투쟁을 통해 지역사회의 형성을 가능케 하는 규범 생성뿐만 아니라, 갈등의 잠재력도 증가할 수 있다. '상징적 상호작용' 과정에서 자기 타자화만 있는 것이 아니라 타자와의 차별화도 동시에 발생할 수 있기 때문에 2단계에 진입한 지역사회는 상당한 불안정성을 내포한다고 볼 수 있다.

3) 3단계: 지역공동체의 형성

2단계에서 형성된 법적 공동체에는 소극적 자유(negative liberties)를 허용하는 작동원리로 인해 여전히 갈등과 분열의 가능성이 존재한다(Honneth 1995, 19). 서로 간의 인정을 통해 형성된 법적 관계에서 개인은 여전히 자신의 능력과 특질을 포함한 정체성을 재발견하게 되고 다시 타자와의 대립관계로 들어갈 수 있다. 헤겔은 이것을 '범죄(crime)'라고 불렀지만, 이러한 범죄 역시 인정의 부족 상태에서 기인하는 것이므로 내적 정당성을 지닌다고 보았다(Honneth 1995, 16-17).

헤겔의 논리를 국제관계에 대입해 보면, 국가관계는 상호승인을 통해서 자연 상태를 벗어났으나 국가의 특수한 총체성으로부터는 완전히 탈피하지 못했기 때문에 개별 국가가 보편성을 벗어나 자국의 특수성으로 복귀하려는 경향성이 남아 있다. 헤겔에게 국가 간의 조약은, 마치 사적인 계약처럼, 서로가 독자적인 주권과 독립을 행사한다는 전제하에서 만들어진 의기투합일 뿐이다(Williams 1997, 358). 한편 범죄행위는 법의 추상적 보편성과 강압성에 대항하여 개별 국가가 자신의 절대적 자유를 표출하고 인정받으려는 자기 회복의 행위이다(김준수 1999, 294). 즉, 범죄를 통해 법적 공동체를 파괴하려는 행위는 개별 국가에 대한 불충분한 인정이 낳은 결과이다(Honneth 1995, 20-21).

범죄에 의해 유발된 특수성과 보편성의 인정투쟁을 거쳐 국가관계는 추상적이고 강압적인 법의 형태에서 벗어나 개별 국가의 자유와 자발적 의지를 보장하는 보편적 관계로 발전하게 된다. 상호인정의 수준이 고양될수록 국가는 단순한 생존을 위한 투쟁에서 적극적인 국가 이상의 실현이라는 목표를 지향할 수 있다. 국가관계도 서로를 인정하는 가운데 지역공동체의 형성을 가져오고, 지역공동체의 발전은 다시 한 국가가 잠재력을 최대한 실현하는 데 기여할 수 있다. 물론 헤겔은 지역정체성의 형성이나 국가 간 공동체의 건설에 대해 연구하지 않았고, 오히려 고대 중국과 같은 전제주의 국가와 민주주의 국가 간의 인정의 문제, 혹은 유목민족과 민주주의 국가 간의 인정문제에 관심을 둔 과거의 인물이었다. 칸트와 유사하게 헤겔도 국가 간의 인정이 이루어지기 위해서는 공통의 가치, 정치이데올로기, 헌법 등의 국내적인 요소가 중요하다고 보았고, 또한 이러한 국내적 요소의 차이가 민주평화론에서는 전쟁으로 이어질 가능성을 역설하지만, 헤겔의 입장은 최악의 경우 전쟁도 가능하지만 선순환적 인정투쟁은 공동체의 형성으로 진전될 수 있다고 본 점에서 차이가 있다(Williams 1997, 350).

2. 지역공동체 형성을 위한 국제규범

이 연구는 나폴레옹 전쟁기의 유럽을 살아간 헤겔이 21세기의 유럽 국가 간의 관계와 동아시아 국제관계를 분석한다면 어떤 입장을 취할 것인가를 염두에 두고 진행되었다. 헤겔의 논리를 빌리면 동북아 3국 간에 벌어지고 있는 인정투쟁은 계약의 형태인 국가승인 상태에서 자연스럽게 벌어질 수 있는 통과의례와 같은 과정이다. 이러한 과정을 통해 해당 국가들이 상호주관적으로 행동과 언설의 규범을 창출할 수 있을 때 지역공동체를 형성할 수 있는 것이다. 개인이나 국가처럼 보편적 의식을 지향하는 주체는 자신의 이익추구과정에서 타자의 정당한 권리와 욕구를 긍정적으로 포함시키고, 자신의 주장과 이익을 법의 형태로만 인정받는 것이 아니라 공동체 안에서 인정받고 실현되기를 원한다고 할 수 있다. 이것을 실현시키기 위해서는 해당 국가들이 공유할 수 있는 행동과 언설의 규범이 형성되어야 되는데, 이것은 헤겔이 말한 '범죄'를 예방하고 범죄가 발생했을 때 공동으로 대처할 수 있는 상호주관적 공감대를 형성하는 작업이다. 새로운 규범에 대한 상호주관적 공감대의 확산은 국가집단의 구성원이 생각하는 공동체의 범위와 타국을 인식하는 기준이 된 기존의 규범으로부터 상호적이며, 집단적인 일탈(deviation)을 통해 이루어진다(Honneth 1995, 84). 새로운 국제규범의 형성과정은 국제정치학의 과정추적이론(process-tracing theory)이 행위자(agency)의 관점에서 잘 설명하고 있지만, 헤겔, 미드, 그리고 호네트의 이론은 공동체의 형성에 초점을 맞추어 구성원의 상호인정과정을 역동적으로 설명하는 장점이 있다(Finnemore and Sikkink 1998). 법적 계약 상태인 국제사회가 공동체 형성으로 나아가기 위해서는 다음과 같은 세 가지가 필요하다.

첫째, 국가집단 내의 구성원이 공유하는 공동체의 범위에 대한 규범의 수정이 필요하다. 헤겔은 전쟁을 억지할 방법으로 인간본성에 존재하는 전사(warrior)의 기질을 전환할 수 있는 방법을 찾아야 된다고 보았는데, 이러한 전사의 기질을 대표하는 정치가보다는 반목하는 국가들의 상호관계에 대해 더 깊은 인식을 가진 예술가, 종교가, 철학자의 활발한 활동이 문제해결의 실마리가 될 수 있다고 보았다(Verene 1996, 151-153). 즉, 정치가는 전쟁의 주체가 되는 국가와 바로 연결되어 있는 존재이기 때문에 국가의 틀에서 자유로운 예술가, 종교인, 철학자 등의 활동이 공동체가 공유하는 규범의 수정에 영향을 미칠 수 있다는 것이다(Finnemore and Sikkink 1998). 미드는 이 과정을 마치 예수와 같은 종교지도자의 활동이 지역에 기반을 둔 작은 종교조직을 보편적인 조직으로 만든 경험에 비유한다(Mead 1934, 216).

행위자들의 의식 변화와 공동체의 가능성은 헤겔의 관념적 공동체론에 미드의 사회학이론을 도입해 설명력을 높인 호네트의 연구를 통해 좀 더 명시적으로 나타난다. 자아(self)를 형성하는 주체(I)와 객체(me) 사이에 내부적 마찰이 벌어진 상태에서 행위자는 어떤 행동을 취함으로써 주체(I)의 욕구를 충족시킬 수 있을까? 호네트(Honneth 1995, 83)는 이미 형성된 '일반화된 타자(generalized other)'의 범위와 고착된 행위자들의 집단의지를 넘어서 미래지향적 공동체를 상정함으로써 주체(I)의 욕구가 만족될 수 있다고 보았다. 호네트는 이러한 새로운 규범적 관계성에 대한 희구가 사회 발전을 이루는 원동력이면서 헤겔이 말하는 인정투쟁의 기초임을 주장했다. 결국 한중일도 국가공동체라는 개별적 공동체의 인식단위에서 벗어나 한중일을 하나의 공동체로 상정하는 인식의 전환이 필요하다. 이러한 인식의 전환은 상호인정의 부재에서 기인하는 주체(I)와 객체(me)의 마찰을 현재의 국가 공동체의 범위만을 고수해서는 풀 수 없는 상황이기 때문이다.

둘째, 국가집단 내에 형성된 집단의지에 대한 규범의 수정이 필요하다. 집단의지의 수정도 쌍방향적으로 이루어져야 되는데 가해자와 피해자가 함께 집단의지에 대한 규범을 수정해야 한다. '범죄'를 일으킨 국가는 다른 어떤 국가보다도 심각한 주체(I)와 객체(me) 사이의 내부적 마찰을 겪는다고 할 수 있는데, 이러한 주체와 객체의 괴리를 좁히는 과정, 즉 자성의 과정은 필수적인 것이다. 또한 피해자의 입장에서도 인정투쟁으로 야기된 질곡을 벗어나기 위해서는 고통과 용서의 과정이 필요하다(Honneth 1997, 360). 용서의 과정에서 헤겔은 타자에게 자유를 가져다줄 수 있는 해방(release)의 중요성을 강조했다. 해방의 중요성을 주장한 학자로서 아렌트(Hannah Arendt)는 "그들이 한 것으로부터의 계속적이면서 상호적인 해방을 통해 인간은 자유의 행위자가 될 수 있다. 오직 마음을 바꾸고 다시 시작할 수 있다는 지속적 의사만을 통해 무언가 새로운 것을 할 수 있는 능력이 주어지게 된다"라고 주장했다(Arendt 1958, 240). 이미 저질러져 돌이킬 수 없게 된 행위에 대해 취할 수 있는 방법은 용서뿐이라는 것이다. 용서가 없다면 과거의 행위는 우리를 영원히 속박하여 과거사의 노예로 만든다고 보았다. 물론, 용서는 쉬운 일이 아니고, 더구나 과거의 참혹했던 기억은 쉽게 지워지지 않는다. 결국, 이성적 판단으로 용서할 수 없고, 감정의 앙금이 남아 있는 상황에서도 헤겔과 아렌트는 용서의 주체인 개인 혹은 국가는 사회 발전을 지향하는 존재로서 규범적 인지, 태도, 행동 방식의 변화를 통해 지나간 과거에 함몰되기보다는 새로운 관계 형성으로 나아가야 한다는 방향성을 역설하고 있는 것이 아닐까?

셋째, 이미 형성된 공동체에 속한 개인이나 사회조직이 어떤 입장을 결정할 때 주변의 이해당사자의 의견을 참조하거나 동의를 구하는 것처럼, 국가가 공동체를 형성하고자 한다면 국가정책의 결정과정에 주변 이해당사국의 의견을 참조하거나 동의를 구하는 것을 하나의 규범으로 해야 한다. 결국 타국에 영향을 미치는 정책을 독자적으로 결정해서는 또 다른 형태의 인정투쟁만을 유발시키는 결과를 가져오므로 지역공동체를 지향하는 국가는 타국의 입장을 고려대상에 넣고 자국의 결정이 타국에 의해 인정받을 수 있도록 해야 할 필요가 있다. 현실주의가 상정하는 자폐적인(autistic) 국가는 분쟁을 유발하는 정책을 고수하는 국가로서 대결과 전쟁의 지속이라는 자기충족적 예언(self-fulfilling prophecy)이 끊임없이 재생산되게 만든다(Wendt 1992). 그러므로 지역공동체를 추구하는 국가지도자나 정책결정집단들은 이해당사국의 입장을 반영하는 태도를 취함으로써 기존의 자폐적 태도에서 벗어나 상호주관적이 되어야 한다.

III. 한중일 관계와 동북아 공동체 형성에 대한 함의

구성주의적 관점에서 동북아 공동체 형성에 관한 연구는 다양하게 이루어졌는데, 아직 동북아는 상호 불신과 제도의 미비로 공동체 형성의 단계에 진입하지 못했다는 것이 중론이다(김유은 2004; 이신화 2006). 기존의 연구와 달리 공동체 형성을 위한 규범적 제언의 성격이 강한 헤겔, 미드, 그리고 호네트의 이론이 시사하는 바는 다음과 같이 요약될 수 있다. 첫째, 국가는 개별적 총체성의 결과로 형성될 수 있지만, 국가로 형성된 이상 타국과의 관계 속에서 국가의 정체성이 결정되어진다(Kowert 1998, 1999). 이 과정에서 타국과의 인정투쟁이 시작되는데, 자국의 존재 가치를 타국으로부터 인정받을 수 있을 때 국가 이상의 실현이 가능하다. 둘째, 국가는 상호승인을 통해 국제사회를 형성하고 특수성을 넘어 보편성을 획득할 수 있지만, 국가에 내재하는 특수성으로 인해 타국과의 마찰과 투쟁이 발생할 수 있다. 셋째, 국가 간의 인정투쟁은 자기 타자화의 과정을 거쳐 종국적으로 공동체의 형성을 지향하게 된다. 공동체를 지향하게 되는 이유로는 상호인정을 통한 자존(self-respect)의 확대라는 역사의 흐름에서 보면 타자의 사멸은 자아의 사멸과 같으며, 비대칭적인 주종관계에서는 진정한 인정이 불가능하기 때문이다. 넷째, 현재의 투쟁적인 국제관계에서 공동체를 형성하려면 행위자는 기존의 일반화된 타자의 범위와 고착화된 집단의지에서 일탈하는 과정이 필요하다. 현재의 일반화된 타자의 범위와 구시대적 집단의지를 고수한다면 투쟁의 지속만이 가능하지 진정한 의미에서 자국의 이익을 극대화할 수 있는 방법이 없기 때문에 결국은 상호 간의 인정을 통한 공동체의 건설을 상정할 수밖에 없다. 이러한 일탈은 기존의 공동체의 범위를 확대하고 새로 형성되는 공동체 속에서 공동의 가치를 발견하는 과정이다. 이 방향으로 진행하기 위해서는, 과거의 잘못에 대한 자성과 용서가 필요하고, 구성원이 공동체를 위해 공헌할 수 있는 역할을 부여해 주어야 한다. 결국, 새로운 규범을 창출하기 위한 집단적 일탈이 사회와 역사의 발전을 이루는 원동력이다. 다섯째, 미래의 공동체는 구성원인 개별 국가를 속박하는 형태가 아니라, 최대한의 자유, 권리, 자율(autonomy)을 제공해 줄 수 있는 환경을 창출해야 된다.

한중일은 서로 수교함으로써(한일 1965년, 중일 1972년, 한중 1992년) 이 논문이 설정한 공동체형성모델의 2단계를 지나 3단계에 진입되어 있다. 1965년의 한일수교 전에 벌어진 양국 정부와 국민 간의 갈등과 분쟁을 보면, 인정투쟁이 얼마나 심각하게 전개되었는가를 알 수 있다. 국가 상호 간의 관계에 대한 법적 보장이라고 할 수 있는 수교는 헤겔의 분석처럼 서로 간의 소극적 자유만을 부여하는 현상으로서 여전히 갈등과 분열로 이어질 수 있다. 특히 타자와의 관계에서 잊혔던 정체성을 재발견하게 되고 이것이 다시 충돌로 이어질 수 있다는 예측은 현재의 동북아 상황을 설명하는 데 큰 함의가 있다고 볼 수 있다.

1. 한중관계

한국과 중국은 국력의 차이에서 오는 비대칭성과 지리적, 문화적 근접성으로 인해 역사적으로 특별한 관계를 형성해 왔다. 21세기에 들어 강대국으로 다시 부상한 중국은 아시아 문화의 종주국을 자처하면서 주변국가의 인정과 존경을 기대하지만, 한국의 입장에서 보면 한반도 평화와 경제발전에 대한 중국의 기여는 충분히 만족스런 상황은 아니다(백영서 2013). 서로 간의 관심의 영역과 기대치의 차이는 양국 국민 간에 부정적 정서가 조성되는 근본 이유라고 할 수 있다.

사실 한중관계에서 20세기 최대의 사건은 한국전쟁에 중공군이 참전한 것으로, 중공군만 해도 사망 148,600명과 부상 798,400명을 포함해 972,600명이 피해를 보았다(국가기록원 2015). 냉전기간 중에 벌어진 중일수교와 미중수교에도 불구하고 한국전쟁에서 기인하는 적대적 관계는 한중수교를 원천적으로 불가능하게 했다(신상진 1992). 그러나 냉전의 종식과 함께 이러한 과거의 적대관계는 잊히거나 우선순위에서 밀리면서, 비교적 큰 국내적 반발 없이 경제적 이익 및 체제경쟁과 통일과정에서의 유리한 입지 선점을 노리면서 1992년에 수교에 이르게 된다(김성윤 1992). 한국과 중국은 수교 이후 발생한 다양한 영역에서의 인정투쟁을 통해 자기 타자화가 이루어지고 상호주관적 공감대를 넓혀 가면서 동반자 관계로 발전하고 있다. 양국 간 인정투쟁에서 최대의 쟁점들로는 고구려를 중국의 역사로 편입시키고자 했던 동북공정을 둘러싼 논쟁, 중첩된 배타적 경제 수역(EEZ)과 이어도 관할권 문제, 중국 어선의 불법 조업을 포괄하는 해양경계 획정 문제 등을 들 수 있다(연합뉴스 2014/06/17).

동북공정은 1983년 설립된 중국사회과학원 산하 중국변강사지연구중심(中國邊疆史地研究中心)이 2002년 2월부터 2007년 2월까지 진행한 동북지역의 역사연구프로젝트이다. 2003년 6월 24일 중국 공산당이 발행하는 광명일보가 "고구려는 중국의 역사"라는 주장을 실었고, 7월 15일 중앙일보가 "중국 학계의 고구려 역사 빼앗기 대규모 프로젝트"라는 제목으로 중국이 고구려를 중국사의 일부로 해석하기 위한 대형 프로젝트를 진행하고 있다고 보도하면서 한국에 알려졌다(중앙일보 2003. 07. 14.). 동북공정 문제가 본격적으로 제기된 것은 2003년 10월 12일 KBS 일요스페셜 "한·중 역사 전쟁 — 고구려는 중국사인가" 편이 방영된 후부터이다. 이후 한국의 정치권과, 학계, 시민단체가 합세하면서 '역사전쟁'을 방불케 하는 논란이 한국 사회에 빚어졌다(정문상 2008).

이러한 양상은 2004년 2월 14일 왕이(王毅) 외교부 부부장이 방한하면서 한중 간에 이 문제를 정치화하지 않기로 합의하면서 누그러졌다. 하지만 『인민일보(人民日報)』『신화통신(新華通信)』 등 중국의 주요 관영매체들이 "고구려는 중국의 지방정부"라는 주장을 펴고, 지린성과, 지안시 등이 7월에 '고구려 문화 여행절' 행사를 추진하면서 재점화되었다. 게다가 중국 외교부 홈페이지에서 고구려사가 삭제되고, 8월 5일에는 같은 홈페이지에서 대한민국 정부수립 이전의 역사기술 부분이 삭제되면서 한국인의 반감은 다시 고조되었다. 이에 중국은 8월 24일 우다웨이(武大偉) 외교부 부부장의 방한과 함께 중국이 고구려사를 교과서에 싣지 않겠다고 약속하는 등 양국이 이 문제를 정치화하지 않기로 한 2월 합의를 재천명하면서 학술단체의 연구를 통해 풀어 나가자고 합의했다(조선일보 2004. 08. 24.).

고구려사는 한국사의 핵심적인 부분으로 한국인의 정체성을 형성하는 하나의 주요한 요소이다. 하지만, 일부 중국 학자들은 고구려뿐만 아니라, 발해와 고조선의 역사까지도 중국 역사의 일부로 보는 시각을 갖고 있으며, 이와 같은 내용을 담은 연구가 변강사지연구중심 홈페이지에 공개되기도 했다. 이 주장에 따르면 한국인이 한반도의 최초의 국가로 보는 단군조선을 대신해 한국인이 인정하지 않는 기자조선(箕子朝鮮)을 역사적 실체로 인정했으며, 발해는 건국 이래 당(唐)에 속한 말갈족의 지방정권이며 멸망 이후에는 중화민족으로 융합되었다는 것이다(조선일보 2006. 09. 06.).

중국 학자들의 수정주의적 역사관은 1980년대에 생겨나, 중국이 강대국으로 부상하면서 강화되고 있다. 강대국으로의 부상은 중국인의 자긍심을 고취시켰지만, 빈부격차로 인한 사회주의 정체성의 위기, 티벳과 신장의 분리주의 움직임, 특히 동북지방의 조선족의 존재와 한반도 통일이라는 변수는 중국 정부가 국민통합에 정치력을 집중해야 하는 양상으로 전개되었다(안병우 2004). 이러한 중국의 정체성 위기가 이 문제의 발단이었지만, 중국이 어떻게 한국을 인정하고 있는가라는 한국인의 정체성 문제를 함께 촉발시켰다.

이 문제는 일단 양국의 외교적 봉합으로 국민적 관심사에서는 벗어났지만, 언제든지 다시 재발될 수 있는 소지가 있는 사안이다. 양국 정부가 비교적 빠르게 대응하면서 문제의 확대를 막았지만 양국의 국민들이 이 문제의 심각성을 자각하게 되는 주요한 계기가 되었다. 한국 정부는 고구려연구재단을 흡수 통합하여 2006년 9월 28일 동북아역사재단을 설립하여 주변국과의 역사문제에 대응하기 위한 연구 활동을 확대했다. 동북아역사재단 김용덕 초대 이사장이 2006년 11월 27일 첫 기자간담회에서 중국과 "역사전쟁이 아닌 역사외교를 할 것"이라며, "전쟁이란 승패를 보겠다는 것인데, 학술적인 면에서 승패란 위험한 생각"이고 "서로의 역사를 이해하고 존중하는 것이 중요하다"라고 말했다(조선일보 2006. 11. 28.). 구체적인 사업으로는 한중일 3국 학자들이 참여하는 공동 역사서 집필, 고구려·발해사 개설서 발간 등이 있다.

동북공정으로 야기된 인정투쟁을 계기로 양국 정부는 이어도를 포함한 해양경계 문제 등을 될 수 있는 한 공론화시키지 않고, 외교적 경로를 통해 조용히 해결하려고 노력해 왔다. 인접국가 간에 발생하는 여러 문제를 외교적으로 조용히 수습하기로 규범화해 왔다는 것은 양국 관계의 안정적 발전이라는 관점에서 볼 때 큰 진전이라고 할 수 있다. 현재 양국은 박근혜 대통령과 시진핑 주석이 2013년 정상회담에서 보여 준 개인적 친분관계를 통해 전략적 협력동반자로서 우호관계를 강화하고 있다. 특히 한중정상회담을 통해 채택한 '한중 미래비전 공동성명'은 기존의 양국 간 '전략적 협력동반자 관계'를 상호 신뢰를 바탕으로 전방위적으로 확대한다는 의미가 있다. 이 공동성명의 본문은 △양국 관계 발전방향과 원칙 △전략적 협력동반자 관계 내실화 및 이행방안·계획 △한반도 문제 △타이완(臺灣) 문제 △지역 및 국제무대에서의 협력 등의 5개 분야로 구성돼 있다(뉴스1 2013. 06. 27.). 특히 상호인정에서 가장 주요 이슈들인 해양경계의 획정과 역사해석 문제에 있어서 협력을 강화할 예정이다. 그동안 서해상에서 빈발하고 있는 중국 어선의 불법조업 문제와 중국의 '동북공정' 등이 한중 간 주요 현안이었는데, 양국은 해양경계획정 협상의 조속한 가동, 어업자원 보호 및 조업질서 강화를 위한 소통·협력 증진, 역사연구와 관련한 상호교류 및 협력을 강화하고 있다.

중국 외교부에 따르면 시진핑 주석의 방한을 수행한 왕이(王毅) 외교부장은 2014년 7월 4일 방한을 마무리하면서 기자들에게 "양국 관계 발전은 양국의 꿈과 목표를 실현시키는 데 매우 중요하다"라면서 "친척집을 방문하는, 마을에 다니는 식의 방문이었다"라고 강조했다(연합뉴스 2014. 07. 05.). 시 주석이 전국인민정치협상회의 설립 65주년 기념식에서 "양안(兩岸)은 한 집안"이라면서 대만과의 교류 협력 강화를 강조한 것을 보면 한중관계는 양안관계에 비해 다소 거리감이 느껴지지만 그래도 공동체의 기반 중의 하나인 혈연적 유대감을 강조했다고 볼 수 있다(연합뉴스 2014. 09. 22.). 물론 수사적 성격이 강한 왕이 외교부장의 발언이지만, 공동체가 형성되어 집과 같이 편안한 상태가 되었음을 묘사하는 헤겔의 발언을 떠올리게 하는 대목이다.

사실 같은 지역에서 몇 천 년의 세월을 함께한 한민족과 중화민족은 상당 부분 혈연, 문화, 언어, 종교적 유사성을 갖고 있다. 어떤 의미에서 이러한 중국의 입장은 혈연에 기반을 둔 공동체, 혹은 확대된 민족주의(extended nationalism)의 실현을 염두에 두고 있다고 볼 수도 있다. 결국 한중관계는 전술한 공동체의 범위 확대, 집단의지에 대한 인식의 수정, 주변 당사국의 입장 고려라는 세 가지 규범적 변화를 보임으로써 비교적 안정적으로 발전하고 있다. 앞으로의 과제는 이러한 안정적 발전을 저해할 수 있는 '범죄'행위를 예방하고, 발생 시 그 여파를 최소화하는 작업이 필요하며, 종국적으로는 양국민이 하나의 공동체에 속해 있다는 '우리(we)'라는 인식을 정착시킬 필요가 있다.

2. 한일, 중일관계

한일관계와 중일관계는 양자관계에서 오는 경제적 이익을 고려할 때 우호적이어야 하지만, 역사문제와 영토문제를 둘러싸고 벌어진 지속적인 마찰과 긴장으로 인해 공동체라고 인식될 수 있는 여건이 조성되지 않은 채 21세기를 맞았다. 공동체의 형성은 상호주관적 공감대를 넓혀 가는 과정이므로 현실에서 인정투쟁이 발생하는 이유를 분석하기 위해서는 양측의 입장을 면밀해 살펴봐야 한다.

첫째, 한일, 중일 간에 마찰이 지속되고 있는데, 양측이 서로를 공동체의 일원으로 받아들일 준비가 되어 있는지 분석해 볼 필요가 있다. 1999년 아세안+3 정상회의를 계기로 3국 정상들이 조찬 회동을 한 이후, 3국 정상회담을 정례화했고, 2008년부터는 아세안 회의와 별도로 매년 3국 정상회의를 개최했다(한중일협력사무국 2015). 이러한 한중일 정상회의는 공동체는 아니더라도 3국 간 협력을 강화할 필요성에 모두가 공감한 것이라고 볼 수 있다.

이러한 정상회담도 2012년 이후 중일 간의 영토분쟁으로 인해 중단된 상태인데, 결국 3국이 서로를 공동체라고 인식하지 않는 한 이러한 마찰의 출구는 없어 보인다. 공동체를 저해하는 가장 큰 이유 중의 하나는 한일, 중일 간의 협력이 진전이 없는 상황에서 일본이 미국의 '아시아에의 회귀' 전략과 궤를 같이해 미일동맹관계를 확대하거나, 보통국가화를 목표로 법규를 정비하고 재무장을 확대하는 쪽으로 나아가고 있기 때문이다(손기영 2014).

일본과 마찬가지로 한국과 중국도 일본을 공동체로 편입시키기 위해 노력해 왔는지 점검해 볼 필요가 있다. 1960년대 이후 세계 제2위의 경제 강국으로 성장한 일본에 대한 인식은 흔히 '경제동물(economic animal)' 정도의 수준에서 머물렀고, 일본은 정치, 군사적으로 사실상 미국의 '식민지'와 같은 상태였으므로, 일본을 독자적인 행위자로 인정할 필요성도 상대적으로 낮았다. 사실, 이 점을 아베 수상은 개선하고 싶은 것이다. 그의 책『아름다운 나라로』가 지향하는 나라는 정치적으로, 군사적으로 기능하는 일본이다(安倍 2006; 남상욱 2014). 그런데 아름다운 나라가 되기 위해서는 자신의 미(美)를 자각하는 나르시시즘도 필요하지만, 동시에 주변국의 인정이 필요한데, 21세기 초의 일본은 사실 양쪽 다 부족한 상태이다. 아베 수상이 자신의 역사인식 문제로 촉발된 분쟁에도 불구하고 한국과 중국 지도자에게 지속적으로 정상회담을 희망하는 이유는 일본의 새로운 정체성에 대한 주변국의 인정이 일본에게도 큰 숙제이기 때문이다.

한편 중국과 한국도 비슷한 입장에 처해 있다. 중국은 G2라고 불리면서 강대국으로 부상했지만, 주변국인 일본에 의해 적절한 인정을 받지 못하는 상황이다. 한국도 고구려의 멸망 이후 천 년 동안 누리지 못한 경제적, 정치적, 문화적 영향력을 국제적으로 행사하고 있지만, 일본과의 관계에서 마찰이 지속되는 상황에서 일본 관광객들이 한국을 방문하기보다는 대만으로 행선지를 바꾸고 있는 것이 최근의 상황이다(중앙일보 2014. 01. 03.). 양자 간의 마찰과 문제가 있어도 다자적, 혹은 지역적 협력과 통합과정이 진전된다면 다행이지만, 현재 양자 간 문제가 다자적, 혹은 지역적 협력도 가로막고 있는 상황이다.

둘째, 한일관계와 중일관계에서 기존에 형성된 집단의지에 대한 상호주관적 인식의 전환을 고려할 수 있는가라는 문제이다. 헤겔과 호네트의 인정투쟁이 시사하는 바는 이러한 인식의 전환은 자기 타자화의 과정을 거치지 않으면 얻어지기가 쉽지 않다는 것이다. 중국과 한국이 대일관계의 현상유지를 선호하는 현시점에서 인정문제의 의미 있는 변화는 일본에서 발생할 가능성이 높다. 현재 일본은 미드와 호네트의 이론을 빌리면 자아(self)를 형성하는 주체(I)와 객체(me) 사이에서 내부적 마찰이 심각하게 벌어진 상황이고 이 과정이 인정투정을 통해 성공적으로 진행되면 일본은 좀 더 국제사회에서 보편적으로 인정받는 존재로 변모할 수 있다(Honneth 1995, 82). 제2차 세계대전 후 현재까지 일본은 미국에 대한 종속으로 인해 보편성이 부재한, 다시 말해서 보통국가가 아닌, '평화국가'라는 특수성에 함몰된 국가였다. 이러한 일본이 보통국가의 목표를 갖고 변화하고 있는 지금은 과도기로서 사실상 인정투쟁이 극에 달하는 상황이라고 할 수 있다. 이런 과정을 통해 일본이 자기 타자화에 성공하고 보통국가로 변화하면, 한국과 중국은 새로운 일본을 인정하지 않을 수 없을 것이다. 기술력에서 뛰어난 세계 3위의 경제대국이면서, 정치, 군사력까지 갖춘 일본이라는 국가의 위상을 어느 국가가 무시할 수 있을까?

이러한 내부적 변화와 더불어, 일본이 자기 타자화를 성공적으로 수행하기 위해서는 근대화와 탈아입구(脫亞入歐) 정책 이후 무시되었던 아시아 제국, 특히 중국과 한국에 대한 인정과정이 필수적이다. 일본이 변화하고 있는 이 시점에 중국과 한국이 일본을 무시하는 현재의 정책으로 일관한다면 일본은 보편성을 얻지 못한 특수성에 함몰된 국가로 남을 수 있고, 이것은 동북아에서 또 다른 불행의 단초가 될 수 있다. 과거사와 영토에 관련된 여러 문제에서 일본의 잘못을 지적해 주는 것과 함께, 일본과의 새로운 관계 정립을 위해서는 미래의 어느 시점에 일본을 지역공동체의 진정한 일원으로 받아들여 줄 수 있다는 메시지도 함께 주어야 한다. 결국, 문제의 지적과 함께 용서하는 용기도 필요한 것이고, 지난 수십 년간 진행되어 온 일본에 대한 매질(bashing)이 충분한 효과를 거두고 있지 못하는 현시점에서 일본의 변화를 촉발시킬 수 있는 대일의식전환을 고려해 보는 것은 중요한 일이다(천자현 2015). 한중관계에서 변하지 않는 요소인 근접성(近接性)과 비대칭성(非對稱性)은 근대 이후 한일관계에서도 지속성을 띠고 있다(백영서 2013). 지역공동체의 가능성을 제시하지 않는 상황에서 계속되는 주변국의 매질은 일본을 보편성보다는 특수성에 함몰되게 만드는 결과를 낳을 수 있다.

사실, 일본은 한국전쟁과 냉전기에 반공의 대열에서 함께했던 우방국이었고, 한국의 경제 재건에 기여한 공여국이었음에도 불구하고 이러한 사실들은 제대로 한국인에 의해 인정되고 있지 않다. 한국전쟁에서 중공의 참전으로 야기된 무수한 죽음과 피해는 잊혀지고, 일본과의 관계에서 전쟁에 수반된 인권의 문제(예, '위안부'), 전쟁을 어떻게 기억할까에 대한 문제(예, 야스쿠니신사), 혹은 전쟁의 결과로 미확정된 영토의 문제(예, 독도)가 더 첨예한 이슈가 된 현실을 어떻게 보아야 할까? 중국에게도 일본은 중국의 개방 이후 최대의 ODA공여국이지만 2차 대전을 어떻게 기억할까에 대한 문제(예, 야스쿠니신사), 혹은 전쟁의 결과로 미확정된 영토의 문제(예, 센카쿠)가 더 첨예한 이슈가 된 현실은 어떻게 보아야 할까?

셋째, 국가정책의 결정과정에 주변의 이해당사국의 의견을 참조하거나 동의를 구하는 것을 하나의 규범으로 만들 수 있느냐의 문제이다. 2012년 9월 일본의 노다 정권이 센카쿠 열도를 국유화한 것은 당사국인 중국의 입장을 무시하고, 이러한 결정이 분쟁을 유발할 수 있다는 미국의 압력도 고려하지 않은 결정이었다. 물론 노다 정권은 이시하라 신타로(石原愼太郎) 도쿄도지사가 센카쿠를 매입하는 것을 막으려고 불가피하게 국유화를 결정했다는 설명을 했지만, 이러한 주장을 납득하는 주변국은 없었다(한국일보 2014.

01. 14.).

일본의 일방적인 행위와 역사인식이 문제이지만 한국과 중국은 어떠했는가도 살펴볼 필요가 있다. 한국의 경우 2012년 8월 10일 이명박 대통령이 독도를 전격 방문한 일과 8월 14일 일본천황의 사죄에 관한 언급은 한일관계를 급랭시켰다. 물론 자국의 영토를 방문하는 것은 당연한 일이지만, 영토분쟁 상황에 있는 곳을 대통령 신분으로 최초로 방문함으로써 불필요하게 일본을 자극하고 국익에 손해를 미치는 것은 바람직하지 않다(경향신문 2012. 08. 10.). 중국의 경우 노다 정권에 의한 센카쿠의 국유화 이후 해경선과 항공기에 의한 순찰활동을 강화해 왔다. 특히 일본 정부는 2014년 9월13일 중국 해경선이 36일 연속으로 센카쿠 근해에서 목격되어 기록을 경신했다고 발표하는 등, 긴장을 늦추지 않고 있다(朝日新聞 2014. 09. 14.). 사실, 1895년 청일전쟁 와중에 일본제국이 이 군도를 무주지(無主地)라며 일방적으로 영토로 편입시킨 이후 제2차 세계대전이 끝나고 미국이 이 군도를 자국이 위임통치하는 오키나와의 관할 안에 두었고, 1972년 오키나와의 반환 이후 일본이 실효지배하고 있다. 물론 일본의 지배가 문제가 있더라도 이 군도는 지난 100년 이상 일본과 미국이 사실상 관할해 온 곳으로, 지난 몇 년간 증가된 중국 해경선의 출몰은 일본 정부와 언론을 통해 사실을 인지하는 일본 국민에게 큰 위협이 되고 있다. 중국의 행동이 위협으로 받아들여지고 있는 상황에서 이러한 행동이 지역의 평화와 안정을 위해 필요한 것인가를 검토해 봐야 한다.

결국, 타국에 영향을 미치는 언설과 행동에서 분쟁을 막으려면 상호주관적 인식의 잣대, 즉 규범의 형성이 필요하다. 공자가 논어에서 말하는 황금률(Golden Rule)은 "자기가 하고 싶은 것이 아니면 다른 사람에게 시키지 말라(己所不欲勿施於人)"이다. 이러한 논리는 자국의 영토를 포기하는 것이 힘든데, 타국에게 포기하기를 요구하지 말라든지, 자기의 역사를 직시하기 힘든데, 남에게 역사를 직시하라고 요구하지 말라 등의 윤리적 언설과 행동의 지침을 형성할 수 있다.

아울러, 국가 간 대화의 단절은 불필요한 오해를 고착화시킬 수 있으므로 인접국으로서 민간교류의 활성화는 물론이고, 정부 간 회담도 정기적으로 열어야 한다. 일단 정상회담을 포함한 한중일 3자대화의 지속이 무엇보다도 중요하다. 결국 지역공동체의 형성에 관한 규범의 형성과 강화과정은 모범적으로 정착된 한중협력의 틀을 일본을 포함한 동북아 지역협력으로 확대할 수 있느냐의 문제이다. 한국과 중국은 동북아 공동체 형성에 대한 설득력 있는 규범적 틀을 만들고, 이러한 규범을 일본에 전파시켜 공동의 규범으로 정착시킬 수 있는 방법을 모색해야 한다. 사실 한국은 전통적 동맹국인 미국의 입장 때문에 한중 간의 전략적 대화를 심도 있게 추진하는 데 거부감을 갖고 있지만, 동북아 공동체의 건설이 가장 절실한 한국으로서는 한미동맹과 동북아 공동체를 함께 발전시킬 수 있는 행동과 언설의 규범을 만들어 나가는 작업을 강화해야 한다.

IV. 결론

공자는 "남이 날 알아주지 않아도 화내지 않으면 군자다"라고 했지만, 국가는 군자라고 불릴 정도로 보편성을 넘어 고양된 특수성을 지닌 존재는 아니다. 그러므로 국가 간의 관계는 마찰과 투쟁이 상존한다고 할 수 있다. 하지만 헤겔, 미드, 그리고 호네트의 철학이 주는 교훈은 이러한 인정투쟁이 자기 타자화의 기회를 열어 주면서 상호 간의 인정의 폭을 확대할 수 있을 때 공동체가 형성될 수 있다는 것이다. 특히, 미드의 이론을 차용한 호네트의 주장에 따르면 공동체를 구성하는 행위자들이 상호 간의 인정을 통해 더 많은 권리와 자존을 획득하면서 공동체 본연의 목적에 충실할 수 있다는 것이다(Honneth 1995, 81).

헤겔은 그의 이론구조상 특수성이 보편성으로 바뀌는 과정에서 개인성이 말살되고 전체주의적 공동체를 형성코자 하는 의도를 내포한다는 비난을 받아 왔다(Levinas 1993). 즉, 상호인정을 위해 행위자들 간의 대칭성(symmetry)을 강조한 헤겔의 사상이 타자성(alterity)과 비대칭성(asymmetry)을 강조하는 레비나스(Levinas 1969)적 사고와 충돌하는 것이다. 하지만 헤겔의 변증법적 공동체 모델을 좀 더 자세히 분석해 보면, 공동체는 구성원의 자유의 극대화를 위해 존재하는 것이다. 물론 이미 형성된 공동체가 구성원의 자유를 극대화하는 쪽으로 보장해 줄지는 이론의 차원을 넘어서 경험적 분석이 필요한 부분이지만, 헤겔의 의도 자체를 폄하할 이유는 없다고 본다.

인정투쟁이론을 동북아의 상황에 대입해 보면, 일본이라는 한 국가가 주변국의 입장을 일방적으로 인정하는 것이 아니라, 중국과 한국도 일본의 입장을 눈여겨보고 인정할 수 있는 부분을 인정할 때 상호주관적 공감대를 형성할 수 있다는 것이다. 이러한 공감대의 형성과 공동체의 구성은 관련국 상호 간의 행위와 언설에 대한 규범을 만들어 나가면서, 접촉을 확대하지 않으면 불가능한 것이다. 규범공동체를 형성하기 위해서는 동북아 3국이 현재 함몰되어 있는 선택적 기억과 인정의 정치를 중단하고, 서로에게 영향을 미치는 행동과 언설에 대한 상호주관적 공감대를 확대해야 할 것이다.

물론 식민피지배의 경험을 가지고 있으면서 민족분단이라는 민족 내부의 인정투쟁에 직면해 있는 동북아 국가들이 과거의 기억을 지우고 새로운 지역공동체 형성 노력을 시작하는 것은 쉽지 않다. 유럽도 20세기 초반에 두 차례의 세계대전이라는 비극적 인정투쟁의 과정을 거쳐 평화가 정착되었다. 하지만, 헤겔이 주장한 것처럼 국가의 틀 속에서 사유하며 전사(warrior)의 의식을 가진 정치가들에게 이러한 평화의 문제를 자발적으로 해결하도록 버려두는 것은 무책임한 것이므로, 의식 있는 지식인들이 국민 간의 상호인정을 실현할 수 있도록 다양한 활동을 추진하는 것이 필요하다. 전술한 지역공동체 형성을 위한 규범의 확산은 국가사회와 지역사회라는 공간에서 정치가들의 태도와 정책의 우선순위를 변화시킬 사회적 동력으로 작동할 것이다. 하지만 이것이 일시적 변화가 아닌 국가정체성의 근본적 변화로 이어지려면 단기적 혹은 당파적 이익을 위해 국가지도자가 규범에서 일탈하는 행위에 대해 끊임없는 관심과 감시가 필요하다. 이러한 과정이 순조롭게 진행되면 한중일의 개별적 국가정체성이 동북아를 포괄하는 지역정체성으로 거듭날 수 있는 계기가 될 수 있다. 이러한 노력이 정부 간의 대화와 협력으로 이어질 때 현재 진행되고 있는 동북아 국가 간의 인정투쟁은 성공적으로 마무리되어 규범공동체가 형성될 수 있는 기초를 다질 수 있을 것이다.

【참고문헌】

강병철. 2014. "한중, 해양경계 획정 회담 3년만에 비공개로 재개." 『연합뉴스』 (6월 17일).

국가기록원. "6.25전쟁 피해 현황 통계." http://theme.archives.go.kr/next/625/damageStatistic.do(검색일: 2015. 04. 12.).

김성윤. 1992. "한중수교의 전망과 남북한관계." 『통일문제연구』 4권 1호, pp. 231-58.

김유은. 2004. "동북아 안보공동체를 위한 시론(試論): 구성주의적 시각을 중심으로." 『국제정치논총』 44집 4호, pp. 69-91.

김준수. 1999. "철학에서의 승인 이론의 사회 윤리학적 의미(I)." 『철학탐구』 제11호, pp. 202-25.

김창호. 2003. "중국 학계의 고구려 역사 빼앗기 대규모 프로젝트." 『중앙일보』 (7월 15일).

남상욱. 2014. "아베 신조 『아름다운 나라로』 속의 '미'와 '국가': 미시마 유키오의 렌즈를 통해 본 전후 보수주의 미학." 『일본비평』 10호, pp. 164-89.

방현덕. 2012. "한·중·일 긴장 경제적 득보다 손실 훨씬 크다." 『연합뉴스』 (8월 17일).

백영서. 2013. "중국의 '동북공정'과 한국인의 중국인식의 변화: 대중과 역사학계에 미친 영향을 중심으로." 『中國近現代史硏究』 第58輯, pp. 55-85.

손기영. 2014. "일본의 '보통국가'로의 전환과 동북아 안보협력을 위한 한국의 전략: 지역안보협력과 '국가정체성이슈'의 연계(linkage)를 중심으로." 『국제관계연구』 19권 1호, pp. 115-41.

신상진. 1992. "중국의 대한반도정책과 한중수교전망." 『통일문제연구』 제4권 2호, pp. 165-96.

안병우. 2004. "중국의 고구려사 왜곡과 동북공정." 『국제정치연구』 7권 2호, pp. 45-66.

이신화, 2006. "동북아안보공동체 구축에 관한 소고." 『전략연구』 13권 1호, pp. 7-40.

이하원. 2004. "韓·中 고구려사 5개항 합의." 『조선일보』 (8월 24일).

장용석, 2013. "한중 공동성명, 전략적 협력동반자 관계 '내실화' 목표." 『뉴스1』 (6월 27일).

정문상. 2008. "'역사전쟁'에서 '역사외교'로: '동북공정'에 대한 한국인의 대응양상." 『아시아문화연구』 15권, pp. 205-32.

조중식. 2006. "中, 한강유역은 중국땅이었다." 『조선일보』 (9월 6일).

천자현. 2015. "다음 세대를 위한 한일 관계의 새로운 패러다임." 『일본비평』 12호, pp. 26-49.

한중일 3국 협력사무국. "TCS 소개." http://kr.tcs-asia.org/dnb/user/userpage.php?lpage=1_2_

1_overview(검색일: 2015. 03. 23.).

한창만. 2014. "'센카쿠 국유화 안돼' … 클린턴, 노다 다그쳤다." 『한국일보』 (1월 14일).

홍제성. 2014. "왕이 '시진핑 방한은 친척집 방문 … 전략적 신뢰 강화'." 『연합뉴스』 (7월 5일).

홍제성. 2014. "시진핑 '협의로 최대공약수 찾는 것이 인민민주'." 『연합뉴스』 (9월 22일).

Arendt, Hannah. 1958. *The Human Condition*. Chicago: University of Chicago Press.

Asian Development Bank. 2011. "3 Billion Asians Could Become Affluent By 2050-Asia 2050 Draft Report." http://www.adb.org/news/3-billion-asians-could-become-affluent-2050-asia-2050-draft-report(검색일: 2014. 09. 21.).

Bull, Hedley. 2002. *The Anarchical Society: A Study of Order in World Politics*. New York: Palgrave.

Coulthard, Glen S. 2007. "Subjects of Empire: Indigenous Peoples and the 'Politics of Recognition' in Canada." *Contemporary Political Theory* 6, No. 4, pp. 437-60.

Evensky, Jerry. 2005. *Adam Smith's Moral Philosophy: A Historical and Contemporary Perspective on Markets, Law, Ethics, and Culture*. Cambridge: Cambridge University Press.

Finnemore, Martha, and Kathryn Sikkink. 1998. "International Norm Dynamics and Political Chang." *International Organization* 52, No. 4, pp. 887-917.

Geiger, Ido. 2007. *The Founding Act of Modern Ethical Life: Hegel's Critique of Kant's Moral and Political Philosophy*. Stanford: Stanford University Press.

Harner, Stephen. 2012. "Japan Needs China More: This is the Real Danger in the Territorial Dispute." *Forbes*, September 11.

Hegel, Georg Wilhelm Friedrich. 1991. *Elements of the Philosophy of Right*, translated by H.B. Nisbet. Cambridge: Cambridge University Press.

Honneth, Axel. 1995. *The Struggle for Recognition*. Cambridge: MIT Press.

Inwood, Michael. 1992. *A Hegel Dictionary*. Cambridge, MASS: Blackwell.

Ilting, Karl-Heinz, and Georg Wilhelm Friedrich Hegel. 1973. *Vorlesungen uber Rechtsphilosophie, 1818-1831*.Vol. 4. Griesheim Nachschrift. Stuttgart: Frommann-Holzboog.

Kim, Young Kun. 1978. "Hegel's Criticism of Chinese Philosophy." *Philosophy East and West* 28, No. 2, pp. 173-80.

Kowert, Paul. 1998/9. "National Identity: Inside and Out." *Security Studies* 8, No. 2/3, pp. 1-34.

Layne, Christopher. 1994. "Kant or Cant: The Myth of the Democratic Peace." *International Security* 19, No. 2, pp. 5-49.

Levinas, Emmanuel. 1969. *Totality and Infinity*. Pittsburgh: Duquesne University Press.

Levinas, Emmanuel. 1993. "Franz Rosenzweig: A Modern Jewish Thinker." Emmanuel Levinas, trans. Michael Smith. *Outside the Subject*. Stanford: Stanford University Press.

Mead, George Herbert. 1934. *Mind, Self, and Society from the Standpoint of a Social Behaviorist*. Chicago: University of Chicago Press.

Pelczynski, Z. A. 1984. "Political Community and Individual Freedom in Hegel's Philosophy of State." Z. A. Pelczynski ed. *The State and Civil Society: Studies in Hegel's Political Philosophy*. Cambridge: Cambridge University Press.

Seddone, G. "Transcription of the Interview with Robert Brandom." https://www.academia.edu/5399768/Interview_to_B._Brandom(검색일: 2014. 09. 23.).

Trencsenyi, Balazs, and Michal Kopecek. 2007, eds. *National Romanticism: Formation of National Movements, Volume Two (Discourses of Collective Identity in Central and Southeast Europe)*. Budapest: Central European University Press.

Verene, D. P. 1996. "Hegel's Account of War," in Jon Stewart ed. *The Hegel Myths and Legends*. Evanston, Illinois: Northwestern University Press.

Wendt, Alexander. 1992. "Anarchy Is What States Make of It: The Social Construction of Power Politics." *International Organization* 46, No. 2, pp. 391-425.

Wendt, Alexander. 1999. *Social Theory of International Politics*. Cambridge: Cambridge University Press.

Wight, Martin. 1977. *Systems of States*. Leicester: Leicester University Press.

Williams, Robert. 1997. *Hegel's Ethics of Recognition*. Berkeley: University of California Press.

Williams, Robert. 1992. *Recognition: Fichte and Hegel on the Other*. New York: State University of New York.

安倍晋三. 2006.『美しい国へ』. 동경: 文春新書.

『朝日新聞』. 2014. "尖閣の中国船' 最長航行 36日連続." (9월 14일).

제3부

북한의 경제발전과 동북아 협력

9장

북한의 화장품 정책과 성분 분석에 관한 연구

64개 기초 및 색조화장품을 중심으로

남성욱

I. 문제의 제기

아름다워지고 싶은 욕구를 가지게 된 인간은 외모를 꾸미기 시작하였고 화장은 중요한 수단이었다. 벌랜도(Burlando)는 화장의 역사가 기원전 3500년경의 고대 그리스, 로마 및 이집트에서부터 시작되었다고 주장하고 있다.[1] 미의 기준은 시대의 흐름과 변화에 따라 변화해 왔고 화장의 역사 또한 유사한 변천의 과정을 겪었다. 최근 국내외 화장품 시장에 남성용 미용 제품이 급속도로 증가하고 있는 것은 외모나 이미지에 관심이 많은 남자, 즉 '그루밍(grooming)족'의 증가와 밀접한 관계가 있다.[2] 화장의 욕구가 거의

---

1. Bruno Burlando는 화장품이 사용된 최초의 고고학적 증거는 기원전 3500년경의 이집트라고 주장하였다. Bruno Burlando, Herbal principles in Cosmetic: Properties and Mechanism of Action (Boca Raton, Florida: CRC Press, 2010), 29.

2. 김지영, "국내외 남성용 화장품 시장 현황 및 상표출원 동향분석," 『KHIDI』 제147호 (2014), 1.

인류의 진화 역사와 맥락을 같이할 정도로 오래됨에 따라 화장품의 개발도 인류의 주된 관심 대상이 되었다. 화장의 욕망은 사회주의 국가에서도 예외기 아니다. 세계에서 가장 폐쇄적인 국가 중의 하나인 북한도 여성들의 아름다움에 대한 욕망을 충족시키기 위해 정권 창설 초기부터 화장품 생산에 주력해 왔다.

북한은 1946년 남녀평등권의 발표 등 각종 기초 법령을 공포한 이래 인민들이 검소하게 생활하며 절약하는 행태를 국가의 기본적인 문화와 풍습으로 확정했다. 당국은 인민들이 소박하고 알뜰하게 생활하는 습관을 체화하는 데 주력하였다. 이러한 생활풍조는 식생활, 옷차림, 주택생활뿐만 아니라 여성들의 화장 문화에서도 나타난다. 지역마다 차이가 있기는 하지만 기본적으로 여성은 화려하게 치장하지 않고 화장 시에도 진한 색조화장을 하지 않는다. 북한에서 외모는 드러나지 않고 수수하게 보이도록 하는 모습이 미덕이다. 행동거지도 적극적이고 진취적인 의사표현을 하기보다는 다소 부끄러워하며 수줍어하는 행동을 여성스럽고 아름답다고 여긴다. 이러한 아름다움을 전통적인 여성상으로 설정하고 있다.[3] 따라서 북한의 화장품 공장들은 자외선 등으로부터 피부를 보호하는 1단계 기초화장품(foundation) 생산에 주력하였다. 화려하고 색조감을 살리는 2단계 색조화장(make-up) 문화가 충분히 발전하지 못한 것은 엄숙하고 경직적인 사회 분위기를 반영한 결과다. 현재까지 기초와 색조화장품 모두 북한이 자체적으로 완전하게 제조하는 데는 한계가 있다. 특히 색조화장품의 개발은 이제 걸음마 단계다. 다만 북한은 화장품 생산의 세계적인 경향만은 충분히 인식하여 최근에는 각종 향수는 물론 마스크 팩(미안막[美顔幕])까지 생산하고 있다. 특히 김일성, 김정일을 거쳐 김정은 시대에 들어서 지도자들의 화장품 생산에 대한 관심이 고조되고 있다. 3세대 지도자 김정은의 화장품 공장에 대한 현지지도는 물론 북한 화장품과 선진국 화장품을 직접 비교 평가하는 발언이 소개될 정도로 화장품 품질 향상에 주력하고 있다.

본 연구는 국내 최초로 북한에서 생산하고 있는 기초 및 색조 등 64개의 각종 화장품을 입수하여 내용물의 전성분 검사[4]에 따른 화학공업과 용기 생산에 따른 금형기술 등 북한의 경공업 현황은 물론 인민의 소비재 생산 및 이용 실상에 대한 '민낯'을 살펴보고자 한다. 북한 화장품에 대한 성분 분석 연구는 지금까지 체계적으로 진행되지 않았다. 일부 여성들의 삶과 소비행태에 대한 기초 연구가 진행되었을 뿐이다. 화장품 등 경공업 생산 및 소비는 주제가 매우 각론적이고 현장 접근에 대한 어려움 등으로 제품을 확보할 연구여건이 조성되지 않은 것이 연구 부진의 가장 큰 원인이다.

북한 화장품에 대한 기존 연구는 전무한 실정이다. 화장품의 소비층인 북한 여성들의 삶에 대한 연구들은 제한적으로 진행되었다. 전숙자(1995)는 『조선녀성』 분셕을 통해 북한이 지향하는 네 가지의 이상적인 여성상을 도출해 냈다. 이명휘(2010)는 북한의 사경제 발달로 인한 북한 여성의 역할변화를 분석하였다. 양옥경(2010)은 북한의 사회보장제도 축소로 인한 가족경제의 변화와 이에 따른 북한 여성의 생활과 의식 변화에 대해 분석하였다. 남성욱(2016)은 문헌연구와 통계분석, 초점집단인터뷰 등을 통해 북한 사회의 바람직한 여성상과 이에 따라 나타나는 북한 여성들의 삶을 분석하였

---

3. 조선민주녀성동맹 중앙위원회 기관지. 『조선녀성』 제4호(2016). 48.

4. '전성분 표시제'란 2008년 10월 18일 식품의약품안전처(구 식품의약품안전청)에서 시행한 법으로 화장품에 들어 있는 모든 성분을 소비자에게 공개하는 것이다. 제도가 시행되기 전엔 '표시지정성분'이라고 하여 해로워서 소비자가 주의해야 되는 성분만 표기했고, 많이 들어 있는 성분들은 알려 주지 않았다. 덕분에 피부 트러블이 생겨도 무엇 때문에 생겼는지, 고가 제품이 정말 좋은 성분이 포함되어서 비싼 것인지 확인할 방도가 없었다. 반면 우리나라 제품을 수출할 때엔 외국에서 까다로운 성분 검증에 들어가는데, 업체 스스로도 거기에 대한 면역성이 부족했다. 미국, EU, 일본, 호주, 대만, 말레이시아, 싱가포르, 인도네시아가 일찌감치 전성분제를 시행한 후에야 우리나라는 뒤늦게 따라갔다. 전성분 표시제에 따르면 모든 성분을 많은 것부터 적은 것 순으로 표기해야 하며 1% 이하로 들어간 성분과 향료, 색소는 그것들끼리 순서에 관계없이 표기할 수 있다. 성분들 중 배합 한도가 지정된 성분이 있으면 그 뒤에 있는 성분은 그 한도보다 적게 들었다는 뜻이 된다. 또 성분 중 하나를 제품 이름으로 썼으면 그 성분이 얼마나 들었는지도 구체적으로 표기해야 한다. 그래서 전성분 표시를 보면 광고와는 다른, 그 제품의 속살이 드러난다. 다음백과, "전성분표시제," http://100.daum.net/encyclopedia/view/58XX49100010.(검색일 2017. 5. 10.)

다. 국내에서 화장품 관련 연구는 주로 소비행태를 중심으로 진행되었다. 유창조(2005)는 국내 여성들을 대상으로 한 심층면접을 통해 여성의 화장에 대한 욕구와 그에 따른 소비행위를 분석하여 화장의 범위와 유형, 상표 선택과정, 화장품 구매과정에 추구되는 가치 등을 분석하였다. 김정희(2006)는 통계분석을 통해 피부 타입과 기초화장품의 사용 실태에 관한 상관관계를 분석하였다. 주영주(2016)는 설문과 회귀분석을 통해 여성의 외모 관심도가 화장품 구매행동에 미치는 영향을 분석하였다.

본고에서는 첫째, 북한의 화장품 생산정책의 연혁과 최고지도자들의 화장품 공장에 대한 현지지도 실상과 함의를 검토했다. 김일성, 김정일 및 김정은 시대를 구분하여 북한 지도자들의 화장품 생산정책의 추진 의의를 파악했다. 둘째, 평양에서 직접 조달한 64개 화장품의 제조 성분을 분석하여 북한 화학공업과 금형산업 등의 발전 수준을 분석했다. 북한의 화장품에 대한 선행연구가 존재하지 않는 상황에서 최초로 64개의 북한 화장품을 기술적 측면에서 분석했다. 화장품의 성분 분석은 국내 1위의 화장품 제조사인 ㈜아모레퍼시픽 기술연구소에서 2016년 9월~12월 동안 진행되었다. 셋째, 같은 기간 동안에 북한의 화장품 생산정책과 화장품의 사용 실태를 교차적으로 점검하기 위하여 200명의 탈북여성들을 대상으로 북한에서 화장품 사용의 경험과 남한에서의 화장품 애용 실태에 관한 설문조사를 병행했다.

II. 북한의 화장품 생산정책 연혁과 함의

1. 김일성 시대

북한의 화장품 생산에 대한 최초의 시대적 배경은 김일성의 항일 유격대 시절로 거슬러 올라간다. 『김일성저작집』 제47권 '제8장 반일의 기치높이'에

서는 김일성의 항일 유격대 시절 화장품과 관련된 일화가 기록되어 있다.[5]

> 우리가 로획한 전리품들 속에는 종종 분이나 크림과 같은 화장품들이 섞여있을 때도 있었다. 처음에 우리 대원들은 그런 화장품들이 보이기만 하면 개울 속에 집어던지든가 발로 막 짓뭉개 놓곤 하였다. 아무짝에도 쓸모없는 물건들이라고 생각해서였다. 나는 이것을 분하게 여기였다. 여성들이 일 년 내내 분도 바르지 못하고 고생스레 살아가는 것이 가슴 아프게 생각되었다. 그래서 대원들에게 말하였다. '이제부터 누구든지 화장품을 버리지 말자. 우리의 곁에도 녀성들이 있지 않은가. 유격구의 녀성들은 녀성이 아니라던가. 우리의 녀대원들과 부녀회원들보다 더 훌륭한 여자들이 세상에 어디 있는가?' 대원들은 이구동성으로 내 말에 호응하였다. '옳습니다. ......화장품이 생기면 분도 바르라고 합시다.'

1948년 정권 수립 이후 북한은 화장품 생산에 제한적인 역량만을 투입했다. 이유는 두 가지로 분석할 수 있다. 첫째, 빠른 경제발전을 위해 중공업 위주의 성장을 중시하는 사회주의 국가의 특성상 대부분의 국가 자원을 중공업에 집중시켰기 때문이다. 북한 역시 당시 사회주의 국가에서 일반적으로 추진한 중공업 우선정책[6]에 주력했다. 김일성은 「모든 것을 전후인민경제 복구발전을 위하여」 제하의 발표를 통해 중공업 우선정책에 대한 필요성을 강조했다.[7] 따라서 인민의 생활과 밀접한 연관이 있는 경공업에 해당하는 화장품 생산에는 투입할 수 있는 역량이 제한되었다. 둘째, 화장 등

---

5. 김일성, 『김일성저작집 제47권』(평양: 조선로동당출판사, 1977), 118-119.

6. 소련이 1917년부터 1976년까지 산업부문에 지출한 전체 예산의 84%가 중공업부문에 투자되었다. Janos Kornai, The Socialist System: The Political Economy of Communism (New Haven, New Jersey: Princeton University Press, (1992), 173.

7. "우리는 전후 경제건설에서 중공업의 선차적 복구발전을 보장하면서 경공업과 농업을 동시에 발전시키는 방향으로 나아가야 할 것입니다. 그래야 우리나라의 경제토대를 튼튼히 할 수 있고 인민생활을 빨리 개선할 수 있습니다." 김일성(1953), <모든 것을 전후인민경제 복구발전을 위하여>, 조선로동당 중앙위원회 제6차전원회의.

으로 외모를 화사하게 가꾸는 행위는 북한이 제시하는 바람직한 여성상에 부합하지 않기 때문이다. 김일성은 1948년 조선민주여성동맹의 기관지인 『조선녀성』을 창간하여 여성을 정치적으로 계몽하고자 했다. 김일성이 제시한 바람직한 여성상은 주체사상으로 튼튼히 무장하여 당과 수령에게 끝없이 충실하며 사회주의 혁명 건설투쟁에 나서는 여성이었다.[8] 결국 화장은 여성들의 기본적인 욕구이지만 사회주의 건설 과정에서 시급하지 않은 과제였다. 하지만 다른 경공업 분야와 달리 중공업 우선 정책 속에서도 화장품 공장은 예외적으로 사회주의 건설 초기부터 건설되었다. 북한 여성들의 기본적인 욕구를 충족시키는 차원에서 다른 소비재에 비해 비교적 일찍 투자가 이루어진 것은 여성을 움직여야 남성을 사회주의 건설에 참여시킬 수 있다는 김일성의 판단 때문이었다. 북한은 정권 수립 초기인 1948년 2월 조선인민군을 창설하고 6월에는 징병을 실시하는 군사력 증강 과정 속에서도 1949년에 신의주화장품공장[9]을, 1957년에 평양화장품공장[10]을 각각 건설하였다.

2. 김정일 시대

화장품 육성정책은 북한의 2대 지도자인 김정일 시대에도 계속되었다. 김정일 국방위원장 역시 경공업을 경제건설의 매우 중요한 고리로 중시하였고, 1984년 2월 16일 연설 「인민생활을 더욱 높일 데 대하여」를 통해 인민소비품의 생산을 강조하였다.[11]

> 인민생활을 높이기 위하여서는 경공업혁명을 일으켜야 합니다. 경공업혁명을 일으켜 질 좋은 여러 가지 인민소비품을 많이 생산하여야 인민들의 생활을 더욱 윤택하고 문명하게 할 수 있습니다. 우리는 경공업혁명을 일으킬 데 대한 당의 방침을 철저히 관철하여 인민소비품 생산에서 새로운 전환을 가져오도록 하여야 하겠습니다.

같은 해 8월 3일 상업부문 책임일군들과의 대화를 정리한 「주민들에 대한 상품공급 사업을 개선하는데서 나서는 몇 가지 문제에 대하여」라는 담화는 경공업이 인민들에게 풍족하고 문명한 생활을 제공하기 위해 필요한 산업이라는 인식을 김정일이 갖고 있다는 것을 시사한다. 김정일은 2003년 8월에 평양화장품공장을 방문하였다. 김정일 방문 이후 평양화장품공장의 유학천 지배인은 노동신문과의 인터뷰에서 "김정일 위원장이 '인민들에게 질 좋은 화장품을 더 많이 안겨줄 데 대한 방향'을 제시해 줌으로써 공장의 전 힘을 기술혁신에 쏟게 됐다"라고 말했다. 김정일의 방문 이후 공장은 기술혁신 열풍을 일으켜 소비자의 취향을 신제품 개발의 출발점으로 삼고 생산 공정도 그에 맞게 바꿨다. 신제품 개발의 핵심부서인 '기술준비실'의 역할도 강화하였다. 생산 공정의 대대적인 개선 이후 평양화장품공장은 2007년에 수세미오이살결물(스킨로션), 남성화장품 세트, 미안(美顔)크림, 황백치약 등 10여 종의 기능성 화장품을 출시하는 성과를 냈다.[12] 최고지도자

---

8. 김양희, "『조선녀성』에 나타난 북한의 식생활정책: 고난의 행군 이후를 중심으로," 『한국민족문화』 제41호 (2011), 300.

9. 북한의 가장 대표적인 화장품 생산 공장은 신의주화장품공장이다. 신의주화장품공장은 1949년 9월 23일 건립되었다. 연건평 24,000여 제곱미터의 부지에 비누직장, 치약직장, 화장품직장, 보조직장, 공업시험실, 기술준비실 등 수십 동의 건물로 구성된 북한 최대의 공장 규모를 자랑한다. '봄향기' 브랜드를 생산하며 주요 생산품목은 화장비누, 치약, 화장크림, 머릿기름, 향수이다.

10. 평양화장품공장은 북한의 2대 화장품 생산 공장으로 '은하수' 브랜드의 화장품을 생산한다. 주요 생산품목은 살결물, 물크림 등이며 이 밖에도 60여 가지의 기능성 화장품을 생산하고 있다. 수도인 평양시 모란봉 구역에 위치해 있어 접근이 용이해 2003년 8월 김정일이, 2015년 2월 5일 김정은이 각각 현지지도를 하였다. 평양화장품공장은 2000년 이후 화장품 생산설비에 많은 투자를 해 오고 있다. 2000년부터 약 2년간에 걸쳐 공정 현대화와 생산능력 확장 공사를 진행하였고 2001년 2월 남신의주에 자동화된 생산 공정을 건설하였다. 2002년 9월 13일에는 치약직장 조업식을 거행하였다. 2003년 11월에는 세안비누 이송 컨베이어벨트를 제작·도입했으며 2004년에는 생산 공정 무균화를 실현하고 손소독비누와 머리물비누 생산을 시작하였다. 2009년에는 고려약재인 울금, 단삼, 속썩은 풀, 익모초 등의 추출물을 이용하여 생산한 여드름방지 살결물을 출시하였다. 2010년 화장품직장의 크림 생산 공정의 CNC(Computer Numerical Control)화를 위한 공사를 진행하였고 가루비누 생산 공정을 건설하였다.

11. 김정일, 『인민생활을 더욱 높일 데 대하여: 조선로동당 중앙위원회 책임일군협의회에서 한 연설』(평양: 조선로동당출판사, 1984),

가 공장을 현지지도한다는 것은 각종 원료와 자재 및 예산을 충분히 지원하여 성과를 도출할 수 있는 여건이 조성된다는 것을 의미한다. 결국 평양화장품공장은 최고지도자의 관심을 받아 북한에서 최고의 화장품 생신 공장이 되었다.

김정일은 2008년 11월에는 신의주화장품공장의 비누직장(생산라인)을 방문하였다. 2008년 11월 25일자 노동신문은 "조선의 김정일 최고지도자가 최근 평안북도 공장기업소들을 시찰하면서 최신 과학기술을 적극 도입해 현대 과학기술로 국민경제에 대한 기술개조를 진행해야 한다고 강조했다"라고 보도했다. 특히 "김정일은 공장 방문에서 정보화시대의 요구에 따라 기계 생산절차의 현대화, 과학화, 정밀화를 계속 추진함으로써 기계 생산의 튼튼한 기술적 기초를 확보해야 한다. 또한 과학기술은 경제발전과 인민생활수준 제고의 담보라고 지적하면서 노동당이 제출한 과학중시의 방침을 잘 시행해 현대 과학기술을 토대로 국민경제의 기술개조를 적극 추진해야 한다고 지적했다"라고 노동신문은 강조했다.[13]

3. 김정은 시대

김정은도 선대 지도자들과 같이 연초 신년사를 통해 북한의 연간 정책을 예고한다. 김정은은 2012년부터 매년 신년사를 발표하고 있다. 그중 경공업정책과 관련된 내용을 꾸준히 언급하고 있다. 특히 김정은은 2017년 1월 1일의 신년사를 통해, 경제·사회 분야에서 경제발전 5개년 전략수행에 총력을 집중하며 자력자강으로 전민 총 돌격전을 전개할 것을 강조했다. 세부적으로 과학기술 성과와 전력, 금속, 화학, 석탄, 철도, 기계공업의 과업수행을 강조한 데 이어 경공업·농업·수산업의 획기적 발전을 통해 인민생

---

12. "평양화장품공장 '소비자 취향' 따라 기술혁신," 『데일리NK』, 2008. 2. 20.

13. "김정일 총비서 락원기계련합기업소와 신의주화장품공장 비누직장을 현지지도," 『로동신문』, 2008. 11. 25.

〈표 1〉 신년사를 통해 본 김정은 시대 경공업정책(2012~2017)

구분	내용	비고
2012년	- 강성국가 건설의 주공전선인 경공업부문과 농업부문에서 함남의 대혁신의 불길이 더욱 세차게 타오르게 하여야 함. - 방법론으로 '함남의 불길' 강조.	- 김정은 집권 첫해로서 신년 공동사설로 발표. - 김일성 생일 100주년.
2013년	- 농업과 경공업을 함께 주공전선으로 언급. - 경공업부문에서는 해당 공장들에 대하여 '원료, 자재 보장대책'을 철저히 수립하여 질 좋은 소비품들을 증산하도록 촉구.	- 집권 이후 최초로 육성 신년사 발표.
2014년	- 인민생활 향상에 주요한 몫을 담당하고 있는 경공업 공장의 현대화 및 CNC화 강조. - 원료, 자재의 국산화 비중을 높여 생산을 정상화하며 모든 시, 군들에서 자기 지방의 실정에 맞게 지방공업을 발전시켜 여러 가지 질 좋은 인민소비품들을 더 많이 생산하도록 하여야 함.	- 조선중앙TV를 통해 육성으로 신년사를 발표. - 농업, 건설, 과학기술을 3대 사업으로 제시함.
2015년	- 올해 인민생활 향상에서 전변을 가져와야 함. - 중앙과 지방 경공업 공장들에서 생산 정상화로 인민들과 학생들, 어린이들에게 질 좋은 소비품, 학용품, 어린이 식료품 공급 강조.	- 조국해방 70돌과 조선노동당 창건 70돌이 되는 매우 뜻깊은 해. - 육성신년사 발표를 정례화.
2016년	- 경제 강국 건설과 인민생활 향상에서 새로운 전환 촉구. - 경공업부문 현대화와 원료·자재 보장, 품질 제고, 국산화 강조.	- '우리식 경제관리 방법'의 전면적 확립을 강조.
2017년	- 경공업, 농업, 수산업의 획기적 발전 통해 인민생활 향상. - 경공업 원료·자재 국산화, 인민소비품 다종화 및 다양화, 질 제고.	- 경제발전 5개년 전략수행에 총력 집중, 자력자강으로 전민 총 돌격전 전개 강조.

활의 향상을 강조하였다.

북한에서는 지도자의 현지지도 행보를 보면 그의 관심분야와 정책 방향성을 알 수 있다.[14] 김정일의 뒤를 이은 3대 세습 지도자 김정은은 집권 5년차인 2016년 6월에 평양시 만경대구역 소재의 용악산비누공장을 방문했다. 2016년 6월 4일 조선중앙통신과 노동신문 보도에 따르면 김정은은 선군정치 시대에 군사시설을 방문하는 동시에 여성들의 관심이 많은 비누공장을 방문하여 교시를 하였다.[15] 김정일이 생전 물비누 생산에 교시를 한 용악산비누공장에 대를 이어 방문한 김정은은 '인민생활 향상'을 강조하여 애민지도자상을 선전하려는 의도를 나타냈다. 하지만 당국은 실제로 인민경제에 통치자금을 투자하지는 않고, '200일 전투의 기적과 위훈'을 내세우며 기관별 자체 해결을 강요하였다. 특별한 예산의 투입보다는 자체 노력으로 품질 향상을 강조함으로써 해당 공장관계자들은 직접 개발보다는 단기간 내에 신제품 생산이 가능한 중국으로부터 소재와 원료를 도입하는 데 주력할 수밖에 없었다.

이에 앞서 김정은은 2015년 2월 평양화장품공장을 시찰하고 북한의 화장품이 더 경쟁력을 갖춰야 한다고 당부했다. 심지어 직접적으로 외제 화장품의 장점을 지적하면서 북한산 화장품의 문제점을 구체적으로 언급하기까지 했다. 김정은은 "외국산 마스카라는 물에 들어가도 유지되는데 북한산은 하품만 해도 너구리 눈이 된다"라고 언급하며, 북한산의 우수성을 맹목적으로 칭찬하기보다는 워터프루프(방수) 기능과 번지지 않는 유지력을 갖춘 외제 마스카라를 참고하라고 일침을 가했다. 이어서 랑콤, 샤넬, 시세이도 등의 화장품 브랜드를 언급하면서 북한 화장품 또한 세계적으로 겨룰 수 있도록 개발해야 한다고 지적했다.[16] 과거 사회주의 체제의 무결점만을 내세웠던 선대 지도자들과는 달리 북한 제품의 문제점을 공개적이고 구체적으로 지적했다. 김정은의 발언은 이례적인 행보이며 동시에 김정은이 젊은 나이로 인해서 겪을 수 있는 지도력의 공백을 보완하기 위한 전략적인 행동의 의미도 포함하고 있다. 북한은 경제관리 방식을 바꾸어 기업이 이윤을 남길 경우 임금 인상에 활용할 수 있도록 인센티브제를 도입했다. 북한산 마스카라의 문제점을 개선하면 임금을 인상하겠다고 선언했다. 제품의 생산 및 판매에 인센티브 제도를 도입해 우수한 품질의 제품 생산을 촉진시키고 브랜드 경쟁을 촉발할 수 있도록 자본주의 생산방식으로 변화시키는 것은 북한 경제관리방식의 큰 전환을 의미한다.

현재 북한은 화장품 성분 및 용기 등에서 자체 생산이 어려운 소재와 품목은 주로 중국에서 수입해서 사용한다. 화장품의 성분은 주로 화학공업의 부산물과 원료 및 자연산 열매나 식물 등을 토대로 제조된다. 북한은 화장품의 원료를 전부 자체 생산하지 못함에 따라 부분적으로 중국에서 원료를 수입해서 사용한다. 김정은은 현지지도 4개월 후인 10월 29일에 완공된 평양시 용악산비누공장을 재차 방문하여, 불과 몇 달 사이에 대규모의 현대적인 공장이 완공된 데 대해 대만족을 표시했다. 특히 그는 물비누와 세척제 품목 및 생산량 확대와 품질 향상, 제품 상표의 세련화, 비누 원료와 향료의 국산화 문제에 대한 과업을 제시했다. 최고지도자가 6월 건설현장 방문 후 10월에 완공된 현장을 재방문한 것은 이례적인 행보로서 애민지도

---

14. 정유석·곽은경, "김정은 현지지도에 나타난 북한의 상징정치," 『현대북한연구』 제18권 3호(2015), 156-218.

15. "우리 인민들에게 세상에서 제일 좋은 화장품을 안겨주시기 위해 헌신과 노고를 바쳐가고 계시는 경애하는 김정은 동지께서는 여러 가지 물비누 등을 생산하는 현대적인 비누공장을 용악산 기슭에 일떠세울 데 대한 귀중한 가르치심을 주시었습니다. …… 경애하는 김정은 동지께서는 위대한 장군님께서 생전에 물비누를 전문적으로 생산하는 공장을 건설할 데 대한 교시를 주시었다고 하시면서 인민들 속에서 수요가 높은 머리물비누, 목욕용 물비누, 가루비누 등을 생산하는 이 공장은 인민생활 향상과 직결되어 있는 공장, 당에서 중시하는 공장이라고 말씀하시었습니다. 본사정치보도반." "경애하는 김정은 동지께서 새로 일떠서고 있는 룡악산비누공장 건설장을 현지지도 하시였다," 『로동신문』, 2016. 6. 4.

16. 북한이 랑콤과 샤넬 등 세계적인 화장품 브랜드에 도전하기 위해 제품 개발에 나선 것으로 알려져 관심을 끈다. 러시아 관영 『로시스카야가제타 RBTH』는 지난 2016년 2월 20일 "주체사상의 나라 북한이 조만간 랑콤과 샤넬, 크리스찬 디올에 뒤지지 않는 향수를 만들기 위해 많은 노력을 기울이고 있다. 평양의 거대 화장품 공장 '은하수'가 그런 노력의 중심에 설 예정"이라고 보도했다. 노창현, "북한화장품 '은하수' 세계 도전? 러 신문," 『중앙일보』, 2016. 2. 23.

자상 연출과 건설 치적 부각 및 기한부 완공을 확인하려는 의도인 것으로 평가된다.

2016년 3월 28일 김정은은 북한식 백화점인 평양 보통강변 미래상점과 종합봉사기지를 방문했다고 조선중앙통신과 노동신문이 전했다. 김정은의 방문은 김일성, 김정일 선대의 사업을 자신이 잘 이어받고 있다는 점을 선전하고 주민들을 위한 시설인 미래상점 등 민생 현장을 방문하는 것은 5월 초 제7차 당대회를 앞두고 내부 결속을 다지려는 행보로 풀이된다. 김정은은 지난 2012년 이 상점을 방문해 "장군님(김정일 국방위원장)의 념원(염원)대로 상점운영을 잘 하자"라며 미래상점이라는 상호를 짓기도 했다. 김정은 위원장은 "매장들마다에 우리가 만든 화장품·일용품·전자제품·식료품을 비롯한 갖가지 질 좋은 상품들이 꽉 차 있는데 보기만 해도 흐뭇하다"라고 말했다. 그는 부인 리설주와 여동생 김여정과 함께 방문하여 특히 여성들의 관심사인 화장품을 꼼꼼하게 돌아보았다. 김정은은 화장품을 직접적으로 언급하며 질 좋은 상품이라고 치켜세웠고 현지지도 중에도 환한 표정을 감추지 못하였다.[17]

북한의 화장품, 비누, 치약, 기타 화학제품 관련 일용품 생산 기업들은 2000년 이후 46개 업체로 파악되었다. 이 중 투자 및 생산 동향이 확인된 기업체 수는 29개 사다. 투자 동향만으로 분류할 경우는 20여 개로 신의주화장품공장, 평양화장품공장 등 화장품 업체에 대한 투자가 두드러진다. 제약공장과 유사하게 2000년 이후 합작회사 1개(묘향천호합작회사)와 자체 신규공장 1개소(평양향료공장)가 확인된 것은 주목할 만하다. 이는 주민들의 화장품의 수요 증대를 반증하여 공장을 신규로 확충한 것으로 추정된다. 화장품류와 비누류의 수입도 큰 폭으로 증가해 왔다. 2014년 북한의 화장품 수입규모는 2009년 대비 10배가 넘는 약 980만 달러를 기록하였으며, 비누류 등은 2002년부터 꾸준히 증가하여 동년 대비 20배가 넘는 2,050만 달러를 기록하였다. 외국산의 수입 증가는 북한 화장품 기업들이 소비자들의 전반적인 수요를 충당해 주지 못하고 있다는 사실을 반증한다. 특히 일부는 중국에서 화장품의 성분을 원료 형태로 수입하여 가공해서 생산을 증대하고 있다는 것을 시사한다.[18]

4. 북한의 화장품 공장 실태

북한에서 화장품을 연구하는 대표적인 기관은 1954년 7월 13일 창립한 과학원[19] 산하 '경공업화학분원'에 속해 있는 '향료 및 화장품공학연구소'다. 2010년 12월에 위촉된 이성만이 현재 소장을 맡고 있으며, 조직은 향료연구실, 분석실험실, 미상실로 구성되어 있다. 한편 2009년 7월 정부 직제개편으로 신설된 평양시 동대원구역에 위치한 '식료일용공업성' 산하에 여러 공장이 속해 있다. 그중에는 화장품을 생산하는 평양화장품공장과 신의주화장품공장이 소속되어 있다.

1) 신의주화장품공장

신의주화장품공장은 1949년 9월 23일 건립된 북한 최대의 화장품 생산공장으로 평안북도 신의주시에 위치하고 있다. 1956년부터 튜브치약, 1959년부터는 화장비누를 생산하고 있으며 1995년까지 화장크림을 생산하였다. 현재 주로 생산하는 품목은 화장비누, 치약, 화장크림, 머릿기름, 향수 등이다. 1999년 6월 8일 김정일 현지지도 당시에 남신의주로의 이전을 지시하여 11월 7일 착공하였다. 연건평 24,000여 제곱미터의 부지에 비누직

---

17. 전수진, "부인 이설주와 북한식 백화점에서 민생행보 나선 北 김정은," 『중앙일보』, 2016. 3. 28.

18. 심완섭·이석기·이승엽, 『북한의 화학산업 역량 재평가와 남북경협에 대한 시사점: 2000년 이후 시설투자 및 성과를 중심으로』, 정책자료 2015-248(세종: 산업연구원, 2015), 106-108.

19. 북한의 과학기술은 과학원에서 담당한다. 과학원장 지휘하에 기술 및 행정부서는 1실 21국 21위원회를 두고 있다. 직할연구소로는 전기, 반도체, 지질, 믈리, 화학섬유 및 정보체계 등 28개 분야의 연구소가 있다. 건설건재, 생물, 세포 및 유전자, 석탄, 경공업, 철도, 수산의 7개 분야로 연구 분원을 두고 있는데 화장품은 경공업분원에서 연구한다.

장, 치약직장, 화장품직장, 보조직장, 공업시험실 및 기술준비실을 비롯하여 수십 동의 건물로 구성되어 있다. 1999년 9월 23일에는 창립 50돌 기념보고회, 2009년 9월 23일에 창립 60돌 기념보고회를 진행하였다. 평양화장품공장이 선대 김일성과 김정일의 작품이라면 신의주화장품공장은 김정은의 관심공장으로 최첨단 설비를 갖췄다. 이 공장에선 '봄향기'라는 브랜드가 생산되고 있으며 향수와 립스틱, 동안(童顔) 피부용 종합 화장품, 다양한 종류의 크림 등이 생산된다. 공장 측은 생산되는 크림과 미용비누를 제조하는 데 인근에서 생산되는 약수가 사용되기 때문에 품질이 특히 좋다고 강조했다. 신의주를 방문하는 중국 관광객들도 한 세트 가격이 1천 위안(약 19만 원)이나 하는 북한 화장품을 기꺼이 구매하고 있는 것으로 알려졌다.

2) 평양화장품공장

북한의 2대 화장품 공장 중의 하나인 평양화장품공장은 '은하수' 상표를 부착한 각종 화장품을 생산하는 등 신의주화장품공장과 함께 북한의 대표적인 화장품공장이다. 비누와 샴푸 및 살결물과 물크림을 비롯한 60여 가지의 기능성 화장품들을 생산하고 있다. 2003년 8월에 김정일이 현지지도를 하였고 2015년 2월 5일에는 김정은이 대를 이어 현지지도 했다고 노동신문이 보도했다. 노동신문이 지도자의 특정 공장에 대한 현지지도를 보도하는 것은 상당한 의미를 갖는다. 보도는 신의주와 평양화장품공장은 북한의 최고지도자가 직접 관리하는 공장이라는 사실을 상징한다. 노동신문이 아버지 김정일의 단순 현지지도 보도와 달리 화장품 생산에 대한 김정은의 구체적인 지시사항을 전달하는 행태는 화장품 생산에 대한 김정은의 관심이 매우 특별하다는 점을 반영한다. 특히 김정은이 사람마다 화장품에 대한 기호와 욕구가 다르다는 것을 지적한 것은 화장품 산업의 특성을 정확히 이해하고 있다는 것을 의미한다. 사실 여성들의 피부는 거주하고 있는 지역의 기후와 생활환경 그리고 식성 등에 따라 천차만별이다. 여성들은 자신들의 피부에 맞는 화장품과 사용법을 발견하기 위해 다양한 노력을 한다.

김정은의 화장품 공장 현지지도의 특징적인 교시 중의 하나는 저자극적이며 기능적인 화장품을 생산하라는 내용이다. 단순히 얼굴 피부를 보호하기 위해 화장품을 생산하는 수준을 넘어서 자극적이지 않으면서 특정 기능을 효과적으로 수행하는 기능성 화장품을 생산하려는 목표는 세계적인 화장품 생산의 추세다. 북한 화장품도 수준 높은 기능을 수행하는 단계로 업그레이드해야 한다는 방침을 제시했다. 또한 '은하수' 화장품의 인기가 괜찮다면서 만족하지 말고 세계적으로 이름난 제품들과 당당히 경쟁할 수 있는 화장품 생산을 주문했다. 세계적인 상품들과 경쟁할 수 있는 상품을 생산하라는 요구는 북한산 화장품의 수준이 여전히 개선할 점이 많다는 점을 암시한다.

북한 당국은 인기 품목인 '은하수' 화장품을 자체 개발했으며 인삼이나 알로에, 쑥 등의 천연 재료를 이용하여 북한 주민들의 피부에 좋은 제품을 제공한다고 홍보한다. 자연 성분을 이용하여 기능성 화장품을 만들기 때문에 중독이나 부작용이 없다는 것이 특장점이라고 선전하지만 세계적인 수준과는 여전히 차이가 있다. 북한도 이제 중국산, 한국산 및 일본산 등 외제 화장품과 경쟁하는 시대를 맞고 있다. 고위층들은 장마당 등을 통해 북한산보다는 한국산 설화수 등을 구매한다. 김정은도 이를 의식한 듯 인민들이 다른 나라의 것이 아니라 은하수 상표의 북한산을 찾도록 유도하고 세계시장에서도 소문이 나야 한다고 강조한 사실은 한편으로 상품의 품질이 상당히 개선됐다는 측면과 동시에 북한산 화장품이 아직도 갈 길이 멀다는 점을 암시한다.

"경애하는 김정은 동지께서는 화장품에 대한 수요는 날로 높아가고 있다고 하시면서 공장에서 우리 녀성들을 비롯한 근로자들의 생활을 보다 아름답고 고상하면서도 문명하게 할뿐 아니라 그들의 건강을 증진시키는데 이바지하는 화장품들을 더 많이 생산하기 위한 투쟁을 힘 있게 벌려야 한다고 말씀하시였다.

사람마다 화장품에 대한 기호와 요구가 서로 다른 것만큼 크림, 향수, 살결물, 연지, 머릿기름, 화장비누 등을 여러 가지 기능과 효과를 나타낼 수 있게 잘 만들며 천연적이고 저자극적이며 기능적인 화장품들을 개발 생산하기 위한 사업을 힘 있게 내밀어야 한다고 지시하시였다. 공장에서 생산하고 있는《은하수》화장품에 대한 인기가 괜찮은데 여기에 만족하지 말고 세계적으로 이름난 제품들과 당당히 경쟁할 수 있는 화장품을 생산하는데 모를 박고 투쟁하여야 한다고 하시였다. 화장품의 질을 부단히 높여 우리 인민들이 다른 나라의 것이 아니라《은하수》상표를 단 우리의 화장품을 먼저 찾게 하고 나아가서는《은하수》화장품이 세계시장에서도 소문이 나게 하여야 한다고 말씀하시였다."[20]

김정은은 2015년 2월 평양화장품공장 현지지도에서 앞으로 생산과 제품 품질 제고에서 일대 혁신을 일으키기 위하여 "△생산 공정 현대화를 보다 높은 수준에서 실현하기 위한 사업, △화장품의 품질을 담보하고 그 관리를 원만히 할 수 있게 하는 데서 필수적으로 요구되는 분석 및 검측설비들을 충분히 갖추기 위한 사업, △새로 꾸린 과학기술지식 보급실 운영을 잘하여 공장종업원들의 기술수준을 부단히 높이는 사업, △새 세기의 요구에 맞게 포장 용기와 상표도안을 개선하기 위한 사업을 힘 있게 벌려 갈 것"을 지시했다. 또한 화장품 생산에서 앞선 나라들과의 기술교류를 활발히 진행하여 신제품 개발에도 주력할 것을 지적했다.

북한은 평양화장품공장에서 생산하는 수십 가지의 기능성 화장품들은 피부보호와 노화방지에 효과적이어서 여성들 속에서 인기를 끌고 있는데, 특히 알로에, 쑥, 인삼을 비롯한 천연 추출물을 배합하여 만든 살결물, 크림은 외국산 화장품들에 비해 효과가 우수하고 중독 및 부작용 현상이 없다고 선전한다.

김정은은 여성 화장품의 수요가 증가하고 있는 현실을 전 세계 언론이나 광고 및 내부 보고를 통해 파악했던 것으로 추정된다. 김정은은 선대와 달리 젊은 지도자이며 유럽 생활 경험이 있기에 외국산 화장품을 다양하게 접해 봤으며, 배우자인 리설주와도 화장품에 관한 많은 이야기를 나누었을 것이다. 그는 여성이 화장품에 관심을 가지는 것을 자연스러운 현상으로 이해한다. 김정은은 사용자의 기호에 따라 화장품에 대한 선호가 다르다는 사실을 파악하고 국가 정책을 통해 소비자 맞춤형 생산을 지시했다. 북한의 이런 모습은 '인민경제'를 강조하는 김 제1위원장의 지시가 성과를 내고 있음을 부각시키고 2016년 5월의 노동당 제7차대회를 앞두고 체제 결속을 다지기 위한 것으로 판단된다.[21]

김정은은 북한 주민들이 외부와의 접촉이 많아지며 북한산보다 외국산 화장품을 많이 쓴다는 것을 파악하였다. 평소 정책적으로 국산화를 꾸준히 강조하였던 김정은은 자국산 제품의 품질을 높여 북한 주민들도 국산품을 애용하고 동시에 세계화를 통해 여러 국가의 국민들이 북한산 화장품을 사용하기를 희망했다. 그는 북한 주민들의 선망의 대상인 일본의 시세이도나 한국의 설화수 같은 제품을 만들어, '북한판 시세이도', '북한판 설화수'로 외화벌이도 하고 북한의 브랜드 가치를 높이기를 기대했다.

3) 기타 화장품 공장

북한의 2대 핵심공장인 평양화장품공장과 신의주화장품공장 외에 북한에서 화장품을 생산하는 공장은 '강서화장품공장', '청진화장품공장', 함경북도 회령시 유선동에 위치한 '유선화장품공장', 평양시 소재 인삼 화장품 생산전문공장인 '장미무역회사'가 있다. 또한 함경남도 함흥시 성천강구역 광화동에 위치한 '함흥일용품종합공장'도 각종 비누 등 일용품을 생

20. "김정은 제1비서 평양화장품공장 현지지도," 『조선중앙통신』, 2015. 2. 5.

21. 이상현, "23종 38점 새로 개발…세계적 제품과 겨룰 명제품으로," 『연합뉴스』, 2016. 1. 18.

산하며 450여 명이 근무하고 있다. 이들 공장에서는 북한 전역에 공급하고 일부는 외국에 수출하기 위한 목적으로 일용품, 화장품, 잡화를 생산한다. 평양시에 위치한 '12월7일공장'에서는 1회용 면도기와 화장품 등을 생산하며 김정일이 2009년 10월과 2010년 12월에 현지지도를 했다. 평안북도 삭주군 강안노동자구에 있는 '강안제29호공장'에서는 200여 명이 군수용 각종 배터리 및 전구류를 생산하고 있으며, 이중 화학제품 생산라인인 '15호직장'에서는 화학약품을 이용하여 화장품, 비누, 간장을 생산하고 있다.

당중앙위원회 3처에 소속된 '9월21일제련소'는 1981년에 착공하여 1983년에 완공되었다. 강원도 문천시 문평동에 위치하고 있으며 약 8,000여 명이 근무하는 대형 공장이다. 북한 내부에서는 '당외화벌이 사업소'로 불리는 이 공장은 광석을 이용하여 아연 생산 및 수출을 하며 노동당 자금을 충당한다. 제련소 정문에는 "9월21일 제련소 나의 공장입니다"라는 김정일의 언동이 표기되어 있다. 화장품, 비누와 생활 일용품 약 60종을 생산하고 있고, 당국에서 원료 및 자금 지원 등 기업 여건이 양호하여 고난의 행군 시기에도 정상적인 식량 공급이 이루어진 곳이다. 그 외 개성시 승전동의 '인민군제1102호공장', 함경남도 함흥시 흥남구역 소재 '흥남비료연합기업소'에서도 화장품을 생산한다.

함경북도 연사군에 소재한 '연사화학공장'과 함경북도 온성군 소재 '온성일용품공장', 함경북도 청진시 소재 '청진연필공장'에서도 비누와 화장품을 생산한다. 함경북도 청진시 송평구역 수성동 소재 '수성식료공장'에서는 콩을 원료로 기름을 짜고 남은 찌꺼기로 된장, 간장, 비누, 화장품을 생산한다. 또한 함경남도 함흥시 흥남구역 서호동 소재 '서호수산사업소'에서는 주로 생선을 냉동 및 가공하지만 '생활필수품직장'에서는 가공하고 남은 생선 머리와 내장을 활용하여 화장품, 비누, 간유를 생산한다. 비누공장으로는 '평양비누공장', '봉화비누공장', '강서비누공장'이 있다.

함경남도 이원군의 이원광산에서는 화장품 원료를 채굴한다. 일제 강점기부터 노천광에서 적철을 채취하여 수출하였으나, 1960년대부터는 화장품의 원료가 되는 활석을 채굴하여 해외에 수출하고 일부는 북한 내부에 공급하고 있다. 1997년부터 전기 공급 부족으로 더 이상의 지하 굴설은 하지 못하고 기존 채굴했던 갱도에서 작업하여 현재는 연간 3,600톤 정도를 채굴한다. 양강도 백암군 남계구의 남계광산은 화장품 원료이자 건축 미장재료와 수공예품으로 활용 가능한 곱돌(활석)을 채광한다. 활석은 주로 일본에 수출하며, 일본을 상대로 한 오랜 무역을 통해 국가자금 확보에 기여하는 정도가 높아 국가에서 관심을 가지고 관리하는 광산이다. 화장품 용기를 제작하는 공장도 다섯 곳이 있다. 함경북도 경성군의 경성도자기연합기업소 내 '경성도자기공장'에서는 장식품과 화장품 용기를 제작하며 2008년 5월 김정일이 현지지도를 하였다. 자강도 희천시의 '희천경질유리그릇공장'과 함경북도 청진시 포항구역의 '청진유리공장'에서도 식기류와 화장품 용기를 생산한다. 평양시 보통강구역의 '평양유리병공장'에서는 중국 수출용 화장품에 사용되는 용기를 생산한다.

III. 화장품 성분 분석의 결과와 함의

북한의 일반적인 화장품 종류는 80가지 내외다. 국내 언론으로는 최초로 한겨레신문이 1989년 2월 15일 북한 백화점에서 구입한 10개 품목의 화장품을 소개했다. 스킨, 크림, 콤팩트, 파운데이션, 립스틱, 볼터치, 머릿기름 등이다. 북한에서는 흔하지 않은 남성용 화장품도 포함되어 있다. 28년여가 지난 현재 북한 화장품은 당시와 비교하여 품질은 물론이고 포장 용기가 훨씬 세련되어졌으나 화장품 세트 구성 품목은 그때와 크게 다르지 않다. 다만 품목은 기초화장품은 물론 색조화장품에 이어 마스크 팩까지 생산하는 등 80가지로 대폭 증가했다. 북한에서는 순우리말을 사용하기 때문에 화장품을 일컫는 용어들도 한국과 조금씩 다르다.

북한 화장품의 4대 브랜드는 평양화장품공장에서 생산하는 '은하수', 봄향기합작회사에서 생산하는 '봄향기'와 '금강산', 묘향천호합작회시에서 생산하는 '미래'등이다. 이 중 북한 주민들 사이에서 가장 인기 있는 제품은 은하수 화장품과 봄향기 화장품이다. 은하수 화장품은 낮용 크림, 밤용 크림, 천연살결물, 물크림이 있고, 한국의 클렌징 폼에 해당하는 세척크림도 나온다. 북한 평양화장품공장에서 올해 들어 은하수 화장품의 다양화로 10종의 '자외선 피부보호 화장품'이 출시됐다고 재일본조선인총연합회 기관지 조선신보가 보도했다.[22] "살결물과 물크림, 크림, 기름크림, 분크림, 겔(젤) 등으로 다양하며 계절과 기후특성, 피부의 성질에 맞게 이용할 수 있다. 사무, 외출, 등산, 해수욕 등 여러 환경들을 고려하여 생산한 화장품은 이용자들이 쓰기에 편리하게 구분되어 있다"라고 소개했다. 조선신보는 "5살부터 12살까지의 어린이들을 대상으로 만든 자외선방지 겔도 있다. 자외선 피부보호 화장품을 비롯한 기능성 화장품을 많이 연구개발하고 제품화할 데 대한 방침은 김정은 원수님께서 내놓으신 것"이라고 보도했다.

북한 매체들은 평양화장품공장에서 생산되는 은하수 화장품을 대대적으로 선전한다. 북한 대외용 홍보매체인 『조선의 오늘』은 2016년 1월 28일 '은하수 화장품을 세계적인 화장품으로'라는 제목의 글에서 "평양화장품공장 일군들과 노동자들이 은하수 화장품을 세계적인 화장품으로 만들기 위한 투쟁을 힘있게 벌이고 있다"라고 소개했다. 특히"지난해에 자체의 기술역량으로 80여 가지의 화장품을 사람들의 기호와 특성, 취미, 사용용도 및 방법에 따라 분류하고 제품규격을 과학적으로 설정해 품질을 높일 수 있는 전망을 열었다"라고 소개했다.

1. 회사별, 품목별 생산제품

북한 화장품 80개 품목 중에서 직접 입수한 64개 조사 품목을 생산회사별

〈표 2〉 남북한의 화장품 용어 차이

한국	북한
스킨	살결물
로션	물크림
나이트크림	밤크림, 나이트크림
영양크림	기름크림
파운데이션	분크림, 피아스크, 삐아스
비비크림	삐야
루스파우더	가루분
파우더팩트	돌분
트윈케익	고체분
아이브로우	눈썹먹
아이라이너	아이라, 눈썹연필
뷰러	눈썹집게
아이섀도	눈등분, 눈화장
볼터치	볼분, 볼연지
립스틱	입술연지, 구홍
립글로스	입술화장품, 구찌베니
색조화장	색화장
샴푸	머리물비누
헤어오일	머릿기름

로 분류하면 다음과 같다. 평양화장품공장 8개, 묘향천호합작회사 17개, 봄향기합작회사 34개, 신의주화장품공장 1개, 평양향료공장 3개, 삼건무역회사 1개 제품이 각각 입수·분석되었다.

품목별로는 기초화장품이 47개 제품으로 다수를 차지했고 평양화장품공장, 묘향천호합작회사, 봄향기합작회사에서 주로 생산된다. 마스크 팩 2

22. 안윤석, "북, 새로 출시한 기능성 화장품 성분은?," 『노컷뉴스』, 2014. 5. 7.

〈표 3〉 회사별 생산 현황

생산회사	수량	생산회사	수량
평양화장품공장	8개	신의주화장품공장	1개
묘향천호합작회사	17개	평양향료공장	3개
봄향기합작회사	34개	삼건무역회사	1개

〈표 4〉 화장품 품목별 생산회사

제품 구분	수량	생산회사	비고
기초화장품	47	평양화장품공장, 묘향천호합작회사, 봄향기합작회사	
마스크 팩	2	봄향기합작회사	
클렌징 폼	3	평양화장품공장, 묘향천호합작회사, 봄향기합작회사	
샴푸·린스	2	봄향기합작회사	
비누	3	신의주화장품공장, 평양향료공장, 삼건무역회사	
치약	1	묘향천호합작회사	
립글로스	1	봄향기합작회사	색조화장품
립스틱	1	평양화장품공장	색조화장품
콤팩트	1	봄향기합작회사	
향수	3	평양화장품공장 평양향료공장	

개 제품은 모두 봄향기합작회사에서 생산하는 제품이다. 클렌징 폼 3개 제품은 평양화장품공장, 묘향천호합작회사, 봄향기합작회사에서 각각 생산한 제품이었다. 샴푸와 린스 각 1개 제품은 봄향기합작회사에서 생산되었다. 비누 3개 제품은 신의주화장품공장, 평양향료공장, 삼건무역회사에서 각각 생산되었다. 치약 1개 제품은 묘향천호합작회사에서 생산된 제품이었다. 색조화장품으로 분류되는 립글로스와 립스틱 각 1개 제품은 봄향기합작회사와 평양화장품공장에서 각각 생산된 제품이었다. 콤팩트 1개 제품은 봄향기합작회사에서 생산되었다. 향수 3개 제품은 평양화장품공장과 평양향료공장에서 각각 생산된 제품이었다.

2. 성분 분석 결과와 함의

전성분 분석 결과 북한 화장품에 대해 몇 가지 특징을 확인할 수 있었다. 첫째, 북한 화장품에는 인체에 유해할 가능성으로 국내에서는 논란이 있는 성분이 사용되는 경우가 있다. 전체 64개의 분석대상 품목 중 7개(11%) 제품에서 유해성 이슈가 존재하는 성분이 검출되었다. 검출된 유해 논란 성분은 메틸파라벤, 프로필파라벤, 에틸파라벤, 부틸파라벤, 탤크(talc) 등 5가지 성분이다. 검출된 횟수는 메틸파라벤 5회, 프로필파라벤 4회, 에틸파라벤 3회, 탤크 1회, 부틸파라벤 1회로 대다수의 유해성 이슈 성분은 파라벤 계열 성분으로 확인되었다. 파라벤(Paraben)은 박테리아와 곰팡이를 죽이는 특성이 있어서 방부제로 사용되는 성분으로 인체에 흡수 시 내분비계 교란에 대한 우려가 커서 국내에서는 점차 사용을 기피하는 성분이다.[23] 최

---

23. 한국 식약청에서 화장품에 사용이 가능하다고 허용한 파라벤은 '메틸파라벤', '에틸파라벤', '부틸파라벤', '이소프로필파라벤', '이소부필파라벤' 등 총 6가지이다. 하지만 파라벤의 유해성에 대한 논란은 여전히 끊이지 않고 있다. 덴마크에서는 2011년부터 '프로필파라벤'과 '부틸파라벤'을 만 3세 이하 영유아 제품에 사용하는 것을 전면 금지했다. 유럽연합의 경우도 0.19%를 상한선으로 두고 있지만 한국 식약청의 경우에는 여전히 0.8% 상한선을 고수하고 있다.

근에는 파라벤이 유전자(DNA) 손상을 일으켜 유방암을 유발할 수 있다는 의혹이 제기되기도 했다.[24] 탤크(talc)는 활석을 분말화한 가루로 1급 발암 물질인 석면이 검출되어 폐에 치명적인 성분으로 알려져 있다. 파라벤 계열의 성분이 검출된 제품(92%)에서 파라벤이 성분표기에서 누락되었다. 북한에서도 파라벤에 대한 위험성을 인지하여 파라벤 성분이 사용된 것을 고의로 은폐했거나, 혹은 북한의 보건 위생 수준으로 보아 파라벤에 대한 규제 기준이 아직은 부재한 것으로 추정된다.

둘째, 제품의 성분표기에 기입되지 않은 성분이나 물질이 검출되었다. 전체 64개의 분석대상 품목 중 17개(27%) 제품에서 성분표기에 기입되어 있지 않은 성분이나 물질이 검출되었다. 검출된 성분은 프로필파라벤, 에틸파라벤, 메틸파라벤, 부틸렌파라벤, 프로필렌글리콜, 티타늄디옥사이드, 글리세린, 비타민E아세테이트, 엘라스토머 등 9가지 성분이다. 검출 횟수는 프로필파라벤, 에틸파라벤, 메틸파라벤, 프로필렌글리콜, 티타늄디옥사이드 각 4회, 부틸렌파라벤, 글리세린, 비타민E아세테이트, 엘라스토머 각 1회이다. 프로필파라벤, 에틸파라벤. 메틸파라벤, 부틸렌파라벤 등의 파라벤 계열 성분은 전술한 대로 인체에 흡수 시 내분비계 교란에 대한 우려가 큰 방부제 성분이다. 프로필렌글리콜은 습기를 흡수하는 수분 보유 효과가 뛰어나 보습제의 원료로 쓰인다. 티타늄디옥사이드는 자외선 차단 제품에 사용되는 성분으로 피부 표면에 보호막을 만들어 자외선을 물리적으로 차단하는 역할을 한다. 글리세린은 모발이나 피부에 수분을 보급하고 건조를 막아 주는 성분으로 프로필렌글리콜과 함께 보습제의 주성분으로 사용된다. 비타민E아세테이트는 비타민E에 아세트산에스테르기를 더해 비타민E 성분의 안정화를 높인 기능성 첨가원료이다. 항산화 작용을 통해 세포를 구성하는 불포화지방산의 과산화(過酸化)를 억제하여 노화 피부의 특징인 탄력성 저하, 지선기능 저하와 색소침착 등의 개선에 효과가 있는 것으로 알려졌다. 엘라스토머는 실리콘을 사용한 제형에 사용되는 성분이다. 실리

그림 1_ 북한 화장품의 국내 유해성 이슈 논란 성분

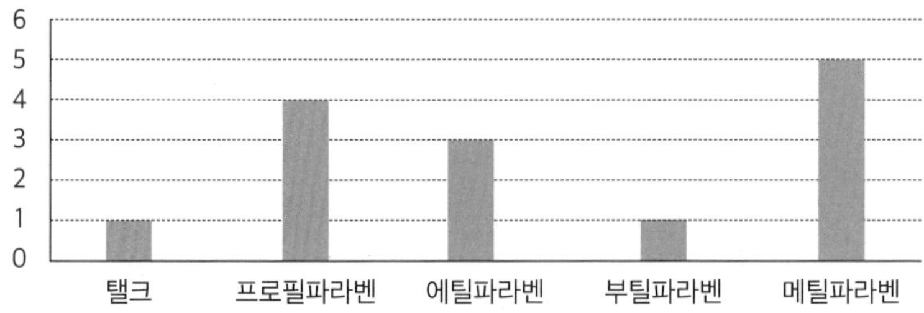

그림 2_ 성분 분석에서 확인된 미표기 성분

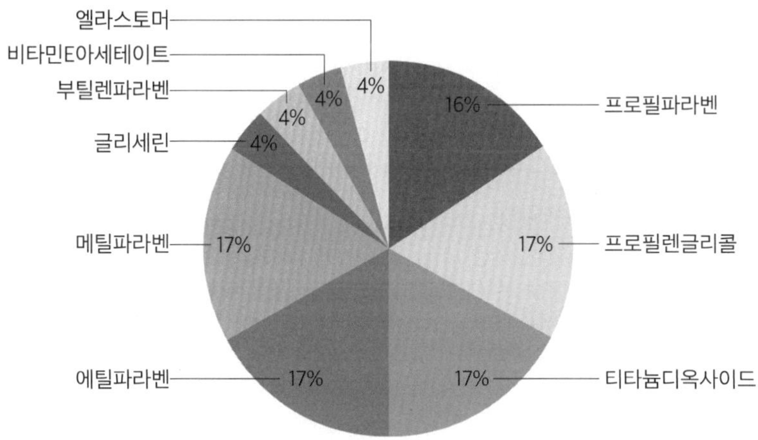

콘을 사용한 제형은 오일을 사용한 제형에 비해 한 단계 진보된 형태의 제형으로 사용감이 더욱 부드럽다. 이 부드러운 느낌을 내는 성분이 엘라스토머이다. 다만 검출된 횟수 중 에틸렌파라벤 4회, 메틸파라벤 2회, 프로필파라벤 1회는 0.003% 수준의 극미량이 검출되었다. 이는 공정과정 중에서

---

24. "[이브닝 이슈] 화장품, 알고 쓰십니까? … '파라벤' 유방암 유발 논란," http://imnews.imbc.com//replay/2014/nw1800/article/3562305_18437.html(검색일 2017. 5. 15.).

의도치 않게 섞여 들어간 것으로 추정된다. 이렇게 공정과정에서 극미량이 제품에 첨가된 것을 '트레이스(trace)'라고 하는데, 트레이스는 오차범위로 인정된다. 하지만 인체에 유해성이 없으며 기능성 첨가 성분인 프로필렌글리콜, 글리세린, 비타민E아세테이트, 엘라스토머 등의 성분을 제품의 성분표기에 기입하지 않은 것은 다소 의외다. 미표기 성분이 극히 소량이라 표기의 필요성을 굳이 인식하지 못했거나, 당초 의도하지 않은 물질이나 다른 물질에 포함되어 첨가되었거나, 혹은 북한은 남한과 달리 표기에 대한 기준이 확고하지 않은 결과로 추정된다.[25]

셋째, 제품의 성분표기에 기입되어 있는 성분이 실제로는 누락되어 있는 경우가 있다. 전체 64개의 분석대상 품목 중 19개(30%) 제품에서 제품의 성분표기에 기입되어 있는 물질이 검출되지 않았다. 몇몇 기능성 제품의 경우에도 주요 성분으로 간주되어야 할 물질이 검출되지 않은 경우도 확인되었다. 성분표기에 기입되었으나 성분 분석 결과 검출되지 않은 성분은 에틸파라벤, 프로필파라벤, 비타민C, 비타민E, 프로필렌글리콜, 글리세린, 1, 3-부틸렌글리콜, 페녹시에탄올 등 8가지 성분이다. 검출되어야 할 성분이 누락된 횟수로는 비타민E, 프로필렌글리콜 각 6회, 1, 3-부틸렌글리콜 5회, 페녹시에탄올, 에틸파라벤 각 2회, 프로필파라벤, 비타민C, 글리세린 각 1회이다. 비타민E 성분은 전술한 대로 항산화 작용을 하여 피부의 과산화를 억제하고 주름개선 효과 및 표피 재생 기능이 있다. 비타민C 성분은 항산화 성분으로, 조직 성장 및 복구를 도우며 신체 단백질의 1/3을 차지하는 콜라겐 생성을 돕는다. 콜라겐은 피부와 세포를 묶어 주는 접착제 역할을 하는 조직으로 점막을 형성하고 피부 주름을 개선하며 피부 처짐을 완화시키는 기능을 하여 노화방지를 돕는다. 비타민E와 비타민C 등 비타민 성분은 불안정하여 공정과정에서 쉽게 분해되어 파괴되기 쉽다.

북한 화장품 제품에서 비타민 물질이 성분표기에는 명시되어 있지만 실제로 검출되지 않은 이유는 북한 생산 기술의 부족으로 인한 제형 내 불안

그림 3_ 전성분 표기성분 불검출

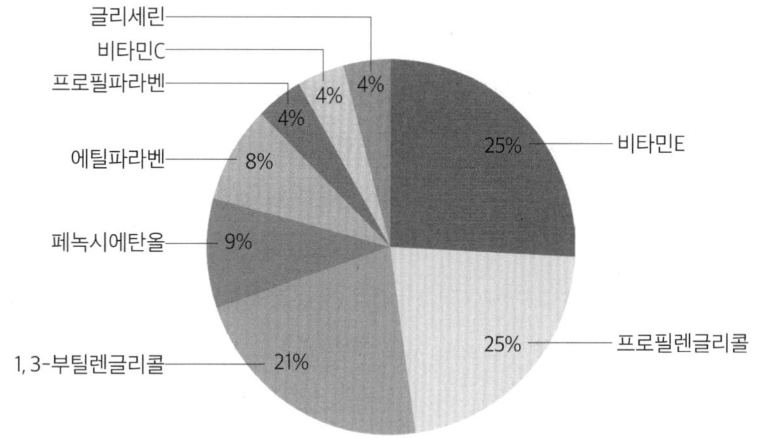

정성을 극복하지 못해 성분 첨가 과정에서 비타민 성분이 파괴되었기 때문인 것으로 추정된다. 국내에서는 비타민 성분의 소실을 방지하기 위해 비타민 '유도체'를 사용한다. 유도체란 비타민의 대체성분으로 인체에 흡수 후 비타민과 동일한 기능을 하는 성분으로 전환되는 성분을 의미한다. 유도체 성분의 사용으로 국내 제품에서는 비타민 성분이 파괴되지 않아 효능이 유지된다. 반면 북한의 생산 기술은 아직 유도체 성분을 사용할 수 있는 단계로 발전하지 못했다는 의미로 평가된다. 프로필렌글리콜, 글리세린은 보습제 역할을 하는 성분이다. 1, 3-부틸렌글리콜 또한 습기를 흡수하는 성질이 있어 피부 표면에 흡수되는 습기를 공급하는 역할을 하는 보습성분의 일종이다. 보습기능은 기초화장품의 주요기능이며 피부 주름개

---

25. 2008년부터 국내에서 시행된 전성분 표시제도는 소량이라도 표기할 것을 요구하고 있다. 용량이 10ml 초과 50ml 이하, 또는 중량이 10g 초과 50g 이하 화장품도 공간이 모자란다는 이유로 전성분을 표기할 필요가 없었으나 최근 개정된 사항으로 타르 색소, 금박, 샴푸와 린스에 들어 있는 인산염의 종류, 과일산(AHA), 기능성 화장품의 경우 그 효능·효과가 나타나게 하는 원료, 식품의약품안전처장이 배합 한도를 고시한 화장품의 원료는 표기하게 되었다.

선, 피부 노화방지, 피부 미백기능은 해당 성분이 검출되지 않은 제품에서 각각 강조하는 기능이다. 하지만 실제 기능을 담당해야 하는 성분이 검출되지 않았기 때문에 제품의 기능에 대한 신뢰가 매우 떨어지지 않을 수 없다. 페녹시에탄올은 방부제 기능을 하는 성분으로 본래 방부제로 많이 쓰이던 파라벤에서 독성으로 인한 유해성 이슈가 불거지자 대체성분으로 사용되는 물질이다. 포함되어야 할 페녹시에탄올이 검출되지 않은 제품은 방부기능을 상실할 가능성이 높아 사용기한이 극히 단축될 것으로 보인다.

넷째, 제품의 성분표기에 기입된 성분의 정체가 불분명한 경우가 있다. 전체 64개 분석 품목 중 9개(14%) 제품에서 성분표기에 기입된 물질의 정확한 정체를 확인할 수 없었다. 이 불분명한 성분들은 보존제, 보습제, 고급지방알코올, 천연방부제, 천연보습제분, 천연자외선흡수제, 하이드로퀴논유도체, 점증제 등 8가지 성분이다. 정체불명의 성분이 검출된 제품은 보존제 성분이 4회, 보습제, 고급지방알콜로 표기된 성분이 각 2회, 천연방부제, 천연보습제, 천연자외선흡수제, 하이드로퀴논유도체, 점증제가 각 1회 확인되었다. 일반 보존제와 천연방부제 등 보존제 성분이 전체 불분명한 성분의 39%로 확인되었고 천연자외선흡수제, 천연방부제, 천연보습제 등 화학성분 대신 천연 재료 사용을 시도한 제품이 전체 불분명한 물질의 23%로 나타났다. 이는 점차 화학성분 대신 천연물질을 사용하여 인체에 무해한 유기농 제품을 선호하는 국내외 화장품 생산 추세를 모방했으나 기술의 한계로 인해 아직은 제조에 어려움을 겪고 있는 것으로 분석된다.

다섯째, 아예 제품의 성분표기 자체가 부재한 경우가 있다. 전체 64개 분석대상 품목 중 13개(20%) 제품은 성분표기가 존재하지 않았다. 국내의 경우 2008년부터 '화장품 전성분 표시지침'에 따라 제품에 첨가된 모든 성분을 비율이 높은 순서대로 나열하도록 되어 있다. 하지만 북한에서 생산된 제품의 경우 성분표기와 실제 첨가된 성분이 일치하지 않는 경우가 적지 않았다. 또한 성분표기에 나열된 순서도 두서없이 나열되어 있는가 하면

그림 4_ 불분명한 성분의 정체

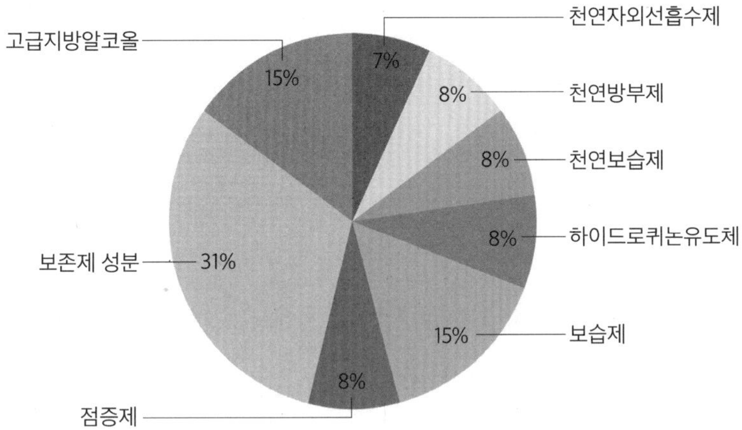

그림 5_ 64개 분석대상 품목에 대한 성분 분석 결과

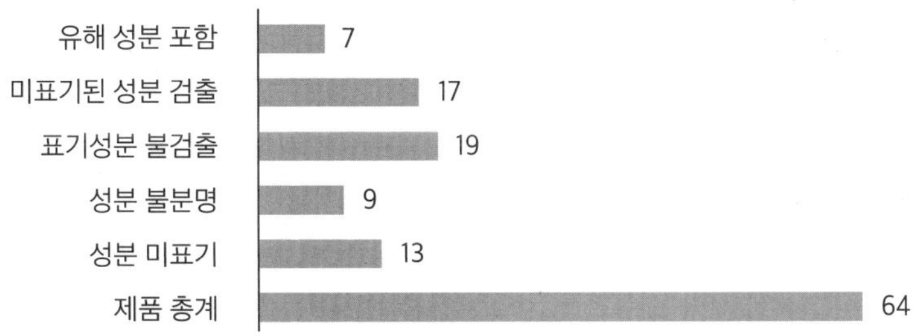

심지어 성분표기 자체가 없는 경우도 확인되었다. 북한에는 화장품의 성분표기에 대한 법률이 존재하지 않거나 존재한다 하더라도 법적인 강제성이 미미한 것으로 판단된다. 결국 표기성분 불검출이 19개, 미표기된 성분 검출 17개, 성분 미표기 13개, 성분 불분명 9개, 유해 성분 포함 7개로 분석되었다. 결국 북한은 전성분 표시제도를 정확하게 시행되지 않는 것으로 판단된다. 국내 기준으로는 소비자들의 신뢰를 얻는 데 다소 문제가 있는 것으로 추정된다.

IV. 북한 화장품의 품질 특성 및 평가

1. 기초화장품 생산에 주력

국내 화장품 시장은 성별, 피부 타입별, 함유성분별로 제품군이 매우 세분화되어 있어 소비자들의 선택 폭이 넓다. 반면에 북한 화장품은 대부분의 제품이 보습기능에 초점을 둔 기초화장품이었다. 북한이 기초화장품 중심으로 화장품을 개발하고 있는 이유는 세 가지로 추정한다. 첫째, 기술적인 한계이다. 품질 좋은 화장품을 생산하기 위해서는 화학공업 분야에서 높은 기술력이 필요하다. 단순히 화장품을 공장에서 생산하는 것은 경공업에 해당하지만 소비자의 수요를 충족시키는 기능성 등 선진국 수준의 제품 생산을 위해서는 각종 인공 및 천연물질 발견을 위한 바이오공학, 각종 화학성분의 제조 및 배합 등 유기 및 무기화학공업과 용기 생산을 위한 금형산업, 플라스틱산업 등의 복합적인 기술력이 뒷받침되어야 한다. 북한 화장품의 불안정한 제형은 낙후된 화학공업 기술이 일차적으로 문제이다. 제품 용기의 품질이 낮은 이유는 금형기술의 낙후에 기인한다. 해외의 고급명품 화장품 브랜드들이 주로 미국, 프랑스, 일본 등 과학기술이 고도로 발달한 선진국에 분포되어 있는 것은 해당 국가들의 경제력의 수준을 감안할 때 당연하다. 국내외에서 호평을 받으면서 일정 수준 이상의 브랜드 이미지를 구축한 한국산 제품의 경우에도 아세안(ASEAN) 10개국이나 중국에 비해서는 비교우위를 점하고 있지만 EU 27개국과 일본, 미국과는 일부 품목에서 여전히 비교열세를 보이고 있다. 북한의 경우 각종 재료에 대한 기술개발의 한계 때문에 첨단기술이 필요한 색조화장품 개발을 적극적으로 추진하기는 어렵다.[26]

둘째, 북한 주민들의 피부 상태에는 기초화장품을 통한 영양 공급이 우선 필요하기 때문이다. 영양상태가 풍족한 일부 고위층을 제외한 대부분의 북한 주민들은 단백질이나 지방 섭취가 제한적이다. 단백질 섭취가 피부

건강에 미치는 긍정적인 영향은 영양학적으로 입증되었다. 중성 타입의 피부를 가진 피실험자들일수록 대조군에 비하여 단백질의 섭취량이 높다는 연구 결과가 있다.[27] 부실한 영양상태에 더해 춥고 건조한 기후 역시 북한 주민들의 피부 상태에 부정적인 영향을 미칠 것으로 예상된다. 찬 대륙성 고기압이 배치되는 가을, 겨울의 건조한 기후는 피부를 푸석푸석하게 만든다. 따라서 북한은 보습기능을 가진 기초화장품을 우선적으로 생산하고 있다. 실제로 본 연구 과정에서 입수한 북한 화장품 중 기초화장품으로 분류되는 제품의 대다수는 보습기능에 중점을 둔 기능성 제품이거나 보습성분이 첨가된 제품인 것으로 확인되었다. 탈북자(이○○) 심층 인터뷰에 따르면 평소 단백질 섭취가 부족한 북한의 일반 주민들은 기능성 제품을 사용하였을 때 보습효과가 있다고 증언한다.[28]

셋째, 북한이 제시하는 바람직한 여성상이 화려하게 치장하고 색조화장을 하는 여성의 이미지와는 부합하지 않기 때문에 색조화장품 생산에 소극적이다. 북한은 여성인력을 노동력으로 활용하기 위해 사상교양을 하여 정신력으로 무장시키고 애국심을 고취시키고 있다. 1948년 창간된 조선민주여성동맹의 여성잡지 『조선녀성』은 각종 경제건설 과정에서 생산성과가 높은 인물들을 '노력영웅'으로 선정하여 모두가 본받아야 할 특별한 사람으로 선전한다. 일종의 북한판 여성 스타하노프운동(Stakhanov Movement)[29]

---

26. 한국산 화장품 역시 기초화장품에 대해서는 세계시장에서 인지도를 높여 가고 있으나 향수 등 색조화장품 부문에 대해서는 기술 격차가 있다.

27. 김구환·정지연·양현옥, "SK88이 단백질 증가와 여성 피부의 탄력 및 보습에 미치는 영향," 『대한피부미용학회지』 제12권 6호(2014), 869.

28. 반면에 영양상태가 풍족한 고위급 계층의 주민의 경우 주로 수입화장품을 사용하는 것으로 확인되었다. 수입화장품을 사용하는 가장 큰 이유 중 하나는 북한산 화장품은 사용 시 피부에 트러블이 발생하는 등 피부영양이 풍부한 사용자에게는 잘 맞지 않기 때문인 것으로 확인되었다.

29. 소련의 제2차 5개년 계획 중 국민경제 전체에 걸쳐 전개된 노동생산성 향상운동으로 사회주의적 경쟁의 한 형태다. 1935년 소련의 탄광부 알렉세이 스타하노프(1906~1977)가 새 기술을 최대한 이용, 공정을 혁신함으로써 경이적인 생산증가를 가져온 데서 비롯돼 전국적인 캠페인으로 확대됐다.

이다. 이러한 노력영웅은 사회주의 체제가 바라는 모범적인 모델로서 여성 대중들이 이들을 모방하여 따라가기 위해 노력할 것을 유도한다. 북한이 제시하는 여성영웅은 △농업, 수산업 등 노동 효율성 증대에 혁혁한 공을 세운 노동력 유형, △사회주의 건설 과정에서 투철한 혁명정신을 보인 여성혁명가 유형, △기술, 과학, 체육 등 각 분야의 전문가인 전문직 직업여성 유형, △현모양처 유형, 그리고 △항일투쟁 및 한국전쟁 영웅 및 원호(援護) 유형이다.[30] 이는 사실상 조국을 위해 여성성을 희생하고 열심히 노동에 매진하는 여성을 이상적인 여성상으로 제시하는 정책으로 색조화장품 사용 등 개인의 가꾸기에 관심을 두는 여성과는 거리가 있다. 북한 여성들은 당국의 정책에 순응하여 화려한 색조화장품 사용을 지양해 왔고 북한의 색조화장품 개발 및 생산 역시 부진했다. 지금까지 북한은 여성의 미적인 욕구를 최소한으로 충족시킬 수 있는 선에서 기초화장품 생산에만 집중해 온 것으로 평가된다.

2. 애민정치와 새로운 소비 계층 출현

최근 들어 북한의 화장품 생산정책에도 변화의 움직임이 감지되고 있다. 2012년 이후 김정은 시대에 들어선 북한은 경공업 발전을 강조하며 생필품 생산에도 주력하는데, 이유는 다음과 같다. 첫째, 김정은이 본인의 부족한 정통성을 극복하기 위해 '애민적 지도자'의 이미지를 강조하기 위함이다. 후계자로 확정되기 전 10년 동안 당 선전선동부와 조직지도부 등의 주요 부서에서 실무를 배운 김정일과 달리 권력의 인수인계 기간이 짧았던 김정은은 완벽한 지지기반을 다질 시간이 부족했다. 이를 극복하기 위한 전략이 엘리트를 대상으로 한'공포정치'와 인민을 대상으로 한'애민정치'다. 김정은은 북한 지도자로는 이례적으로 자책성 발언[31]을 하는가 하면, 주로 외화벌이용으로 수출하던 수산물을 식량으로 수재지역 인민들에게 선물하기도 했다.[32] 특히 김정은이 2015년 3월 평양화장품공장을 현지지도하면서 화장품 생산의 다양화 및 품질 향상을 지시한 점, 경공업부문을 활성화시켜 생필품에 대한 인민들의 수요를 보장할 것을 강조한 점[33] 역시 애민 지도자의 이미지 구축 전략으로 추정된다. 여성 대중들의 생활과 직접적인 연관이 있는 화장품 생산에 관심을 쏟아 대중들의 실제 생활에 세심한 관심을 가지고 있다는 이미지를 강조하기 위한 것이다.[34]

둘째, 사적 경제활동이 제한적으로나마 보장되는 시장이 발생하며 소비 욕구가 증대된 새로운 여성들이 소비의 주체로 등장했다. 1990년대 후반 고난의 행군 이후 북한은 공식경제가 어려움을 겪게 되었다. 배급제가 붕괴되면서 시장이 형성되었고 여성들은 시장에서 거래 및 소비와 문화의 주체로 자리 잡게 되었다. 사경제부문에 종사하는 여성인구의 증가는 시장에서 구매력을 갖춘 여성인구의 증가로 이어졌다. 북한에서 시장은 문화를 생성해 내는 공간이자 물질생활에 필수적인 공간으로 발전하게 되었다.[35] 시장의 성장으로 장식품과 화장품 등 외모 꾸미기 관련 물자에 대한 수요도 자연스럽게 증가하게 되었다. 평양 시내의 호화복합공간인 해당화관에

---

30. 남성욱 외, 『통일한국의 양성평등제도』(서울: 한국여성정책연구원, 한국평화연구학회, 2016), 28-33. Sung-wook Nam, Jin Bae, Su-lan Chae, Ga-young Lee, "Study on Heroine Discourse under Kim Jong-un Regime in North Korea: Focusing on Articles of Women of Joseon," Journal of Peace and Unification 7(1) (2017), 51-83.

31. "언제나 늘 마음뿐이었고 능력이 따라서지 못하는 안타까움과 자책 속에 지난 한 해를 보냈는데 올해에는 더욱 분발하고 전심전력하여 인민을 위해 더 많은 일을 찾아할 결심을 가다듬게 됩니다." 김정은, "신년사," 『로동신문』, 2017. 1. 1.

32. 수재지역 인민들에게 물고기를 선물하는 행동은 이해하기 힘들며, 북한의 수산물 수출이 주된 외화벌이 중 하나라는 점을 볼 때 수출을 위해 양식하는 자라나 메기 등의 고급 물고기를 선물했을 가능성은 적다. 대신 군부대 등에서 보유하던 물량을 지급한 것으로 보인다.

33. "경공업부문에서는 공장들을 지식경제시대의 본보기장으로 꾸리고 원료, 자재의 국산화를 실현하며 생산을 활성화하여 소비품에 대한 인민들의 수요를 보장하여야 합니다." 전혜영, "우리의 원료로 다양한 기능성제품들을," 『로동신문』, 2017. 2. 4.

34. 최희명, "김정은, 北 화장품 품질 지적하며 '하품만 해도 너구리 눈 되더라'," 『조선일보』, 2015. 3. 17.

35. 조영주, "북한의 시장화와 젠더정치," 『북한연구학회보』 제18권 2호(2014), 111-115.

비싼 수입화장품이 진열되고 김정은이 부인 리설주와 함께 화장품 코너를 둘러보는 모습을 보이기도 하는 것은 북한에서도 여성의 몸 가꾸기를 터부시하는 흐름의 변화가 있다는 것을 상징적으로 과시한다. 2016년 12월 24일 김정은이 농업근로자동맹 참가자들에게 보낸 선물에 은하수 화장품이 포함되었다. 이외에도 태양절 등 각종 기념일에 선물로 화장품을 제공하고 있다. 지금까지 여성에 대한 희생만을 강요해 오던 북한에서 이제는 그 반대급부로 여성의 미적 욕구를 어느 정도 충족시킬 수 있는 여건을 마련해 주고 있다. 이러한 배경에는 새로운 경제활동의 주체로 떠오른 여성들의 소비 욕구 충족은 물론 충성심을 고취시켜 경제활동에 보다 적극적으로 참여토록 장려하려는 의도도 내포되어 있다.

3. 낙후된 화장품 기술과 대량생산 체계 미흡

화장품 산업은 단순한 경공업이 아닌 화학공업, 금형산업, 플라스틱산업, 바이오공학 등 다양한 산업이 상호작용하는 복합적인 분야다. 따라서 화장품 기술개발을 위해서는 다양한 부문의 기술력이 필요하고 이를 위한 막대한 자본 투자가 필요하다. 기술개발에 필요한 자본이 부족한 북한의 경우 화장품의 품질이 매우 뒤떨어질 수밖에 없다. 경제 강국인 미국, 프랑스, 독일, 영국, 일본 및 한국 국적의 브랜드가 전 세계 화장품 업계를 평정하고 있다는 점에서 특정 국가의 화장품 기술은 그 국가의 경제력과 정비례한다고 할 수 있다. 북한 화장품의 전성분 분석 결과 제조과정에서 일부 성분이 소실되어 제품의 주요 성분이어야 할 물질이 검출되지 않는 경우가 종종 발생했다. 구입한 지 얼마 되지 않은 제품이 딱딱하게 굳거나 표면에 균열이 발생하고 손으로 만져 보면 마치 푸딩처럼 끈적끈적하게 엉기는 등 안정성이 떨어지는 제품이 많았다. 화학기술의 한계로 인한 불안정한 제형 때문인지, 제품을 포장하는 단계에서 나타난 기술력의 한계인지 정확한 원인은 확인할 수 없었다. 대다수 제품의 유통기한이 최대 2년에 불과해, 통상적으로 3년인 국산 제품과 비교하여 매우 짧은 것으로 미루어 포장과 보존기술의 한계가 있을 가능성이 크다. 화장품의 원료가 되는 개별 화학물질에 대한 완벽한 관리와 제조가 화장품 산업의 기본 여건이라는 점에서 북한은 여전히 경공업 제품의 수준이 낙후되어 있다고 평가된다.

북한은 사회주의 계획경제 국가에서 목표 달성을 유도하기 위해 '선물정치'를 시행한다. 선물로는 인민들이 평소 갖고 싶으나 생산량이 부족하여 구입하지 못하는 품목을 증정해 그들의 환심을 산다. 가전제품이나 의류 등이 인기 제품이다. 여성들의 경우 품질 좋은 화장품을 선호한다. 선물로 제공되는 품목 등은 평소 제작해서 쌓아 놓은 것이 아니라 기념일이나 국경일 등을 앞두고 선물 제공 방침이 결정되면 정해진 단기간 내에 야간 작업 등을 통해 긴급 제작한다. 김정은은 인민 중시 기조를 외형적으로 과시하기 위해 수차례의 선물 증정 행보를 보였다. 김정은은 자신의 젊은 감각과 부인 리설주의 조언 등으로 여성용품을 선물로 증정했다. 2016년 5월 14일에는 북한이 노동당 7차대회 참가자에게 선물 보따리를 안겼고,[36] 8월 26일에는 김일성사회주의청년동맹 제9차대회 참가자들에게 선물을 보냈다.[37] 또한 김정은은 12월 24일에 2016년 한 해의 알곡 생산량에 만족하여 농업근로자동맹 참가자들에게 선물을 증정했는데 선물 품목은 판형텔레비전, 당과류, 고급 술 세트, 은하수 화장품, 고급 오리털 동복 등이었다.[38]

김정일 사망 이후 김정은이 집권한 첫해인 2012년 3월 8일 국제부녀절에 행사에 참여한 은하수악단을 비롯한 예술인과 공로자 700~800여 명에게 선물하기 위해 '봄향기 화장품'을 생산하라고 지시했다. 북한의 화장품은 평소 수요에 비해 재고 및 공급이 턱없이 부족하여 당시 신의주화장품

---

36. 정영, "북, 당대회 참가자에 선물 보따리," 『자유아시아방송(RFA)』, 2016. 5. 13.

37. 이상현, "북, 23년 만에 청년동맹 대회 개막," 『연합뉴스』, 2016. 8. 26.

38. 문성휘, "북, 농업대회 참가자들에 선물가득," 『자유아시아방송(RFA)』, 2016. 12. 23.

공장은 800세트를 일주일 내에 특별 제조해야 했다. 철야전투로 밤낮없이 공장을 돌려 겨우 생산량을 맞추어 선물을 나누어 주기 위해 당일 새벽에야 평양역에 화장품 공급량이 모두 도착했다고 한다.[39] 이 일화를 통해 김정은이 여성용품에 관심이 많다는 사실을 앎과 동시에 북한의 내로라하는 화장품공장에도 800세트의 재고가 없을 정도의 열악한 산업 현실을 엿볼 수 있다.

4. 낙후된 용기 제조 기술

화장품의 완성은 세 부분으로 구성된다. 내용물, 용기 및 포장 케이스와 마케팅 부분이다. 아무리 좋은 내용물을 제조하더라도 이를 담는 용기가 양호하지 못하면 소비자는 사용에 큰 불편을 느낄 수밖에 없다. 용기는 사실상 화장품 내용물과는 별개의 생산 기술이다. 용기는 플라스틱을 동이나 철로 만든 금형 틀에서 찍어 낸다. 정밀한 금형기술과 플라스틱기술이 필수적이다. 본 연구를 위해 입수한 제품의 일부 용기는 국내 소비자 기준에는 미달했고 불량품도 확인되었다. 뚜껑이 잘 닫히지 않거나 닫히더라도 매우 빽빽하였고 그나마 정확하게 맞물리지 않는 경우도 나타났다. 이처럼 제품의 뚜껑이 잘 닫히지 않으면 제품이 외부 공기에 노출되어 변질될 가능성이 커진다. 이에 따른 유통기한의 단축은 자명한 일이다. 용기의 강도가 약해 보관이나 이동 시 용기가 파손되는 경우가 잦아 내용물이 새어 나오거나 변질되는 경우도 확인되었다. 스프레이 제품의 경우 분사기가 잘 작동하지 않았다. 여러 번 눌러도 액제가 분사되지 않거나 너무 강하게 분사되어 내용물이 지나치게 세게 튀어 사용이 어려웠다. 용기의 디자인은 세련미가 매우 부족한 수준이다. 몇몇 고급 제품은 프랑스의 유명 브랜드 '랑콤'사의 디자인을 그대로 모방하여 국산 제품과 비교해도 디자인적인 차이가 크지는 않았다. 자체적으로 디자인한 제품의 경우에는 색상과 형태가 촌스러웠다. 용기의 완성도와 강성을 통해 북한의 금형산업과 플라스틱

산업 등의 역량을, 용기 디자인을 통해 북한의 미적 수준과 디자인 역량을 각각 가늠할 수 있다. 최근 평양 당국은 김일성종합대학과 국가과학원 출신의 고급 인력을 투입하여 화장품 공장의 현대화와 기술개발에 매진하고 있는 것으로 확인되었다.[40] 향후 정기적인 북한 화장품 분석을 통해 화학공업, 플라스틱 등 소재공업 및 철과 동의 기계 금형제조공업 등 과학기술 개발의 성취를 가늠할 수 있을 것이다.

V. 결론

전통적 사회주의 체제하에서 여성은 외모 가꾸기를 통한 미적인 욕구를 충족시킬 수 있는 방법이 매우 제한적이었다. 국가가 제시하는 바람직한 여성상을 모토로 김일성, 김정일을 거쳐 김정은 시대에 이르기까지 여성들은 이데올로기로 무장하여 당의 혁명사업에 적극적으로 동참해야 했다. 김일성 등 북한의 최고지도자는 아름다움에 대한 여성들의 기본적인 욕망을 충족시키는 것이 역설적으로 사회주의 건설에 긍정적인 요인이 될 수 있다고 판단했다. 따라서 북한 당국은 부족한 과학적 기술력에도 불구하고 1949년 신의주화장품공장을 설립하는 등 정권 수립 초창기부터 기초적인 수준의 화장품 생산에 주력해 왔다. 3대 지도자 김정은은 김일성·김정일보다는 상대적으로 경공업부문에 대한 투자를 늘려 화장품을 비롯한 생필품에 대한 생산을 증가시키고 있다. 계획경제가 붕괴되고 배급이 중단되는 등 내부의 불만이 점차 증가하는 상황에서 '애민정책'을 통해 대중의 지지를 얻어 3대 세습 통치의 정당성을 강화하기 위함이다. 한편으로는 사경

---

39. 탈북자 김OO 면담 결과, 2017. 1. 9.

40. 김순홍, "대중의 무궁무진한 창조력을 더욱 고조시켜," 『로동신문』, 2017. 3. 15.

제의 확대로 북한 시장경제의 주체로 떠오른 여성들의 소비 욕망을 고려할 필요성도 있었다. 2000년대 이후, 시장을 통해 유입된 외부사조의 영향으로 북한 여성들은 화장과 성형수술을 통한 외모 가꾸기에 적극적인 모습을 보이기 시작했다. 북한 당국으로서는 이미 다양한 경로를 통해 외부사조를 접한 주민들의 수요를 이전과 같은 사상교육과 같은 경직적인 방법만으로 억제하기에는 무리가 있어 여성들의 통상적인 미적 욕구를 해소할 수 있는 여지를 둔 것으로 추정된다. 사회주의 체제하에서 무조건적으로 희생을 강요받으면서 억눌러 왔던 여성들의 미적 욕구를 일정 수준 인정하여 해소할 수 있는 길을 열어 주었다. 김정은의 화장품 육성정책은 시장경제의 소비주체로 떠오른 여성들의 니즈를 감안하는 동시에 그동안 억눌러 왔던 여성의 미적 욕구를 일정 부분 만족시켜 '애민적 지도자'의 이미지를 부각하고, 이를 통해 여성들의 보다 적극적이고 자발적인 경제활동에의 참여를 독려하는 통치전략이다.

본 연구 결과 북한 화장품이 입수된 시점에서의 북한의 화장품 생산 기술은 기초화장품의 경우 국내의 1990년대, 색조화장품은 1980년대 수준에 머물러 있다. 김정은의 반복된 현지지도와 독려에 따라 북한 화장품 업계는 자동화·무인화 공정을 강화하고 원료의 국산화를 도모하는 등 경쟁력 향상에 박차를 가하고 있다.[41] 화장품의 품질은 바이오공학, 화학공업과 금형산업, 플라스틱산업 등의 여러 분야의 과학기술이 집약된 결과물이다. 본 연구의 결과를 토대로 김정은이 본격적인 화장품 생산정책을 시작한 이후 새롭게 출시되는 제품의 주기와 품질에 대한 지속적인 연구가 필요하다. 본 연구에서 도출된 결과를 통해 화장품 생산에 사용된 전반적인 북한 과학기술의 역량을 파악할 수 있었다. 또한 화장품 기술개발 향상에 힘을 쏟는 것을 통해 김정은은 인민생활에 이전보다 많은 관심을 기울이는 '애민적 지도자'의 모습을 강조하고자 함을 알 수 있었다. 지구 대기권 밖으로 발사한 대륙 간 탄도미사일(ICBM)이 지구 궤도로 재진입할 때 6

천 도의 고열이 발생하여 발사체가 녹아내리거나 변형이 일어난다. 하지만 북한은 지난 2017년 7월 4일과 2017년 7월 28일 두 차례에 걸쳐 대륙 간 탄도미사일을 발사하여 지구 재진입 기술 시험을 성공적으로 완수했다고 주장한다. 대륙 간 탄도미사일과 전 세계 6개국만이 보유한 잠수함미사일발사(SLBM) 기술을 시험하는 북한 당국이 제형이 불안정한 화장품을 생산하거나 금형기술의 낙후로 내용물이 균일하게 분사되지 않는 등 기술적 한계를 보이는 것은 근본적으로 소비자 경시 정책의 결과다. 본 연구에서 확인된 북한 화장품 생산의 각종 문제점이 단순히 '외모 가꾸기'를 지양해 온 정책 때문인지 실제 북한 과학기술의 한계인 것인지는 추후 생산되는 화장품을 분석할 경우 분명해질 것이다.

---

41. 림정호, "국산화를 종자로 틀어쥐고 비약하는 우리의 경공업," 『로동신문』, 2017. 2. 4.

【참고문헌】

김구환·정지연·양현옥. 2014. "SK88이 단백질 증가와 여성 피부의 탄력 및 보습에 미치는 영향." 『대한피부미용학회지』 제12권 6호.

김석향. 2012. "1990년 이후 북한주민의 소비생활에 나타나는 추세 현상 연구." 『북한연구학회보』 제16권 제1호.

김양희. 2011. "조선녀성에 나타난 북한의 식생활정책: 고난의 행군 이후를 중심으로." 『한국민족문화』 제41호.

김지영. 2014. "국내외 남성용 화장품 시장 현황 및 상표출원 동향 분석." 『KHIDI 보건산업브리프』, 제147호.

김정희. 2006. "20~30대 여성의 피부 타입 측정에 관한 연구 — 국내·외 화장품 회사의 피부측정방법의 비교를 중심으로." 『복식』 제56권 5호.

남성욱 외. 2016. 『통일한국의 양성평등제도』. 서울: 한국여성정책연구원·한국평화연구학회.

『중앙일보』, 2016년 3월 23일, "북한화장품 '은하수' 세계 도전? 러 신문."

다음백과. "전성분표시제," 검색일 2017년 5월 10일, http://100.daum.net/encyclopedia/view/58XX49100010.

『매일경제』, 2015년 6월 12일, 명순영·노승욱. "한국 화장품 SWOT 분석 … 기초화장품 기술 좋지만 색조 약하고 인지도 낮아."

『자유아시아방송(RFA)』, 2016년 12월 23일. "북, 농업대회 참가자들에 선물가득."

서보혁. 2013, "유엔 북한인권정책의 특징과 추세," 『현대정치연구』, 제6권 1호.

심완섭·이석기·이승엽. 2015. 『북한의 화학산업 역량 재평가와 남북경협에 대한 시사점: 2000년 이후 시설투자 및 성과를 중심으로』. 정책자료 2015-248. 세종: 산업연구원.

안지영. 2011. "북한 가정생활에서의 여성상 연구 — 2000년대 북한 영화 분석을 중심으로." 『통일인문학』 제51권.

양옥경·이미경. 2010. 『북한 사회보장제의 축소와 가족경제: 북한여성의 생활과 의식 변화』. 서울: 이화여자대학교출판부.

유은아·이향애. 2010. 『화장품의 재발견』. 서울: 성신여자대학교출판부.

유창조·정혜은·홍성태. 2005. "여성의 화장에 대한 욕구와 그에 따른 화장품 소비행위에 대한 심층연구." 『경영학연구』 제35권 1호.

이명휘·박희진. 2010. "7·1조치 이후 북한 여성의 사경제활동." 『선군시대 북한여성의 삶』, 서

울: 이화여자대학교출판부.
『연합뉴스』, 2016년 8월 26일. "북, 23년 만에 청년동맹 대회 개막."
『연합뉴스』, 2016년 1월 18일. "23종 38점 새로 개발 … "
『데일리NK』, 2008년 2월 20일. "평양화장품공장 '소비자 취향' 따라 기술혁신."
『중앙일보』, 2016년 3월 28일. "부인 이설주와 북한식 백화점에서 민생행보 나선 北 김정은."
『자유아시아방송(RFA)』, 2016년 5월 13일. "북, 당대회 참가자에 선물 보따리."
정유석·곽은경. 2015. "김정은 현지지도에 나타난 북한의 상징정치." 『현대북한연구』 제18권 3호.
조영주. 2014. "북한의 시장화와 젠더정치." 『북한연구학회보』 제18권 제2호.
주영주·이순희. 2016. "한국 중년여성의 외모관심도가 화장품 구매행동에 미치는 영향." 『한국디자인문화학회지』 제22권 1호.
황소라 외. 2012, "화장품용 유화 제조기술 최근동향." 『KSBB Journal』 제27권 4호.
MBC뉴스. 2017년 5월 15일. "[이브닝 이슈] 화장품, 알고 쓰십니까?…'파라벤' 유방암 유발 논란," http://imnews.imbc.com//replay/2014/nw1800/article/3562305_18437.ht3562305_18437.html(검색일:).

10장

북한의 경제개발구 노동복지 법제분석*

경제개발구 로동규정을 중심으로

이철수

I. 서론

북한은 2013년 5월 29일 「조선민주주의인민공화국 경제개발구법」(최고인민회의 상임위원회 정령, 이하 경제개발구법으로 약칭), 동년 9월 12일 「조선민주주의인민공화국 라선경제무역지대 외국투자기업 로동규정[1]」(최고인민회의 상임위원회 결정 제139호로 채택, 이하 라선경제무역지대 외국투자기업 로동규정으로 약칭)을 제정하였다. 또한 북한은 동년 12월 12일 「조선민주주의인민공화국 경제개발구 로동규정」(최고인민회의 상임위원회 결정 제150호로 채택, 이하 경제개발구 로동규정으로 약칭)을 공포하였다. 아울러 북한은 2014년 11월 17일 「조선민주주의

* 이 연구는 이철수의 2017c연구를 수정 보완한 것임.

1. 본 연구에서 북한 법령의 명칭, 북한 문헌을 인용하는 경우 북한 맞춤법에 의거하고 그 외의 경우 이와 반대로 남한 맞춤법에 따른다.

인민공화국 라선경제무역지대 외국투자기업 로동규정 시행세칙」(라선시인민위원회 결정 제162호로 채택, 이하 라선경제무역지대 외국투자기업 로동규정 시행세칙으로 약칭)을 제정하였다.

이러한 북한의 법 제정 동학을 추적하면 ① 2013년 5월 「경제개발구법」, ② 동년 9월 「라선경제무역지대 외국투자기업 로동규정」, ③ 동년 12월 「경제개발구 로동규정」, ④ 2014년 11월 「라선경제무역지대 외국투자기업 로동규정 시행세칙」으로 정리된다. 이는 북한의 경제특구와 관련한 입법의 시계열적 순서가 점차 구체화되는 경향임을 의미한다. 또한 이는 북한의 경제특구와 관련한 자신들의 의지와 태도를 반증하는 하나의 사례이다.

이에 북한의 경제특구 관련 법적 동학의 의미는 크게 두 가지로 요약된다. 하나는 북한의 라선경제무역지대의 경우 '상위범주인 로동규정'과 '하위범주인 시행세칙'을 완비하여 법적 체계를 갖추었다는 것이다. 다른 하나는 이러한 특정 지역과 별도로 북한이 향후 개발할 '경제개발구'에 한해 또 다른 별도의 로동규정을 재차 입법하여 일종의 '입법과잉' 현상이 나타난다는 것이다. 또한 「경제개발구 로동규정」의 경우 「라선경제무역지대 외국투자기업 로동규정」과 달리 특정 지역을 대상으로 한 것이 아니라 북한의 '경제개발구' 자체를 포괄하는 규정이다. 따라서 동 규정의 법적 적용 대상의 범위는 여타 특정 경제특구 법령의 대상과 지역을 능가하는 불특정 지역에 대한 함의를 의미한다. 그리고 바로 이것이 동 법령이 여타 법령과 다른 법적 차별성이다.

다른 한편 경제개발구의 경우 북한이 「경제개발구법」을 제정하고 약 6개월 후에 「경제개발구 로동규정」을 입법하여 북한의 의지가 돋보인다. 그러나 북한은 동 규정의 최하위 규정인 '경제개발구 로동규정 시행세칙'을 제정하지 않았다. 즉, 북한은 경제개발구에 관한 「경제개발구법」, 「경제개발구 로동규정」, '경제개발구 로동규정 시행세칙'으로 이어지는 법률적 체계를 완비하지 않은 것이다. 반면 북한은 라선경제무역지대의 경우 상술한 바와 같이 2013년 9월「라선경제무역지대 외국투자기업 로동규정」, 2014년 11월「라선경제무역지대 외국투자기업 로동규정 시행세칙」을 각각 제정하여 법적 체계를 갖추었다. 이에 북한의 경제특구의 경우 일부는 법적 체계가 완성되었고 일부는 법적 체계를 완성해 가는 중에 있다 하겠다. 하지만 분명한 것은 이러한 북한의 입법행태가 과거와 달리 적극적이고 다소 신속하므로 이에 변화한 북한의 모습이 내포되어 있다는 것이다.

한편 이에 앞서 북한은 1999년 5월 8일「조선민주주의인민공화국 외국인투자기업 로동규정」(내각결정 제40호로 채택, 이하 외국인투자기업 로동규정으로 약칭)을 제정하였다. 이는 기존의 북한 경제발전 전략 수립의 연장선상의 법령으로 외자유치를 목적으로 한 법령이다. 특히 이는 북한이 2003년 9월 18일 제정한「조선민주주의인민공화국 개성공업지구 로동규정」(최고인민회의 상임위원회 결정 제2호로 채택, 이하 개성공업지구 로동규정으로 약칭)과 대비된다. 왜냐하면 하나는 북한이 외자유치를 위해 제정한 법령이고 다른 하나는 남북경협이지만 사실상의 외자유치에 성공한 특정 지역에 대해 각각 1999년과 2003년에 별도의 '로동규정'을 제정했기 때문이다(이철수b 2017).

이러한 점에서「외국인투자기업 로동규정」과「개성공업지구 로동규정」은 의미하는 바가 크다. 왜냐하면「외국인투자기업 로동규정」과「개성공업지구 로동규정」은「라선경제무역지대 외국투자기업 로동규정」, '라선경제무역지대 외국투자기업 로동규정 시행세칙'과 그 기능을 같이하지만 시기적으로 10년 먼저 제정되었기 때문이다(이철수b 2017).

이에 본 연구는 북한 경제특구의 노동복지 법제를 추적하여 법제도적 변화를 분석, 그 함의를 도출하고자 한다. 보다 구체적인 본 연구의 목적은 북한의「경제개발구 로동규정」을「외국인투자기업 로동규정」및「개성공업지구 로동규정」과 비교분석, 북한 경제특구 노동복지 법제의 동학을 추적하고자 한다. 이에 본 연구의 주요 분석대상은 북한이 2013년 제정한「경제개발구 로동규정」으로 놓고, 1999년 제정한「외국인투자기업 로동규정」

과 2003년 제정한 「개성공업지구 로동규정」과 비교하고자 한다. 본 연구의 연구방법은 문헌연구를 중심으로 하여 원자료인 동 법령을 놓고, 노동과 복지 관련 조항을 핵심 분석대상으로 하여 법제도 분석에 일반적으로 사용되는 방법인 질적 내용분석을 통해 분석하고자 한다(이철수b 2017).

특히 본 연구는 기존의 북한 경제특구의 배경과 특성, 현황 중심의 단선적인 고찰을 보다 더 확대하여 연구스펙트럼의 다양화에 일조한다. 동시에 본 연구는 다소 등한시되었던 북한 경제특구의 노동복지 법제 연구를 세 가지 관점에서 접근하여 이를 체계화하는 단초를 제공할 것이라 판단된다.[2]

이를 위한 본 연구의 서술 순서는, 먼저 「경제개발구 로동규정」〈X〉의 개괄적 고찰을 통해 거시적 분석을 시도하고자 한다. 다음으로 동 규정을 놓고 ① 근로소득, ② 근로복지, ③ 사회보장을 중심으로 「외국인투자기업 로동규정」〈Y1〉과 「개성공업지구 로동규정」〈Y2〉와 비교분석하고자 한다. 마지막으로 이를 토대로 동 법령을 통한 김정일시대 전후 북한 경제특구의 노동복지 법제에 관한 통시적 차원의 지속성과 변화를 도출하고자 한다. 참고로 본 연구의 분석 모형과 분석 틀을 도식화하면 각각 다음 〈그림 1〉, 〈표 1〉과 같다.

II. 법적 개괄과 구성

「경제개발구 로동규정」의 경우 총 7개 장 58개 조항으로 ① 일반규정, ② 로력의 채용과 해고, ③ 로동시간과 휴식, ④ 로동보수, ⑤ 로동보호, ⑥ 사회문화시책, ⑦ 제재 및 분쟁해결로 구성되어 있다. 동 규정의 경우 2013년 제정 이후 현재까지 이렇다 할 내용적인 변화나 세부조항의 수정이 없다. 따라서 지금까지도 최초 법령이 통용된다고 판단된다. 이에 동 규정의 개

그림 1_ 분석 모형

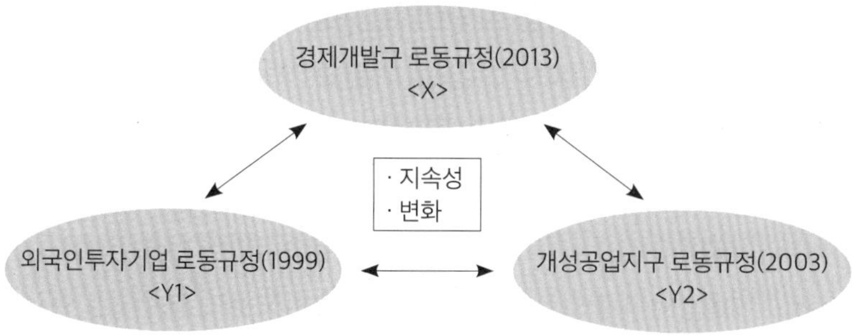

주: 저자 작성

〈표 1〉 분석 틀

구분	경제개발구 로동규정(2013): 총 7개 장 58개 조항
① 근로소득 ② 근로복지 ③ 사회보장	① 관련 조항의 구체적 진술 ② 관련 조항의 공통점과 차이점(특징) ③ 동일 조항의 내용(변화) 비교(추적) ④ 관련 조항의 지속성·변화-추적·분석

출처: 이철수, "북한경제특구의 노동복지법제 비교분석: 개성공업지구와 라선경제무역지대를 중심으로", 「법학연구」, 제27권 1호, (충북: 충북대학교, 2017), p.172..

괄적 차원의 특징을 간략히 요약하면 다음과 같다.

첫째, 법적 구성의 경우 북한이 2003년 제정한 「개성공업지구 로동규정」과 거의 동일한 구성이다. 이러한 원인은 크게 두 가지에 기인한다. 하나는 이른바 '로동규정'이라는 법령 간의 동질성에 기초한 것이다. 다른 하나는 북한의 법령이 「개성공업지구 로동규정」을 분기점으로 법적 발전을 나

---

2. 참고로 본 연구와 관련한 대표적인 기존 연구는 이철수(2017a, 2017b)의 연구가 있고 북한 경제특구와 관련한 대표적인 연구는 문무기(2009), 박천조(2015), 배종렬(2014), 임을출(2015), 최우진(2015) 등의 연구가 있다. 그러나 이러한 연구들 중 본 연구와 같이 북한의 '로동법'과 '외국인투자기업 로동법'의 '노동복지 법제'를 직접적으로 비교한 분석한 연구는 사실상 전무하다. 즉, 기존 연구의 경우 간접적으로 북한의 경제특구 법제 자체를 분석한 일부 사례는 있으나 직접적인 근로소득, 근로복지, 사회보장을 탐색한 연구는 극소수이다.

타냈기 때문이다. 따라서 북한은 2003년 이후 2013년까지 로동규정에 대한 기본적인 법적 구성의 포맷을 유지하고자 하고 있다. 다른 한편으로 양 로동규정의 시간적인 입법 차이가 10년임을 감안하면 구성상의 일정한 변화도 자연스러운 것이기도 하다. 하지만 동 법령을 근거로 판단하면 법적 구성에 있어 북한은 변화보다는 이를 유지·고수하고자 하는 행태가 나타나고 있다 하겠다.

둘째, 「개성공업지구 로동규정」의 경우 총 7개 장 49개 조항으로 구성되어 있다. 이에 상술한 바와 같이 「경제개발구 로동규정」이 「개성공업지구 로동규정」에 비해 양적으로 9개 조항 정도 증가한 형태를 갖고 있다. 즉, 양 규정만을 놓고 볼 때, 10여 년의 시간적 입법 차이가 북한으로 하여금 자연스러운 양적 변화를 야기하였다. 따라서 북한은 상술한 구성적 측면의 변화는 전무한 반면 내용상의 변화는 일정 부문 유도하고 있다 하겠다.

셋째, 상술한 법적 구성을 포함, 내용적인 측면의 표기와 서술에 있어 기존 법령과 동일하게 세부조항에 대한 정의와 그와 관련한 구체적 서술로 구성되어 있다. 이는 2000년대 이후 제정된 북한 법령의 현대화 추세의 연장선상에 있다고 판단된다. 즉, 북한 역시 입법행태의 기술적인 변화와 개혁을 일정 부문 유지하고자 하고 있다.

넷째, 동 법령은 기존 로동규정의 형식과 내용을 기본적으로 승계한 형태에서 법령의 소극적 분화를 꾀하였다. 이는 상술한 동 법령의 양적 팽창을 기반으로 한 법적 내용의 밀도를 의미한다. 즉, 동 법령은 법적인 세부밀도에 있어 상대적으로 기존 법령에 비해 상당부문 발달된 행태를 띠고 있다. 그리고 이는 동 법령의 법적 세분화와 양적 팽창으로 이어졌다.

다섯째, 동 법령의 경우 2000년대 이후 제정한 북한의 경제특구 관련 법령들과 법적 대상에 차이가 있다. 즉, 동 법령은 특정 지역에 한정하여 적용하는 것이 아니라 북한의 경제개발구 자체에 적용하기 위한 법령이다. 따라서 동 법령은 특정 지역을 대상으로 한 여타 경제특구 법령과 달리 북

〈표 2〉 경제개발구 로동규정 개괄

구분	경제개발구 로동규정(2013): 총 7개 장 58개 조항
제1장: 일반규정	- 사명, 로력관리기관, 로력채용원칙, 로동생활분야에서의 남녀평등, 녀성종업원의 건강보호, 로동조건의 보장, 종업원월로임최저기준의 제정, 직업동맹조직과 종업원대표, 로동분야에서의 기업의 독자성
제2장: 로력의 채용과 해고	- 로력보장기관, 우리 나라 로력의 신청, 우리 나라 로력의 보장, 다른 나라 로력의 채용합의, 로력채용계약의 체결, 로동계약의 체결, 로동계약의 승인, 로력채용계약, 로동계약의 효력, 로력채용계약, 로동계약의 변경, 취소, 종업원의 해고사유, 종업원의 해고와 관련한 통지, 종업원을 해고할 수 없는 사유, 종업원의 사직사유, 종업원의 사직절차, 양성, 기술견습
제3장: 로동시간과 휴식	- 로동시간, 기업의 로동시간준수의무, 명절과 공휴일의 휴식보장, 휴가보장
제4장: 로동보수	- 로동보수의 내용, 종업원월로임의 제정, 휴가기간의 지불, 휴가비의 계산방법, 휴가기간의 작업에 대한 로임, 생활보조금, 연장작업과 야간작업에 대한 로임, 명절일, 공휴일의 로동에 대한 로임, 상금, 장려금의 지불, 로동보수의 지불, 퇴직보조금의 지불
제5장: 로동보호	- 로동안전 및 산업위생조건의 보장, 녀성로력의 보호, 탁아소, 유치원의 운영, 로동안전기술교육, 로동보호물자의 공급, 로동재해위험의 제거, 로동보호질서의 준수, 사고발생시의 조치
제6장: 사회문화시책	- 사회문화시책의 실시, 사회문화시책비의 조성, 사회보험료 납부, 사회문화시책금의 납부, 문화후생기금의 조성과 리용
제7장: 제재 및 분쟁해결	- 손해보상, 원상복구, 연체료의 부과, 벌금부과, 중지, 몰수, 분쟁해결, 신소와 그 처리

출처: 저자 작성.

한 전체 경제개발구를 대상으로 한다. 때문에 동 법령의 법적 대상의 포괄성으로 인해 여타 법령과 무게나 위상에 있어 다소 차이가 있다. 그리고 이것이 동 규정이 여타 규정과 다른 가장 큰 원인이다. 다시 말해 동 법령은 각 로동규정만을 놓고 볼 때, 위계상에 있어 북한의 경제특구 로동규정보다 상위개념이라 할 수 있다. 이에 동 규정의 법적 개괄을 구성적 차원에서 요약하면 위의 〈표 2〉와 같다.

III. 노동복지 조항 분석

1. 근로소득

근로소득인 임금의 경우 ① 임금 종류와 제정 권한, ② 최저임금, ③ 임금 지불방식으로 크게 구분된다. 첫째, 먼저 「경제개발구 로동규정」에서 임금의 종류는 동 규정 제28조 "종업원의 로동보수에는 로임, 장려금, 상금 같은 것이 속한다…"라고 한다. 따라서 동 조항에 의거한 근로자의 법적인 임금의 종류는 세 가지로 여기에는 ① 통상적인 급여 성격인 임금, ② 특정 사안의 독려에 대한 장려금, ③ 특정 사안에 대한 근무자의 포상을 위한 상금[3]이 있다. 그러나 아이러니하게도 해당 규정에는 여타 규정에서 언급하고 있는 초과근무 시 지급되는 수당 성격의 '가급금'이 명시되어 있지 않다.

따라서 만약 「경제개발구 로동규정」에서 경제개발구 근로자의 초과근무에 대한 언급이 있다면 이는 충돌 내지는 적용상의 문제가 발생한다. 이에 후술했지만 동 규정 제34조와 제35조에서 초과근무와 명절, 공휴일 근무에 대한 임금지급 내용이 있다. 이에 양 조항을 근거로 하면 로임을 기존의 가급금이 포함된 형태로 집행한다고 할 수 있다. 따라서 실제 집행상의 문제는 크지 않다고 할 수 있으나 임금의 종류에서 실제 적용·존재하는 임금 종류의 하나가 법령에 누락된 것은 다소 문제의 소지가 있다 하겠다.[4]

반면 「외국인투자기업 로동규정」에서 임금 종류는 동 규정 제5조로 "…종업원의 로동보수액은 그의 로동직종과 기술기능수준, 로동생산성에 따라 정한다. 로동보수에는 로임, 가급금, 장려금, 상금이 포함된다"라고 정한다. 또 「개성공업지구 로동규정」에서 임금 종류는 제24조로 "로동보수에는 로임, 가급금, 장려금, 상금이 속한다…"라고 정한다. 이는 「외국인투자기업 로동규정」 제5조와 거의 대동소이한 내용이다.

다음으로 임금의 제정 권한의 경우 「경제개발구 로동규정」 제29조 "종업원의 월로임은 기업이 정한다. 이 경우 공포된 종업원월로임최저기준보다 낮게 정할 수 없다. 조업준비기간에 있는 기업은 종업원 또는 견습공, 무기능공의 월로임을 종업원월로임최저기준의 70% 이상의 범위에서 정할 수 있다"라고 하였다. 이는 「개성공업지구 로동규정」 제26조 종업원월로임의 제정에서 "종업원의 월로임은 종업원월최저로임보다 낮게 정할 수 없다. 그러나 조업준비기간에 있는 기업의 종업원과 견습공, 무기능공의 로임은 종업원월최저로임의 70% 범위에서 정할 수 있다"라는 조항과 거의 동일한 내용이다.

또한 「개성공업지구 로동규정」 제5조 로임의 제정에서 "종업원의 로임은 종업원월최저로임에 기초하여 기업이 정한다"라고 하여 임금제정 권한은 해당 기업이, 적정 임금 기본선은 최저임금에 기초함을 밝혔다. 이에 따라 북한은 후속적인 조항으로 동 규정 제25조에서 최저임금액을 밝히고 있는데, "기업의 종업원월최저로임은 50US$로 한다. 종업원월최저로임은 전년도 종업원월최저로임의 5%를 초과하여 높일 수 없다"라고 명시하고 있다. 따라서 동 조항에서 북한은 임금의 지정 주체, 최저임금액, 최저임금에 대한 연간 임금인상 상한율을 각각 명시하고 있다(이철수a 2017). 이는 동 규정의 경우 북한이 남한과 상당한 합의에 도달한 상태였기 때문에 북한 스스로 최저임금에 대한 구체적인 내용을 법조문에 제시할 수 있었던 것으로 판단된다.

반면 「외국인투자기업 로동규정」 제25조에서는 "외국인투자기업의 종업원 월로임기준은 중앙로동기관이 정한다. 중앙로동기관은 외국인투자기업의 종업원 월로임기준을 종업원들이 로동과정에 소모된 육체적 및 정신적 힘을 보상하고 그들의 생활을 보장하는 원칙에서 정하여야 한다. 조

---

3. 한편 「경제개발구 로동규정」 제36조에서 북한은 "기업은 결산리윤의 일부로 상금기금을 조성하고 일을 잘하는 종업원에게 상금 또는 장려금을 줄 수 있다"라고 하여 상금과 장려금의 조성 방법을 언급하였다. 그리고 이는 기존의 내용과 다소 대동소이하다.

4. 다른 한편으로 이러한 경우 이를 시행세칙에서 언급하여 문제를 방지할 수도 있다.

업준비기간의 로임, 견습공, 무기능공의 로임은 해당 기관의 승인밑에 정한 월로임기준보다 낮게 정할 수 있다. 외국인투자기업은 정한 로임기준에 따라 직종, 직제별 로임기준, 로임지불형태와 방법, 가급금, 장려금, 상금기준을 자체로 정한다"라고 언급하였다. 즉, 북한의 외국기업 근로자의 월 임금기준은 북한의 중앙로동기관이 정하지만 외국기업은 여기에 근거하여 자체의 각종 임금기준과 그에 따른 진행 방식을 결정한다. 또한 동 규정에는 임금의 최하한선인 최저임금에 대한 구체적인 내용이 없는 반면 월 임금기준이라는 표현으로 제시되어 있다. 그러나 이러한 월 임금기준이 구체적으로 어느 정도 수준인지에 대한 명확한 진술은 표기되어 있지 않다(이철수b 2017). 그리고 이는 앞서 언급한 양 로동규정에 비해 상대적으로 추상적이고 포괄적이며 구체적이지 않다.

한편 「경제개발구 로동규정」을 근거로 판단하면 근로자의 월 임금은 해당 기업이 자율적으로 책정한다. 하지만 동 규정에는 임금의 최하한선인 최저임금에 대한 구체적인 내용이 없다. 즉, 최저 월 임금기준이 구체적으로 어느 정도인지에 대한 명확한 진술은 표기되어 있지 않다. 그리고 이것의 원인은 향후 경제개발구의 외부기업에 대한 유인책임과 동시에 경제개발구 기업의 자율성을 담보하기 위한 것이라 판단된다. 즉, 전략적 차원에서 보면 북한의 입장에서 굳이 먼저 최저임금 수준을 규정에 명시하여 임금의 마지노선을 밝힐 필요가 없기 때문이다. 또 채용 이후 인턴과정의 근로자에게는 다소 차등적인 급여기준을 제시하였는데 이는 여타 규정에서도 언급된 내용이다.

마지막으로 임금 지불방식의 경우 「경제개발구 로동규정」 제37조에서 "기업은 종업원의 로동보수를 정해진 기간안에 전액 지불하여야 한다. 로임은 화폐로 지불하며 상금과 장려금은 화폐로 지불하거나 상품으로 줄 수도 있다. 로동보수를 주는 날이 되기 전에 사직하였거나 기업에서 내보낸 종업원에게는 수속이 끝난 날부터 7일안으로 로동보수를 지불하여야 한다"라고 하고 있다. 동 규정을 근거로 하면 임금은 화폐로 지불하고 상금이나 장려금은 화폐나 상품으로 대체가 가능하다. 또한 월 급여 지급일 전에 퇴직한 근로자에게는 사직절차가 종료된 이후 일주일 내에 임금을 지급해야 한다.

아울러 연장작업과 야간작업에 대한 임금의 경우 「경제개발구 로동규정」 제34조에 "기업은 종업원에게 야간작업을 시켰거나 정해진 로동시간밖의 연장작업을 시켰을 경우 일당 또는 시간당 로임액의 150%에 해당한 로임을 주어야 한다. 로동시간밖의 야간작업을 시켰을 경우에는 일당 또는 시간당 로임액의 200%에 해당한 로임을 주어야 한다. 야간작업이란 22시부터 다음날 6시 사이의 로동을 말한다"라고 밝혔다. 동 규정에 의거하면 연장근로와 야간근로 등 추가근로에 대한 임금지급 비율을 언급함과 동시에 야간작업에 해당하는 시간을 언급하였다.

또한 「경제개발구 로동규정」 제35조에 "기업은 명절일, 공휴일에 종업원에게 일을 시키고 대휴를 주지 않았을 경우 일당 또는 시간당 로임액의 200%에 해당한 로임을 주어야 한다", 제32조에 "기업은 휴가기간에 있는 종업원에게 로동을 시켰을 경우 휴가비와 함께 일당 또는 시간당 로임액의 100%에 해당한 로임을 주어야 한다"라고 하여 명절일과 공휴일, 휴가기간의 근로에 대한 임금지급기준을 언급하였다.

이는 「개성공업지구 로동규정」 제30조 "기업은 로동시간밖의 연장작업 또는 야간작업을 한 종업원에게 일당 또는 시간당 로임액의 50%에 해당한 가급금을 …. 명절일, 공휴일에 로동을 시키고 대휴를 주지 않았거나 로동시간밖에 야간작업을 시켰을 경우에는 로임액의 100%에 해당한 가급금을" 지급해야 한다고 밝힌 내용에 비해 임금지급기준이 상승한 것이다.

또한 이는 「외국인투자기업 로동규정」 제29조 "외국인투자기업은 공휴일에 일을 시키고 대휴를 주지 않았거나 로동시간밖의 낮 연장작업 또는 로동시간안의 밤작업을 한 종업원에게 로임과 함께 일한 날 또는 시간에 따라 일당 또는 시간당 로임액의 50%(명절일작업과 로동시간밖의 밤연장작업을 한 종업원에게는 100%)에 해당한 가급금을 주어야 한다"와 거의 동일한 내용이다. 이에 「경제개발구 로동규정」에서 북한은 근로자의 공휴일과 야간 추가근무, 연장근무에 대한 추가임금지급에 대한 내용으로 다양한 연장근무에 대한 추가 임금지급기준을 명시한 것이다(이철수a 2017). 지금까지 논증한 「경제개발구 로동규정」의 근로소득의 주요내용을 요약하면 다음 〈표 3〉과 같다.

2. 근로복지

근로복지의 경우 ① 근로자의 노동시간, ② 휴식과 휴가, ③ 여성근로자의 보호로 크게 구분된다. 첫째, 먼저 「경제개발구 로동규정」 제24조에 "경제개발구에서 종업원의 로동시간은 하루 8시간, 주 평균 28시간으로 한다"라고 명시하였다. 동 조항을 근거로 하면 경제개발구 근로자들은 1일 8시간, 주 평균 28시간이다. 그러나 주 노동일수에 대한 언급이 없어 해석상의 논란이 있고 앞서 언급한 추가근무 규정을 적용할 경우 실제 근로시간이 증가함에 따라 이에 대한 의문도 제기된다.

이와 달리 「개성공업지구 로동규정」 제20조에는 "공업지구에서 기업의 종업원로동시간은 주 48시간으로 한다. 기업은 로동의 힘든 정도와 특수한 조건에 따라 종업원의 주로동시간을 48시간보다 짧게 할 수 있다. 계절적 제한을 받는 부문의 기업은 년간 로동시간범위에서 종업원의 주로동시간을 실정에 맞게 정할수 있다"라고 명시하였다. 따라서 동 조항에 의거하면 개성공업지구 근로자들은 1일 8시간 기준, 주 6일의 노동시간을 갖게 된다. 또한 중노동이나 노동제한이 있는 경우 신축적으로 근로시간을 다소 유연하게 조정할 수 있도록 하였다. 하지만 이러한 견해와 달리 1일 근로시간에 대한 분명한 명시가 없어 해석과 적용상의 문제를 동시에 내포하고 있다. 그리고 이는 「외국인투자기업 로동규정」 제22조를 다소 변형한 형태이

〈표 3〉 근로소득 관련 조항 비교

구분	경제개발구 로동규정(2013)	주요 특징
임금 종류	임금, 장려금, 상금	가급금 부재, 연장 추가근로에 대한 임금지급 언급
임금제정 권한	기업	제정 차이 (외국인기업은 중앙노동기관 등)
월로임기준	구체적 기준 미제시	구체적인 임금기준 미제시
최저임금	상동	상동
임금 지불방식	로임은 화폐, 상금과 장려금 화폐·상품 가능	-
연장·야간작업	시간당 임금의 150%	여타 규정보다 상승
명절·공휴일 근무	시간당 임금의 200%	상동

출처: 저자 작성.

다. 가령 이는 ① 노동시간의 경우 주 전체 노동시간을 포괄하여 제시, ② 중노동에 대한 8시간 이하 노동, ③ 계절적 노동환경에 따른 노동시간 단축으로 요약된다. 이에 노동시간의 경우 「개성공업지구 로동규정」이 「외국인투자기업 로동규정」에 비해 상대적으로 다소 세련되고 진전된 형태지만 기본적인 골격은 대동소이하다 하겠다(이철수 2017a).

이에 「외국인투자기업 로동규정」에서 로동시간은 동 규정 제22조에 "종업원의 로동일수는 주 6일, 로동시간은 하루 8시간으로 한다. 외국인투자기업은 힘들고 어려운 로동의 정도와 특수한 조건에 따라 로동시간을 이보다 짧게 할 수 있다. 계절적 제한을 받는 부문에서는 년간 로동시간범위에서 로동시간을 다르게 정할 수 있다"라고 명시하였다. 이는 앞서 언급한 「경제개발구 로동규정」 제24조보다 구체적인 내용을 갖고 있어 해석과 적용상의 큰 문제가 발생하지 않는다.

또한 「경제개발구 로동규정」 제25조 "기업은 종업원에게 정해진 로동시간안에서 로동을 시켜야 한다. 부득이하게 연장작업을 시키거나 명절일,

공휴일, 휴가기간에 로동을 시키려 할 경우에는 직업동맹조직 또는 종업원대표와 합의하여야 한다"라고 하여 기업의 로동시간준수의무를 명문화하였다. 단, 해당 기업의 부득이한 사정으로 추가근로가 필요한 경우 직업동맹과 종업원대표와의 합의를 전제로 하였다.

이는 「외국인투자기업 로동규정」 제23조 "외국인투자기업은 종업원에게 시간외 로동을 시키지 말아야 한다. 불가피한 사정으로 시간외 로동을 시키려고 할 경우에는 직업동맹조직과 합의하고 시간외 로동을 시킬 수 있다"와 거의 대동소이한 내용이다. 단지 동 조항과 다른 것은 추가근로의 협의대상에서 종업원 대표가 추가된 것뿐이다.

다음으로 휴식과 휴가의 경우 「경제개발구 로동규정」 제26조에 "기업은 종업원에게 우리 나라 명절일과 공휴일의 휴식을 보장하여야 한다. 명절일과 공휴일에 로동을 시켰을 경우에는 7일안으로 대휴를 주거나 해당한 보수를 지불하여야 한다"라고 하여 명절과 공휴일에 대한 휴식과 명절과 공휴일 근로에 대한 대휴를 언급하였다. 동 조항은 명절과 공휴일의 휴식보장과 동시에 이 기간 동안 근무하였을 경우 이에 상응하는 휴가와 별도의 추가적인 보수 지급을 명문화한 것이다. 특히 명절과 공휴일 근무 이후 7일 내에 대휴와 해당 기간 동안의 추가보수 지급을 언급, 실제 적용의 마지노선을 제시한 것은 다소 인상적이라 하겠다(이철수a 2017). 그리고 이는 「개성공업지구 로동규정」 제22조 "기업은 종업원에게 공화국의 명절일과 공휴일의 휴식을 보장하여야 한다. 명절일과 공휴일에 로동을 시켰을 경우에는 15일안으로 대휴를 주거나 해당한 보수를 지불하여야 한다"와 대휴 기간의 차이가 있을 뿐 나머지는 거의 동일한 내용이다.

또한 「경제개발구 로동규정」 제27조는 "기업은 종업원에게 해마다 14일간의 정기휴가를 주며 중로동, 유해로동을 하는 종업원에게는 7-21일간의 보충휴가를 주어야 한다. 녀성종업원에게는 산전 60일, 산후 90일간의 휴가를 준다"라고 한다. 동 규정 제26조와 제27조를 근거로 하면 경제개발구 근로자들은 ① 14일의 정기휴가, ② 7~21일의 보충휴가, ③ 150일의 산전·산후휴가, ④ 근무일 외의 근로에 대한 대휴가 보장된다. 그리고 이는 「개성공업지구 로동규정」 제23조 "기업은 종업원에게 해마다 14일간의 정기휴가를 주며 중로동, 유해로동을 하는 종업원에게는 2-7일간의 보충휴가를 주어야 한다. 임신한 녀성종업원에게는 60일간의 산전, 90일간의 산후휴가를 주어야 한다"와 중노동과 유해노동 근로자의 휴가기간에 차이가 있을 뿐 나머지는 대동소이하다.

아울러 「경제개발구 로동규정」 제30조에 "기업은 정기 및 보충휴가를 받은 종업원에게 휴가일수에 따르는 휴가비를 지불하여야 한다. 산전산후휴가를 받은 녀성종업원에게는 휴가일수에 따르는 휴가비의 60% 이상에 해당한 금액을 지불하여야 한다. 휴가비는 로임을 지불할 때 함께 지불한다"라고 하였다. 이는 휴가비 지급에 대한 규정으로 동 규정에 의거하면 경제개발구 근로자들은 ① 정기휴가비, ② 보충휴가비, ③ 산전산후휴가비가 보장된다. 특히 산전산후휴가를 받는 여성근로자에게는 휴가일수에 비례하여 휴가비지급기준을 명시하였다.

또한 「경제개발구 로동규정」 제31조는 "휴가비는 휴가받기 전 마지막 3개월간의 로임을 실가동일수에 따라 평균한 하루로임에 휴가일수를 적용하여 계산한다"라고 하여 휴가비의 계산방식에 대해 언급하였다. 이는 「개성공업지구 로동규정」 제28조 "휴가비의 계산은 휴가받기 전 3개월간의 로임을 실가동일수에 따라 평균한 하루로임에 휴가일수를 적용하여 한다"라는 조항과 거의 동일하다. 이에 동 조항에 따르면 경제개발구 근로자들의 휴가기간 동안 휴가비 계산방식은 최근 3개월 동안 실제 일한 평균 1일 임금기준에 휴가일 수를 계상하는 방식으로 결정된다. 그리고 이는 「외국인투자기업 로동규정」 제27조를 차용한 형태이다(이철수a 2017).

마지막으로 여성근로자의 보호는 「경제개발구 로동규정」 제40조 "기업은 녀성종업원을 위한 로동위생보호시설을 특별히 갖추어야 한다. 임신하였거나 젖먹이는 기간에 있는 녀성종업원에게는 연장작업, 야간작업, 힘들고 건강에 해로운 로동을 시킬 수 없다"와 제41조 "기업은 실정에 맞게 종업원의 자녀를 위한 탁아소, 유치원을 꾸리고 운영할 수 있다"에 명시하였다.

이는 「외국인투자기업 로동규정」 제34조 "외국인투자기업은 녀성종업원을 위한 로동보호위생시설을 잘 갖추어주어야 한다. 임신 6개월이 넘는 녀성에게는 힘들고 건강에 해로운 일을 시키지 말아야 한다. 외국인투자기업은 실정에 맞게 종업원의 자녀를 위한 탁아소, 유치원을 조직하고 운영할 수 있다"라는 규정에서 파생된 것이다.

단, 「경제개발구 로동규정」의 경우 여성근로자의 보호에 대해 보다 더 진일보한 형태이다. 왜냐하면 동 규정에서는 산전산후 여성근로자에 대한 분명한 임신 기간을 언급하지 않았다. 때문에 실제 적용에 있어 상당히 포괄적일 수밖에 없다. 즉, 동 조항을 적용할 경우 경제개발구에서는 임신과 동시에 여성근로자에 대한 노동보호를 해야 한다. 때문에 동 규정에 의거하면 경제개발구에서 임신한 여성근로자들은 임신한 개월 수에 제한받지 않고 임신판정 이후부터 노동보호의 적용대상이 된다.

아울러 이는「개성공업지구 로동규정」 제34조 "임신 6개월이 지난 녀성종업원에게는 힘들고 건강에 해로운 일을 시킬 수 없다. 기업은 녀성종업원을 위한 로동위생보호시설을 충분히 갖추어야 한다"에서 파생한 내용이다. 또한 「개성공업지구 로동규정」 제35조에 "기업은 실정에 맞게 종업원의 자녀를 위한 탁아소, 유치원을 꾸리고 운영할 수 있다"라고 하고 있다. 이는 「외국인투자기업 로동규정」 제34조의 일부 조항을 차용, 승계·분화하여 별도의 독립된 조항으로 발전시킨 형태이다. 따라서 「경제개발구 로동규정」에서 북한은 「외국인투자기업 로동규정」과 「개성공업지구 로동규정」에서 밝힌 여성근로자의 일부 조항을 확장하거나 계승하였다. 지금까지 논증한 「경제개발구 로동규정」의 근로복지의 주요내용을 요약하면 다음 〈표 4〉와 같다.

〈표 4〉 근로복지 관련 조항 비교

구분	경제개발구 로동규정(2013)	주요 특징
노동시간	1일 8시간, 주 평균 28시간	주 노동일수 언급 부재
연장근로 (시간외 근로)	직업동맹, 종업원(대표)합의	외국인투자기업은 종업원대표와 합의 불필요
명절, 공휴일 휴식	보장	-
명절, 공휴일 근무 대휴와 보수	7일 안에 결정 의무 추가보수 지급보장	개성공업지구에 비해 대휴결정기간 짧아짐
정기휴가	14일	휴가 기간 제시
보충휴가	7~21일	휴가 기간 상승
산전산후휴가	산전 60일, 산후 90일	기존과 동일
특별휴가	미언급	특별휴가 삭제
휴가비	지불 제시	기존과 거의 동일
휴가비 계산	최근 3개월 동안 평균 1일 임금	상동
녀성로력보호	임신과 동시에 보호 시작	임신 개월 수 제한 없음
탁아소, 유치원	기업의 자율운영	기존과 거의 동일

출처: 저자 작성.

3. 사회보장

사회보장의 경우 ① 사회문화시책과 문화후생기금, ② 최저임금과 최저생계비, ③ 퇴직보조금과 생활보조금으로 대표되는 복지급여, ④ 사회보험(료)으로 크게 구분된다. 이를 기준으로 비교분석하면 다음과 같다(이철수a 2017).

1) 사회문화시책과 문화후생기금

「경제개발구 로동규정」에서 사회문화시책의 경우 제47조 "기업에서 일하는 우리 나라 공민과 그 가족은 국가가 실시하는 사회문화시책의 혜택을 받는다. 사회문화시책에는 무료교육, 무상치료, 사회보험, 사회보장 같은 것이 속한다"라고 언급하였다. 이는 「개성공업지구 로동규정」 제40조

“공업지구의 기업에서 일하는 공화국의 종업원과 그 가족은 국가가 실시하는 사회문화시책의 혜택을 받는다. 사회문화시책에는 무료교육, 무상치료, 사회보험, 사회보장 같은 것이 속한다”와 거의 동일한 내용이다.

이에 동 조항에 근거하면 경제개발구 근로자들은 ① 무료교육, ② 무상치료, ③ 사회보험, ④ 사회보장의 네 가지의 사회복지제도 혜택을 받게 된다. 그리고 이는 기존의 북한 근로자들과 거의 동일한 제도들이다. 따라서 이를 근거로 할 때 북한은 경제개발구에 기존과 다른 별도의 사회문화시책을 적용할 의도가 없다고 판단된다.

반면 「외국인투자기업 로동규정」에서 사회문화시책의 경우 제37조에 “외국인투자기업에서 일하는 공화국공민인 종업원은 병 또는 부상, 일할 나이가 지나 일하지 못하는 경우 사회보험, 사회보장에 의한 혜택을 받는다. 사회보험, 사회보장에 의한 혜택에는 보조금, 년금의 지불, 정휴양 및 치료가 포함된다. 보조금과 년금을 받으려는 종업원은 보건기관이 발급하는 진단문건 또는 보조금과 년금을 받아야 할 사유를 확인하는 문건을 외국인투자기업에 내야 한다. 외국인투자기업은 사회보험보조금지불청구문건을 사회보험기관에 내여 확인을 받은 다음 은행기관에서 해당한 사회보험보조금을 받아 로동보수를 주는 날에 해당 종업원에게 내주어야 한다. 정휴양소에 가고 오는데 드는 려비와 장례보조금은 해당문건에 의하여 먼저 내주고 후에 청산받아야 한다. 사회보장에 의한 년금, 보조금은 외국인투자기업이 사회보장년금지불기관에서 달마다 정한 날에 대상자에게 내주어야 한다”라고 포괄적으로 언급하였다. 따라서 사회문화시책의 경우 북한이 1999년의 포괄이 2003년을 기점으로 단순 명료함을 거쳐 2013년까지 이어져 왔다 하겠다.

또 이러한 제도의 재원인 사회문화시책기금의 조성의 경우 「경제개발구 로동규정」 제48조에 “경제개발구에서 사회문화시책비는 사회문화시책기금으로 보장한다. 사회문화시책기금은 기업으로부터 받는 사회보험료와 종업원으로부터 받는 사회문화시책기금으로 조성한다"라고 하였다. 이에 동 조항에 근거하면 사회문화시책기금은 기업과 종업원이 각각 부담하는 사회보험료와 사회문화시책금으로 각출한다(이철수a 2017). 이 조항 역시 「개성공업지구 로동규정」 제41조 "사회문화시책비는 사회문화시책기금으로 보장한다. 사회문화시책기금은 기업으로부터 받는 사회보험료와 종업원으로부터 받는 사회문화시책금으로 조성한다"라는 조항을 사실상 그대로 인용한 것이다.

아울러 사회문화시책금의 납부의 경우 「경제개발구 로동규정」 제50조에 "우리 나라 공민인 종업원은 로임의 일정한 몫을 사회문화시책기금으로 달마다 계산하여 다음달 10일안으로 경제개발구관리기관이 정한 은행에 납부하여야 한다"라고 하였다. 이 또한 「개성공업지구 로동규정」 제43조 "… 종업원은 월로임액의 일정한 몫을 사회문화시책금으로 계산하여 다음달 10일안으로 중앙공업지구지도기관이 지정하는 은행에 납부하여야 한다"라는 조항과 거의 동일하다. 한편 개성공업지구의 경우 여기에 소요되는 '일정한 몫'에 대한 분명한 제시가 나타나 있지 않다. 그러나 2016년 2월 11일 한겨레신문 보도에 의하면 종업원의 월로임의 30%를 사회문화시책금 명목으로 납부한다고 한다(이철수b 2017). 따라서 이를 통해 예측하면 경제개발구 근로자들도 이에 준하는 부담을 하리라 판단된다.

반면 「외국인투자기업 로동규정」의 사회문화시책기금은 별도의 조항 없이 제39조에 "사회보험 및 사회보장에 의한 혜택은 사회보험기금에 의하여 보장된다. 사회보험기금은 기업과 종업원에게서 받는 사회보험료로 적립된다"라고 하여 사회보험기금에 대한 적립이 명시되어 있다. 이에 사회보험기금이 사회문화시책 재정의 일부임을 감안하면 일정 부문 이해가 가능하다. 하지만 사회문화시책에 대한 직접적인 언급이 없어 명확한 해석이 불가능한 부문도 일정 부문 존재한다(이철수b 2017). 따라서 이를 통해 볼 때, 북한의 법조문의 발달이 시간의 경과에 비례한다 하겠다.

한편 사회문화시책기금과 대비되는 문화후생기금의 경우 「경제개발구 로동규정」 제51조에 "기업은 결산리윤의 일부로 종업원을 위한 문화후생기금을 조성하고 쓸 수 있다. 문화후생기금은 종업원의 문화기술수준향상, 체육사업, 후생시설의 운영 같은데 쓴다"라고 하였다. 이 역시 「개성공업지구 로동규정」 제45조 "기업은 세금을 납부하기 전에 이윤의 일부로 종업원을 위한 문화후생기금을 조성하고 쓸 수 있다. 문화후생기금은 종업원의 기술문화 수준의 향상과 체육사업, 후생시설 운영 같은데 쓴다"라는 조항과 거의 대동소이하다.

이를 통해 볼 때, 사회문화시책과 문화후생기금에 대한 「경제개발구 로동규정」은 기존의 「개성공업지구 로동규정」과 별다른 차이점이 나타나지 않는다. 즉, 양 로동규정의 경우 10여 년의 입법 차이가 있음에도 불구하고 내용상의 뚜렷한 차이점이 없다. 그리고 이는 북한이 사회문화시책과 문화후생기금에 대한 기존의 정책적 제도적 입장을 유지·고수하겠다는 것을 의미한다.

반면 「외국인투자기업 로동규정」의 문화후생기금의 경우 제42조에 "외국인투자기업은 결산리윤에서 세금을 바치고 남은 리윤의 일부로 종업원을 위한 문화후생기금을 세우고 쓸 수 있다. 문화후생기금은 기술문화수준의 향상과 군중문화체육사업, 후생시설운영과 같은데 쓴다. 문화후생기금의 사용에 대한 감독은 직업동맹조직이 한다"라고 하였다. 이에 동 조항에서는 앞서 언급한 「경제개발구 로동규정」 및 「개성공업지구 로동규정」과 달리 문화후생기금의 운영에 대해 감독을 직업동맹이 할 수 있도록 하였다. 이는 「외국인투자기업 로동규정」에서 근로복지의 협의의 대상이 직업동맹인 것과 동일한 맥락으로 이해된다. 즉, 북한은 외국인투자기업 근로자의 근로복지에 관한 다양한 사안을 직업동맹과 협의해야 하는 만큼 문화후생과 관련된 사업 역시 이들과 협의하는 것이 타당하다고 판단한다(이철수b 2017).

2) 최저임금

「경제개발구 로동규정」에서 최저임금은 제6조에 "경제개발구에서 종업원월로임최저기준은 중앙특수경제지대지도기관이 해당 도(직할시)인민위원회, 경제개발구관리기관과 협의하여 정한다. 이 경우 최저생계비, 로동생산능률, 로력채용상태 같은 것을 고려한다"라고 하였다. 즉, 동 조항에서 북한은 최저임금에 대한 협의주체 세 기관의 언급과 더불어 최저임금기준을 책정할 경우 고려사항인 ① 최저생계비, ② 로동생산능률, ③ 로력채용상태를 제시하였다. 다시 말해 동 규정에서는 최저임금의 협의주체와 고려사항만 언급하였을 뿐 구체적인 최저임금기준액은 명시되어 있지 않다. 그리고 이는 「외국인투자기업 로동규정」과 거의 비슷한, 즉 임금에 대한 추상적 수준의 내용만 있는 경우이다. 그러나 다른 한편으로 북한이 「외국인투자기업 로동규정」에서 임금책정에 반영하는 요소로 밝힌 ① 로동직종, ② 기술기능수준, ③ 로동생산성이, 최저임금책정으로 ① 최저생계비, ② 로동생산능률, ③ 로력채용상태로 분화·전환됨을 의미한다.

아울러 이는 앞서 언급한 「개성공업지구 로동규정」과 대비된다. 더욱 중요한 것은 이러한 법적 차이의 원인과 배경이다. 이는 다분히 법제적 환경과 내재적 속성에 기인하는 바가 크다 하겠다. 즉, 「외국인투자기업 로동규정」 제정 당시는 협상의 주체인 외국인투자기업이 부재했던 반면 「개성공업지구 로동규정」은 남한 기업과 협상이 마무리된 상태의 입법이었다. 때문에 「개성공업지구 로동규정」이 「외국인투자기업 로동규정」에 비해 상대적으로 보다 더 명확한 내용을 명시할 수 있는 법적 토대이자 환경을 갖추고 있었다(이철수b 2017).

이와 마찬가지로 2013년 제정한 「경제개발구 로동규정」 역시 법 제정 당시 뚜렷한 협의 기업이 부재하였다. 때문에 이러한 상황에서 북한이 최저임금의 기준액을 미리 제시한다는 행태 자체가 향후 협상과 사업 자체에 상호 간의 부담으로 작용할 여지가 있다. 또한 북한과 경제개발구 기업의 입장에서 보면 최저임금은 향후에 상호 간의 협의를 통해 제정하는 것이 양자 모두에게 유리하다. 아울러 구체적인 최저임금액을 밝힐 경우 동 조항에서 명시한 최저임금의 협의기관인 ① 특수경제지대지도기관, ② 해당 도(직할시)인민위원회, ③ 경제개발구관리기관과의 협의 조항의 수정이 불가피하다.

다른 한편으로 주목해야 하는 것은 상술한 바와 같이 북한이 동 규정에서 최저임금기준을 책정할 경우 ① 최저생계비, ② 로동생산능률, ③ 로력채용상태를 언급하였다는 것이다. 이는 크게 세 가지 의미를 갖는다. 첫째, 동 조항을 근거로 하면 북한의 최저임금책정 기준의 고려요소는 ① 최저생계비, ② 로동생산능률, ③ 로력채용상태 세 가지임을 스스로 밝혔다. 둘째, 그러나 이러한 북한의 행태는 기존의 법령에서 언급하지 않았던 내용이다. 즉, 기존의 법령에서 북한은 임금책정의 고려요소를 언급하였지만 최저임금의 책정 기준에 대한 일체의 언급이 부재하였다. 셋째, 북한은 최저생계비와 같은 북한의 사회상·법제상 부재한 이른바 자본주의 용어를 자신들의 법령에 도입·인용하였다. 그리고 이는 북한의 최저임금에 대한 인식과 변화의 폭을 의미한다. 따라서 동 조항은 북한의 변화된 일부를 반증하는 사례라 하겠다.

3) 급여: 퇴직보조금·생활보조금

「경제개발구 로동규정」 퇴직보조금의 경우 제38조에 "기업은 자체의 사정으로 종업원을 내보내는 경우 보조금을 주어야 한다. 보조금은 종업원을 기업에서 보내기 전 마지막 3개월안의 로임을 평균한 월로임에 일한 해수를 적용하여 계산한다. 그러나 로동년한이 1년이 못 되는 경우에는 1개월분의 로임을 적용하여 계산한다"라고 하였다. 동 조항을 근거로 하면 경제개발구 기업은 비자발적 퇴직 시 근로연한이 1년 미만인 근로자에게는 1개월분의 임금, 근로연한이 1년 이상인 근로자는 3개월 평균임금을 각각 보조금 형태로 지급한다. 사실 이는 일종의 퇴직보조금의 성격을 갖는다(이철수b 2017).

그리고 이는 「외국인투자기업 로동규정」 제17조 "외국인투자기업은 종업원을 본인의 잘못이 아닌 사유로 기업에서 내보내는 경우 그에게 일한 년한에 따라 보조금을 주어야 한다. 일한 년한이 1년이 못되는 경우에는 최근 1개월분의 로임에 해당한 보조금을 주며 1년 이상인 경우에는 최근 3개월 평균월로임액에 일한 해수를 적용하여 계산한 보조금을 주어야 한다"라는 조항에서 서술적 도치를 제외하고는 거의 동일한 내용이다.

반면 「개성공업지구 로동규정」 제19조에는 "기업의 사정으로 1년 이상 일한 종업원을 내보내는 경우에는 보조금을 준다. 보조금의 계산은 3개월 평균월로임에 일한 해수를 적용하여 한다"라고 언급하였다. 이 역시 기업의 사정으로 인한 근로자의 비자발적 실업에 대한 현금보상을 언급한 것이다(이철수b 2017).

그리고 이는 「외국인투자기업 로동규정」 제17조를 일부 계승한 것이다. 따라서 북한의 사실상의 퇴직보조금에 대한 인식은 이미 오래전부터 인식한 것이라 하겠다. 그리고 무엇보다 이러한 원인이 중요한데, 이는 퇴직보조금의 지급주체가 북한 기업이 아닌 외부기업이기 때문이라 판단된다. 즉, 북한이 퇴직보조금 지급에 대한 부담을 갖지 않아도 되는 태생적 환경에 기인한다(이철수a 2017).

또 생활보조금의 경우 「경제개발구 로동규정」 제33조에 "기업은 양성기간에 있거나 기업의 책임으로 일하지 못하는 종업원에게 일당 또는 시간당 로임의 60%이상에 해당한 생활보조금을 주어야 한다"라고 하였다. 동 조항은 기업이 양성기간 근로자, 비자발적 무노동 근로자들에게 생활보조금을 지급해야 함과 동시에 그 기준을 언급한 것이다. 그러나 동 규정에는 생활보조금의 수급기간이 명시되어 있지 않아 실제 적용상의 논란이 예상된다.

이는 「외국인투자기업 로동규정」 제28조 "외국인투자기업은 종업원의 잘못이 아닌 기업의 책임으로 일하지 못하였거나 양성기간에 일하지 못한 종업원에게 일하지 못한 날 또는 시간에 따라 일당 또는 시간당 로임액의 60% 이상에 해당한 보조금을 주어야 한다"라는 조항에서 인용·파생한 것이다.

한편 「개성공업지구 로동규정」 제29조에는 "기업은 자기의 책임으로 또는 양성기간에 일하지 못한데 대하여 종업원에게 일당 또는 시간당 로임의 60% 이상에 해당한 생활보조금을 주어야 한다. 생활보조금을 주는 기간은 3개월을 넘을 수 없으며 생활보조금에는 사회보험료, 도시경영세를 부과하지 않는다"라고 명시하였다(이철수a 2017). 이 또한 「외국인투자기업 로동규정」 제28조를 계승함과 동시에 보다 더 발전된 형태이다. 즉, 「개성공업지구 로동규정」에서 북한은 생활보조금의 지급수준과 수급기간, 생활보조금에 대한 면세를 밝혔다. 다시 말해 이는 생활보조금의 지급수준만을 언급한 「외국인투자기업 로동규정」의 내용적인 한계를 극복한 것이다(이철수b 2017).

퇴직보조금의 경우 북한의 변화는 거의 부재하나 생활보조금의 경우 이와 달리 다소간의 부침이 있다. 「경제개발구 로동규정」과 「외국인투자기업 로동규정」의 생활보조금은 거의 대동소이하다. 그러나 「개성공업지구 로동규정」은 이와 달리 상당히 구체적이다. 더욱 중요한 것은 법적 내용상의 차이에 대한 배경과 원인이다. 「경제개발구 로동규정」과 「외국인투자기업 로동규정」의 경우 미래의 상황을 대비, 적용 가능한 부문에 대한 예측을 중심으로 진술하였다. 반면 「개성공업지구 로동규정」은 당장 적용해야 하는 법적 구속력을 갖고 있어야만 했다. 때문에 북한의 입장에서 그들의 의지와 상황에 맞게 구체적으로 언급하여도 별다른 부담이 없었다. 또 생활보조금에 대해 일정 부문 남한(기업)과 협의된 상황이었다고 판단된다. 결국 이러한 이유로 생활보조금에 대한 삼자의 로동규정에 내용상의 차이가 발생한 것이다.

4) 사회보험(료)

「경제개발구 로동규정」에서 사회보험료의 경우 동 규정 제49조에 "기업은 우리 나라 공민인 종업원에게 지불하는 월로임총액의 15%를 사회보험료로 달마다 계산하여 다음달 10일 안으로 경제개발구관리기관이 정한 은행에 납부하여야 한다"라고 하였다. 이는 「개성공업지구 로동규정」 제42조 "기업은 공화국공민인 종업원에게 지불하는 월로임총액의 15%를 사회보험료로 달마다 계산하여 다음달 10일 안으로 중앙공업지구지도기관이 지정하는 은행에 납부하여야 한다…"라는 그대로 조항을 인용한 것이다.[5] 동 조항에서 북한은 기업이 매월 부담하는 사회보험료율을 구체적으로 명시하였고 그 절차에 대해서도 언급하였다. 아울러 한 가지 간과해서는 안 되는 것은 동 조항들에 근거하면 사회보험료를 기업이 부담하지만, 이는 고용된 사업장 근로자의 임금에 근거하기 때문에 사실상 근로자가 부담하는 것을 우회적으로 표현한 것이라는 점이다. 따라서 이는 외형적으로 보면 기업이 부담하나 내형적으로 보면 근로자의 임금에서 갹출되는 구도이다.

한편 경제개발구나 경제특구가 아닌 북한의 일반 사업장 근로자의 사회보험 부담율의 경우 2006년을 기점으로 월 임금의 1%와 사업장 수익의 7%를 부담하는 것으로 개편되었다. 여기에서 의미하는 사업장 수익은 사실상 근로자의 임금을 의미한다. 따라서 이렇게 보면 북한의 일반 사업장 근로자의 사회보험 부담률은 임금의 8%가 된다. 이에 북한의 사회보험료율

---

5. 한편 「개성공업지구 로동규정」에서 사회보험료가 연체될 경우 동 규정 제47조에 "사회보험료를 제때에 납부하지 않았을 경우에는 납부기일이 지난 날부터 매일 0.05%에 해당한 연체료를 물린다. 연체료는 미납액의 15%를 넘을수 없다"라고 하여 납부의무를 강조함과 동시에 연체료 상한선을 제시하였다. 따라서 이는 「외국인투자기업 로동규정」에서 제시되지 않았던 ① 월 사회보험료율, ② 미납 시 연체비 부담을 명시하여 보다 더 구체화되었다(이철수b, 2017).

은 2003년을 기점으로 경제특구와 일반지역으로 양분되었다. 즉, 이 시점을 기준으로 북한의 사회보험 재정은 이중적인 납부체제로 재편되었다 하겠다. 그리고 북한은 이를 2013년 「경제개발구 로동규정」에서 재차 확인해 주고 있다. 다시 말해 북한은 2013년에도 이를 그대로 계승, 경제개발구 기업에게도 동일하게 적용하고자 하였다.

다른 한편 북한이 「개성공업지구 로동규정」에서 밝힌 사회보험료율의 경우 법 제정 당시인 2003년을 기준으로 하면 상당히 파격적이다. 왜냐하면 당시 북한의 근로자의 월 사회보험료 납부액은 월로임의 1%였기 때문이다(이철수b 2017).

반면 「외국인투자기업 로동규정」에서 사회보험료의 경우 동 규정 제41조에 "외국인투자기업은 사회보험료의 납부, 사회보험기금의 지출에 대하여 기업소재지 사회보험기관과 직업동맹조직의 감독을 받는다"라고 하였다. 이에 외국인투자기업이 부담해야 하는 사회보험료율에 대한 구체적인 언급이 없다. 단지 납부와 지출 절차에 대해 외국인투자기업은 사회보험기관과 직업동맹의 감독하에 있다. 따라서 동 조항은 사회보험과 관련한 기관들의 일정한 역할이 제시되어 있을 뿐 사회보험 재정부담율에 대한 내용이 부재하다(이철수b 2017). 따라서 사회보험료율을 분명히 언급한 「경제개발구 로동규정」과 「개성공업지구 로동규정」이 「외국인투자기업 로동규정」에 비해 구체적이라 하겠다. 지금까지 논증한 「경제개발구 로동규정」의 근로복지의 주요내용을 요약하면 다음 〈표 5〉와 같다.

Ⅴ. 결론

지금까지 본 연구는 북한이 2013년 제정한 「경제개발구 로동규정」을 1999년 제정한 「외국인투자기업 로동규정」과 2003년 제정한 「개성공업지구 로

〈표 5〉 사회보장 관련 조항 비교

구분	경제개발구 로동규정(2013)	주요 특징
종류	무료교육, 무상치료, 사회보험, 사회보장	기존 제도 승계
사회문화시책기금(조성)	① 기업의 사회보험료, ② 종업원은 사회문화시책기금	부담률 언급 부재
문화후생기금	기업의 결산이윤에서 일부 부담	기존과 거의 동일
최저임금	협의기관 명시, 구체적 기준 부재, 최저임금 고려요소 언급	기준액 제시 부족
퇴직보조금	1년 이상 근무 3개월 평균임금 1년 미만 근무 1개월 평균임금	기존과 거의 동일
생활보조금	시간당 로임의 60% 이상 지급	수급기간 부재
사회보험료	기업이 월로임총액의 15% 부담	재정부담률 명시 재정부담률 양분

출처: 저자 작성.

동규정」과 비교분석하였다. 이에 지금까지의 논증을 토대로 2013년 「경제개발구 로동규정」을 놓고 「외국인투자기업 로동규정」과 「개성공업지구 로동규정」을 비교분석하면, 시계열적으로 2013년 대비 북한 경제특구 노동복지 법제의 지속성은 첫째, 법령제정의 시간적 차이가 존재하지만 북한은 경제특구 노동복지의 기본적인 골격을 기존의 북한 지역과 같은 제도를 중심으로 이를 그대로 유지하고자 하는 경향이 있다. 둘째, 경제특구의 다양한 복지급여의 경우 최저임금과 사회보험료를 제외하고 주목할 만한 새로운 현금급여나 현물급여 없이 기존의 복지급여 체계와 거의 동일한 형국이다. 셋째, 이의 연장선상에서 기존의 노동복지 체제를 벗어나 괄목할 만한 새로운 제도나 프로그램을 제시하지는 않았다. 넷째, 사회문화시책기금과 문화후생기금과 같은 노동복지와 관련된 재정부담 주체는 기존과 동일하게 외부기업에게 부담·적용된다(이철수a 2017). 다섯째, 근로소득의 경우 추가근무에 대한 보상비율을 제외하고는 기존과 거의 동일하다. 여섯째, 근로복지의 경우 대휴, 정기·보충휴가를 제외하고는 기존과 거의 동일하다. 일곱째, 사회보장의 경우 이렇다 할 변화된 새로운 내용이 부재하다.

반면 변화는 첫째, 근로소득에 있어 연장·야간작업과 명절·공휴일 추가근무에 대한 현금보상 기준비율이 기존에 비해 상승하였다. 따라서 이로 인해 경제개발구 근로자들의 소득 상승의 기회의 폭이 상승하였다. 둘째, 경제개발구 근로자들의 임금에 있어 기존에 존재했던 가급금이 누락되어 있다. 이에 이러한 북한의 행태가 임금구조의 개편인지, 법리적 실수인지에 대한 논란이 야기된다. 이는 향후 북한이 경제개발구의 임금 운영을 어떻게 하느냐에 따라 실제적인 판단이 가능한 부문이다. 셋째, 근로복지에 있어 명절, 공휴일 근무, 대휴와 보수의 결정 의무 기간, 정기휴가와 보충휴가의 기간이 근로자에게 유리하게 일부 상승하였다. 특히 녀성로력보호의 경우 임신과 동시에 보호를 시작해야 함에 따라 기업은 기존보다 더욱 강력한 노동보호 의무를 갖는다. 넷째, 최저임금책정에 최저생계비 등 기존의 북한 법령에서 언급하지 않았던 소위 자본주의 용어를 인용하여 다소 놀랄 만한 변화도 나타내고 있다. 다섯째, 이와 연장선상에서 최저임금의 책정 기준으로 최저생계비, 고용상태, 생산율을 고려하여 기존의 임금책정 기준인 직종, 기술수준, 로동생산성과 대비된다.

특히 다른 한편으로 간과할 수 없는 것은, 「개성공업지구 로동규정」의 경우 지금 현재를 기준으로 사실상 사문화된 규정이지만 「경제개발구 로동규정」의 경우 향후 북한이 기업 유치의 성과에 따라 적용·집행할 새로운 법령이라는 점이다. 따라서 이러한 점에서 북한의 경제개발구 기업 유치와 운영 여부가 북한 경제특구의 노동복지를 가늠하는 바로미터가 된다.

한편 북한의 경제특구 노동복지 법제의 지속성과 변화의 원인과 배경은 시간의 경과에 따른 북한의 변화와 새로운 환경에 대한 북한의 반응과 인식을 의미한다. 그리고 이를 통해 볼 때 북한의 노동복지 법제는 기본적인

〈표 6〉 노동복지 법제의 지속성과 변화

구분	지속성	변화
1999년 대비 2003년 대비 2013년 기준	- 노동복지의 골격 기존 유지 경향 - 기존의 복지급여 체계 유지 - 재정부담 주체는 기업	- 연장·야간작업과 명절·공휴일 추가근무에 대한 현금보상 기준비율이 상승 - 기존에 존재했던 가급금이 누락 - 명절, 공휴일 근무, 대휴와 보수의 결정의무 기간, 정기휴가와 보충휴가의 기간 일부 상승 - 녀성로력보호 강화 - 최저생계비 등 최저임금책정요소 언급 - 기존 임금책정 요소와 차이

출처: 저자 작성.

제도적 골격은 기존의 체제를 벗어나려 하지 않는다. 그러나 기업에게 큰 부담이 되지 않는 부문에 대해서는 근로자의 입장을 적극 반영한 제도적 노력을 꾀하고 있다 하겠다. 그리고 이는 어찌 보면 사회주의 국가의 당연한 모습일 수도 있다. 문제는 북한이 시간의 경과에 비례하여 작지만 의미 있는 변화를 지속하고 있다는 것이다. 지금까지 논증을 근거로 2013년 기준 북한 경제특구 노동복지 법제의 지속성과 변화를 요약하면 위의 〈표 6〉과 같다.

본 연구가 지금까지 논증한, 북한이 2013년 제정·공포한 「경제개발구 로동규정」은 한마디로 야심찬 북한의 경제개발 계획을 반증한다. 북한이 다양한 지역에 경제개발구를 개발, 해당 지역에 기업을 유치하여 경제발전 전략의 한 축으로 삼는다는 것은 북한이 당면한 현실로 볼 때 그만큼의 절실함이 묻어 있다. 이는 「경제개발구 로동규정」과 연이어 제정·공포한 북한의 경제특구 법령들이 반증하고 있다. 물론 이러한 북한의 입법적·법제적 노력과 수고가 최근의 행태만은 아니다. 그러나 2010년에 접어들어 경제특구와 관련한 새로운 법령이 제정되었다는 것은 그만큼의 무게를 의미한다.

그리고 무엇보다 이러한 법령 속에 북한의 경제특구 운영전략이 나타나고 그 속에 노동복지의 지속성과 변화가 감지된다. 문제는 각각 이러한 지속성과 변화의 원인과 결과이다. 이에 지속성의 경우 무엇보다 북한은 노동복지의 제도적 변화를 크게 유도하지는 않는다. 즉, 북한은 기존의 노동복지 제도만으로 충분하다고 보고 있다. 때문에 지속성의 결과에 따른 변화는 크지 않다. 아울러 경제특구 근로자에 대한 별도의 새로운 노동복지 제도는 부재하다 하겠다. 즉, 북한의 근로자들은 적어도 외형적으로 동일한 복지제도하에 있다.

반면 변화의 경우 그 원인은 시간의 경과에 따른 새로운 환경변화와 여기에 기인한 북한의 의식변화의 결과를 반영한 것이다. 그리고 이러한 것이 입법행태에 반영되어 새로운 조문에 삽입되어 있다. 이에 부분적이지만 과거와 자못 다른 입법행태를 나타내고 있다. 가령 이는 북한이 앞서 상술한 바와 같이 비록 상징적일지라도 '최저생계비'라는 용어와 표현을 공식적으로 자신들의 법조문에 포함시켰다는 것이다. 따라서 이렇듯 향후 북한의 노동복지에 관한 법제적 변화는 북한의 당면한 경제적 상황과 환경, 대내외적 변화로 인한 인식의 변화와 폭, 경제전략 간의 끊임없는 피드백의 결과로 나타날 개연성이 짙다. 때문에 남한의 입장에서 북한의 개혁과 개방을 촉진하여 법제의 민주화, 노동복지 법제의 개혁을 외부에서 조력할 필요가 있다. 아울러 북한의 복지와 현실 간의 괴리를 인지, 이에 대한 지적과 접근으로 북한의 법제와 현실 간의 간극을 좁히는 데 관심을 가져야 한다.

【참고문헌】

1) 북한 법령

개성공업지구 로동규정

경제개발구 로동규정

라선경제무역지대법

라선경제무역지대 외국투자기업 로동규정

라선경제무역지대 외국투자기업 로동규정 시행세칙

외국인기업법

외국인기업법 시행규정

외국인투자기업 로동규정

외국인투자기업 로동법

2) 논문 및 단행본

문무기. 2009. "개성공업지구 노동규정의 운영상황 분석과 향후 제도 개선방향." 『수은 북한경제』, 2009년 봄호, 서울: 한국수출입은행, 2009.

박천조. 2015. "개성공단 노동제도의 변화와 영향 연구." 『산업노동연구』, 제21권 2호, 서울: 한국산업노동학회.

배종렬. 2014. "김정은 시대의 경제특구와 대외개방: 평가와 전망." 『북한연구학회보』, 제18권 2호, 서울: 북한연구학회, pp. 27-57.

이철수. 2017a. "북한경제특구의 노동복지법제 비교분석: 개성공업지구와 라선경제무역지대를 중심으로." 『법학연구』, 제28권 1호, pp. 169204.

이철수. 2017b. "북한의 경제특구 복지법제 비교분석: 라선경제무역지대 외국투자기업로동규정과 경제개발구 로동규정을 중심으로." 『법학논총』, 제34권 3호, pp. 169204.

이철수. 2017c. "북한경제특구의 노동복지법제 비교분석: 외국인투자기업 로동규정과 개성공업지구 로동규정을 중심으로." 『동서연구』, 제29권 3호, pp. 191-216.

임을출. 2015. "김정은 시대의 경제특구 정책: 실태, 평가 및 전망." 『동북아경제연구』, 제27권 3호, 서울: 한국동북아학회.

최우진. 2015. "라선경제무역지대의 법제도 정비 현황." 『통일과 법률』, 2015년 8월호, 서울: 법무부.

3) 신문 보도 자료

한겨레신문. 2016. 02. 11.

http://www.hani.co.kr/arti/politics/defense/729960.html(검색일: 2017. 09. 08.)

"70%가 북 노동자 몫인데 … 개성공단 돈으로 핵개발은 억측"

11장

남북한 제도적 경제통합과 경제적 효과*

강문성

I. 서론

문재인 행정부 출범 이후 평창 동계올림픽을 통해 남북관계가 개선될 환경이 조성되고, 남북 및 북미 정상회의가 예정되면서 그동안 긴장이 고조되었던 한반도 안보상황이 개선되고 다양한 방면에서의 남북한 협력 논의가 재개될 가능성이 높아지고 있다. 이에 본 논문에서는 그동안 고려대학교 아세아문제연구소가 2013년 이후 진행한 남북한 경제통합 및 통일에 대한 연구를 제도적 경제통합에 초점을 두고 정리, 요약하고, 향후 진행되어야 할 추가 과제를 살펴보고자 한다.

---

* 본 논문은 아세아문제연구소 HK사업에서 '한반도의 제도적 경제통합' 관련 연구를 정리하기 위해, 기존의 논문인 강문성·이종화·편주현(2014), 강문성·김형주·박순찬·이만종·이영훈·이종화·이홍식·편주현(2014), Kang and Park (2018)의 연구를 활용하여 정리하였다.

남북한 경제통합 및 통일에 대한 연구는 예기치 못한 한반도 상황전개에 대비하는 차원에서 의미 있는 주제이다. 한반도가 남북으로 분단된 이후 상이한 경제체제를 운영한 남북한 경제규모는 2016년 현재 매우 큰 격차를 나타내고 있는데, 남한 경제가 명목 GNI 기준 45.1배, 1인당 GNI 기준 21.9배 북한 경제보다 크다.[1] 따라서 남북한 경제격차의 해소 없이 급격한 방식으로 남북한 통일이 진행될 경우 통일로 인한 경제적 충격은 상당할 것으로 전망된다.

이와 같이 남북한 통일로 인한 경제적 혼란을 최소화하기 위해 남북한 통일 이전부터 남북한 경제격차를 완화하는 협력방안이 마련될 필요가 있으며, 이를 위한 제도적 경제통합 연구가 뒷받침되어야 한다. 이에 따라 본 논문은 남북한 경제통합의 이론적 배경을 무역협정의 게임이론적 분석 틀을 이용하여 분석하고, 이와 같은 남북한 경제통합의 경제적 효과를 연산가능일반균형(CGE)모형 분석을 이용해 추정한다.

이러한 연구목적을 달성하기 위해, 본 논문의 2절에서는 무역협정의 게임이론적 분석 틀을 활용하여 남북한 경제통합의 이론적 배경을 분석한다. 3절에서는 남북한 경제통합의 경제적 효과를 연산가능일반균형모형을 이용하여 추정하는데, 남한과 북한의 실질 GDP와 후생의 변화를 추정하고 농수산업, 광업, 경공업, 중공업, 서비스업 등 부문별 생산 변화 역시 추정한다. 4절에서는 본 논문의 분석 결과를 요약하고 남북한 경제통합을 점진적으로 추진하기 위한 제도적 정책 시사점을 제공하고자 한다.

II. 남북한 제도적 경제통합에 대한 이론 연구

1. 남북한 제도적 경제통합에 대한 기존 연구

남북한의 경제통합에 관한 기존 연구는 〈표 1〉에 나타난 바와 같이 다양한 방향으로 진행되어 왔다. 전홍택(2012)의 연구에서는 남북한의 급격한 통합 과정을 배제하고 북한 경제를 남한 경제로부터 한시적으로 분리할 수 있다는 가정 아래 바람직한 경제통합과정을 분석하였다. 이에 반해 이석(2012)의 연구는 북한 경제 자체에 초점을 두고 북한 경제의 시장경제체제 전환 과정에서 발생 가능한 다양한 이슈를 점검하고 한국 정부가 수행할 수 있는 정책대안을 제시하였다. 정형곤·김병연·이석(2012)의 연구 역시 북한의 시장경제화 현상에 대해 분석하였다. 김두얼(2012)의 연구 역시 북한 경제 자체에 초점을 두고 있는데, 북한 경제의 장기적인 발전전략을 북한 산업 및 농업에 초점을 두고 분석하였다. 그 외에도 남북 경제협력에 초점을 둔 이석(2013)의 연구, 동아시아 경제통합을 활용한 남북 경제협력을 연구한 전홍택·박명호(2012)의 연구 등도 존재한다. 또한 남북한 무역협정 및 제도적 통합 연구를 수행한 임수호·동용승(2007), 강문성·이종화·편주현(2014), 강문성 외(2014) 등의 연구가 존재한다.

남북한 경제통합에 따른 효과 및 무역창출효과를 이론적으로 분석한 것은 김두얼(2012, pp. 26-35)의 연구가 있는데, 기본적인 헥셔-올린(Heckscher-Ohlin) 정리를 활용하여 북한 경제의 개방이 교역 증가를 가져올 경제적 혜택을 설명하였다. 동 분석의 이론적 모형에 더해 무역협정을 통한 경제통합의 효율성을 게임이론적으로 증명한 기존의 연구결과를 활용할 경우 남북한 경제통합에 대한 보다 견고한 이론적 토대를 구축할 수 있다.

또한 강문성·이종화·편주현(2014)의 연구와 같이 남북한 경제통합으로 인한 경제효과를 계량·분석하기 위해 그 이론적 근거로 경제성장모형이 주로 이용된다. 경제성장모형 외에도 연산가능일반균형(CGE)모형과 중력모형 등 다양한 통계방법 등이 사용된다.

---

1. 한국은행 경제통계시스템, http://ecos.bok.or.kr/(검색일: 2018. 3. 20.).

〈표 1〉 남북한 경제통합 관련 주요 선행연구

연구과제명	연구목적	연구방법	주요 연구내용
남북한 경제통합 연구: 북한 경제의 한시적 분리 운영방안 (전홍택, 2012)	북한 경제를 한시적으로 남한 경제와 분리할 경우 바람직한 경제통합 방안 모색	문헌연구 이론분석	• 북한 특구의 노동시장 운영방안 • 연금 및 공공부조제도 분야 • 보건의료체계 분야 • 화폐 및 금융 분야
남북한 경제통합 연구: 북한 경제의 개혁 및 이행 전략 (이석, 2012)	북한 경제의 시장경제체제 이행에 따른 문제 분석, 한국 정부의 대응방안	문헌연구 이론분석	• 북한 경제의 자유화 정책 • 북한 경제의 사유화 정책 • 남북한 통합의 시나리오
남북한 경제통합 연구: 북한 경제의 장기발전전략 (김두얼, 2012)	북한 경제의 장기적인 발전전략 연구	문헌연구 이론분석	• 북한 산업의 발전 잠재력과 과제 • 북한 농업 실태와 개발 방향 • 북한 경제발전과 기반시설 개발 • 남북한 경제통합에 따른 성장수렴
동아시아 통합전략(III): 협력의 심화·확대와 새로운 도전 (전홍택·박명호, 2012)	동아시아 경제통합을 활용한 남북한 경제협력 추진방안	문헌연구 통계분석	• 동아시아 통합과 세계경제 • 동아시아 경제통합의 확대와 심화 • 동북아 경제협력과 남북한 경협의 연계
북한의 시장화 현황과 경제체제의 변화 전망 (정형곤·김병연·이석, 2012)	북한의 시장화 실태/동향 분석을 통해 북한 경제를 평가하고 경제체제 변화 가능성 전망	문헌연구 정량분석	• 북한의 시장화와 정책의 변화 • 북한 시장규모의 추정(정량분석) • 북한 경제의 개혁전망 및 제약요인 분석
전략적 남북경협과 대북정책에의 시사점 (이석, 2013)	남북한 경제협력 평가 및 발전전략 연구	문헌연구 통계분석	• 전략적 남북경협의 정의 및 구성 • 전략적 남북경협의 정책구조와 수단, 효과분석
남북한 경제통합의 혜택과 한반도 통일 국가의 역할 (강문성·이종화·편주현, 2014)	남북한 경제통합의 혜택 및 비용을 추정하고, 경제통합을 위한 제도적 기반 연구	문헌연구 통계분석 이론분석	• 남북한 무역통합의 효과 • 한반도 평화와 전쟁방지의 경제적 혜택 • 동북아 경제통합에서의 통일 한국 한국의 역할
점진적 통일 과정에서의 남북한 경제통합 추진전략과 동북아 경제협력 (강문성·김형주·박순찬·이만종·이영훈·이종화·이홍식·편주현, 2014)	남북한 경제통합을 무역/투자, 화폐통합, 인적자원 교류 등 분야별로 분석하고 동북아 분업구조 및 경제협력에 미치는 영향 분석	문헌연구 통계분석 이론분석	• 남북한 경제통합의 분야별 분석 • 남북한 화폐통합 관련 교환비율 산정방법에 대한 이론적 고찰 • 남북한 경제통합협정의 규범 측면 • 남한의 대북한 직접투자 효과분석 • 남북한 경제통합이 동북아 분업구조 및 지역주의 논의에 대한 영향

한·중·일 경제협의체 구상 (이창재 외, 2013)	동북아 경제공동체 및 동아시아 경제공동체 실현을 위한 중기목표로 한중일 경제협의체 구상 제시	문헌연구	• 한중일 3국 경제의 위상 및 상호 의존도 • 한중일 경제협의체의 특성 및 추진방안 • 통일과 동북아 경제협의체
남북한 경제협력 강화협정(CEPA)의 의의와 가능성 (임수호·동용승, 2007)	남북한 CEPA 가능성 및 추진방안 연구	문헌연구 사례연구	• 남북한 CEPA의 의미와 필요성 • 중국-홍콩 CEPA 사례 • 남북한 CEPA 가능성과 추진방안
The Structure of North Korea's Political Economy: Changes and Effects (Young-Sun Lee, Deok Ryong Yoon, 2004)	북한의 정치경제체제에 대한 구조를 분석하여 그 변화와 향후 전망 연구	문헌연구	• 북한 경제의 구조와 변화 • 북한의 개혁조치와 시사점

자료: 저자 작성

2. 남북한 제도적 경제통합에 대한 이론적 고찰

1) 기본 모형

본 논문은 남북한 경제통합을 위한 이론적인 틀을 분석하는데, 남북한 양자 간 무역협정(bilateral trade agreement)을 포함하는 제도적 기반을 통해 양측의 상호 경제혜택을 증진시킬 수 있음을 이론적으로 분석한다. 이를 위해 본 논문은 게임이론모형을 활용하여 무역협정의 존재가 효율성에 미친 영향을 분석한 Bagwell-Staiger(2002) 모형에 정치적 무역장벽(political barriers to trade) 개념을 새로이 도입하여 남북한 간 정치적 무역장벽이 존재하는 분단 상황이 파레토 비효율적(Pareto inefficient)임을 증명하고, 상호 합의에 의해 남북한 경제통합 추진 제도를 마련할 경우 파레토 효율적(Pareto efficient)인 균형을 도출할 수 있음을 이론적으로 고찰한다.

일반적으로 국가 간의 무역에는 관세가 부과되는 등 무역장벽(barriers to trade)이 존재한다. 그러나 2005년 12월 제정된 「남북관계 발전에 관한 법률」 5 제3조 ②항과 「남북교류협력에 관한 법률」 제12조에 따르면, "남한과 북한 간의 거래는 국가 간의 거래가 아닌 민족내부의 거래로 본다"라고 규정되어 있다. 또한 「남북교류협력에 관한 법률」 제26조 ②항에는 "원산지가 북한인 물품 등을 반입할 때에는 「관세법」에 따른 과세 규정과 다른 법률에 따른 수입부과금에 관한 규정은 준용하지 아니한다"라고 규정되어 있고, 이에 따라 관세청의 「남북교역물품 통관관리에 관한 고시」 제6조는 "원산지가 북한인 반입물품은 「남북교류협력에 관한 법률」 제26조 ②항 단서에 따라 관세를 부과하지 아니한다"라고 규정하고 있다.

따라서 남북한 교역에 있어 관세는 의미가 없다. 그럼에도 불구하고 남북한 교역이 자유롭지 못한 것은 남북한 교역에 있어 정치적인 무역장벽이 존재함을 의미한다. 2006년 북한의 핵실험 및 탄도미사일 발사 이후 국제연합 안전보장이사회(Security Council of the United Nations, 이하 유엔 안보리)는 대북 석유 공급 제한; 북한산 철·철광석·석탄 등 광물자원, 해산물 수입 금지; 북한 노동자 고용 제한; 제재 대상 선박 입항 불허 등 다양한 경제제재 조치를 취하였다. 남한 역시 남북교역 중단, 북한 선박의 우리 해역 운항 불허, 남한 국민 방북 불허, 대북사업 투자확대 금지 등 대북 제재조치를 시행하고 있다. 따라서 관세가 없음에도 불구하고 정치적인 무역장벽에 의해 남북한 교역이 불가능한 상황이어서, '정치적 무역장벽'이라는 개념은 현재의 남북한 교역 상황을 대변할 수 있을 것으로 판단된다.

따라서 본 논문은 남북한 무역상황과 양측의 무역협정을 분석하기 위해 '정치적 무역장벽'이라는 개념을 Bagwell-Staiger(2002, 2016) 모형에 적용한다. 동 모형과 같이, 본 논문은 일반균형무역모형을 설정하는 데 2국(남북한)-2재화의 단순모형 아래 기회비용체증(increasing opportunity costs)과 완전경쟁시장의 상황에서 소비 및 생산 측면에서의 정상재화(normal goods)를 가정한다. 남한은 x-재화를 수입하고 y-재화를 수출하는 반면, 북한은 y-재화를 수입하고 x-재화를 수출한다고 가정한다. 이에 따라 남한과 북한의 소비자와 생산자가 직면하는 상대가격을 각각 $p^S \equiv p_x^S / p_y^S$, $p^N \equiv p_x^N / p_y^N$로 설정한다. 또한 양측의 상대가격비율을 $p^W \equiv p_x^N / p_y^S$로 정의하고, 이는 무역시장에서의 북한 수출가격의 수입가격 비율을 의미하므로 북한의 교역조건(terms of trade)을 지칭한다. 또한 남한의 교역조건은 $1/p^W$로 정의될 수 있다.

또한 양측 정부는 남북한 교역에 영향을 미치는 '정치적 무역장벽'을 설정할 수 있으며, 남북한 각각의 정치적 무역장벽을 $b^S \geq 0$, $b^N \geq 0$로 정의한다. 또한 이를 바탕으로 분석의 편의를 위해 양측의 정치적 무역장벽이 남북한 교역에 대한 추가적인 비용으로 퍼센트 단위로 이해될 수 있도록 남북한 정치적 무역장벽을 각각 $\beta^S \equiv 1 + b^S$, $\beta^N \equiv 1 + b^N$으로 정의한다. 지금까지의 정의를 활용하여 남북한의 상대가격은 다음과 같이 정의될 수 있다: $p^S = \beta^S p^W \equiv p^S(p^S, p^W)$, $p^N = p^W / \beta^N \equiv p^N(\beta^N, p^W)$.

완전경쟁시장의 가정 아래 양측의 가격과 교역조건이 결정된 이후, 생산, 소비가 결정된다. 남북한의 재화 i의 생산을 각각 $Q_i^S(p^S)$, $Q_i^N(p^N)$으로 정의할 때(단, i는 x, y), 소비 역시 현지가격과 세계가격의 함수로 결정된다: $C_i^S(p^S, p^W)$, $C_i^N(p^N, p^W)$. 이를 바탕으로 남한의 수입수요함수와 수출공급함수를 $M^S(p^S, p^W) \equiv C_x^S(p^S, p^W) - Q_x^S(p^S)$, $E^S(p^S, p^W) \equiv Q_y^S(p^S) - C_y^S(p^S, p^W)$으로 각각 정의한다. 유사하게 북한의 동 함수를 $M^N(p^N, p^W) \equiv C_Y^N(p^N, p^W) - Q_Y^N(p^N)$, $E^N(p^N, p^W) \equiv Q_x^N(p^N) - C_x^N(p^N, p^W)$으로 정의한다. 본 모형은 2국 모형이기 때문에, 양측의 교역은 다음과 같은 무역균형조건을 충족하여야 한다.

$$p^W M^S(p^S, p^W) = E^S(p^S, p^W), \ M^N(p^N, p^W) = p^W E^N(p^N, p^W). \qquad (1)$$

또한 양측은 시장청산(market-clearing)조건을 충족하여야 하는데, 주어진 β^S과 β^N에 대해 세계시장의 가격은 식 (2)와 같은 시장청산조건을 충족하여야 한다.

$$M^S(p^S(\beta^S, p^W), p^W) = E^N(p^N(\beta^N, p^W), p^W) \qquad (2)$$

상기 식 (2)를 만족하는 시장청산가격을 $\hat{p}^W(\beta^S, \beta^N)$으로 정의할 때, 식 (1)과 (2)는 시장청산이 y-재 시장에서도 충족됨을 보장한다. 또한 β^S와 β^N의 어떤 조합에 대해서도 균형 세계가격과 로컬가격이 결정될 수 있으며, 그 이후 균형 생산수준, 소비수준, 수출, 수입 등이 결정된다.

정치적 무역장벽에 대한 가격의 반응(response)을 규정하는 추가적인 가정 역시 필요한데, 본 논문에서는 식 (3)과 같이 가정한다.

$$\frac{dp^S(\beta^S, \hat{p}^W(\beta^S, \beta^N))}{d\beta^S} > 0 > \frac{\partial \hat{p}^W(\beta^S, \beta^N)}{\partial \beta^S}, \qquad (3)$$
$$\frac{dp^N(\beta^N, \hat{p}^W(\beta^S, \beta^N))}{d\beta^N} < 0 < \frac{\partial \hat{p}^W(\beta^S, \beta^N)}{\partial \beta^N}$$

이 가정은 한 국가의 정치적 무역장벽이 증가하면 해당 국가 수입품의 상대가격이 현지시장에서는 증가하고 세계시장에서는 감소함을 의미한다. 특히 세계시장가격에 대한 효과가 의미하는 바는 한 국가가 정치적 무역장벽을 조정하여 해당 국가의 교역조건을 개선시킬 수 있음을 의미하며, 이는 2국 모형에서 상대국의 교역조건을 악화시킬 수 있음을 의미한다.

2) 정치적으로 형성된 죄수의 딜레마

본 절에서는 상기 개발된 일반균형모형이 남북한 교역에 있어 '정치적으로 형성된 죄수의 딜레마(Politically-Driven Prisoners' Dilemma)'를 발생시킬 수 있음을 보여 준다. 남북한이 각각 정치적 무역장벽을 설정하는 비협조적 게임(Non-Cooperative Game) 상황에서, 분석의 편의를 위해 남북한은 각각 동시에 자국의 후생함수를 극대화하는 정치적 무역장벽을 결정한다고 가정한다.

남한: max $W^S(p^S(\beta^S, p^W), p^W)$, 북한: max $W^N(p^N(\beta^N, p^W), p^W)$ (4)

식 (4)와 같은 극대화 문제에서 유일한 내부해(unique and interior solution)가 내시(Nash) 균형의 개념대로 존재할 경우, 이러한 해 은 아래와 같은 1차 조건을 충족하여야 한다.

$$\frac{dW^S(p^S,\hat{p}^W)}{d\beta^S} = W^S_{p^S}\frac{dp^S}{d\beta^S} + W^S_{p^W}\frac{\partial\hat{p}^W}{\partial\beta^S} = 0\,,$$
$$\frac{dW^N(p^N,\hat{p}^W)}{d\beta^N} = W^N_{p^N}\frac{dp^N}{d\beta^N} + W^N_{p^W}\frac{\partial\hat{p}^W}{\partial\beta^N} = 0\,. \qquad (5)$$

식 (5)의 1계 조건(first-order condition)은 남북한 각각의 최적 정치적 무역장벽 수준을 결정하며, 상기 극대화 문제의 2계 조건(second-order condition) 역시 'globally' 충족하고 상기 후생함수의 편미분은 모두 연속(continuous)이며 한정적(finite)이라 가정한다. 또한 λ^S와 λ^N을 남북한 각각의 후생 극대화 문제의 라그란지 승수라 정의하면 다음 조건을 충족하여야 한다.

$$\lambda^S = \frac{\partial\hat{p}^W/\partial\beta^S}{dp^S/d\beta^S} < 0\,,\ \lambda^N = \frac{\partial\hat{p}^W/\partial\beta^N}{dp^N/d\beta^N} < 0\,. \qquad (6)$$

식 (5)와 (6)을 활용하여 다시 표현하면 아래 식 (7)을 얻을 수 있다.

$$W^S_{p^S} + \lambda^S W^S_{p^W} = 0\,,\ W^N_{p^N} + \lambda^N W^N_{p^W} = 0\,. \qquad (7)$$

또한 식 (8)과 같이 남북한 개별 정부는 교역조건을 개선하여 이를 통해 후생 증가혜택을 영위하려는 유인을 지니고 있다고 가정한다.

$$W^S_{p^W}(p^S,\hat{p}^W) < 0 < W^N_{p^W}(p^N,\hat{p}^W) \qquad (8)$$

이러한 상황 아래, 식 (3)과 (8)에 따라 남한 정부가 최적의 정치적 무역장벽을 선택할 경우 $W^S_{p^s} < 0$를 의미한다. 이는 정치적 무역장벽의 하락을 통해 로컬가격을 인하시키면 그에 상응하는 교역량의 확대에 따라 후생이 증가함을 의미한다. 그러나 이와 같이 정치적 무역장벽을 일방적으로(unilaterally) 낮추는 것을 꺼리는데, 그 이유는 정치적 무역장벽의 하락이 교역조건의 악화를 동시에 초래하기 때문이다. 유사한 논리로 북한 정부 역시 식 (3)과 (8)에 의해 $W^N_{p^n} > 0$를 의미하는데, 정치적 무역장벽의 하락은 북한 로컬가격의 상승으로 이어진다. 결국 한 국가가 정치적 무역장벽을 상승시키면 상대국의 교역조건을 악화시켜 부정적인 외부성(negative externality)을 야기한다.

그림 1_ 남북한 경제통합과 파레토 효율성

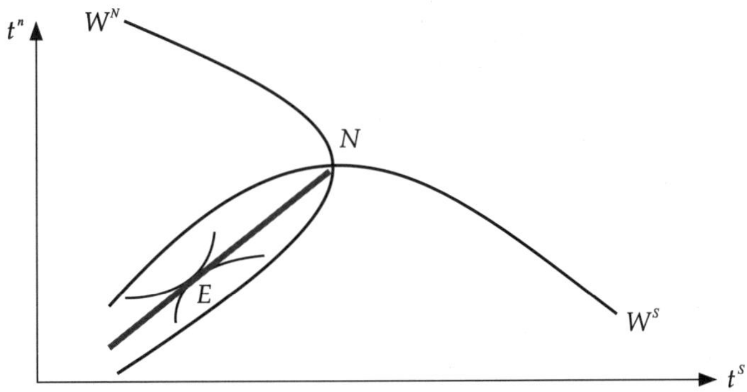

자료: 저자 작성

따라서 남북한은 각각 정치적 무역장벽을 동시에(simultaneously) 하락할 경우 양측 모두 후생의 증가를 초래할 수 있음에도 불구하고, 정치적 무역장벽을 일방적으로 하락할 유인이 없는 상태에 있어 '죄수의 딜레마' 상황에 처할 수 있다. 이는 상대국의 후생을 악화시키지 않고 한 국가의 후생을 증가시키는 것이 가능한 상황이기 때문에 현재의 '죄수의 딜레마' 상황은 파레토 비효율적인 것으로 평가될 수 있다.

〈그림 1〉에 나타난 바와 같이 남북한 경제통합이 없는 내시 균형(N점) 아래에서는 남북한 개별 후생곡선이 상호 상이한 기울기(0, ∞)를 나타내며 파레토 비효율 상태에 있음을 알 수 있다.

$$\begin{aligned} \left[\frac{d\beta^S}{d\beta^N}\right]_{dW^S=0} &= -\frac{\partial p^W/\partial\beta^N}{dp^S/d\beta^S}\left[\frac{\beta^S W^S + \lambda^S W^S}{W^S_{p^S} + \lambda^S W^S_{p^W}}\right] = \infty \\ \left[\frac{d\beta^S}{d\beta^N}\right]_{dW^N=0} &= -\frac{dp^N/d\beta^N}{\partial p^W/\partial\beta^S}\left[\frac{W^N_{p^N} + \lambda^N W^N_{p^W}}{W^N_{p^N}/\beta^N + W^N_{p^N}}\right] = 0 \end{aligned} \quad (9)$$

그러나 남북한이 상호 정치적 무역장벽을 철폐하며 경제통합을 추진하게 되면 내시 균형보다 파레토 효율적인 E점으로 이동하게 되어서 남북한 후생이 상호 증대되어 남북한 경제통합이 일방의 후생 하락 없이 상호 후생 증대를 도모할 수 있다. 따라서 남북한이 상호 경제통합을 추진하는 데 합의하고 그 제도적 기반을 마련할 경우 상호 후생을 극대화하는 선택을 한다면, 파레토 효율적인 결과를 도출할 수 있다.

3) 상호 호혜적 무역협정

이제 남북한이 정치적 무역장벽에 대한 정책을 변화시켜 상호 호혜적(mutually beneficial) 무역협정을 체결하는 경우를 분석한다. 이 경우를 달리 표현하면, 남북한이 무역협정을 통해 앞서 논의된 비협조적 게임의 내시 결과(Nash outcomes)에서 파레토 개선(Pareto improvements)을 유도하는 정책 변화의 경우이다. 이와 같은 무역협정은 정치적 무역장벽의 상호 하락(reciprocal reductions)에 의해 규정될 수 있는데, 이와 같은 새로운 최적 정치적 무역장벽 수준은 내시 균형에서의 수준보다 낮아야 한다. 따라서 파레토 효율적인 무역협정은 상호 효율적인 곡선(frontier) 위에서 존재하여야 하며, 이는 다음과 같은 접점(tangency) 조건을 충족하여야 한다.

$$\left[\frac{d\beta^S}{d\beta^N}\right]_{dW^S=0} = \left[\frac{d\beta^S}{d\beta^N}\right]_{dW^N=0} \tag{10}$$

남북한 양측은 정치적 무역장벽을 서로 인하하기로 합의하여 〈그림 1〉에서 나타난 바와 같이 N점에서 E점으로의 이동을 통해 내시 균형 상태보다 상대적으로 나은 후생 증가를 경험할 수 있다. 보다 구체적으로, 남북한 양측은 $(\tilde{\beta}^S, \tilde{\beta}^N)$의 내시 균형 정치적 무역장벽 수준에서 시작하여 상호 호혜적인, 즉 남한의 후생곡선이 〈그림 1〉에서 아래로 이동하고 북한의 후생곡선이 좌측으로 이동하는, 새로운 (β^S, β^N) 조합으로 이동할 수 있는데, 이 경우 각각의 정치적 무역장벽 수준은 내시 균형 수준보다 낮아야 한다: $\beta^S < \beta^S$, $\beta^S < \beta^S$. 남북한 양측 정부가 서로 일방적으로 정치적 무역장벽을 설정하는 경우 각각 효율적인 수준보다 높은 정치적 무역장벽을 설정할 것이다. 왜냐하면, 남북한 양측은 세계가격 및 교역조건의 변화를 통해 높은 수준의 정치적 무역장벽으로 인한 비용의 일부를 상대국에 전가할 수 있기 때문이다.

따라서 이와 같은 정치적 무역장벽의 상호적인 하락은 정치적으로 형성된 죄수의 딜레마 문제를 해결하기 위해 남북한 양측이 일종의 무역협정을 맺음으로서 달성 가능하다.

III. 남북한 경제통합의 경제적 효과

1. 개요

본 절에서는 앞서 논의된 남북한 무역협정을 통해 경제통합이 진행될 경우 어떠한 경제적 효과를 야기하는지 통계적으로 분석한다. 남북한 경제통합에 대한 계량분석에 대한 기존 연구는 북한경제에 대한 통계의 미비로 인해 많이 존재하지 않는다. 이종화(2000)의 연구는 북한경제가 시장경제로 전환되었을 경우의 경제적 효과를 추정하였다. Noland, Robinson, and Liu(1999)

는 연산가능일반균형(Computable General Equilibrium, 이하 CGE)모형을 이용하여, 8개 부문, 4개 요소를 포함하고 규모에 대한 수확 불변(constant returns to scale) 가정을 도입하여 분석하였는데, 경제통합 효과의 크기는 남북한 경제의 요소 이동성 정도에 의존하는 것으로 나타났다. Noland, Robinson, and Wang(2000)의 연구는 CGE 모형과 사회계정행렬(SAMs: Social Accounting Matrices)을 이용하여 분석한 결과, 남북한 시장통합은 당시 북한의 기근 문제를 해결할 수 있을 정도의 높은 후생 증가를 야기할 것으로 전망하였다.

본 절에서는 CGE 모형 분석을 활용하여 남북한의 점진적 경제통합에 대한 다양한 시나리오를 설정하고 이를 계량적으로 분석한다. 특히, 본 연구에서는 GTAP(Global Trade Analysis Project) 모형을 활용하는데, 동 모형은 특정 정책의 경제적 효과 분석에서 널리 이용되는 일반균형모형이다. GTAP모형은 규모에 대한 수확 불변, 완전경쟁, 세계경제의 저축과 투자 균형 등을 가정한다. 생산 요소는 한 국가 내 부문 간 자유롭게 이동할 수 있으나, 국경을 넘어선 국가 간 이동은 불가능하다고 가정한다. 또한 총가계지출은 총소득의 일정 비율로 결정되며, 가계는 지출제약조건 아래 효용을 극대화 한다. 또한 양자 간 수출과 수입은 국가와 지역별로 구분된다.[2]

CGE 모형은 2007년 세계경제상황을 나타내는 GTAP 데이터베이스 8.0 버전을 사용하여 상기 경제적 효과를 계측하였다. GTAP 데이터베이스 8.0 버전은 '동아시아의 나머지 국가'라는 그룹에 북한과 마카오 등 2개국이 포함되어 있다. 마카오의 경제규모가 상대적으로 작기 때문에, 본 분석에서는 '동아시아의 나머지 국가'를 북한 통계에 대한 대용(proxy)경제로 설정한다. 또한 본 연구에서는 CGE 모형의 다부문(multi-sector)-다지역(multi-region) 분석틀을 활용하여 〈표 2〉에 나타난 바와 같이 5개 부문, 8개 지역으로 구분하여 분석한다.

---

2. GTAP 모형의 구조에 대한 추가적인 정보는 Hertel and Tsigas(1997) 참조.

〈표 2〉 모형의 지역, 부문, 요소 구분

지역/국가	부문	요소
남한	농수산	천연자원
북한	광업	비숙련 노동
일본	경공업	숙련 노동
중국	중공업	자본
ASEAN	서비스업	
미국		
EU 27		
기타		

2. 시나리오

남북한 경제통합에 대해서는 다양한 시나리오 구성이 가능하다. 북한의 급작스러운 혼란 및 붕괴로 인한 남한으로의 흡수통일과 같은 시나리오부터 점진적인 개혁과 시장개방을 통해 남북한이 자연스럽게 통합되는 시나리오 역시 가능하다. 강문성·이종화·편주현(2014)의 연구에서는 점진적인 경제통합의 가정 아래 다양한 가설적 시나리오를 구성하고, 신고전학파 경제성장이론에 바탕을 둔 점진적 경제통합의 효과를 분석하였다. 본 연구에서는 경제성장이론 보다는 CGE 모형을 활용하여 강문성·이종화·편주현(2014)의 연구에서 제시된 시나리오에 초점을 두고 분석한다.

(시나리오 1) 북한의 경제적 개혁
(시나리오 2) 북한의 경제적 개혁 + 국방예산 및 군사인력 감소
(시나리오 3) 북한의 경제적 개혁 + 국방예산 및 군사인력 감소 + 남북한 무역자유화 단행

1) 북한의 경제적 개혁

북한의 경제적 개혁 시나리오는 동유럽 국가들이 수행한 경제개혁을 바

탕으로 한다. Barro(1998)의 연구에서 나타난 바와 같이 경제성장은 다양한 변수에 의해 결정되는데, 특히 내생적 성장이론 이후 제도의 질적 수준, 무역개방도, 투자, 인적 자본 등이 경제성장의 동력으로 인식되고 있다. 이종화(2000)의 연구는 북한이 무역 및 투자 자유화를 통해 시장경제로 전환될 경우 고도의 경제성장을 경험하게 될 것으로 전망하였으며, 보다 구체적으로 시장경제전환 이후 25년 동안 매년 5%의 경제성장률을 달성할 수 있을 것으로 분석되었다.

본 논문은 이종화(2000), 강문성·이종화·편주현(2014) 등의 연구와 같이 북한이 경제개혁정책을 단행하고 남한으로부터의 투자유입이 증가할 것으로 전망한다. 특히, 본 논문은 북한의 경제개혁정책으로 인해 북한으로 유입되는 투자율이 5%포인트 증가할 것으로 가정한다. 북한의 현재 투자율이 32% 수준인 것을 고려할 때, 본 논문이 남한 외의 여타 국가로부터 추가적인 투자가 없다고 가정하는 것은 경제통합의 효과 계측 측면에서 보수적인 가정이라 평가된다.

여타 체제전환국의 사례에서 나타난 바와 같이, 북한의 경제개혁은 무역 및 투자 자유화에 따른 투자 증가 외에도 급속한 기술 진보를 야기할 것으로 판단된다. 급속한 기술 진보로 인해 북한의 총요소생산성(TFP: Total Factor Productivity)은 향후 10년 동안 증가할 것으로 기대되지만, 그 이후 총요소생산성의 증가율은 점차 감소할 것으로 예상된다. 강문성·이종화·편주현(2014)의 연구에서는 총요소생산성의 증가율이 2015년~2025년 동안 연평균 1.98%를 기록하고 2026년~2035년 동안에는 연평균 1.65%를 기록할 것으로 가정하였다. 본 연구에서 이용되는 CGE모형은 정태분석이어서 총요소생산성 증가율을 이보다 낮은 1.577%로 가정한다.

또한 북한의 경제적 개혁은 교육환경에도 영향을 미칠 것으로 전망되어, 경제개혁에 따른 소득 수준의 향상이 고등교육에 대한 수요를 보다 촉진시킬 것이다. 이로 인해 북한의 인적 자본 축적이 보다 촉진될 것이 예상되어,

본 논문에서는 2050년까지 평균 수업기간을 10년으로 가정한다. 또한 본 논문은 평균 수업기간의 증가에 따라 북한의 숙련노동자 역시 매년 1.5% 증가할 것으로 가정한다.

2) 국방예산 및 군사인력 감소

남북한 경제통합으로 인해 양측의 군사적 긴장관계가 완화될 것으로 예측되어 남북한 모두 국방예산이 감소하고 군사인력에 대한 수요 역시 감소할 것으로 평가된다. 2015년 남한과 북한의 총인구 대비 군사인력의 비중이 각각 1.29%, 4.73%인데, 동 비중은 OECD국가들의 평균치인 0.5%로 매년 동일하게 감소한다고 가정한다.

또한 국방예산의 감소는 생산역량을 증가시키는 실물자본에 대한 투자에 긍정적인 영향을 미칠 것으로 예상된다. 북한의 국방예산은 현재 GDP 대비 15%에서 5% 수준으로 감소하고, 이는 북한의 투자율을 10%포인트 증가시킬 것으로 예상된다. 북한과 같이, 남한 역시 국방예산이 절감될 것이며 이는 궁극적으로 남한의 투자율을 1%포인트 증가시킬 것으로 가정한다.

3) 남북한 간 무역자유화

지금까지 논의된 바와 같이 남북한의 정치적 무역장벽을 고려할 때, 급격한 무역자유화보다는 점진적인 무역자유화가 보다 현실적인 시나리오일 수 있다. 특히, 본 논문은 상품분야의 무역장벽이 매년 10%씩 감소하고 10년 이후 완전한 무역자유화가 달성된다고 가정한다. 그러나 북한의 서비스 무역에 대한 장벽 데이터가 없기 때문에, 서비스 무역의 자유화는 분석에서 제외한다.

3. 분석의 결과

본 논문은 상기 논의된 시나리오별 정책의 변화가 후생 및 GDP에 어떠한

〈표 3〉 시나리오별 경제통합의 효과

(단위: base로부터의 % 변화)

	북한		남한	
	실질 GDP	후생	실질 GDP	후생
시나리오 1	3.55	4.05	0.00	0.00
시나리오 2	4.63	5.28	0.15	0.18
시나리오 3	4.88	5.72	0.20	0.25

자료: 저자 분석

영향을 미치는지 정태분석을 실시하였다. 〈표 3〉은 시나리오별 실질GDP, 후생의 변화를 나타낸다.

〈표 3〉에 나타난 바와 같이 북한이 경제개혁정책을 단행하는 〈시나리오 1〉의 경우 북한의 실질 GDP와 후생은 각각 3.55%, 4.05% 증가하는 것으로 나타났다. 이 경우 남한 경제는 북한과의 교류가 없고 북한의 경제개혁정책만이 단행되기 때문에 남한 경제의 변수에는 아무런 영향을 미치지 못한다. 또한 북한의 경제적 개혁과 국방예산 및 군사인력의 감축을 가정한 〈시나리오 2〉의 경우 북한의 실질 GDP와 후생은 각각 4.63%, 5.28% 증가하고 남한의 실질 GDP와 후생은 각각 0.15%, 0.18% 증가하는 것으로 분석되었다.

또한 북한의 경제적 개혁, 국방예산 및 군사인력의 감축, 남북한 무역자유화 등 세 가지가 모두 포함되는 〈시나리오 3〉의 경우 남한의 실질 GDP와 후생은 각각 0.20%, 0.25% 증가하여 네 가지 시나리오 중 가장 높은 효과를 나타내는 것으로 분석되었다. 북한 역시 실질 GDP와 후생이 각각 4.88%, 5.72% 증가하여 내부적 경제개혁, 국방예산 및 군사인력의 감축, 남북한 무역자유화 등으로 가장 높은 경제통합 효과를 나타낼 것으로 전망되었다.

시나리오별 북한의 정책 변화는 앞서 분석된 실질 GDP, 후생뿐만 아니라 부문별 생산의 변화 역시 초래한다. 시나리오별 북한의 부문별 생산변화는 아래 〈표 4〉에 정리되어 있는데, 농수산업의 경우 시나리오에 따라 0.49~0.74%의 생산 증가 현상이 나타날 것으로 분석되었다. 특이한 점은

〈표 4〉 시나리오별 북한의 부문별 생산 변화

(단위: %)

	시나리오 1	시나리오 2	시나리오 3
농수산업	0.49	0.74	0.74
광업	1.17	1.66	1.31
경공업	3.43	4.51	4.19
중공업	4.76	6.31	5.39
서비스업	2.85	3.80	3.91

자료: 저자 분석

남북한 무역자유화로 인한 추가적인 효과가 상대적으로 미미한 것으로 나타난 것인데, 이는 북한 농수산업의 낮은 생산성과 경쟁력이 반영된 결과인 것으로 파악된다.

광업의 경우 시나리오에 따라 0.83~1.66%의 생산 증가를 기대할 수 있을 것으로 분석되었다. 가장 높은 생산 증가를 기록한 것이 〈시나리오 2〉여서 국방예산 및 군사인력의 절감으로 인한 효과가 남북한의 무역자유화 효과를 오히려 상회하는 것으로 분석되었다.

경공업의 경우 시나리오에 따라 3.10~4.51%의 생산 증가가 예상되었다. 경공업 역시 광업과 같이 가장 높은 생산 증가를 기록한 것이 〈시나리오 2〉인데, 이 부문 역시 국방예산 및 군사인력의 절감으로 인한 효과가 남북한의 무역자유화 효과를 오히려 상회하는 것으로 분석되었다.

중공업의 경우 시나리오에 따라 3.85~6.31% 생산 증가를 기록할 것으로 전망되었다. 광업, 경공업, 중공업 등의 세 부문에서는 남북한의 무역자유화가 포함되는 〈시나리오 3〉에서 상대적으로 낮은 생산 증가가 전망된 반면, 국방예산 및 군사인력의 절감이 포함되는 〈시나리오 2〉에서 상대적으로 가장 높은 생산 증가를 기록할 것으로 전망되었다. 이는 남한과의 무역자유화가 시나리오에 포함될 경우 남한과의 부문별 경쟁에서 비교우위를 확보하기 쉽지 않아 북한의 생산이 상대적으로 덜 증가하기 때문인 것으로 판단되며, 〈표 3〉에서 실질 GDP와 후생의 증가가 〈시나리오 3〉에서 〈시나리오 2〉보다 높이 나타나는 것은 남한으로부터의 수입으로 인해 북한 소비자의 후생이 증가한 결과인 것으로 풀이된다.

서비스업의 경우 시나리오에 따라 2.85~3.91% 생산 증가를 기록할 것으로 전망되었다. 특히, 북한의 경제적 개혁, 국방예산 및 군사인력의 감축, 남북한 무역자유화 등 세 가지 정책 변화가 모두 발생하는 〈시나리오 3〉에서 가장 높은 생산 증가를 나타내었는데, 이는 앞서 설명한 바와 같이 북한의 서비스 무역장벽 데이터의 부재로 무역자유화가 포함되지 않고 투자 증가만이 고려된 결과인 것으로 평가된다. 즉, 무역장벽 하락의 정책 변화가 서비스업에서는 적용이 되지 않기 때문에 남한보다 비교열위인 상황이 반영되지 않은 반면, 투자 증가만이 일어나 보다 긍정적인 효과가 발생한 것으로 풀이된다.

IV. 결론

본 연구에서는 무역협정의 게임이론 분석을 통해 남북한 경제통합의 이론적 배경을 제공하였으며, 점진적 경제통합을 가정하고 시나리오별 경제통합의 경제적 효과를 CGE 모형을 이용하여 분석하였다. 즉, 북한 경제가 개혁·개방정책을 단행하고 남북한 경제가 점진적인 방법으로 통합한다는 가정 아래, CGE모형을 이용하여 경제통합의 경제적 효과를 추정하였다.

추정 결과, 남북한 경제통합을 통해 남한과 북한의 실질 GDP는 시나리오에 따라 각각 0.05~0.20%, 3.55~4.88% 증가하는 것으로 나타났다. 남북한 무역자유화가 단행될 경우 북한이 상대적으로 자본에 비해 노동이 풍부한 점과 북한의 주력 산업이 1차 및 2차 산업인 점을 고려할 때 북한의 개방 시 남한과의 보완적인 산업 간 무역이 가능할 것으로 보인다. 또한 남북한 간의 인접한 지리적 조건과 공통언어 사용, 그리고 역사적인 유대 관계는 북한의 개방과 경제발전에 따라 남북한 간 산업 내 무역을 확대하는 데에도 큰 기여를 할 것이다.

이와 같은 이론적 배경 분석과 경제통합의 경제적 효과 분석을 통해, 본 논문은 다양한 정책 시사점을 제공할 수 있다. 먼저, 남북한의 경제통합이 점진적으로 진행될 경우 남북한 간 경제적 격차를 줄이기 위해 다양한 형태의 경제 개발 사업이 정부 및 민간 차원으로 북한에서 진행되고 통일한국의 내수시장이 확대될 가능성이 높아, 이로 인해 새로운 일자리가 창출될 것이며 다양한 분야에서의 창업 기회가 확대될 것으로 전망된다.

또한 남북한 '완전경제통합'을 궁극적으로 실현하기 위해서는 급격한 통합으로 야기될 수 있는 경제·사회·문화적 충격을 줄이기 위해, 강문성·이종화·편주현(2014), 강문성 외(2014) 등의 연구에서 제시된 바와 같이 중·단기적으로 '포괄적 경제통합협정(CEIA)'을 지향하는 것이 바람직한 것으로 판단된다.

또한 북한이 세계무역기구(WTO)의 회원국이 아닌 이상, 북한 경제특구에서 생산한 제품을 다른 국가로 수출하기 위해서는 남한의 FTA 네트워크를 적극적으로 활용할 필요가 있다. 또한 동북아 지역의 에너지, 운송 및 물류, 생산 네트워크, 제도적 경제통합 분야에서 통일한국은 보다 주도적인 역할을 수행할 것으로 기대되며 동 지역의 경제번영에 기여할 것으로 전망된다.

그러나 본 연구는 GTAP 데이터베이스 8.0을 활용하여 Rest of East Asia를 북한을 대용하는 국가로 설정하였기 때문에 북한의 실제 경제상황을 정확하게 나타내지 못할 가능성을 배제할 수 없다. 또한 북한의 비관세 장벽 및 무역에 대한 데이터가 미비하여 남북 경제통합의 효과를 분석한 결과에 오류의 존재 가능성도 있다. 이러한 문제점을 해소하기 위해 북한의 무역장벽 및 무역에 대한 데이터를 보완하여 좀 더 정확한 남북 경제통합의 효과를 분석하는 작업도 향후의 과제이다.

【참고문헌】

강문성·이종화·편주현. 2014.『남북한 경제통합의 혜택과 한반도 통일국가의 역할』. 아연 동북아 총서 — 16. 서울: 고려대 아세아문제연구소.

강문성·김형주·박순찬·이만종·이영훈·이종화·이홍식·편주현. 2014.『점진적 통일 과정에서의 남북한 경제통합 추진전략과 동북아 경제협력』. 세종: 대외경제정책연구원.

김두얼. 2012.『남북한 경제통합 연구: 북한경제의 장기발전전략』. 서울: 한국개발연구원.

이석. 2012.『남북한 경제통합 연구: 북한경제의 개혁 및 이행 전략』. KDI 연구보고서 2012-13. 서울: 한국개발연구원.

_____. 2013.「전략적 남북경협과 대북정책에의 시사점」. 한국개발연구원.

이종화. 2000. "개혁 시나리오하의 북한 경제의 성장 잠재력 분석." 곽승준·윤창호·이영수·김익수·이덕희·이종화·오재학 편.『전환기의 북한경제』. 고려대학교 출판부.

이창재·방호경·나승권·이보람. 2013.『한·중·일 경제협의체 구상』, 연구보고서 12-13, 대외경제정책연구원.

임수호·동용승. 2007.「남북한 경제협력강화약정(CEPA)의 의의와 가능성」, SERI Issue Paper 2007. 08. 삼성경제연구소.

전홍택. 2012.『남북한 경제통합 연구: 북한경제의 한시적 분리 운영방안』. KDI 연구보고서 2012-10. 서울: 한국개발연구원.

전홍택·박명호. 2012.『동아시아 통합전력(III): 협력의 심화 · 확대와 새로운 도전』, 연구보고서 2012-11. 한국개발연구원.

정형곤·김병연·이석. 2012.『북한의 시장화 현황과 경제체제의 변화 전망』. 연구보고서 12-26. 대외경제정책연구원.

Bagwell, Kyle and Robert W. Staiger. 2002. *The Economics of the World Trading System*. The MIT Press: Cambridge, MA.

Bagwell, Kyle and Robert W. Staiger. 2016. "The Design of Trade Agreements." NBER Working Paper. No. 22087. National Bureau of Economic Research.

Hertel, Thomas W. and Marinos E. Tsigas. 1997. "Structure of GTAP." Thomas W. Hertel ed. *Global Trade Analysis: Modelling and Applications*. Cambridge University Press: New York.

Kang, Moonsung and Soonchan Park. 2018. "Institutional Economic Integration between South and North Korea and Economic Impacts." Mimeo.

Lee, Young-Sun and Deok Ryong Yoon. 2004. "The Structure of North Korea's Political Economy: Changes and Effects." Mimeo.

Noland, Marcus, Sherman Robinson, and Li-Gang Liu. 1999. "The Economics of Korean Unification." *Journal of Economic Policy Reform*. pp. 255-299.

Noland, Marcus, Sherman Robinson, and Tao Wang. 2000. "Modeling Korean Unification." *Journal of Comparative EconomicsJournal of Comparative Economics*. pp. 400-421.

[온라인 자료]

한국은행 경제통계시스템, http://ecos.bok.or.kr/(검색일: 2018. 3. 20.)

12장

동아시아 경제공동체 달성의 무역창출효과 추정

곽도원

1. 도입: 동아시아의 경제통합

한국의 경우 2004년 4월 1일 칠레와의 자유무역협정(Free Trade Agreement) 발효를 시작으로 2006년에는 싱가포르와 스위스, 노르웨이 등과의 협정 발효가 되었다. 또한, 2006년에는 말레이시아, 베트남, 인도네시아 등의 아세안 10개국과의 협상도 진행되었다. 2010년에는 오스트리아, 영국, 체코, 프랑스, 독일 등 유럽연합(EU) 28개국과 협정이 발효되었고, 2011년 8월에 페루, 2012년에는 드디어 거대시장 미국과의 협정이 발효되었다.

본 논문에서는 지역무역협정(Regional Trade Agreement, 예컨대, 나프타, 아세안 등)을 통한 무역자유화의 경제적 효과를 분석한다.[1] 특히, 통합의 정도와 관세

---

1. 본 논문과 유사한 주제로 자유무역협정의 경제적 효과를 실증분석한 기존 국내 문헌으로는 김미아(2008), 배찬권, 김정곤, 금혜윤, 장용준(2012)이 있고 한국과 중국 그리고 일본을 포함한 동아시아 국가 간의 경제 공동체 형성의 경제적 효과를 실증분석한 기존 문헌에는 성한경(2015), 정인교(2006) 그리고 정인교, 조정란(2008)이 있다.

및 비관세 협정 내용에 따라 무역자유화의 경제적 효과가 어떻게 상이하게 나타나는지도 살펴본다. 과거 세계 여러 국가의 무역자유화 도입과 경제통합 경험을 정리하고 이들의 효과를 알아본다. 특히 지난 1996년에서 2010년 지역 경제공동체 형성을 통한 무역장벽 제거는 아주 강하게 이루어져 2010년 기준으로 300개가 넘는 각각의 무역협정이 달성되었다. 따라서 본 연구에서는 지난 15년간의 자유무역협정 자료를 이용하여, 관세 및 비관세 무역장벽을 추정하는 변수를 사용하여 300개가 넘는 각각의 무역협정의 무역창출효과를 추정한다. 특히, 각각의 협정국이 처한 상황과 무역협정의 경제통합 강도에 따라 경제효과가 어떻게 다르게 나타났었는지를 분석한다.

기존의 실증분석 연구의 경우 무역자유화의 정도(intensity and scope)에 따라 관세특혜협정(Partial Scope Agreement), 자유무역협정(Free Trade Agreement), 관세동맹(Custom Union), 경제동맹(Currency Union) 등으로 구분하여 그 효과를 분석하는데, 본 논문에서도 각각의 지역무역협정을 관세특혜협정(Partial Scope Agreement), 자유무역협정(Free Trade Agreement), 관세동맹(Custom Union)협정을 구분하여 분석한다. 또한, 관세를 통한 무역자유화와 비관세 정책을 통한 무역자유화 효과를 구분하여 분석한다.

본 논문에서의 분석 대상은 크게 세 가지이다. 첫째로, 지역무역협정이 체결 국가 간 수출량의 변화(무역창출효과, trade creation)에 미치는 영향을 분석한다. 둘째로, 수출량 변화의 효과가 동아시아 지역에서 특별한 모습을 보이는지 알아본다. 동아시아의 지역의 무역자유화 협정은 주로 방어적 동기를 지니고 추진되었다는 주장이 있다(Dent 2010). 특히, 동아시아 국가들은 1990년대 중후반까지도 아세안의 사례를 제외하고는 지역무역협정에 매우 소극적이었으며 WTO를 중심으로 한 다자주의 자유무역을 지지했었으나 여타 지역(나프타, 유럽연합, 머코소 등)에서 형성되었던 지역자유무역협정에 대한 대응으로 2000년 들어 새롭고 더 많은 국가를 포함한 지역무역협정을 논의하고 있다. 이러한 동아시아의 지역무역협정이 방어적 성격을 보이는지 알아본다.

끝으로, 방어적 성격의 지역무역협정이 적극적인 무역자유화와는 다른 양상을 보이는지 알아보기 위해 자유무역협정이 수반하는 관세 및 비관세 정책 변화의 상호작용 효과도 알아본다. 지역무역협정은 WTO 조약에 의해 일괄적으로 관세 인하를 수반해야 하나 비관세의 경우 각각의 국가가 재량을 발휘할 여지가 있다. 따라서 비관세 장벽 정책의 경우 방어적 성격으로 사용될 수 있어 방어적 성격의 지역무역협정은 다른 무역협정에 비해 비관세 장벽 정책의 내용이 아주 다를 수 있다.

자유무역협정을 맺게 되면 관세가 철폐됨에 따라 회원국 간의 교역은 촉진될 것으로 예상된다. 하지만, 관세 철폐는 무역비용을 변화시키고 무역비용의 변화는 교역탄력성 값에 따라 교역의 수요를 변화시킨다. 따라서 관세 인하를 통해 늘어난 교역량의 증가가 후생에 얼마만큼의 영향을 미치는지를 알아보기 위해서는 관세와 교역량의 단순 상관관계 분석 이상의 연구가 필요하다.

교역탄력성 값은 상세한 자료의 부족 그리고 내생성 문제(endogeneity problem) 등으로 그 값의 정확한 추정이 매우 어렵다(Anderson and van Wincoop, 2004; Helpman et al., 2008 등). 기존 문헌에서는 여러 소스로 부터의 내생성 문제가 지적되었는데 그중에서도 가장 대표적 원인으로 꼽히는 것은 샘플 자가선별(self-selection of export) 문제와 생산성의 기업 상이성(firm heterogeneity)이다. 그리고 여러 문헌에서 양자무역의 관측치가 0으로 기록되는 데이터에서 자가선별과 기업 상이성 문제가 특별히 더 심각한 문제가 됨을 보였다(Helpman et al., 2008; Baier and Bergstrand, 2014; Cheong et al., 2015). 0의 무역량이 많은 것은 품목별 데이터를 사용할 경우 더 심각한 문제가 된다. 국가 대 국가로 무역을 하더라도 모든 품목에 대해 교역을 하고 있지 않은 경우가 많아 여러 품목에서 0의 무역량이 기록될 것이다. 따라서 품목데이터를 사용할 경우 내생성 문제를 조정하는 것이 중요하다. 무역량이 0인 것과 그에 따른 내생성 문제를 고려하면서 중력모형을 추정하는 방법론은 Helpman et al.(2008)에 의해 제시되었고 이후 많은 실증분석 모형에서 사용되었다(Baier et al., 2014; Cheong et al., 2015). 그러나 이 방법론은 국가 간 데이터를 사용하는 데 고안되어 국가 간의 품목별 교역데이터를 사용하는 데에는 직접적으로 사용될 수가 없다. 최근에 Cheong et al.(2018)은 Eaton et al.(2014), Fernandes and Tang(2014), 그리고 Albornoz et al.(2012)의 '수요학습'모형을 사용하여 Helpman et al.(2008)의 방법론이 품목별 교역데이터에 적용될 수 있도록 확장하였다.

인하 및 철폐가 수입 증대에 미치는 영향(교역탄력성 값)을 추정한다. 그리고 무역자유화에 따른 비관세 정책 변화의 효과는 자유무역협정의 관세를 통한 효과를 제외한 나머지를 모두 포함하는 나머지(residual)효과로 정의하여 그 값을 추정한다.

본 연구가 갖는 차별성과 새로운 기여는 다음과 같다. 첫째, 본 연구는 품목별 데이터를 이용하여 샘플 선별(self-selection of export) 문제와 생산성의 기업 상이성(firm heterogeneity) 문제의 내생성 문제를 해결하는 데 새로운 방법론을 적용하였다. 새로운 방법론의 사용은 교역탄력성 값을 정확히 추정하고 그 추정치를 이용하여 자유무역협정뿐 아니라 다양한 형태의 교역자유화를 통한 후생 증대 효과를 더 엄밀하게 추정하는 것을 가능하게 한다. 더 나아가 본 연구에서 새로이 제시한, 품목별로 변동하는 새로운 제약제외변수(exclusion restriction)를 생성하는 방법론은 본 연구에서뿐만 아니라 품목별 데이터를 이용해 중력모형을 이용하는 국제무역 분야의 수많은 추후 연구에서 내생성 문제를 극복하는 방법론으로 이용될 수 있을 것으로 기대한다. 둘째는, 동아시아 국가에서 자유무역협정의 효과를 관세 인하를 통한 효과와 비관세를 통한 효과(나머지효과)로 구분하여 분석한다. 셋째로, 동아시아에서 비관세 정책이 일부 산업을 보호하는 방어적 성격으로 사용되었는지 검정해 본다.

실증분석의 주요결과를 요약하면 다음과 같다. 1996년부터 2010년까지의 세계 교역과 무역장벽 완화 경험을 추정한 결과는 관세가 1% 감소했을 때 수입량이 10% 증가하였고 비관세 정책 변화를 통해 자유무역협정은 평균 38%의 수입증가를 가져왔다. 자유무역협정보다 좀 더 심화된 형태의 관세동맹에서 비관세 정책 변화는 수입량을 64% 증가시켰다. 1996년부터 2010년까지 15년 동안 평균 관세율이 11%에서 6.5%로 대략 4.5% 하락했다고 할 때, 관세 인하를 통한 무역증대는 대략 45% 증가한 것으로 해석할 수 있어, 관세동맹의 경우 관세를 통한 효과보다 비관세 정책 변화의 효과가 더 크게 나타났다. 동아시아의 경우엔 샘플 기간 중 새로 체결된 관세동맹 사례가 없어 자유무역협정 효과만 볼 수 있는데, 자유무역협정을 통한 관세 철폐의 효과는 관세가 1% 감소했을 때 수입량이 20% 증가하여 관세효과가 동아시아 국가 간에 훨씬 크게 나타났다. 반면, 비관세 정책 변화는 수입량을 60%가량 줄이는 것으로 나타나 동아시아 국가의 경우 비관세 정책을 관세를 통한 개방의 방어기제로 사용한 것이 아닌가 하는 추론을 가능케 했다.

본 논문은 2절에서 샘플 기간 동안의 무역량과 무역장벽의 변화를 살펴본다. 3절에서는 실증분석을 위한 모형을 소개하고 관세 및 비관세 무역장벽 제거가 교역량에 미치는 무역창출효과의 결과를 제시한다. 4장에서는 3장의 분석을 동아시아 국가로 확장하여 실증분석을 수행한다. 5장에서는 연구의 한계점과 정책 시사점을 제시한다.

2. 무역장벽의 변화(1996~2010)

1990년대 후반을 기점으로 동아시아 지역의 국가들 및 미주 지역의 국가들은 적극적으로 지역무역협정을 추진하였는데, 2006년 중반을 기준으로 발효 중인 지역무역협정의 수가 300개를 넘었다. 본 논문의 실증분석은 66개국의 수입국과 137개국의 파트너국(수출국가)의 데이터를 이용하였다.

〈표 1a〉를 보면 종속변수와 주요정책변수의 기본 통계량을 제시하고 있다. 그리고, 〈그림 1〉에서 〈그림 3〉은 주요정책변수의 샘플 기간 동안 시간

〈표 1a〉 수입과 관세 그리고 무역협정

	Mean	SD	Mean Flow>0	SD Flow>0
Trade Flows (Imports)	136.13	10,909	1392.58	34,868
Tariffs	9.68	19.93	8.85	14.09
Partial Scope Agreement(PSA)	0.144	0.351	0.087	0.281
Free Trade Agreement(FTA)	0.059	0.235	0.145	0.352
Custom Union(CU)	0.042	0.200	0.141	0.348

〈표 1b〉 소득 수준 구분에 따른 실증분석 대상 수입국 국가

	Countries
High	Australia, Austria, Belgium, Canada, Denmark, Finland, France, Germany, Greece, Iceland, Ireland, Italy, Japan, Korea, Netherlands, New Zealand, Norway, Portugal, Spain, Sweden, Switzerland, United Kingdom, United States
Middle	Antigua and Barbuda, Botswana, Brazil, Cameroon, Chile, China, Colombia, Costa Rica, Cote d'Ivoire, Cuba, Dominica, Dominican Republic, Ecuador, Egypt, El Salvador, Ghana, Guatemala, Guyana, Honduras, India, Indonesia, Jamaica, Kenya, Malaysia, Mauritius, Mexico, Morocco, Namibia, Nicaragua, Nigeria, Pakistan, Paraguay, Peru, Philippines, South Africa, Sri Lanka, Thailand, Tunisia, Turkey, Uruguay, Venezuela, Zimbabwe
Low	Bangladesh, Burkina Faso, Madagascar, Malawi, Mali, Mozambique, Senegal, Tanzania, Togo, Uganda, Zambia

에 따라 변화하는 값을 보여 주고 있다. 〈그림 1〉에서 보면 1996년에서 2010년까지 15년간 평균 관세는 11%에서 6.5%까지 하락하였고, 자유무역협정의 증가 수는 평균 4개국에서 평균 17개국으로 크게 증가하였다. 자유무역협정보다 더 강한 수준의 관세동맹은 같은 기간 평균 1개국에서 평균 6.7개국까지 증가하였다. 관세 장벽은 이 기간 중에 지속적으로 꾸준히 하락하여 무역장벽 제거에 상당한 진전을 이룩하였고 자유무역협정과 관세동맹을 통해 비관세 장벽 또한 상당 부분 제거가 이루어졌을 것으로 기대할 수 있다.

그림 1_ 평균 관세율(1996~2010)

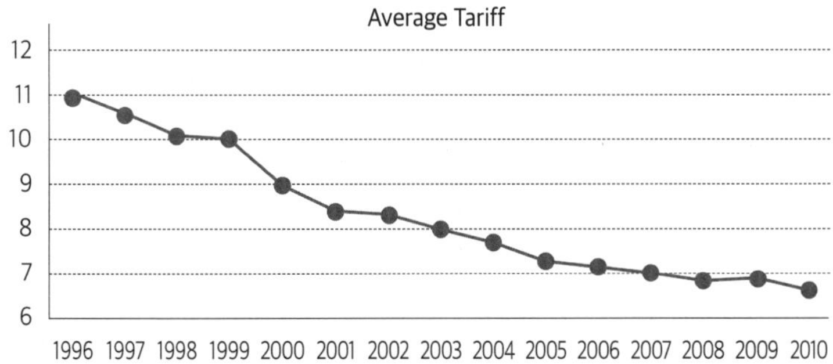

그림 2_ 자유무역협정 증가

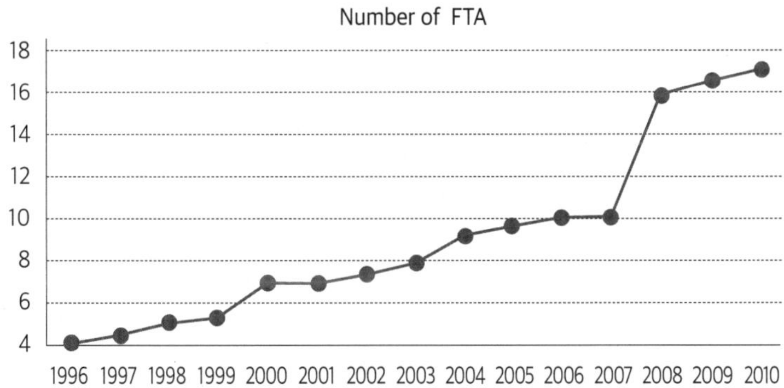

그림 3_ 관세동맹 증가

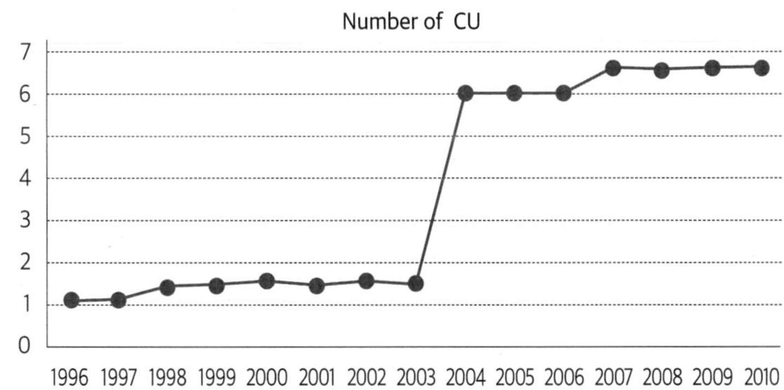

3. 분석 모형

경제효과를 평가하는 지표로 양자무역의 교역량을 사용한다. 자유무역협정을 통한 관세 및 비관세 장벽 제거를 교역에 영향을 미치는 정책변수로 사용한다. 1990년 후반부터 2010년까지 무역장벽 제거가 실질적으로 교역량에 미친 영향을 추정해 본다.

본 논문의 실증분석은 중력모형의 기반이 되는 Helpman et al.(2008) 모형을 사용하여 수행한다. Helpman et al.(2008)은 기업별 생산성의 차이에 의해 신규 수출시장 진입 여부가 결정되는 기업의 수출결정모형을 국가 간 무역데이터를 사용하여 추정할 수 있는 방법론을 개발하였다. 그러나 Helpman et al.(2008)과 달리 본 논문은 품목 레벨에서의 국가 간 무역데이터와 관세 그리고 비관세 정책변수 데이터를 사용할 수 있다. 따라서 본 연구에서는 Helpman et al.(2008)의 모형을 품목별 데이터에 적용할 수 있도록 확장한 Cheong et al.(2018)을 기초로 하여 생산성 레벨에 따른 수출결정모형을 사용하여 무역정책이 수출에 미치는 영향을 분석한다.[2]

Helpman et al.(2008)은 기존 실증분석 문헌에서 간과되었던 기업별 생산성 차이에 의해 나타나는 샘플선택(self-selection)과 기업 상이성(firm heterogeneity) 문제에 대해 교역국 간의 종교적 유사성을 제외제약변수(exclusion restriction)로 사용하여 조정하였다. 여기서 도구변수는 수출기업이 새로운 시장에 진입할지 철수할지를 결정하는 데에는 중요하지만 일단 시장에 진입하여 수출을 할 때 수출량에는 영향을 미쳐서는 안 된다는 조건을 만족시켜야만 한다. Helpman et al.(2008)은 도구변수로서 여러 가지 변수를 고려하였고 이후에 여러 실증분석 문헌에서는 교역국 간의 종교적 유사성 변수가 제외제약변수로 가장 많이 사용되었다.

그러나 품목데이터를 사용하여 샘플선택과 기업 상이성 문제를 조정해야 할 경우 제외제약변수는 품목 간에도 차이가 나타날 수 있는 품목 단위의 변수여야만 한다. Cheong et al.(2018)에서는 Eaton et al.(2014), Fernandes and Tang(2014), 그리고 Albornoz et al.(2012)의 '수요학습' 결과에 기반하여 수출시장에 대한 수요 시그널 변수를 도구변수로서의 적합성을 조사하였다. 이 논문들에 따르면, 유사시장에서의 기업자신(self)의 동일 품목의 수출 경험과 경쟁기업의 잠재적 수출시장에서의 경험은 기업의 새로운 수출시장 진입 및 철수 여부에는 영향을 미치나 일단 시장에 진출하면 수출량에는 영향을 미치지 않을 수 있다. 왜냐하면, 일단 직접 수출시장에서 판매를 시작하면 기업 상품 품목에 대한 수요에 정보를 직접적으로 얻어 유사시장에서의 기업자신의 동일 품목의 수출 경험과 경쟁기업의 잠재적 수출시장에서의 경험이 기업수요에 대해 직접적으로 직면하는 정보 이상의 순수한 추가 정보를 주는 데 미흡하기 때문이다.

본 논문에서도 Cheong et al.(2018)의 품목데이터에서의 샘플조정을 따라, 유사시장에서의 기업자신의 동일 품목 수출 경험과 경쟁기업의 잠재적 수출시장에서의 경험 변수를 제외제약변수(exclusion restriction)로 사용하여 생산성 차이에 의한 기업 상이성(firm heterogeneity)과 수출의 샘플선택(self-selection of export) 문제를 조정한다.

1) 1단계 추정(1st stage estimation)

수요학습변수로 크게 세 가지 변수를 고려하였다. 첫째는 각각의 기업이 동일 상품에 대해 다른 수출시장에서 갖는 기존의 모든 경험을 축적하는 변수로 (i) 상품시장 수 (ii) 기존 타 국가 수출시장의 평균 매출액이다. 둘째는 동일한 수출국에 대한 다른 상품 수출로부터 추정한 수출시장 특유의 수요를 추정하는 변수로 (i) 상품 수와 (ii) 평균 매출액이다. 끝으로, 타국 기업

---

2. 본 논문에서는 수출시장 진입모형의 개략적인 아이디어만을 소개하고 구체적인 모형의 세부내용과 그에 대한 자세한 논의가 궁금한 독자는 Helpman et al.(2008)과 Cheong et al.(2018)를 참조한다. 특히, 품목시장에서의 추정을 위한 데이터 조건과 추정 방법에 대한 자세한 내용은 Cheong et al.(2018)에서 찾을 수 있다.

〈표 2〉 수출시장 진입 프로빗 추정

	종속변수: 1(q>0), q: 수입량		
	(1)	(2)	(3)
접경 여부	-0.042 (0.097)	-2.368*** (0.038)	-2.041*** (0.040)
공용언어	0.021*** (0.005)	0.264*** (0.002)	0.119*** (0.002)
식민지 여부	0.018** (0.008)	0.055*** (0.003)	-0.094*** (0.004)
log(거리)	-0.048*** (0.003)	-0.188*** (0.001)	-0.236*** (0.001)
log(GDP) 수입국	-0.006*** (0.001)	-0.047*** (0.000)	-0.049*** (0.000)
log(GDP) 수출국	0.055*** (0.001)	0.273*** (0.000)	-0.059*** (0.001)
psa	-0.056*** (0.005)	-0.021*** (0.002)	-0.186*** (0.002)
fta	0.058*** (0.005)	0.180*** (0.002)	0.133*** (0.003)
cu	0.017* (0.009)	-0.335*** (0.004)	0.084*** (0.004)
limp_nijt	0.095*** (0.001)	0.682*** (0.001)	0.903*** (0.001)
lvol_ijt	0.006*** (0.000)	0.009*** (0.000)	0.040*** (0.000)
limp_nikt	0.144*** (0.004)	1.513*** (0.001)	1.195*** (0.002)
lvol_ikt	0.000 (0.000)	-0.024*** (0.000)	-0.032*** (0.000)
limp_njkt			0.795*** (0.001)
lvol_jkt			0.057*** (0.000)
N	10789339	10789339	10789339

참조: (1)열은 선형확률모형(Linear probability model), 그리고 (2)열과 (3)열은 프로빗 추정모형에 의해서 추정되었다.

의 동일 상품 동일 수출시장에서의 (i) 상품 수와 (ii) 평균 매출액이다. 총 6개의 변수를 도구변수 후보로 하여 다음의 수출시장 진입 모형을 프로빗을 사용하여 추정하였다.

$$1(q_{ijkt} > 0) = \Phi(\gamma_1 ln(\bar{q}_{jkt}) + \gamma_2 ln(\bar{q}_{ijt}) + \gamma_3 ln(\bar{q}_{ikt}) + \gamma_4 ln(n_{jkt}) + \gamma_5 ln(n_{ijt}) + \gamma_6 ln(n_{ikt}) + Z_{ijkt}\delta + \alpha_0 + e_{ijkt} \geq 0)$$

종속변수는 연도 t시점에 기업i 가 j 수출시장에 k 상품을 수출하는지 여부이다. 감마 파라미터 값은 6개의 제외제약변수의 계숫값이고 감마1에서 감마3까지의 값은 평균 매출액으로부터 나온 값이며 감마4에서 감마6까지의 계숫값은 수출 참여 시장의 개수이다. Z는 조정변수(control variables)로 교역국 간의 거리, 수출국의 소득, 수입국의 소득 등의 중력변수[3]를 포함한다.

〈표 2〉는 1단계 추정(1st stage estimation)의 결과를 보여 준다. 설명변수는 3개의 그룹으로 구분했는데, 첫 번째 그룹은 중력모형에서 기본적으로 사용되는 교역장벽 변수들이고, 두 번째는 교역국 간의 자유무역협정 체결 여부에 대한 변수들이고, 세 번째 그룹은 도구(제외제약, exclusion restriction)변수들이다. 제외제약변수들은 통계적으로 아주 유의하게 수출기업의 새로운 시장 진입 및 철퇴 여부에 중요한 결정요인이다.

〈표 2〉의 (1)열은 선형확률모형(Linear probability model)에 의해 추정된 값이고 (2)열과 (3)열은 프로빗 추정모형에 의해서 추정되었다. (2)열과 (3)열의 차이는 (2)열의 제외제약변수로 기업의 동일 품목 다른 수출시장(destination) 혹은 기업의 같은 시장 다른 품목 수출로부터의 시그널을 4개 변수로부터 얻어 제외제약변수로 사용하는 경우이고, (3)열은 (2)의 제외제

---

3. 교역국 간의 물리적 거리, 수입국 소득(GDP), 수출국 소득, 공통언어 사용 여부, 국경 접경 여부, 과거 식민지 관계 여부 그리고 자유무역협정 체결 여부를 포함한다.

약변수에 유사기업의 동일 품목 동일 시장의 경험으로부터의 시그널을 추가한 6개의 제외제약변수를 사용하여 1단계 추정을 한 결과이다.

1단계 추정의 목적은 계숫값의 해석을 통해 기업의 수출시장 진입 및 철퇴의 결정요인 분석이 아니라 2단계 추정에서 수입(기업 입장에서는 수출) 결정요인인 기업의 생산성값의 임계치를 구하고 샘플선택 결정요인을 구하기 위함이다. 이 결정요인들은 2단계 추정에서 샘플선택과 기업 간 상이성에 의해 생기는 편이를 조정하는 역할을 하게 된다. 〈표 2〉의 세 번째 열에서 프로빗 추정을 통해 추정된 계숫값을 이용하여 (i) IMR(inverse mills ratio)값을 구해서 샘플선택에 의한 편이(bias)를 조정(control)할 수 있고 (ii) 정규누적분포함수(normal CDF) 인덱스 안에서 추정되는 값(fitted predictors)의 다항함수 근삿값 (polynomial approximation)을 사용해 기업마다의 차별적인 생산성에 의한 기업 이질성 조정을 할 수 있다.[4]

2) 1단계 추정에 사용된 데이터 소스

수입데이터는 UNCOMTRADE가 구축한 데이터를 World Integrated Trade Solution(WITS)을 통해서 구했다. 관세데이터는 UNCTAD의 Trade Analysis Information System(TRAINS)과 WTO의 Integrated Data Base(IDB)와 Consolidated Tariff Schedules(CTS)를 병합해서 구했다. 수입데이터와 관세데이터는 모두 HS-2digit(97개의 산업구분)의 중분류에 해당 산업별 데이터를 병합하였다. 중력변수는 CEPII를 통해 구했고, 소득데이터는 Penn World Table(PWT) 7.0을 통해, 그리고 실질변수 변화를 위한 가격디플레이터는 US Department of Commerce's BEA로부터 구했다. 부분협정(PSA- Partial Scope Agreement), 자유무역협정(FTA-Free Trade Agreement), 관세동맹(CU –Custom Union)의 자료는 WTO의 Regional Trade Agreements Information System(RTA-IS)으로부터 구축하였다.

3) 무역장벽 제거의 경제적 효과 실증분석

수출량을 결정하는 중력모형은 다음과 같이 쓸 수 있다.

$$1\text{n}(q_{ijkt}) = \beta_0 + FE + Z_{ijt}\delta + \beta_0 1\text{n}(1 + tariff) + \beta_3 FTA + \beta_4 CU + \epsilon_{ijkt} \qquad (1)$$

여기서, 식 (1)은 추정이 기본 방정식이다. FE는 고정효과(fixed effects) 통제변수로 교역국 더미(pair fixed effects), 수입국-연도 더미(importer-time fixed effects)와 수출국-연도(exporter-time fixed effects)를 포함한다.

(1) 식에서 무역자유화의 효과는 자유무역협정 정도에 따라 구분되는 3개의 더미변수와 관세로 β_1, β_2, β_3,의 계숫값을 통해 추정된다. 예컨대, 자유무역협정은 관세 인하를 포함 다른 여러 비관세 협정에 따른 효과도 포함하는데, 식 (1)은 자유무역협정의 효과를 β_1에 의해서 추정되는 관세효과와 β_3에 의해서 추정되는 자유무역협정의 나머지(비관세)효과로 구분하여 추정할 수 있다.

그러나 식 (1)을 사용하여 추정하는 경우엔 샘플선택(self selection) 문제와 기업 상이성(firm heterogeneity)에 의한 내생성 문제로 β_1, β_2, β_3, 계숫값에 편이가 생기게 된다. 그래서, Cheong et al.(2018)의 방법론을 사용하여 새로운 중력모형을 다음과 같이 나타낼 수 있다.

$$1\text{n}(q_{ijkt}) = \beta_0 + Z_{ijt}\delta + \beta_1 1\text{n}(1 + tariff) + \beta_3 FTA + \beta_4 CU + \rho_1 IMR + FH + \epsilon_{ijkt} \qquad (2)$$

여기서, IMR=$\frac{\phi(W\hat{\pi})}{\Phi(W\hat{\pi})}$이고 W는 1단계 추정에 사용된 모든 설명변수(predi-

---

4. 좀 더 자세한 논의는 Helpman et al.(2008)과 Cheong et al.(2018)에 잘 정리되어 있다.

ctors)를 포함하며 $\hat{\pi}$은 〈표 2〉 세 번째 열 프로빗 추정의 계숫값이며, FH는 수출 진입의 생산성 임계치의 추정값으로 $W\hat{\pi}$ 3차 다항함수 근사를 사용하여 (2) 식의 통제변수로 포함시켰다.

4) 실증분석 결과

〈표 3〉은 본 논문의 주요 실증분석 결과를 보여 준다. 열 (1)과 열 (2)에서는 샘플선택(self selection)과 기업 상이성(firm heterogeneity)을 직접적으로 통제하지 않았다. 열 (2)는 3개의 미관찰 상이성(unobserved heterogeneity, 혹은 고정효과로도 불림)을 조정하고 있어 열 (1)에서 1개의 미관찰 상이성을 조정하는 것보다 좀 더 많은 설명변수를 통제하고 있다. 열 (3)과 열 (4)에서는 1단계 추정에서 얻은 값을 사용하여 샘플선택(self selection) 문제와 기업 상이성(firm heterogeneity)을 직접적으로 통제하고 있다. 특히 열 (4)는 샘플선택(self selection) 문제와 기업 상이성(firm heterogeneity)에 의한 내생성 문제 조정과 가장 세분화된 고정효과를 통제했을 때의 결과를 보여 주며 가장 선호되는 결과이다. 1996년부터 2010년까지의 세계 교역과 무역장벽 완화 경험을 기반으로, 관세가 1% 감소했을 때 수입량은 10% 증가하고, 비관세 장벽 완화를 통해서는 자유무역협정의 경우 평균 38%의 수입증가를 가져왔으며, 관세동맹의 경우 수입량이 64% 증가하였다. 1996년부터 2010년까지 15년 동안 평균 관세율이 11%에서 6.5%로 대략 4.5% 하락했다고 할 때, 관세 인하를 통한 무역증대는 대략 45% 증가한 것으로 해석할 수 있다. 우리가 주목하는 두 가지 시사점은, 첫째 관세뿐 아니라 비관세 장벽 완화도 자유무역협정과 관세동맹을 통해 무역증대에 크게 기여한 것으로 볼 수 있고, 둘째 좀 더 심화된 무역장벽 완화의 형태인 관세동맹에서 자유무역협정보다 관세를 제외한 비관세 부문에서의 좀 더 심화된 개방이 발생하여 수입 증대 효과가 크게 나타났다는 점이다. 흥미로운 점은 기존의 문헌에서 관세를 통한 무역장벽 완화의 방어기제로 좀 더 불투명한 비관세 제도를 통해 무역장벽을 강

〈표 3〉 관세, 비관세 무역장벽 제거의 경제적 효과

	종속변수: 로그 수입량			
	(1)	(2)	(3)	(4)
ltariff2	-0.079*** (0.009)	-0.089*** (0.009)	-0.095*** (0.009)	-0.099*** (0.008)
lgdp1	-1.887*** (0.265)		-1.994*** (0.239)	
lgdp2	-1.063*** (0.151)		-1.125*** (0.144)	
lgdppc1	3.245*** (0.332)		3.327*** (0.299)	
lgdppc2	1.309*** (0.173)		1.155*** (0.167)	
fta	0.236*** (0.053)	0.378*** (0.063)	0.169*** (0.048)	0.381*** (0.056)
cu	-0.108 (0.173)	0.435* (0.245)	-0.077 (0.164)	0.638*** (0.220)
imr2			-1.443*** (0.027)	-1.470*** (0.027)
hmr2			0.020*** (0.003)	0.033*** (0.004)
hmr2_sq			-0.001*** (0.0001)	-0.001*** (0.0001)
hmr2_cb			0.001*** (0.0001)	0.001*** (0.0001)
_cons	-1.996*** (0.333)	-26.393** (12.390)	1.022*** (0.326)	-17.654 (13.183)
FEs	ij	ij,it,jt	ij	ij,it,jt
N	4203747	4203747	4203747	4203747
R-sq	0.419	0.426	0.434	0.441

참고: 표준오차(Standard errors)는 괄호 안에 표시하였다. *, **, ***는 $p<0.10$, $p<0.05$, $p<0.01$을 의미한다.

화하는 제도를 도입할 가능성이 제기되었으나 실증분석 결과는 이를 뒷받침하고 있지 않다.

몇 가지 주목할 점이 더 있다. 〈표 3〉은 샘플선택(self selection) 문제와 기업 상이성(firm heterogeneity)을 조정하는 4개의 변수의 계숫값이 열 (3)과 열 (4)의 결과에서 모두 통계적으로 유의하다. 그러나 샘플선택(self selection) 문제와 기업 상이성(firm heterogeneity)이 관세효과 추정치(1~2% 정도 하향 추정됨)나 자유무역협정 효과 추정치(차이 없음)에 미치는 영향은 크지 않다. 하지만 관세동맹 효과는 샘플선택(self selection) 문제와 기업 상이성(firm heterogeneity)을 무시할 때 44%로 과소 추정되어 대략 20%의 편이가 나타났다. 관세하락의 효과는 고정효과를 무시해도 크게 변하지 않으나(9.9%와 9.5%), 자유무역협정과 관세동맹의 경우 고정효과 조정 여부에 따라 그 효과가 아주 상이하게 나타났다. 이는 비관세무역장벽 변화의 효과를 유의미하게 추정하기 위해서는 미관찰 상이성을 제대로 통제하는 것이 편이를 없애는 데 아주 중요함을 시사한다.

추정 방법론의 중요성은 우선 〈표 3〉의 (3)열과 (4)열의 결과를 비교해서 알 수 있다. (3)열과 같이 다자저항변수를 조정하지 않을 경우, 조정할 때와 비교해서 관세의 효과가 크게 변화하지 않으나, 자유무역협정과 관세동맹과 같이 비관세 정책 변화의 효과가 아주 크게 과소 추정됨을 보인다. 따라서 다자저항변수의 조정은 특히 무역협정의 비관세효과를 정확히 추정하는 데 특별히 더 중요하다.

또한 〈표 3〉의 (2)열과 (4)열의 비교를 통해 샘플선택과 기업 생산성 상이성을 조정하는 것이 얼마나 중요한 것인지 알 수 있다. (2)의 결과는 샘플선택과 기업 생산성 상이성이 조정되지 않은 추정값이고 (4)열의 결과는 샘플선택과 기업 생산성 상이성이 조정된 결과이다. (2)열과 (4)열의 결과 비교에서는 오로지 심화된 무역자유화의 한 형태인 관세동맹에서만 조정하지 않은 추정값이 과소계산되는 것으로 나온다. 즉, 생산성 상이성을 조정하지 않을 경우 비관세 장벽 제거를 통한 교역량에 미치는 효과가 과소 추정되는 것으로 보인다.

4. 동아시아의 자유무역협정의 경제적 효과 분석

기존의 자유무역협정은 내용에 있어 서로 큰 차이를 보인다. 예컨대, 인접 국가들 간 자유무역협정을 시도하는 경우가 있는가 하면, 단순히 대외 경제 환경 변화에 대한 전략적 방어기제의 일환으로 추진되는 경우도 있다. 미국의 경우엔 상대국가와의 관계에 따라 국가별로 상이한 자유무역정책을 전개하기도 한다. 수많은 자유무역협정 중에서 동일한 내용을 담은 무역협정이 두 개 이상 없을 정도로 각양각색이다.

대부분의 국가들이 좀 더 심화된 무역협정 형태인 관세동맹이나 통화통합보다 자유무역협정을 선호하는 기본적인 이유는 경제주권에 대한 제약이 최소화된다는 이점 때문이다. 역내 무역을 자유화하는 데 따르는 부담이 있기는 하나 적어도 WTO 내에서의 다자무역협상에 따른 결과를 앞당겨 이행하는 정도의 수준을 크게 넘지 않는다. 현실적으로 자유무역협정은 WTO 관련 협정들의 조문을 좀 더 강화하는 경우가 대부분이다. 이와 같이 구속력이 크지 않다는 측면과 함께 다양한 목적을 추구할 수 있다는 장점으로 인해 많은 국가들이 자유무역협정을 활용한다. 게다가 자유무역협정에 따른 관세 인하를 통한 개방의 정도가 부담스러운 경우 좀 더 불투명한 비관세 장벽을 방어기제로 사용할 수도 있어 개방의 충격을 다소 완화시킬 수 있다.

모든 자유무역협정이 담고 있는 공통적인 요소는 자유무역지역을 실현할 때까지의 기간을 의미하는 과도기간 중에 해당국 간 단계별로 시간이 흐름에 따라 관세를 철폐한다는 것이다. 이 조항은 상품시장의 자유화와 관련하여 GATT 관련 조문(제XXIV조)이 묵시적으로 요구하는 최소한의 기초적인 의무라고 할 수 있다. 그 외의 비관세 장벽의 제거를 포함하는 자유화 대상의 경우 어떤 '무역장벽'을, '어느 정도', 그리고 '어떻게 철폐할 것인가' 등에 대해서는 분명하게 정의되지 않고 있어 협정 국가들은 경제주권을 행사한다는 명목하에 각각의 상황에 맞게 비관세 장벽 정책을 재량적으로 조정할 수 있어 자유무역협정마다 비관세 장벽의 제거 정도가 크게 다를 수 있다.

1) 실증분석 모형

이번 섹션에서는 동아시아 국가들과 그 이외의 국가로 샘플국가를 두 그룹으로 나누어 관세 인하와 나머지 비관세 정책 변화가 수입량의 변화에 미치는 영향이 그룹마다 상이하게 나타나는지를 구분한다. 특히, 우리는 하나의 가설을 검증하는 데 관심이 있다. 기존 문헌은 동아시아 국가의 자유무역협정에 대해 교역국이 경쟁국과 자유무역협정을 체결할 경우 이에 따른 방어기제로서의 역할을 강조했다(Calder 1988).

따라서, (2)식을 지역에 따라 효과가 다를 수 있는 파라미터 상이성(parameter heterogeneity) 모형으로 확장하여 중력모형을 다음과 같이 추정한다.

$$\begin{aligned} \ln(q_{ijkt}) &= \beta_0 + Z_{ijt}\delta + \beta_1 \ln(1+tariff) + \beta_2 EA^* \ln(1+tariff) \\ &\quad + \beta_3 FTA + \beta_4 CU + \beta_5 EA^* FTA + \beta_6 EA^* CU + \rho_1 IMR + FH + \epsilon_{ijkt} \end{aligned} \tag{3}$$

여기서, EA는 더미변수로 수입국이나 수출국이 동아시아 국가[5]일 때 1의 값을 갖고 나머지 경우엔 0의 값을 갖는다. 지역협정마다 관세 및 비관세효과가 다른 모형을 설정할 수 있으나, 본 논문의 관심사는 동아시아 국가 간의 지역 자유무역협정이므로 동아시아를 제외한 지역에서의 자유무역협정의 효과는 상이하게 구분되지 않는다.

따라서 동아시아를 제외한 다른 교역국들 간의 관세 인하에 의한 수입에의 효과는 β_1으로부터 구할 수 있다. 이는 동아시아를 제외한 다른 국가들이 평균적으로 얻었던 교역에의 효과 추정값이다. 동아시아 국간 간 관세 인하의 수입에 대한 효과는 $\beta_1+\beta_2$로 구할 수 있다. 비슷한 방법으로 동아시아를 제외한 국가에서 자유무역협정의 비관세 장벽 변화의 효과는 β_3 값으로부터 추정할 수 있고, 동아시아 국가 간 자유무역협정 체결로 인한 비관세 제도 변화의 효과는 $\beta_3+\beta_5$로부터 구할 수 있다. 동아시아 국가가 갖는 특수성이 있다면 이는 β_2와 β_5 값에 의해 추정될 수 있다.

2) 실증분석 결과

계숫값이 그룹(동아시아 vs 기타)에 따라 달라지는 것을 제외하면 〈표 4〉는 〈표 3〉에서 얻을 결과와 동일한 추정 모형을 사용해서 얻은 결과이다. 특히, (4)열에서 샘플선택(self selection) 문제와 기업 상이성(firm heterogeneity)에 의한 내생성 문제 조정과 가장 세분화된 고정효과를 통제하기 때문에 (4)열의 결과가 가장 선호된다. 따라서 〈표 4〉의 결과 해석에 있어 (4)열 해석에 초점을 맞추겠다.

결과를 요약하면, 동아시아의 경우 다른 지역보다 관세 인하의 효과가 크게 나타났다. 기타지역의 경우 1%의 관세 인하가 수입량을 10% 증가시킨 데 비해 동아시아의 경우엔 1%의 관세 인하가 수입량을 21.4% 증가시켰다. 비관세효과의 경우 샘플 기간 중 새로 체결된 동아시아 국가 간 관세동맹이 없어 를 추정할 수 없다. 따라서 비관세효과는 자유무역협정 체결의 효과만을 분석한다. 자유무역협정에 따른 기타지역에서의 비관세효과는 36%(전체평균 38%)로 나타나고 관세동맹에 따른 기타지역에서의 비관세효과는 59%(전체평균 64%)로, 3장의 전체 평균 효과와 차이가 거의 없고 그 차이가 통계적으로 유의하지 않다. 반면 동아시아 국가 간의 자유무역협정 체결에 의한 비관세 정책 변화가 수입량에 미치는 효과는 −59%의 감소로 나

---

5. 한국, 일본, 중국과 베트남을 제외한 모든 ASEAN 회원국을 포함한다. WTO 회원국가만 샘플에 포함되어서, 샘플 기간 중 WTO 회원국이 아니었던 베트남은 제외되었다

〈표 4〉 관세, 비관세 무역장벽 제거의 경제적 효과 — 동아시아와 기타지역 비교

	종속변수: 로그 수입량			
	(1)	(2)	(3)	(4)
ltariff2	-0.077*** (0.009)	-0.087*** (0.009)	-0.093*** (0.009)	-0.099*** (0.008)
ltariff2_EastAsia	-0.103 (0.074)	-0.107* (0.063)	-0.086 (0.081)	-0.115* (0.064)
lgdp1	-1.884*** (0.266)		-1.983*** (0.239)	
lgdp2	-1.068*** (0.150)		-1.128*** (0.144)	
lgdppc1	3.243*** (0.332)		3.317*** (0.299)	
lgdppc2	1.313*** (0.172)		1.156*** (0.166)	
fta	0.264*** (0.053)	0.434*** (0.063)	0.199*** (0.048)	0.360*** (0.056)
cu-0.093	0.455* (0.170)	-0.056 (0.236)	0.589*** (0.161)	(0.218)
fta_EastAsia	-0.657*** (0.143)	-0.936*** (0.140)	-0.667*** (0.163)	-0.947*** (0.157)
imr2			-1.442*** (0.027)	-1.463*** (0.027)
hmr2			0.020*** (0.003)	0.032*** (0.004)
hmr2_sq			-0.001*** (0.0001)	-0.001*** (0.0001)
hmr2_cb			0.001*** (0.0001)	0.000*** (0.0001)
_cons	-2.012*** (0.335)	-26.510** (12.405)	0.986*** (0.328)	-17.573 (13.339)
N	4203747	4203747	4203747	4203747
R-sq	0.419	0.426	0.434	0.442

참고: Standard errors in parentheses. *, **, ***는 $p<0.10$, $p<0.05$, $p<0.01$을 의미한다.
(1)과 (3)열은 ij 고정효과 그리고 (2)와 (4)열은 ij, it, jt 고정효과를 사용해서 얻은 결과이다.

타난다. 자유무역협정에 수반되는 비관세 정책 변화가 수입량을 줄였다는 의미는, 관세 인하에 따른 시장에서의 경쟁 강화가 비관세 정책이 국내산업 보호를 위해 변화했을 수도 있는 가능성을 보여 주고 있다.

동아시아 지역 역내 국가들 간에 체결되었던 자유무역협정은 폭넓은 예외조항을 인정하고 협정 실행의 강제성도 엄밀하게 지켜지지 않았을 수 있음을 보인다. 실행이 강제되지 않았을 경우 이를 제재할 제도적 수단 또한 준비되어 있지 않아 무역자유화의 측면에서는 낮은 수준의 자유화를 조정할 근거 또한 존재하지 않는다. 비관세 측면에서 낮은 수준의 자유화 협정이 주로 체결되는 이유는 국가가 적극적으로 개입하여 전략적 중요산업을 보호하는 것이 자유무역 확대만큼 정부의 중요 목적이기 때문이다. 한편으로는 비관세효과가 음의 부호를 갖는 것은 동아시아 지역의 역내 무역협정이 무역을 통한 이익을 극대화하는 전략보다는 시장개방을 통해 파생되는 충격과 손실을 극소화하는 데 중점을 두어 나타난 결과로 볼 수 있다.

5. 연구의 한계와 맺음말

자유무역협정의 경제효과를 분석한 기존 연구는 크게 두 가지로 나눌 수 있다. 하나는 자유무역협정이 체결되기 이전에 그 효과를 미리 예측해 보는 사전적(ex ante) 방법론이며 계산가능 일반균형이론이 대표적이다. 이 모형은 실제 데이터를 잘 설명하지 못하며 결과 해석이 복잡하고 어렵다는 한계를 가지고 있다(Wylie, 1995; Clausing, 2001; Kehoe, 2002). 다른 하나는 이미 발효된 자유무역협정에 대한 효과를 추정해 보는 사후적(ex post) 방법론이고 사후적으로 자유무역협정의 효과를 분석할 때 가장 많이 쓰이는 방법은 중력모형(gravity model)이다. 이 방법은 양국의 교역량을 잘 설명해 준다는 장점이 있어 가장 보편적으로 사용되긴 하지만 이 방법만으로는 후생효과를 직접 추정할 수 없기 때문에 차선(second-best)으로 교역효과 추정을 통해 후생효과를 추론한다. 따라서 자유무역협정의 경제적 효과를 사후적으로 살펴본 기존

논문들은 대부분 교역효과에 중점을 두고 있다(Baier and Bergstrand, 2007; Baier et al., 2014; Magee, 2008; Eicher et al., 2012; Cheong et al., 2015).

본 연구는 사후적으로 교역효과를 추정하고 교역효과의 추정치를 바탕으로 Arkorlakis et al.(2012) 등이 제시한 방법론을 이용하여 후생효과를 추정할 수 있다. 자유무역협정의 교역효과를 추정하는 기존 연구의 또 다른 한계점은 자유무역협정의 교역효과를 관세효과와 비관세효과로 구분하여 분석하지 못했다는 점인데, 본 연구에서는 품목별 쌍무적 데이터를 가지고 중력모형을 이용하여 자유무역협정의 교역효과를 관세효과와 비관세효과로 분리하여 각각의 규모와 방향성에 대해 분석하였다. 자유무역협정의 가장 두드러진 특징은 회원국 간의 관세 철폐이지만 대부분의 자유무역협정의 협정문을 보면 경쟁정책, 환경, 노동에 대한 규제, 지적 재산권, 원산지 규정, 투자자 내국민 대우 등과 같은 비관세 관련규정에 관한 내용을 담고 있다. 협상국들은 이러한 비관세 규정에 대한 협상을 타결하기 위해 다년간 상당한 비용과 인적자원을 투자한다. 그러므로 자유무역협정을 통해 발생하는 교역효과 중 관세 변화로부터 오는 효과와 비관세 변화로부터 오는 효과를 분리해서 각각 추정하는 것은 그 의의가 크다.

분석 결과 15년 동안의 샘플 기간 중 평균 관세율이 11%에서 6.5%로 대략 4.5% 하락했는데, 이는 관세 인하를 통해 무역량이 대략 45% 증가한 것으로 해석할 수 있다. 비관세 장벽 완화도 자유무역협정과 관세동맹을 통해 무역증대에 크게 기여한 것으로 볼 수 있고, 심화된 무역장벽 완화의 형태인 관세동맹에서는 자유무역협정보다 관세를 제외한 비관세 부문에서의 좀 더 심화된 개방을 통한 수입 증대 효과가 크게 나타났다는 점을 확인할 수 있다.

동아시아의 경우 다른 지역보다 관세 인하의 효과가 크게 나타났다. 기타 지역의 경우 1%의 관세 인하가 수입량을 10% 증가시킨 데 비해 동아시아의 경우엔 1%의 관세 인하가 수입량을 21.4% 증가시켜 효과가 두 배 이상으로 크게 나타났다. 자유무역협정에 따른 기타지역에서의 비관세효과는 36%(전체평균 38%) 교역량 증가로 나타나고 관세동맹에 따른 기타지역에서의 비관세효과는 59%(전체평균 64%)로 나타나 기타지역은 전체 평균값과 비교할 때 평균 효과의 차이가 거의 없고 그 차이가 통계적으로 유의하지 않다. 반면 동아시아 국가 간의 자유무역협정 체결에 의한 비관세 정책 변화가 수입량에 미치는 효과는 –59%의 감소로 나타났다. 자유무역협정에 수반되는 비관세 정책 변화가 수입량을 줄였다는 의미는 관세 인하에 따른 시장에서의 경쟁 강화가 비관세 정책이 국내산업 보호를 위해 변화했을 수도 있다는 가능성을 보여 주고 있다.

본 연구는 관세효과와 비관세효과를 구분하고 있으나, 구체적인 비관세 정책의 변화를 수량화할 수 있는 정보가 없어 경쟁정책, 환경, 노동에 대한 규제, 지적 재산권, 원산지 규정, 투자자 내국민 대우 등과 같은 비관세 관련 규정이 어떤 경로를 거쳐 교역량에 영향을 주었는지를 구분해 낼 수 없다.

또한 중간재 사용의 비용에 영향을 미칠 수 있는 중간재 관세 인하를 통한 효과를 구분해 낼 수 없어 최종재에 대한 관세효과만을 추정하는 한계점도 가지고 있어, 추후 연구에서는 기업이 최종재 생산을 위해 사용하는 중간재에 대한 정보를 구축하여 관세효과를 최종재와 중간재를 통한 효과로 구분한다면 좀 더 포괄적인 무역자유화의 경제효과를 분석할 수 있을 것으로 생각한다.

【참고문헌】

Albornoz, F., H. F. C. Pardo, G. Corcos, and E. Ornelas. 2012. Sequential exporting. Journal of International Economics 88 (1), 17-31.

Anderson, J. E., E. van Wincoop. 2004. Trade costs. Journal of Economic Literature 42 (3), 691-751.

Arkolakis, C., A. Costinot, A. Rodriguez-Clare. 2012. New Trade Models, Same Old Gains? American Economic Review 102 (1), 94-130.

Baier, S. L., J. H. Bergstrand. 2007. Do free trade agreements actually increase members' international trade? Journal of International Economics 71 (1), 72- 95.

Baier, S. L., J. H. Bergstrand, M. Feng. 2014. Economic integration agreements and the margins of international trade. Journal of International Economics 93 (2), 339-350.

Calder, Kent E. Japanese Foreign Economic Policy Formation: Explaining the Reactive State, 1988. World Politics, Vol. 40, No. 4, 517-541.

Clausing, K. 2001. Trade creation and trade diversion in the canada united states free trade agreement. Canadian Journal of Economics 34, 677-696.

Cheong, J., D. W. Kwak, K. K. Tang. 2015. Can Trade Agreements Curtail Trade Creation and Prevent Trade Diversion? Review of International Economics 23 (2), 221-238.

Dent, Christopher. 2010. Networking the region? The emergence and impact of Asia-Pacific bilateral free trade agreement projects, The Pacific Review 16:1, 1-28

Eaton, J., M. Eslava, C. J. Krizan, M. Kugler, J. Tybout. 2014. A search and learning model of export dynamics. mimeo.

Eicher, T. S., C. Henn, C. Papageorgiou. 2012. Trade creation and diversion revisited: Accounting for model uncertainty and natural trading partner effects. Journal of Applied Econometrics 27, 296-321.

Fernandes, A. P., H. Tang. 2014. Learning to export from neighbors. Journal of International Economics 94 (1), 67-84.

Helpman, E., M. Melitz, Y. Rubinstein. 2008. Estimating trade flows: Trading partners and trading volumes. The Quarterly Journal of Economics 123 (2), 441-487.

Kehoe, T. J. 2002. An evaluation of the performance of applied general equilibrium models of the effects of NAFTA on CGE analysis of NAFTA, mimeo.

Wylie, P. 1995. Partial equilibrium estimates of manufacturing trade creation and diversion due to NAFTA. North American Journal of Economics and Finance 6, 65-84.

김미아. 2008. 한-칠레 FTA가 제조업 수출에 미친 효과. 국제통상연구 13 (2), 47-63.

배찬권, 김정곤, 금혜윤, 장용준. 2012. 한국 기발효 FTA의 경제적 효과 분석. 대외경제정책연구원

성한경. 2015. TPP와 TTIP가 한국, 중국, 일본에 미치는 동태적 경제효과 연구. 시장경제연구 44 (1), 93-124.

정인교. 2006. 한, 중 FTA 의 경제효과 추정. 국제경제연구 12 (1), 111-138.

정인교, 조정란. 2008. 한중 교역관계 전개와 양국간 FTA의 산업별 영향 분석. 국제지역연구 12 (1), 349-374.

[필진]

윤인진尹麟鎭 —— 고려대학교 사회학과 교수. 시카고대학교 사회학 박사. 주요 논저로 *On My Own: Korean Businesses and Race Relations in America* (University of Chicago Press, 1997), 『코리안 디아스포라: 재외한인의 이주, 적응, 정체성』(고려대학교출판부, 2003), 『동북아시아의 국제이주와 다문화주의』(한울, 2013), 『디아스포라와 초국가주의의 이론과 실제』(북코리아, 2017) 등이 있다.

김진규金禛奎 —— 고려대학교 노어노문학과 교수. 러시아 상트페테르부르크국립대학교 노어학 박사. 주요 논저로 『현대 러시아 읽기-러시아어 텍스트 강독』(고려대학교출판부, 2010), 「한-러 대학생 대화 행사를 통해 본 한-러 상호인식 및 정체성」(Acta Russiana 제7호, 2015), 「〈러시아센터〉를 기반으로 한 효과적인 러시아어 교수법 연구」(슬라브어연구, 2011) 등이 있다.

송규진宋圭振 —— 고려대학교 아세아문제연구소 교수. 고려대학교 문학박사. 주요 논저로 『日帝下의 朝鮮貿易研究』(高麗大學校 民族文化研究院, 2001), 『중국 동북지역과 환동해지역의 관계성』(공편저, 경희대학교 출판문화원, 2017) 등이 있다.

이형식李炯植 —— 고려대학교 아세아문제연구소 부교수. 동경대학교 문학박사. 주요 논저로 『朝鮮総督府官僚の統治構想』(吉川弘文館, 2013), 『제국과 식민지의 주변인—재조일본인의 역사적 전개』(공편저, 보고사, 2013) 등이 있다.

윤형진尹炯振 —— 고려대학교 아세아문제연구소 조교수. 서울대학교 문학박사. 「中華人民共和國 도시주민 조직 방식의 형성—건국 초기(1949-1954) 北京의 지역별 주민조직을 중심으로」(『中國近現代史研究』 63, 2014) 등 다수의 논문이 있고, 『국역 淸季中日韓關係史料3』(공역, 동북아역사재단, 2016)을 번역했다.

이신화李信和 —— 고려대학교 정치외교학과 교수. 유엔사무총장 평화구축기금 자문위원, 서울국제포럼 연구위원장. 주요 출판으로 『대전환의 파도 한국의 선택』(공저, 2017), 『Human Security in Practice: East Asian Experiences』(공저, 2018), 「유엔다자주의 틀에서의 강대국정치: 안보리 결의안과 미중안보경쟁」(2018) 등이 있다.

이양호李養浩 —— 고려대학교 평화와 민주주의연구소 연구교수. University of Paris I Panthéon-Sorbonne 박사. 대표 업적으로는 『불평등과 빈곤』(여성신문사, 2013), 『중국, 불평등의 정치경제학』(한국경제신문, 2016), 『러시아, 불평등의 정치경제학』(한국경제신문, 2017) 등이 있다.

이정남李正男 —— 고려대 아세아문제연구소 교수, 중국연구센터 센터장. 북경대학교 정치학 박사. 주요 논저로는 『중국의 꿈—중국이 지향하는 강대국 초상』(편저, 2018), 「미중 경쟁시대에 한국의 중국에 대한 인식과 정책—한국 내 중국 전문가의 인식을 중심으로」(2017), 「동아시아지역 미중경쟁구도 강화에 따른 한국인의 대미 대중 인식변화」(2016), 『세력 전환기 동아시아의 국가 정체성과 지역 인식』(편저, 2014) 외 다수가 있다.

손기영孫基榮 —— 고려대학교 아세아문제연구소 부교수. 셰필드대학교 국제정치학박사. 주요 논저로 *Order Wars and Floating Balance: How the Rising Powers Are Reshaping Our Worldview in the Twenty-First Century*(Routledge, 2018, with Andreas Herberg-Rothe), *China's Rise and Regional Integration in East Asia: Hegemony or Community?*(eds.) (Routledge, 2014) 등이 있다.

남성욱南成旭 —— 고려대학교 행정전문대학원장 겸 통일외교학부 교수. 미주리 주립대학교 응용경제학 박사. 주요 논저로 『현대 북한의 식량난과 협동농장 개혁』(한울아카데미, 2016), 『한국의 외교안보와 통일 70년』(공저, 한국학중앙연구원,2015) 등이 있다.

이철수李哲守 —— 신한대학교 교수. 한국외국어대학교 정치학 박사. 주요 저서로는 『통일의 인구보건 복지 통합 쟁점과 과제』(공저, 2017), 『통일 한국 경제정책—노동 사회』(공저, 2017), 『통일 이후 북한지역 사회보장제도—통합기 단일체제』(공저, 2017), 『통일 이후 북한지역 사회보장제도—과도기 이중체제』(공저, 2016), 『남북한사회복지 통합쟁점과 정책과제—북한의 전달체계를 중심으로』(공저, 2016) 등이 있다.

강문성姜文盛 —— 고려대학교 국제학부 교수. 미국 위스콘신대학교 경제학 박사. 주요 논저로 「Korea's Growth-Driven Trade Policies: Inclusive or Exclusive?」(*World Economy*, 2017), 『최근 국제통상 환경의 변화에 따른 한국의 새로운 통상정책 방향』(공저, 대외경제정책연구원, 2017) 등이 있다.

곽도원郭度源 —— 고려대학교 아세아문제연구소 부교수. 미시간주립대학교 경제학박사. 자유무역협정과 경제특구형성과 같은 경제정책이 무역(무역창출, 무역전환) 및 노동시장에서의 임금 및 일자리 창출에 미치는 영향을 주제로 한 논문을 *Journal of Development Economics*, *World Development*, *World Economy*, *Review of International Economics*, *Economic Modelling*, *Empirical Economics* 등의 저널에 게재하였다.

초국가적 공간과 공동체로서의 동북아시아

초판 발행 1쇄 2018년 6월 15일

엮은이 고려대학교 아세아문제연구소 HK사업단

펴낸곳 고려대학교출판문화원

www.kupress.com

kupress@korea.ac.kr

02841 서울특별시 성북구 안암로 145

02-3290-4230, 4232

Fax 923-6311

찍은곳 한국컴퓨터인쇄정보

ISBN 978-89-7641-958-3 93330

값 24,000원

* 잘못 만들어진 책은 바꿔드립니다.